Bali

Bali charme tous ses visiteurs : les hédonistes en quête d'eau turquoise, d'hôtels avec piscine à débordement et de bonnes tables, les surfeurs venus traquer *la* vague, les curieux férus d'architecture sacrée comme les mystiques épris d'ésotérisme oriental. Victime de son succès, ce petit paradis tropical doit aujourd'hui protéger ses ressources naturelles. Mais son identité culturelle semble résister à toute uniformisation. Les Balinais perpétuent les traditions communautaires qui ont fait d'eux des riziculteurs hors pair et les rites hindouistes teintés d'animisme qui ont peuplé leur île d'une infinité de temples et de sanctuaires. Assurément, leur art de vivre vous laissera un souvenir impérissable !

"[...] les dieux ne changent pas et tant qu'ils trôneront dans mille temples, dans chaque fleuve, chaque montagne et chaque champ, Bali ne saurait changer."
Vicky Baum, *Sang et volupté à Bali*, 1937

SOMMAIRE

Préparez votre voyage

Sur la plage de Kuta

EN UN CLIN D'ŒIL

Bali vue d'un satellite ou par le petit bout de la lorgnette : des chiffres et des données pour cerner l'identité de l'île des Dieux.

L'UNE DES PLUS PETITES ÎLES D'INDONÉSIE

L'une des 33 provinces d'Indonésie, Bali est divisée en 9 districts (8 *kabupaten* correspondant aux anciens royaumes de l'île plus la municipalité de Denpasar). Sa superficie, 5 637 km², est comparable à celle des Yvelines ou de la Creuse. Elle compte 4 362 000 habitants.

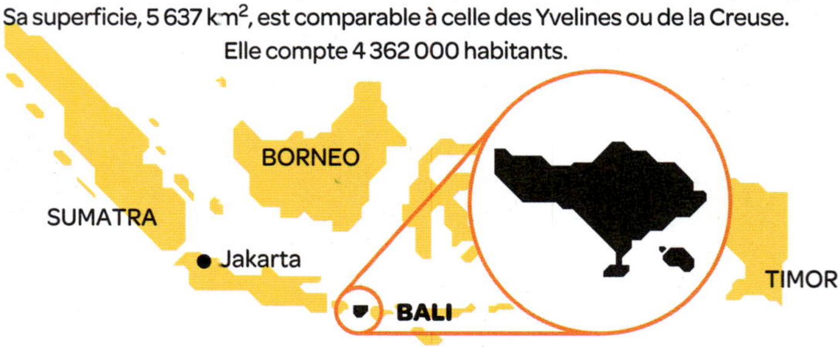

L'ÎLE DES DIEUX

90% de la population balinaise est de confession hindoue – un hindouisme combinant bouddhisme, animisme et culte des ancêtres. C'est ainsi que le panthéon balinais compte des centaines de divinités, et que l'on recense plus de 20 000 sanctuaires, petits et grands, sur l'île.

3 CALENDRIERS

Si le calendrier grégorien régit les rythmes scolaires et les fêtes nationales, le cycle agraire des Balinais suit le calendrier *saka* (12 mois de 29 ou 30 jours), tandis que leur calendrier rituel compte 210 jours, soit 30 semaines de 7 jours.

3 142 M

Bali culmine au mont Agung (3 142m), volcan actif et sommet sacré entre tous pour les Balinais. Ceux-ci le considèrent, en effet, comme une réplique du mont Meru, axe du monde dans la cosmogonie hindoue.

DE QUOI PERDRE LE NORD

Les quatre directions qui permettent aux Balinais de s'orienter n'ont pas grand-chose à voir avec nos points cardinaux. Il s'agit du mont Agung (le haut) et du niveau de la mer (le bas), du lever du soleil (source de vie) et du coucher du soleil (allant vers la mort). Si vous vous trouvez dans la partie septentrionale de l'île et que vous demandez où se trouve le nord, il y a de fortes chances qu'on vous indique la direction du mont Agung… et donc le sud.

DES PRÉNOMS PAR ORDRE D'ARRIVÉE !

Nombre de Balinais, filles ou garçons, se prénomment Wayan, Made, Nyoman ou Ketut… soit "premier-né", "deuxième-né", "troisième-né" et "quatrième-né" !

CHUUT C'EST NYEPI !

Le jour de l'An du calendrier *saka*, tout s'arrête à Bali ! On pense que c'est le jour où les mauvais esprits descendent sur terre et que, s'ils ne détectent aucune activité, ils s'en iront traquer les humains ailleurs. Tout mouvement, est proscrit ce jour-là : l'aéroport reste fermé, les Balinais se calfeutrent chez eux et les touristes sont priés de ne pas quitter leur hôtel !

50 DOLLARS

C'est le prix que peut atteindre une tasse de *kopi luwak*, le café le plus cher du monde, récolté à Bali… après avoir été digéré par une civette !

LANGUES

Il y a plus de 580 langues et dialectes parlés en Indonésie. Les Balinais en parlent souvent trois : le balinais, l'indonésien, ou *bahasa indonesia*, la langue officielle du pays, et l'anglais – tourisme oblige !

★ LES INCONTOURNABLES

★ **BEDUGUL** (p.234), **MUNDUK** (p.236)... Dans l'imposante caldeira du Gunung Bratan, une station climatique, trois lacs, un célèbre temple, le Pura Ulun Danu Bratan... et un grand bol d'air !

★ **TAMPAKSIRING** (p.130) Une vallée dont les prestigieux sites sacrés rappellent qu'elle a abrité plusieurs royaumes florissants.

★ **GUNUNG BATUR** (p.168) Ce sommet balinais domine un majestueux lac de cratère et deux des temples les plus fréquentés de l'île.

★ **UBUD** (p.108) Si ses nombreux centres de soins holistiques invitent à lâcher prise, Ubud est aussi le conservatoire des arts et traditions balinais.

★ **PURA TANAH LOT** (p.256) Un temple de la Mer aussi révéré que spectaculaire.

★ **RIZIÈRES DE JATILUWIH** (p.260) Un témoignage de l'ingéniosité balinaise classé au patrimoine mondial de l'Unesco.

★ **PURA BESAKIH** (p.170) Le "temple-mère" de Bali, accroché au flanc sud du mont Agung, point culminant de l'île.

★ **PULAU MENJANGAN** (p.242) Partie marine du parc national de Bali-Ouest, cette île possède des fonds particulièrement poissonneux.

★ **AMED ET TULAMBEN** (p.198) Le rendez-vous des plongeurs et de tous les voyageurs en quête de calme et de simplicité.

★ **L'ARCHIPEL DES GILI** (p.204) Trois îlots ancrés au nord-ouest de Lombok : vagues pour surfeurs émérites, plages idylliques... et une tranquillité appréciable.

★ **NUSA LEMBONGAN** (p.90) De paisibles communautés de pêcheurs reconverties dans la culture des algues, de jolies plages et des fonds marins splendides loin de l'agitation de la grande île.

★ **TAMAN TIRTA GANGGA** (p.193) Les jardins aquatiques d'un vénérable palais de plaisance... et leurs piscines publiques.

EN VOILÀ DES IDÉES !

Personnalisez votre séjour en multipliant les expériences selon vos goûts et vos envies.

Élisez la plus belle plage

Longs rubans de sable .. ou criques rocheuses intimes, Bali et les Gili ont tout pour séduire les amateurs de bains et de couchers de soleil !

Seminyak Beach (p.56) Une étendue de sable blond bordée de restaurants.

Echo Beach (Canggu) (p.66) Tout pour le surf !

Pererenan Beach (Canggu) (p.67) Une plage discrète, peu propice à la baignade, mais idéale pour siroter une eau de coco loin des foules.

Balangan Beach (Jimbaran) (p.74) Un long ruban de sable blanc, une eau limpide et une vague pour surfeurs confirmés.

Bingin Beach (Bukit) (p.75) Ses *warung* offrent des vues spectaculaires sur l'océan.

Sanur Beach (p.82) Une lagune paisible où barboter en famille.

Sunset Beach – Sandy Bay (Nusa Lembongan) (p.91) Pour un magistral coucher de soleil.

Crystal Bay (Nusa Penida) (p.95) Pour une session de snorkeling, ou randonnée palmée.

Les plages de Gili Meno (p.205) Une kyrielle de plages paradisiaques pour une évasion romantique.

Sur des vagues de rêve !

Plongez, surfez

Aux plongeurs débutants comme aux surfeurs chevronnés, Bali promet des expériences inoubliables sur des spots mondialement réputés.

Bali Ocean Surf (Legian) (p.51) De quoi perfectionner votre surf sous la houlette de moniteurs francophones.

Berawa Beach (Canggu) (p.66) Le spot parfait pour les surfeurs de niveau intermédiaire.

Echo Beach (Canggu) (p.66) Un *reef-break* pour progresser lorsque la houle est douce.

Suluban Beach et Uluwatu Surf (Pecatu) (p.75) Le paradis des surfeurs expérimentés.
Bali Breizh Divers (Sanur) (p.86) Une école de plongée tenue par des Bretons.
Purple Dive Penida (p.97) Découvrez des fonds marins époustouflants grâce à des instructrices francophones.
Apnea Bali (Kubu) (p.200) Une école d'apnée et de yoga pour apprendre à maîtriser votre respiration.
Euro Dive (Amed) (p.201) Emmené par des instructeurs français, visitez des jardins de coraux et des épaves.
Blue Marlin Dive Gili Trawangan (Gili Trawangan) (p.208) Promenade sous-marine en compagnie de tortues et de poissons-clowns.
Reef Seen Diver's Resort (Pemuteran) (p.242) et **Pulau Menjangan** (p.242) Pour plonger tout en contribuant à la conservation marine.
Balian (p.250) Le principal spot de surf de la côte ouest.

Crapahutez, pédalez...

Volcans, lacs, jungle, mangrove, savane, rizières... Découvrez une nature foisonnante à pied ou à vélo.
Mangrove Side (p.92) Visitez la mangrove de Nusa Lembongan.
Bali Bird Walks (Ubud) (p.119) Une balade à l'affût de l'avifaune balinaise.
Bali Eco Cycling (Ubud) (p.119) Explorez la campagne en pédalant à votre rythme.
Muntigunung Trekking (Ubud) (p.166) Arpentez des sentiers oubliés autour de la caldeira du Batur.
L'ascension du Batur (p.168) Gravissez le volcan de nuit pour un lever de soleil mémorable.
Promenez vous au milieu des rizières de Sidemen (p.175) Pour une captivante immersion culturelle.
Gunggung Adventure Bali (Sibetan) (p.195) Découvrez l'arrière-pays de Sibetan à vélo.
Trekking de Belimbing à Batukaru (p.221) Offrez-vous un aperçu de la vie dans la campagne balinaise et ses paysages sublimes.
Bali Jungle Trekking (p.238) Randonnez dans la jungle autour des lacs Buyan et Tamblingan.
Explorez les rizières de Jatiluwih et la région des lacs (p.262) Combinez visites de temples et plongée dans la vie rurale.

Soif de sensations fortes ?

Dans les airs ou sur une torrentueuse rivière, faites grimper votre adrénaline !
Paragliding Bali (Bukit) (p.80) Pour survoler les falaises du Bukit en parapente.

Mason Adventures (Ubud) (p.119) Quad, rafting, tour en hélicoptère, randonnée dans la jungle...

Beji Guwang Hidden Canyon (p.148) Pour une initiation au canyoning dans un décor étonnant.

www.balisobek.com (Rendang) (p.176) Pour descendre les rapides balinais en raft... et en toute sécurité.

Adventure and Spirit (Ubud) (p.238) Canyoning dans la jungle pour une bonne dose d'émotions.

Faites le plein de saveurs

Marchés, bonnes tables et cours de cuisine : épatez vos papilles !

Pasar Badung (Denpasar) (p.45) Testez les spécialités de la région et observez le marchandage des produits locaux.

Nia Cooking Class (Seminyak) (p.60) Histoire de mettre la main à la pâte en réveillant vos papilles.

Métis (Kerobokan) (p.63) Une table gastronomique sous influence *frenchie*.

Bali Sea Beach House (Jimbaran) (p.80) Barbecue de poisson face à la mer !

Pasar Sindhu (p.87) Dîner typique au marché nocturne de Sanur.

Warung Babi Guling Sanur (Sanur) (p.87) Pour son cochon de lait rôti à la broche, LA spécialité balinaise.

Locavore (Ubud) (p.124) Un restaurant créatif et locavore : désorientant !

Mozaic (Ubud) (p.124) Une cuisine franco-asiatique étoilée dans un splendide jardin intimiste.

Bali Asli (Amlapura) (p.197) La tradition balinaise revisitée à l'une des tables les plus réputées de l'île.

Gili Cooking Classes (Gili Air) (p.208) Les fondamentaux de la cuisine indonésienne révélés dans une ambiance joyeuse.

Hatten Wines Visitor Welcome Center (Seririt) (p.244) Goûtez la production d'un vignoble du nord-ouest de Bali.

Découvrez le Bali des rajas

Remontez le temps en visitant des temples, palais et jardins royaux.

Museum Negeri Propinsi Bali (Denpasar) (p.42) Un écrin "royal" pour les plus belles collections ethnographiques de l'île.

Puri Saren Agung (Ubud) (p.109) Le palais du dernier raja d'Ubud.

Pura Kehen (Bangli) (p.158) Le sanctuaire le plus important du royaume de Bangli, et l'un des plus beaux de Bali.

Pura Besakih (p.170) Le plus grand sanctuaire hindou de l'île, son temple-mère.

Taman Gili (Klungkung) (p.178) Pour l'extraordinaire plafond peint de son "pavillon de justice".

Pura Taman Sari (Klungkung) (p.180) Pour ses imposants *meru* et son agréable parc.

Taman Ujung (Amlapura) (p.191) Un palais d'agrément romantique avec ses pavillons qui semblent flotter sur des plans d'eau, face à la mer.

Taman Tirta Gangga (Abang) (p.193) Un féerique ensemble pavillons, de fontaines et de bassins... où l'on peut faire trempette.

Pura Taman Ayun (Mengwi) (p.257) Un complexe sacré abondamment décoré, cerné de douves et doté d'immenses pièces d'eau.

Applaudissez orchestres et danseuses

Ballet de masques, danses de cour... Des spectacles pleins de panache !

Garuda Wisnu Kencana Cultural Park (Ungasan) (p.74) Assistez à des spectacles de danse et de musique traditionnelles au pied de la plus haute statue d'Indonésie.

Pura Luhur Uluwatu (Pecatu) (p.76) Prenez place dans son amphithéâtre de plein air qui accueille chaque soir des danses *kecak*.

Puri Saren Agung (Ubud) (p.109) Appréciez l'une des représentations de danses balinaises données chaque soir au palais royal d'Ubud.

Percez les secrets des artisans d'art

Observez les maîtres artisans à l'œuvre dans leur atelier et initiez-vous à leurs techniques.

Tanglad (Nusa Penida) (p.94) Rencontrez une communauté de tisserands.

Museum Puri Lukisan Art & Cultural Workshop (Ubud) (p.120) Initiez-vous à la peinture balinaise, à la confection d'offrandes, de vanneries ou de marionnettes...

Préparation d'offrandes

ARMA Cultural Workshops (Ubud) (p.120) Inscrivez-vous à un atelier de sculpture sur bois ou de batik.

Pondok Pekak Library and Learning Center (Ubud) (p.120) Suivez un cours de peinture, de sculpture sur bois ou de création de bijoux...

Setia Darma House of Masks and Puppets (Mas) (p.134) À visiter avant d'acheter des masques ou des marionnettes dans les ateliers environnants.

Sukawati (p.135) Le fief des marionnettistes du *wayang kulit*.

Batubulan (p.137) Faites connaissance avec les sculpteurs de pierre volcanique, décorateurs des temples balinais.

Keliki Painting School (Tegallalang) (p.141) Apprenez l'art de la miniature balinaise.

Tenun Ikat Setia Cili (Gianyar) (p.149) Visitez une importante manufacture d'ikat et observez les tisserandes à l'œuvre.

Pejaten (p.255) Sillonnez le principal centre potier de Bali.

Ressourcez-vous

Massages traditionnels, soins pour les cheveux et la peau, cours de yoga, retraites dans un ashram... Réconciliez votre corps et votre mental !

Jari Menari (Seminyak) (p.59) Pour des soins énergiques, dont de "percutants" massages à quatre mains surnommés les "doigts dansants".

Spa Bali Dyanapura (Seminyak) (p.60) Pour un massage balinais ou des soins du corps... au chocolat !

The Practice (Canggu) (p.68) Pour ses professeurs de yoga de réputation internationale.

Samadi Yoga (Canggu) (p.69) Yoga, qi gong, tai-chi, méditation... Autant d'approches pour se faire du bien.

Power of Now Oasis (Sanur) (p.86) Cours de yoga, de relaxation, méditation et soins ayurvédiques sur la plage.

Nest Beachside Spa (Sanur) (p.86) Manucure, pédicure, épilation ou massage face à la mer.

Karsa Spa (Ubud) (p.116) Massage balinais ou séance de shiatsu au milieu des rizières.

Bali Botanica Day Spa (Ubud) (p.116) Massage, soin cosmétique ou même une journée à vous faire chouchouter !

The Yoga Barn (Ubud) (p.116) Pour une séance de méditation ou de thérapie sonore comme pour une retraite "détox" de plusieurs jours.

Spa Aquaterrace (Amed) (p.157) Pour un corps et un esprit zen !

Rêvez à deux...

Baladez-vous main dans la main au milieu des rizières, dînez aux chandelles à Ubud, oubliez le temps dans un hôtel de Gili Meno ou sur l'île de Menjangan.

Seminyak Beach (Seminyak) (p.56) Sirotez un cocktail sur la plage de Seminyak ou celle de Canggu au coucher du soleil.

Sardine (Kerobokan) (p.63) Profitez du calme des rizières pour un dîner iodé d'inspiration française.

La Brisa (Canggu) (p.70) Offrez-vous un apéro dînatoire dans une ambiance bohème chic face à l'océan.

Pura Luhur Uluwatu (Pecatu) (p.76) Admirez le spectacle de la danse du feu au crépuscule.

Taman Tirta Gangga (Abang) (p.193) Promenez-vous d'un pavillon à l'autre dans ce magnifique palais aquatique.

Pulau Menjangan (p.242) Séjournez sur une île paradisiaque aux fonds marins fabuleux.

Lautan Kupu Kupu Villa (Canggu) (p.319) Faites étape dans cette maison d'hôtes de charme conjuguant mobilier traditionnel et art contemporain.

Mathis Retreat (Ubud) (p.324) Luxe, calme et volupté pour une nuit (ou plus) en pleine nature.

Sandat Glamping Tents (Ubud) (p.324) Partagez une tente de luxe au cœur d'une végétation luxuriante.

Sawah Indah (Sidemen) (p.325) Laissez-vous envoûter par le charme authentique de Sidemen dans un hôtel avec vue sur les rizières de la vallée.

Mahamaya (Gili Meno) (p.329) Bénéficiez d'un séjour tout confort sur une île de carte postale.

Balian Prana Lodge (Selemadeg) (p.334) De superbes villas avec piscine à débordement et vue sur l'océan... loin des foules : *so romantic !*

Monkey Forest, Ubud

Amusez-vous en famille

Laissez les petits barboter sans risque, approchez des animaux sauvages, découvrez la culture balinaise sous ses aspects les plus ludiques...

Waterbom Bali (Tuban) (p.51) Des toboggans géants, une "rivière" et des piscines pour une journée sous le signe de la glisse.

Seminyak Beach (p.56) Initiez-vous au surf en famille !

Padang Padang Beach (Bukit) (p.75) Sirotez des eaux de coco et baignez-vous dans les eaux tranquilles de Thomas Beach.

Front de mer et plages (Sanur) (p.82) Barbotez dans la lagune, bercé par le clapotis des vagues.

Tamarind Beach (Nusa Lembongan) (p.91) Une petite plage bien abritée.

Monkey Forest (Ubud) (p.114) Observez les singes de la forêt sacrée !

Setia Darma House of Masks and Puppets (Mas) (p.134) Extasiez-vous devant une immense collection de marionnettes d'Indonésie... et d'ailleurs.

Bali Zoo (Singapadu) (p.140) Déjeunez avec les orangs-outans de Bornéo et pataugez dans la boue avec les éléphants de Sumatra.

ITINÉRAIRES

Quatre itinéraires pour vous laisser guider selon vos inclinations et le temps dont vous disposez.

Rizières de Sidemen

Quinze jours à Bali

Entre plages et temples, curiosités naturelles et marchés, un panaché équilibré de grand air, farniente et découverte culturelle s'offre à vous.

JOUR 1

Seminyak ou Canggu Visitez le Pura Tanah Lot (p.256), déjeunez à Canggu, au Give Café (p.69) et allez vous baigner à l'une des plages du village (p.66). Après un massage (p.52), dînez au Poppie's Restaurant (p.53) ou à La Favela (p.65).

JOUR 2

Presqu'île de Bukit En route pour Jimbaran et son marché au poisson (p.72). Déjeunez au Loft (p.81) et baignade à Bingin (p.75) ou à Pandawa (p.77). Admirez le Pura Luhur Uluwatu (p.76) au coucher du soleil. Dîner de fruits de mer sur l'une des plages de Jimbaran (p.80).

JOUR 3

Nusa Lembongan et Nusa Ceningan De Sanur, gagnez Nusa Lembongan (p.90). Filez à Mangrove Side pour une balade en barque dans la forêt inondée (p.96). Déjeunez au Nyoman's Warung (p.98). Après-midi surf ou baignade à Nusa Ceningan (p.92). Dîner gourmet à l'Indiana Kenanga (p.98).

JOUR 4

Nusa Penida-Sanur Plongez autour de Nusa Penida (p.97). Déjeunez au Warung Beach (p.98)et embarquez pour Sanur (p.82). Flânez sur le front de mer avant d'aller dîner au Soul on the Beach (p.88).

JOUR 5

Ubud Sur la route d'Ubud, arrêtez-vous au marché de Sukawati (p.135), puis au Setia Darma House of Masks and Puppets (p.134). Déjeunez au Murni's Warung (juste à côté du pont de Campuhan), pour la vue spectaculaire sur les gorges de la Wos (www.murnis.com). Visitez le Museum Puri Lukisan (p.111) et allez saluer les hérons de Petulu vers 17h (p.118).

Pura Lempuyang, Abang

Dîner aux chandelles à l'Ibu Rai (Jl. Monkey Forest 72) avant un spectacle de *wayang kulit* (p.121).

JOUR 6

Bedulu-Ubud Visitez Goa Gajah et Yeh Pulu, à Bedulu (p.137). Déjeunez au Terracotta (p.124), à Ubud, explorez la Monkey Forest (p.114), puis les boutiques de la station (p.125), et offrez-vous un massage au Bali Botanica (p.116). Dînez au Clear Cafe (p.123) et prolongez la soirée dans l'ambiance d'aquarium cool du XL Shisha Lounge (Jl. Monkey Forest 129).

JOUR 7

Tampaksiring et le Gunung Batur Visite du Pura Tirta Empul (p.131) et du Gunung Kawi (p.131). Arrêt à Penelokan (p.160) et déjeuner en terrasse au Danu Cafe (p.167). Descente vers le lac Batur, visite du Pura Ulun Danu (p.165) et bain au Toya Devasya Natural Hot Spring (p.165). Route vers Sidemen (p.174).

JOUR 8

Klungkung-Besakih-Candidasa Achetez des ikats au marché (p.183) de Klungkung ou flânez dans les jardins du Taman Gili (p.178). Rendez-vous à Besakih (p.170) : déjeuner à (p.177) et visite des temples. De là, cap sur Candidasa (p.185) en suivant la route qui dessert Selat. Arrêt à Tenganan (p.185) et dîner au Vincent's (p.188).

JOUR 9

Tirta Gangga-Pura Lempuyang-Amed Baignade au Taman Tirta Gangga (p.193) et déjeuner au Tirta Ayu (p.199). Grimpez au Pura Lempuyang (p.192) ou filez sur Amed (p.198) ou Tulamben (p.199). Dînez à votre hôtel.

JOUR 10

Tulamben-Bedugul Plongez sur l'épave du *Liberty* (p.199) avant de prendre la route de Tejakula (p.226). Déjeunez au Warung Seni (p.227), visitez le Pura Ponjok Batu (p.226) et Symon's Art Zoo (p.228). Gagnez Bedugul (p.235).

JOUR 11

Lac Bratan-Lovina Découvrez le Pura Ulun Danu Bratan (p.236), puis les lacs Buyan et Tamblingan (p.236). Déjeunez à La Terrasse du Lac (p.239). Descendez le flanc nord du massif vers Lovina (p.228). Dînez au Warung Bambu (p.233).

JOUR 12

Pemuteran En route pour Pemuteran (p.240) après un petit déjeuner au bord de l'eau. Arrêt aux sources de Banjar (p.231). Déjeuner au Reef Seen Divers' Resort (p.242). Consacrez l'après-midi à la plongée et au couvoir à tortues (p.244). Dînez à l'hôtel.

JOUR 13

Parc national de Bali Ouest-Medewi Lever matinal pour aller plonger autour de Menjangan (p.243). Déjeunez dans un *warung* de Labuhan Lalang (p.242), puis gagnez Medewi (p.250), sur la côte ouest. Surfez jusqu'au coucher du soleil et allez boire une Bintang au bar du Mai Malu (p.334). Dînez au Rasta Cafe (p.253).

JOUR 14

Balian-Tabanan Surfez à l'aube sur les tubes de Pantai Yeh Sumbul (Bikini Beach) et gagnez Balian (p.250). Déjeunez au Warung Nasi (p.262), sur la place du marché. L'après-midi, offrez-vous une séance de yoga au Nicky Yoga Shala (p.252). Dînez au Puri Taman Sari (p.180).

JOUR 15

Denpasar Sur la route de la capitale, arrêtez-vous au Pura Taman Ayun (p.257). À Denpasar, visitez le musée de Bali (p.42), déjeunez au Warung Satria (p.46) et achetez des souvenirs au Pasar Badung (p.45). Dînez au Babi Guling Chandra (p.46). Et, pour ceux qui ont un vol tôt le lendemain, nuit au Pop ! Hotel Teuku Umar (p.318), à deux pas de l'aéroport.

Rizières des environs d'Ubud

Deux jours à Ubud

JOUR 1

Matin

Pour une première idée du raffinement architectural d'Ubud, rendez-vous au **Pura Taman Saraswati** (p.109), un paisible sanctuaire aquatique. Le meilleur des arts traditionnels balinais vous attend au **Museum Puri Lukisan** (p.111). Pour découvrir les "Jeunes Artistes" et d'autres peintres balinais modernes, filez au **Neka Art Museum** (p.113). Et pour une vision plus contemporaine de Bali, visitez l'**Agung Rai Gallery** (p.127). Déjeunez d'une salade et d'un smoothie au **Earth Café** (p.123) ou d'un *beef rendang* au **Waroeng Bernadette** (p.123).

Après-midi

Flânez dans les galeries et ateliers de peintres de **Penestanan** (p.113), puis dans les cours de l'ancien palais royal d'Ubud, le **Puri Saren Agung** (p.109). Les passionnés de peinture ne manqueront pas les collections éclectiques de l'**Agung Rai Museum of Art** (p.115). Les autres profiteront de la fraîcheur de **Monkey Forest** (p.114) et visiteront ses trois temples.

Soir

Les végétariens curieux dîneront au **Clear Cafe** (p.123), et les gastronomes au **Locavore** (p.124). Selon l'affiche du moment, la soirée se poursuivra avec

un spectacle de danse (p.121) ou de théâtre d'ombres (p.121).

JOUR 2

Matin

Levez-vous tôt pour déambuler entre les montagnes de fruits, de guirlandes de fleurs et de vanneries du **marché de Sukawati** (p.143). Rendez ensuite visite aux joailliers de **Celuk** (p.136). Offrez-vous un tour du monde des masques et des marionnettes au **Setia Darma House of Masks and Puppets** (p.134). Puis allez faire le plein de cadeaux-souvenirs à **Tegallalang** (p.128). Déjeuner balinais dans la verdure au **D'Alas Warung Restaurant** (https://d-alas.com).

Après-midi

Allez vous tremper dans les bains publics du **Pura Gunung Kawi Sebatu** (p.130), un temple enchâssé dans une vallée boisée, avant de faire route vers **Tampaksiring** (p.130). Remontez le cours de l'Histoire jusqu'aux sources sacrées de Tirta Empul et aux impressionnants tombeaux royaux du Gunung Kawi. Reprenez la voiture pour **Yeh Pulu** (p.138), un étonnant ermitage rupestre au milieu des rizières. Et pénétrez-vous de mystique balinaise dans la grotte sacrée de **Goa Gajah** (p.137), gardée par une formidable tête sculptée.

Soir

Régalez-vous de canard à la balinaise dans un pavillon traditionnel du **Bale Udang** (p.142) ou d'un poisson grillé dans la verdure tropicale du **Cafe Wayan** (p.124). Rendez-vous ensuite au **Juice Ja Cafe** (p.121) pour un dernier cocktail sur des rythmes caribéens.

UN JOUR DE PLUS ?

Initiez-vous à l'artisanat balinais au **Pondok Pekak Library and Learning Center** (p.120) ou emmenez les enfants au **Bali Bird and Reptile Park**. Et après une salade végétarienne et un jus de fruits bio au Earth Cafe & Market (p.123), écumez les boutiques d'Ubud, puis offrez-vous un massage balinais ou un soin de beauté exotique pour récupérer de vos efforts.

Vive les vacances !

Dix jours à Bali en famille

Un circuit pour les familles entre terre et mer, rizières et jardins de coraux. De quoi combler petits et grands en partageant des moments forts.

JOUR 1

Bukit Rendez-vous sur la plage de Balangan (p.74), dans la presqu'île du Sud. Baignade et déjeuner sur place. En fin d'après-midi, visitez le spectaculaire Pura Luhur Uluwatu (p.76), à la pointe sud-ouest de l'île, et assistez à un spectacle de *kecak* au coucher du soleil. Dînez au Teba Cafe, à Muaya Beach (p.72). Nuit à Jimbaran (p.320).

JOUR 2

Mengwi-Pemuteran En route pour Mengwi et la visite du Pura Taman Ayun (p.257), ancien temple d'État doté de vastes pelouses et d'immenses bassins. De là, suivez la route de Pupuan jusqu'à Banjar. Déjeunez au Warung Tepi Sawah (p.262), au milieu des rizières. Bain relaxant aux sources chaudes de Banjar (p.231) et visite du Brahma Arama Vihara (p.231), unique monastère bouddhique de Bali. Dînez au Tirta Sari Restaurant (p.245), à Pemuteran.

JOUR 3

Menjangan-Pemuteran Embarquez pour l'île de Menjangan et plongez dans la réserve marine (p.242). Pique-nique sur le bateau ou sur une plage. Flânez sur

la plage ou allez visiter la ferme perlière Atlas Pearl Farm (p.244). Dînez au Warung Kadek Merry (p.245).

JOUR 4

De Pemuteran à Ubud En route pour le lac Bratan (p.234) : visitez le Pura Ulun Danu Bratan (p.236), un gracieux temple sur l'eau. Déjeunez à La Terrasse du Lac Tamblingan Sari (p.239) et allez explorer les rizières étagées de Belimbing puis de Jatiluwih (p.260), avant de faire route vers Ubud (p.108). Dînez au Who's Who (Jl. Raya Pengosekan, www.whoswhosworld.com).

JOUR 5

Ubud et ses environs Partez à la rencontre des singes de Monkey Forest (p.114), puis rendez-vous au marché (p.143) pour tester vos talents de négociateur. Déjeunez sous une tonnelle au Café Wayan (p.124). Partez ensuite pour deux heures de balade à vélo avec Bali Eco Cycling (p.119). Dînez au Fair Warung Bale (Jl. Sriwedari 6, www.fairfuturefoundation.org). Les bénéfices seront reversés à une fondation qui soigne gratuitement les Balinais.

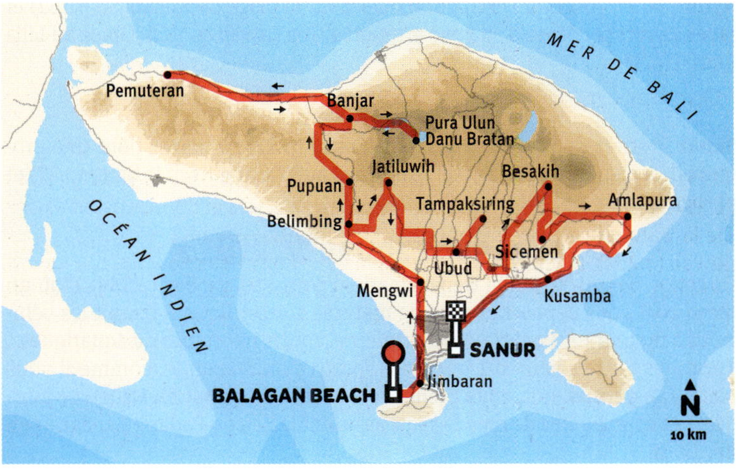

JOUR 6

Autour d'Ubud Recueillez-vous aux sources sacrées de Tirta Empul (p.131), puis au pied des mausolées royaux du Gunung Kawi (p.131). En chemin, marquez un arrêt à la grotte de Goa Gajah (p.137). Profitez ensuite du panorama sur les rizières de Tegallalang et allez déguster, au Moksa, les produits d'un potager bio voisin (Puskesmas Ubud II, Gang Damai, Sayan www.moksaubud.com). Initiez-vous aux arts balinais en famille, ou faites simplement une pause lecture à la Pondok Pekak Library (p.120). Dîner-spectacle au Cafe Lotus, au bord du bassin du temple de Saraswati (Jl. Raya, www.cafelotusubud.com).

JOUR 7

Autour d'Ubud Matinée sportive : descente de la rivière Ayung en rafting avec Sobek Adventures (p.176). Après déjeuner (sur place), visitez le Bali Bird and Reptile Park (p.140). Dînez d'un canard laqué à l'indonésienne au Bebek Bengil (Jl. Hanoman, Padang Tegal, https://bebekbengil.co.id).

JOUR 8

Besakih et Sidemen Découvrez la vie traditionnelle balinaise à l'occasion d'une visite matinale du marché de Tabola et d'un atelier de tissage, puis d'une promenade à pied dans les rizières. Déjeuner avec vue sur la vallée à l'Ati's Restaurant (p.177). L'après-midi, visite du temple-mère de Bali à Besakih (p.170). Dîner et nuit au Darmada Eco Resort (p.325), à Sidemen.

JOUR 9

Amlapura-Kusamba-Sanur De Sidemen, suivez la route panoramique vers Amlapura (p.190) : Jl. Raya Sinduwati et Kuncaragiri. Visitez le palais aquatique de Tirta Gangga (p.193). Déjeunez au Bali Asli (p.197), au pied du mont Agung. Allez observer l'extraction du sel sur la plage de Kusamba (p.181) et revenez vers la côte sud en vous arrêtant à Goa Lawah (p.182). Dînez au Lilla Pantai (p.88).

JOUR 10

Sanur Profitez du soleil à la plage de Sanur (p.82) ou partez pour une promenade à pied le long de la mer. Déjeunez au Warung Kecil Infinity (p.87) et prenez la route de l'aéroport.

QUELQUES JOURS DE PLUS ?

Direction Gili Air (p.207) ! Départ matinal pour Padang Bay (p.184), d'où un *speed-boat* vous déposera en fin de matinée sur cet îlot qui bannit les véhicules à moteur ! Au programme, farniente, sports nautiques ou aquatiques... Terminez votre séjour sur une note sportive ou relaxante, comme il vous plaira ! Le dernier jour, vous prendrez le bateau du retour en milieu de journée. Les compagnies de *speeds-boats* assurent la liaison Padang Bai-Sanur en mini-bus.

Pasih Uug, Nusa Penida

Trois jours à Nusa Penida

Un authentique petit paradis ancré au large de Bali.

JOUR 1

Du port de Sanur, ralliez Nusa Penida (p.93). Visitez le temple rupestre de **Goa Giri Putri** (p.94), sur la côte est, puis grimpez jusqu'à **Tanglad** (p.94) pour découvrir son artisanat textile... et les hauteurs sauvages de l'île. Redescendez sur **Atuh Beach** et son belvédère, puis déjeunez sur le sable. Profitez de la plage avant de faire route vers l'ouest. Dîner et nuit au **Namaste** (p.323).

JOUR 2

Tôt le matin, embarquez à **Crystal Bay** (p.95) pour aller palmer sur les jardins de coraux. Déjeunez au Warung Crystal Bay. Gagnez ensuite l'époustouflant point de vue de **Kelingking**, sur la côte nord-ouest, et la plage en contrebas pour les plus sportifs. Promenade à pied le long de **Pasih Uug** (Broken Beach) et **Angel's Billabong**. Retour à Crystal Bay pour le coucher du soleil. Dîner au **Warung Jungle** (Sakti, tél. 0822 3633 3209).

JOUR 3

Matinée à **Gamat Bay** pour explorer les jardins de coraux en snorkeling et profiter de la plage. Déjeunez au Warung Beach (p.98) . Ou allez explorer la jungle de **Tembeling** en quête de sa source (p.96) . Regagnez **Sanur** (p.82) à partir de **Toyapakeh** (p.93) en milieu d'après-midi.

Ignorant Denpasar, la pittoresque capitale provinciale, la plupart des visiteurs filent vers les stations balnéaires du Sud-Ouest – de la plus chic Seminyak à la plus branchée Canggu –, les spots de surf mythiques de la presqu'île de Bukit ou les rivages plus paisibles de Sanur. De là, embarquement pour les îles Penida, paradis des plongeurs comme des contemplatifs.

Le Sud

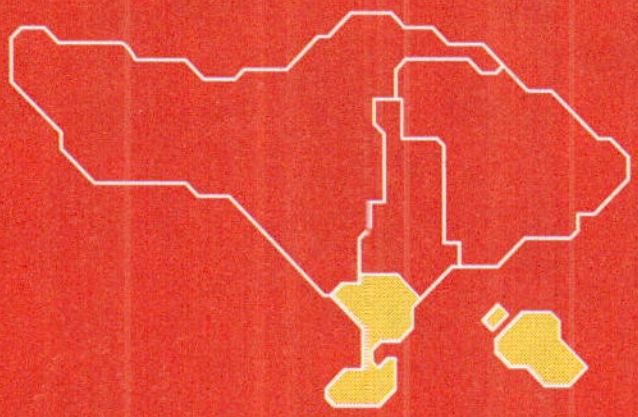

Sur la plage de Sanur

Plan 1

LE NORD ET L'OUEST
p.215
PENET
Cepaka
TABANAN
Beraban
Dalung
KABUPATEN
BADUNG
YEH AYUNG
PURA
TANAH LOT
Munggu
Buduk
Ubung
GARE ROUTIÈRE
D'UBUNG
Padanglinjong
Kerobokan
DENPASAR
p.42
Sumerta
Canggu
PERERENAN
BEACH
CANGGU ET
SES ENVIRONS
p.66
Denpasar
ECHO BEACH
CANGGU BEACH
Umalas
Danginpuri
Taman
Petitenget
DE SEMINYAK
À UMALAS
p.56
Panjer
Seminyak
Pedungan
Pemogan
SEMINYAK BEACH
OCÉAN INDIEN
Sidakarya
LEGIAN BEACH
Pegok
Legian
KUTA BEACH
KUTA ET LEGIAN
p.48
NGURAH RAI BYPASS
Kuta
MANGROVE
INFORMATION
CENTRE
PURA
SUSUNAN
WADONAN
Abiyan Kuta
Tuban
Benoa
Harbour
AÉROPORT INTERNATIONAL
NGURAH RAI
TUBAN
BEACH
TOWER BGM
Tanjung
Benoa
Kedonganan
NGURAH RAI BYPASS
MADARA TOLL ROAD
KEDONGANAN BEACH
BENOA
BAY
Jimbaran
JIMBARAN BEACH
Tegalsari
BALANGAN BEACH
Benoa
DREAMLAND BEACH
JIMBARAN ET LE BUKIT
p.72
Bualu
Indah
BINGIN BEACH
IMPOSSIBLE BEACH
Kampial
PADANG PADANG BEACH
NEW KUTA
GOLF
GARUDA WISNA
KENCANA (GWK)
CULTURAL PARK
SULUBAN
BEACH
BALI GOLF
& COUNTRY CLUB
PRESQU'ÎLE DE BUKIT
PURA LUHUR
ULUWATU
Kutuh
Uluwatu
Ungasan
Pecatu
GEGER
BEACH
N
PANDAWA BEACH
2 km
TIMBIS BEACH

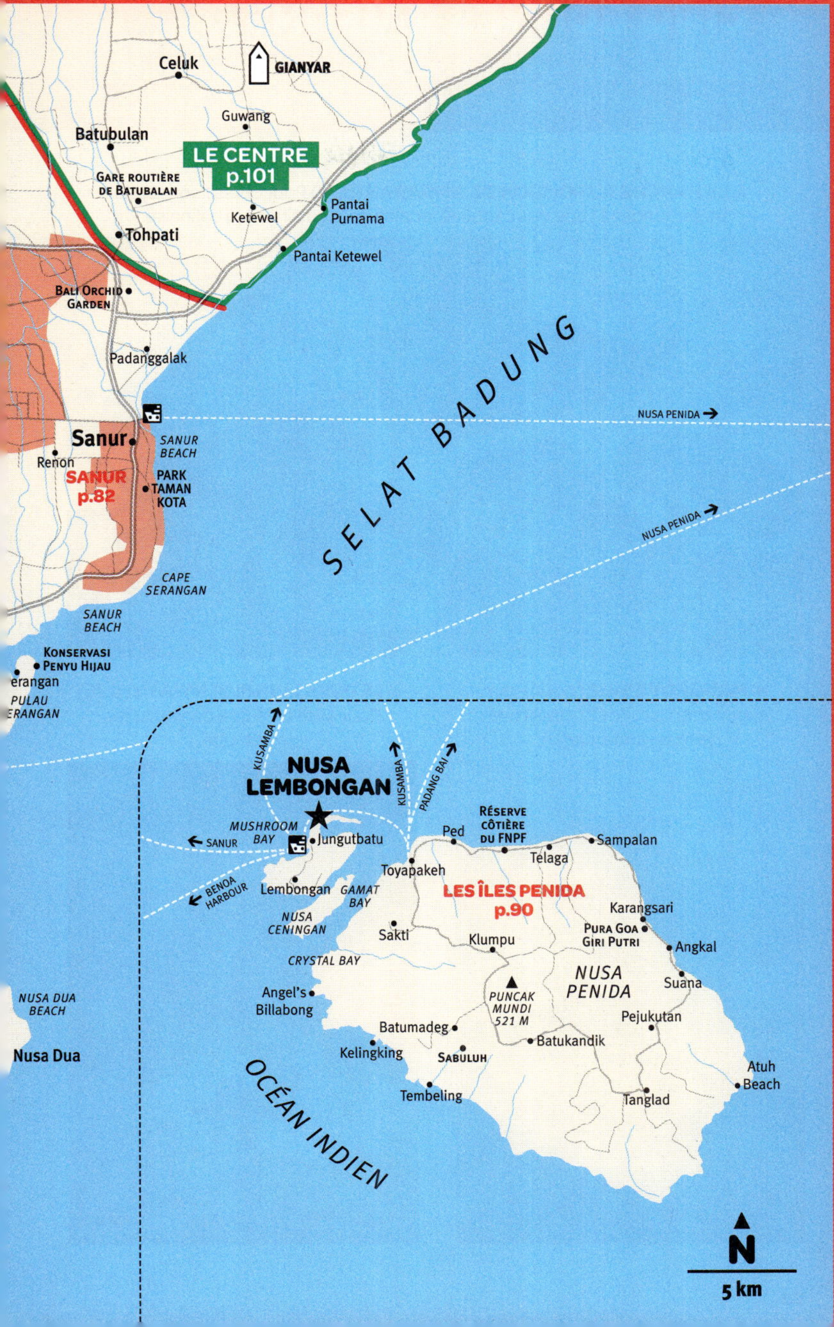
Celuk
GIANYAR
Guwang
Batubulan
LE CENTRE p.101
GARE ROUTIÈRE DE BATUBALAN
Ketewel
Pantai Purnama
Tohpati
Pantai Ketewel
BALI ORCHID GARDEN
Padanggalak
SELAT BADUNG
NUSA PENIDA
Sanur
SANUR BEACH
Renon
SANUR p.82
PARK TAMAN KOTA
NUSA PENIDA
CAPE SERANGAN
SANUR BEACH
KONSERVASI PENYU HIJAU
erangan
PULAU ERANGAN
KUSAMBA
NUSA LEMBONGAN
KUSAMBA
PADANG BAI
RÉSERVE CÔTIÈRE DU FNPF
MUSHROOM BAY
Ped
Sampalan
SANUR
Jungutbatu
Telaga
Toyapakeh
BENOA HARBOUR
Lembongan
GAMAT BAY
LES ÎLES PENIDA p.90
NUSA CENINGAN
Karangsari
Sakti
PURA GOA GIRI PUTRI
Klumpu
Angkal
CRYSTAL BAY
NUSA PENIDA
Suana
Angel's Billabong
PUNCAK MUNDI 521 M
NUSA DUA BEACH
Pejukutan
Batumadeg
Batukandik
Nusa Dua
Kelingking
SABULUH
Atuh Beach
OCÉAN INDIEN
Tembeling
Tanglad
N
5 km

CINQ BONNES RAISONS...

... de goûter aux contrastes du Sud balinais, des plages paradisiaques où surfer aux spots branchés où faire la fête.

LE MARCHÉ AU POISSON DE JIMBARAN (p.72) Pour choisir son repas et demander à l'une des cantines locales de le cuisiner à la balinaise.

MANGROVE SIDE (p.92) Pour explorer en pirogue la mangrove de Nusa Lembongan.

LE PURA LUHUR ULUWATU (p.76) Pour assister à une danse du feu mythique.

☀ **LA BRISA** (p.70) Pour un apéro face à la mer, ambiance *Pirates des Caraïbes*, prélude à une soirée festive au Mason (p.71) !

☀ **BINGIN BEACH** (p.75) Pour admirer les surfeurs et l'océan, en sirotant une eau de coco fraîche loin des foules.

RENDEZ-VOUS AVEC...

Le musicien **Krisna Patra** puise son inspiration dans la nature. Son art permet à ce multi-instrumentiste passionné de jeter des ponts entre Indonésiens et étrangers, en s'efforçant de les sensibiliser à des problèmes sociaux et environnementaux. Voici ses bons plans dans le sud de l'île.

Mon rendez-vous d'artistes

A Dapur Kitchn

Un exquis petit restaurant italo-indonésien. J'adore l'ambiance cosy et chaleureuse de ce bijou caché de Canggu. J'y retrouve chaque semaine d'autres musiciens pour des *jam-sessions* et j'apprécie ses expositions d'artistes locaux. La burrata est à tomber et les propriétaires sont adorables !

CANGGU Jl. Raya Babakan Canggu 51 ☎ 0817 345 353 (WhatsApp) @dapurkitchn_canggu ⏲ Mar.-dim. 12h-22h

Mon QG lecture et rencontres

B Taman Baca Kesiman

Cette librairie engagée et conviviale organise des débats, projections, concerts, ateliers artistiques ou de jardinage, et j'y fais toujours des rencontres intéressantes. Mais on peut simplement y passer du bon temps à bouquiner, à boire un café et à flâner dans le jardin.

DENPASAR Jl. Sedap Malam 234 Kesiman ☎ 089 676 197 930 www.tamanbacakesiman.com ⏲ Tlj. 10h-18h

Mon resto de plage

C Warung Amphibia

Je ne saurais conseiller un meilleur restaurant de fruits de mer à ceux qui recherchent authenticité et simplicité. Vous faites votre choix parmi la pêche du jour et on vous

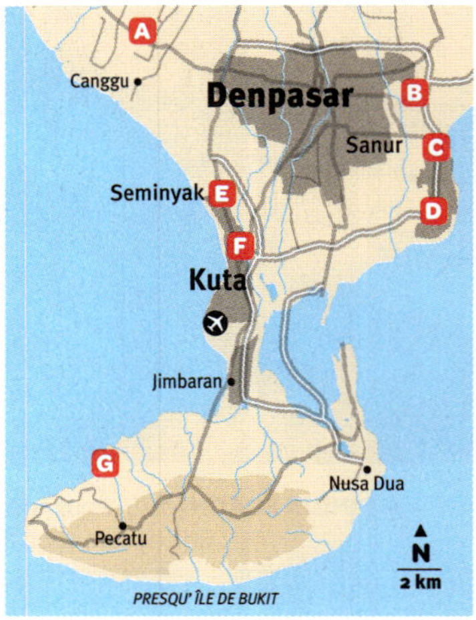

le cuit au feu de bois ou à la plancha (comptez 150KRp le kilo de poisson, 200KRp le grand plateau de fruits de mer). Le service est parfois un peu long, mais c'est pour moi l'occasion de discuter avec les gens du coin et je ne vois pas le temps passer.

SANUR Jl. Pantai Sindhu (au bout de la rue, à 20m à droite du parking) ☎ 0823 4037 4690 ⏲ Tlj. 12h-21h30

Ma boîte à idées

D Rumah Sanur

Ce café-resto brasse artistes locaux et étrangers. On y échange pendant des heures en buvant des cafés. Il

Bingin Beach

propose des ateliers créatifs et un concert presque chaque soir… à suivre sur Instagram.

SANUR Jl. Danau Poso 51A 0361 282 477 www.rumahsanur.com Tlj. 9h-22h30

Mon lieu de sortie alternatif

E Orchard Bar and Restaurant

Dans ce pub irlandais bien connu des expats, la bière est bonne et les concerts sont toujours surprenants. L'Orchard promeut, en effet, les nouveaux talents. Quand j'ai une soirée de libre, je sais que je vais y passer un bon moment et peut-être participer à une impro.

LEGIAN Jl. Nakula, Gang Baik Baik 0857 8941 9634 https://www.theorchardbali.com/ Mer.-dim. 15h-23h

Pour un cadeau ethnique

F Karung Kreatif

Faits main, ces bijoux et accessoires colorés, qui empruntent leurs motifs à des tribus de l'archipel indonésien, sont top ! Chacun porte un nom et un message positif.

SI SANUR ÉTAIT…
Une fleur Ce serait celle du frangipanier, à l'odeur enivrante.

KUTA Unyil Tattoo Gallery Jl. Mataram 10 081936815121 facebook.com/karungkreatif Tlj. 9h-23h

Ma scène favorite

G The Cashew Tree

J'adore jouer dans ce resto-bar dominant la plage de Bingin (p.75). C'est la fête le jeudi, soir de concert ! Le cadre est fabuleux et l'affiche variée : rock, reggae, dub ou jazz, groupe plus ou moins connu, c'est selon !

PECATU Jl. Pantai Bingin 9 0859 5378 9675 https://www.facebook.com/thecashewtree.collective Tlj. 8h-21h

DENPASAR

Maisons traditionnelles aux portiques moussus, trottoirs jonchés d'offrandes de fleurs, dédale de cours exhalant des effluves de viande grillée et de durian, avenues encombrées de motos pétaradantes… La verdoyante métropole balinaise (1 million d'habitants) livre un spectacle aussi pittoresque qu'assourdissant.

À VOIR

Avant la conquête néerlandaise de 1906, Denpasar était la capitale du royaume de Badung et donc un important centre d'échanges. Devenue le siège administratif de la province de Bali en 1958, cette métropole effervescente brasse Balinais de souche, descendants de commerçants chinois, arabes et indiens et Indonésiens attirés par la manne touristique de l'île. Authentique et vrombissante, Denpasar offre à ses visiteurs d'inoubliables bains de foule mais aussi de bons restaurants, un bel artisanat et deux musées intéressants.

ACCÈS ET INFOS

- Denpasar se situe à 15km de l'aéroport, 12km de Kuta, env. 20km de Jimbaran et d'Ubud.
- Le moyen de transport le plus simple et le moins onéreux à Denpasar reste la moto-taxi. Celles de la compagnie Gojek vous conduiront partout à des tarifs fixes (casque fourni). À commander sur votre Smartphone. www.gojek.com
- Denpasar Government Tourism Office L'un des rares offices de tourisme balinais dignes de ce nom ! Jl. Raya Puputan 41, Renon 0361 235 600 www.balitourismboard.or.id Lun.-sam. 9h-17h
- Alliance française Jl. Raya Puputan 1 13A 0361 234 143 www.afbali.org Lun.-ven. 10h-19h

En vert et rouge sang

Lapangan Puputan Badung / Puputan Square

La grand-place (*alun-alun*) de Denpasar déploie ses espaces verts au cœur de la capitale. Dans l'angle nord-ouest du parc se dresse la statue de Catur Mukha, le Brahma quadricéphale des Balinais qui, émergeant d'une fleur de lotus dorée, matérialise le centre de la ville. Une centaine de mètres à l'est, le monument à la mémoire du *puputan* (suicide collectif) commis par la cour royale de Badung face à l'envahisseur néerlandais en 1906 montre trois farouches guerriers armés de kriss et de lances et vêtus de sarongs blancs.

Puputan Square € Entrée libre

Riche musée ethnographique

Museum Negeri Propinsi Bali / Bali Museum

Fondé en 1910 par un Néerlandais féru de culture et d'architecture locales, le plus important musée de Bali donne sur la grand-place du Puputan. Dévasté par l'éruption du Gunung Batur de 1917, relevé en 1925, il recèle les plus belles collections ethnographiques de l'île. Perdus dans un dédale de cours, ses trois pavillons évoquent les palais distinctifs des principaux royaumes balinais de

À NE PAS MANQUER

- Museum Negeri Propinsi
- Pura Maospahit
- Bajra Sandhi Monument

Museum Negeri Propinsi Bali

> **TRISTE AFFAIRE**
> **Le 20 septembre 1906**, la troupe batave est accueillie à Denpasar par le raja, vêtu de blanc comme le veut le rite funéraire, escorté de toute sa cour – un millier d'hommes, de femmes, de vieillards et d'enfants. Au signal du roi, celle-ci se rue sur l'envahisseur. Ceux qui ne sont pas fauchés par la mitraille achèvent les blessés avant de se poignarder.

jadis. Affichant le style de Tabanan, le pavillon nord renferme une collection de kriss et les personnages et accessoires du théâtre balinais. Le pavillon central, dans le style de Karangasem, est dédié à Si Dewi Sri, divinité pré-hindouiste de la Fertilité et du Riz. Quant au pavillon sud, représentatif de l'architecture palatiale de Buleleng, il expose de précieux textiles. Plus au sud, un immeuble moderne abrite poteries antiques et productions de l'âge du bronze.

Jl. Mayor Wisnu 1 (à l'est de la grand-place) 0361 222 680 Lun.-jeu. 8h-16h, ven. 8h30-12h30 50KRp

Un Maître des mondes au service de tous

Pura Agung Jagatnatha

À côté du musée de Bali, le temple de l'État indonésien a été inauguré en 1968. Il est dédié à Sanghyang Widi, promu dieu suprême du panthéon hindou, selon le monothéisme prôné par la jeune république. C'est là que les agents de la circulation de la capitale et les fonctionnaires des administrations voisines reçoivent leur bénédiction annuelle. C'est aussi le temple de tous les Balinais qui, de passage à Denpasar, se voient contraints de faire leurs dévotions loin de leur village natal. En dehors des cérémonies officielles, le lieu est ouvert aux visiteurs (sarong de rigueur), et les soirs de pleine lune, il accueille des spectacles de marionnettes. À l'intérieur de l'enceinte, un immense *padmasana* (trône du lotus) se dresse sur la carapace de la tortue cosmogonique, Bedawang Nala (p.78), flanquée des serpents Anantaboga et Basuki.

Jl. Surapati (à l'angle nord-est de la grand-place) 🕒 Tlj. 8h-16h (hors cérémonies officielles)

Le doyen des temples de la ville

Pura Maospahit 👍

Le plus vieux temple du royaume de Badung (14e s.) se dresse 200m à l'ouest du grand marché (*pasar badung*). Amplement restauré après le séisme de 1917, il demeure l'un des fleurons de l'architecture hindo-balinaise classique, inspirée de celle de Majapahit, à Java. Son entrée principale est un porche fendu (*candi bentar*), richement orné de divinités hindoues, dont certaines figures en terre cuite sont très anciennes. Derrière les hauts murs de brique rouge campent une splendide tour surmontée d'une cloche (*kulkul*) taillée dans un tronc d'arbre, ainsi que plusieurs autels (*pelinggih*) garnis de bois de cerfs, l'emblème de la dynastie Majapahit. C'est là que viennent prier les descendants des premiers rajas de Bali.

Jl. Dr Sutomo 6 (1km au nord-ouest de la grand-place. Accès par l'une des portes latérales de gauche – l'entrée principale n'est ouverte que les jours de fête) 🕒 Lun.-ven. 10h30-18h

Souvenirs royaux

Puri Agung Pemecutan

Le palais des rajas de Badung, qui remonterait au 17e s., fut ravagé par la soldatesque batave en 1906 et restauré par les mêmes Néerlandais quelques années plus tard. Outre les descendants de la famille royale et le Pemecutan Palace Hotel, il héberge une collection de manuscrits sur feuilles de palmier borasse (*lontar*) et des instruments de musique sacrés, dont ceux du grand orchestre des cérémonies royales, ou *gamelan gong gede*. La réception de l'hôtel et l'office de tourisme de Denpasar pourront vous renseigner sur d'éventuels concerts.

**Jl. Mohammad Husni Thamrin 2 (500m au sud du précédent) 📱 0361 423 491 🕒 Tlj. 9h-17h
€ Entrée libre**

Vive la culture balinaise !

Bajra Sandhi Monument 👍

Inauguré en 2003, le monument le plus visité de la ville s'abrite dans le grand parc de Renon. Cette structure en béton parée d'andésite noire représente une fleur de lotus géante juchée sur une haute terrasse et cernée de deux cours concentriques. Le rez-de-chaussée de l'édifice renferme une bibliothèque et une exposition de photographies documentant l'invasion du royaume de Badung par les Néerlandais et le *puputan* de 1906. Au 1er étage, une collection de dioramas retrace en 33 tableaux l'histoire de Bali, du néolithique à la guerre d'indépendance. Un escalier en vis donne accès au toit, où l'on profite de superbes vues sur Denpasar et les lointaines plages de Sanur et de Kuta.

Jl. Raya Puputan 142 (3,3km au sud-est de Puputan Square) 🕒 Lun.-ven. 8h-18h, sam. 9h-18h, dim. 10h-18h

Au doigt... et à l'œil

Fingerprint Painting Museum

I Gusti Ngurah Gede Pemecutan, artiste qui réside dans l'est de la capitale et peint avec ses doigts depuis les années 1960, a rebaptisé son domicile Museum Lukisan Sidik Jari, le "musée de la Peinture digitale". La plus grande de ses œuvres pointillistes est dédiée au *puputan* de 1906. On peut profiter de la bibliothèque et y assister à des spectacles (programme à l'office de tourisme de Denpasar).

Jl. Hayam Wuruk 175 (1,6km au nord-est du Bajra Sandhi Monument) 0361 235 115
Lun.-sam. 8h-16h Entrée libre mais don bienvenu

À FAIRE

Flânez sur les marchés

Pasar Kumbasari

Destiné aux touristes, il regroupe surtout des étals de tissus et d'artisanat, aux prix souvent plus doux que ceux des grands centres de villégiature.

Jl. Gajah Mada et Jl. Gunung Kawi
Tlj. 8h-17h

Jalan Sulawesi et Jalan Hasanuddin

Jalan Sulawesi doit sa dénomination de Kampung Arab à ses nombreux marchands moyen-orientaux et indiens qui vendent des textiles de Bali, Java et Lombok et les exportent vers leur pays d'origine. Au sud, s'ouvre Jalan Hasanuddin, fief des bijoutiers. Attention, les boutiques ferment vers 16h.

Pasar Badung

Pasar Badung

Le principal marché de la ville, et l'un des plus importants de l'île, occupe des locaux récemment restaurés à la suite d'un incendie, mais son ambiance reste celle d'un marché asiatique traditionnel.

Angle de Jl. Maruti et de Jl. Cokroaminoto Tlj. 6h-16h

Pasar Malam Kereneng (Pasar Asoka) $

Tous les soirs, après le coucher du soleil, le plus grand marché de nuit de Denpasar s'étale aux abords de la gare routière de Kereneng. Il regorge d'étals de nourriture et l'on y trouve un peu de tout !

Jl. Haya Wuruk (à l'angle nord-ouest de Jl. Hayam Wuruk – qui prolonge Jl. Surapati – et de Jl. Kamboja, moins de 1km à l'est de la place du Puputan) Tlj. 19h-22h

Assistez à un spectacle traditionnel
Taman Werdhi Budaya

Visant à promouvoir la création artistique locale, ce centre culturel accueille un Festival des arts balinais de la mi-juin à la mi-juillet. Les orchestres de gamelan et les compagnies de danse qui s'y produisent comptent parmi les meilleurs de l'île. Chaque jour sont données de deux à six représentations, souvent simultanées, qui commencent après le déjeuner et se terminent vers 22h. Les billets s'achètent sur place. Le reste de l'année, le centre organise des expositions et des spectacles.

Jl. Nusa Indah 0361 227 176 www.balitaksu.com Lun.-jeu. et sam. 7h30-15h30, ven. 7h30-13h Entrée 10KRp (spectacles en sus)

NOS ADRESSES

RESTAURANTS

La bruyante Jalan Teuku Umar, au sud-ouest de la place du Puputan, abrite maints restaurants. À la tombée de la nuit, plusieurs marchés de la capitale se muent en cantines à ciel ouvert. Aux *nasi campur* (riz escorté de plats variés) des *warung* balinais s'ajoutent les spécialités épicées de Java, les délices sucrés de Sumatra et un assortiment de *sate kambing* (brochettes de cabri accompagnées d'une sauce sucrée aux cacahuètes), de soupe aux nouilles pimentée (*bakso*), de *jaja* (gâteaux de riz noyés sous le sirop de palme) et de crêpes (*martabak manis*). On y dîne jusqu'à 21h30-22h pour moins de 30KRp.

Cantine de quartier
Warung Satria $

Dans une paisible rue résidentielle, à 5min à pied (et à l'est) du marché aux oiseaux, ce *warung* propose petits plats traditionnels – *nasi goreng*, *sate*, etc. –, boissons fraîches et café. Comptez 50KRp.

Jl. Kedondong 11A (à quelques rues au nord de Puputan Square) 0361 235 993 Tlj. 8h30-20h

Poisson du jour
Ikan Bakar Cianjur $$

Ce restaurant, qui appartient à une chaîne nationale très populaire, est fréquenté par les employés des administrations de Renon. Sa spécialité ? Le tilapia, un poisson vivant dans les lacs des volcans et accommodé à toutes les sauces (env. 110KRp le plat). On y sert, bien sûr, d'autres mets indonésiens, mais pas d'alcool. Comptez 150KRp le repas.

DENPASAR Jl. Cokorda Agung Tresna (entre Jl. Drupadi et Jl. Dewi Madri, au nord de Puputan Square) 0361 230 015 www.ibcgroup.co.id Tlj. 10h-21h45

Le *warung* par excellence
Babi Guling Chandra ♥$$

Une salle immense ouverte sur une artère animée, de longues tables en bois noir et un haut plafond doté de ventilateurs font du Chandra l'archétype du grand *warung* de ville. Son plat emblématique est le *babi guling*, l'incontournable porcelet rôti à la broche balinais, servi avec une tasse de bouillon et un assortiment de légumes, le tout cuisiné à la perfection et disposé en petits tas multicolores autour

LA RECETTE

SATE AYAM (BROCHETTES DE POULET SAUCE CACAHUÈTE)

Pour 4 pers.
800g de filet de poulet
Brochettes en bois
Coriandre fraîche

Marinade
10g de gingembre haché
10cl de sauce soja
2 c. à. s. de jus de citron
1 gousse d'ail émincée
1 c. à s. de sucre roux
1 c. à s. de curry
1 c. à c. de cumin
1 c. à c. de curcuma
3 c. à s. d'eau

Sauce cacahuète
15cl de lait de coco non sucré
5 c. à s. de beurre de cacahuète

Dans un saladier, mélangez les ingrédients de la marinade, ajoutez le poulet découpé en cubes et laissez reposer au frais au moins 1 ou 2h. Faites tremper les brochettes dans l'eau pendant 10min. Préchauffez le four à 180°C. Embrochez les morceaux de poulet. Dans une casserole, portez à ébullition les ingrédients de la sauce et le restant de marinade filtré, mélangez et ajoutez au besoin du lait de coco pour rendre le mélange onctueux. Éteignez le feu et ajoutez la coriandre ciselée. Faites cuire les brochettes au gril du four 4min de chaque côté (la viande doit rester moelleuse). Servez nappé de sauce cacahuète, accompagné de riz blanc et de chips de crevette.

autour d'un monceau de riz fumant. Les appétits d'ogre commanderont en sus quelques brochettes de porc (*babi sate*) et du porc frit et caramélisé (*babi goreng*). Arrosé de bière Bintang, le festin revient à 160KRp.

Jl. Teuku Umar 140 📱0878 6548 2438
🕒Tlj. 8h-21h

SHOPPING

Signalons le tout premier centre commercial de l'île, le Ramayanan Bali Mall, sur Jl. Diponegoro (au sud du centre) : petits prix fixes... et charme suranné.

Coupons d'intérêt

CV Dewi Mas

Dans ce magasin bien tenu, toutes les pièces de tissu disponibles (en coton ou en soie) sont soigneusement suspendues aux murs, ce qui facilite grandement le choix. Monsieur Rayyis s'est fait en outre une spécialité de magnifiques coupons pour confectionner des patchworks. À l'étage sont exposés quelques sarongs anciens.

Jl. Gajah Mada 48 📱0819 1628 3388
🕒Tlj. 9h-17h

Voir aussi **Taman Baca Kesiman** (p.40).

KUTA ET LEGIAN

Palmiers, sable blanc, vagues de rêve... C'est à Kuta que s'est forgée la légende du Bali balnéaire au 20e s. Devenu l'épicentre du tourisme de masse, le village de pêcheurs de jadis a fait place à un chaos tentaculaire et pétaradant, fréquenté par de (très) jeunes touristes attirés par le surf, la fête et les prix bas. Reste qu'aux premières heures du jour, on résiste difficilement à l'appel de la plage encore déserte !

À VOIR

Après avoir été, brièvement, un port prospère au 19e s., Kuta retombe dans sa torpeur. Dans les années 1930, des Américains ouvrent le premier hôtel sur sa plage et, dans les années 1960, les hippies globe-trotteurs succombent à sa douceur de vivre. Soixante ans et des millions de surfeurs plus tard, le modeste village de pêcheurs devient un temps la station balnéaire la plus populaire de l'île... avant d'être détrônée par Seminyak et Canggu. De nos jours, passé 9h, Kuta n'est plus qu'un gigantesque embouteillage. Les hôtels de luxe y côtoient des pensions bon marché, les bars et les bazars clinquants ont envahi ses venelles, et les solliciteurs de tout poil peuvent s'y montrer franchement importuns.

ACCÈS ET INFOS

- L'entrée sud de Kuta est à 3,5km de l'aéroport. Compte tenu des embouteillages, préférez le scooter (casque indispensable) à la voiture. À pied, comptez 30min de Poppie Lane I (plan 2, A4-B4) à Jalan Arjuna (plan 2, A2) par la plage.
- Les bus de la Kuta Line remontent Jl. Kartika Plaza, Jl. Raya Legian et Jl. Raya Seminyak, puis descendent Sunset Rd toutes les 30min entre 9h et 21h (20KRp). kura2bus.com
- Les motos-taxis Gojek vous conduiront partout à des tarifs fixes (casque fourni). À commander sur votre Smartphone. www.gojek.com
- Blue Bird Taxis La compagnie la plus fiable, reconnaissable au pélican stylisé de son logo. 3617 011 11 ou 3618 498 008 www.bluebirdgroup.com
- Tourist Police Kuta Jl. Raya Kuta un peu au nord de Jl. Poppies II 0361 224 111 (24h/24)

Ruelles animées

Poppies Lane I (plan 2, A4-B4)

C'est un restaurant ouvert en 1973 par une Balinaise et de jeunes Anglo-Saxons (p.53) qui a donné son nom à cette venelle reliant Bemo Corner à la plage. Aujourd'hui bordée de bazars et d'hôtels, Poppies Lane (Poppies *gang* en balinais) est un incontournable touristique. Sa petite sœur, Poppies Lane II, doit son animation à ses bars et à la proximité des boîtes de nuit de Jalan Legian.

Plage tout public

Kuta Beach (plan 2, A4)

Bondée, bruyante et d'une propreté douteuse, cette plage garde néanmoins un cadre verdoyant plaisant. C'est la plus propice à la baignade des enfants,

À NE PAS MANQUER

- Poppies Lane
- Legian Beach

Cérémonie de purification sur la plage de Kuta

à condition qu'ils ne s'éloignent pas du bord. Sous les arbres, vendeurs de boissons, masseuses et loueurs de planches de surf attendent le client, tandis que des transats s'alignent face au soleil sous des parasols colorés. Le week-end, les familles balinaises y côtoient les post-ados australiens attirés par le surf et l'alcool bon marché. En fin de matinée ou en début d'après-midi, ces derniers viennent mollement récupérer de leurs excès de la nuit, avant de plonger dans les vagues, puis de préparer la soirée qui s'annonce. Le meilleur moment à Kuta Beach ? Le lever du jour, quand, nimbée d'une lumière dorée, la plage déserte invite à la balade, à la baignade ou au surf.

BON À SAVOIR

Aux abords des plages de Kuta, en particulier vers Tuban et Legian, les **courants marins** et le ressac peuvent se révéler violents et rendre particulièrement laborieux le retour des baigneurs vers le rivage. Nageurs novices, prudence ! Sur les plages surveillées, respectez l'interdiction de baignade signalée par un drapeau rouge frappé d'une tête de mort.

Calme, surf et bonnes soirées

Legian Beach (plan 2, A2)

Ce ruban de sable prolonge Kuta Beach vers le nord, au-delà de Jalan Pantai Kuta. Le front de mer est relativement épargné par les constructions, et sa promenade réservée aux piétons et aux deux-roues. Vous y serez donc plus tranquille, malgré la présence de marchands ambulants. La baignade est agréable en dépit des courants et du ressac, le sable un peu plus propre que celui de Kuta Beach, et les vagues réjouissent les surfeurs. C'est aussi l'une des plages les plus fréquentées au coucher du soleil. En 15-20min, la promenade

Plan 2
A
B
1
2
3
4
Kunti
Raya Basangkasa
Sunset Road
Gunung Atena
Tatag Wirasanthi
Plawa
Camplung Tanduk
Raya Seminyak
E
Ratna
TOURIST POLICE LEGIAN
43
20
10
Arjuna (Double Six)
Bulan
Nakula
DOUBLE SIX BEACH
LEGIAN
Marga Puri Ayu
2
1
Werkudara
Pantai Legian
Legian
Bisma
14
21
Padma Utara
Padma Timur
LEGIAN BEACH
8
Padma
PADMA BEACH
Sahadewa
Dewi Sri
3
Sriwijaya
Melasti
13
Raya Pantai Kuta
Lebak
Legian
Patih Jelantik
Patih Jelantik
6
KUTA CENTRAL PARKING STATION
OCÉAN INDIEN
Patimura
Imam Bonjol
Bene Sari
Bene Sari
Mataram
Majapahit
TOURIST POLICE KUTA
Poppies Lane II
30
KUTA
BALI BOMBING MEMORIAL
F
PERAMA
KUTA BEACH
5
Raya Pantai Kuta
Poppies Lane I
12
40
41
11
Mataram
Majapahit
Imam Bonjol
Pantai Kuta
Raya Kuta
KUTA SQUARE
Tegal Wangi
Bana Sari
Raya Kuta
DFS BUS BA
N
300 m
TUBAN BEACH
Singosari-Kuta
4
POSTE PRINCIPALE

du front de mer mène aux bars et restaurants de Jalan Arjuna ("Double Six"). Padma Beach est la portion de plage qui s'étend au bout de Jalan Padma, et Double Six Beach celle sur laquelle débouche Jalan Arjuna.

À FAIRE

Prenez la vague

Des breaks plus ou moins difficiles, de nombreux magasins spécialisés et autant d'écoles de surf ont fait de Kuta et Legian des spots à succès.

Bali Ocean Surf (plan 2, A2 n°1)

Un centre sérieux, tenu par un Breton, avec des formules pour tous les âges et tous les niveaux. En français donc ! Possibilité de transfert sur d'autres sites et location de matériel. Initiation adulte 59US$, enfant 49US$, pour un cours collectif de 1h30 incluant le prêt du matériel et d'un Lycra. Forfait 3 cours 169US$, 5 cours 269US$, 8 cours 369US$.

Double Six Beach, face au restaurant The Coffee Club – Legian Legian 8113 9404 004 www.balioceansurf.com

Rip Curl School of Surf (plan 2, A2 n°2)

École internationale dotée d'instructeurs anglophones. Cours particulier de surf 3 575KRp pour 5 fois 2h. Également des cours de kitesurf, wake board, stand up paddle, planche à voile...

Double Six Beach (par Jl. Arjuna) Legian 0361 735 858 www.ripcurlschoolofsurf.com
Cours collectifs à 8h, 10h, 12h et 14h

Up2U Surf School (plan 2, A3 n°3)

Cet établissement anglophone affiche des tarifs relativement plus abordables : à partir de 350KRp le cours collectif pour débutants (matériel compris) et 500KRp le cours particulier. Son site Internet recense les principaux spots de l'île et précise leurs caractéristiques et leur niveau.

Jl. Pantai Kuta 2, Kuta Padma Beach 8214 4147 382 www.up2usurfschool.com

Amusez-vous en famille

Waterbom Bali (plan 2, A4 n°4)

Avec ses 22 toboggans géants ultrarapides, ses cinq piscines, ses jeux, sa rivière et ses descentes en radeau gonflable, le tout au sein d'une luxuriante végétation, cet immense parc aquatique garantit des émotions fortes ! Pass journée 535KRp/adulte et 385KRp/enfant. Restauration sur place, possibilité de sortir déjeuner et de revenir avec le même ticket. Réductions en ligne.

Jl. Kartika Plaza Tuban 0361 755 676 www.waterbom-bali.com Tlj. 10h-17h

Jamu Spa

Relaxez-vous

Kuta Puri Spa (plan 2, A4 n°5)

Le spa du Kuta Puri Bungalows n'est pas réservé aux clients de l'hôtel. Les cabines sont propres et calmes, le décor est agréable et les prix restent très convenables. Massage balinais (1h) 200KRp, massage plantaire (30min) 150KRp, gommage corporel à la noix de coco ou au café (1h30) 350KRp.

Poppies Lane I Kuta 0361 751 903 (ext. 224) Tlj. 8h-21h Rés. recommandée en soirée

Jamu Spa (plan 2, A3 n°6)

Un institut de beauté à l'occidentale – en témoigne le prix du massage balinais à 450KRp HT pour 1h –, qui séduit par son luxe et son atmosphère voluptueuse. C'est l'endroit où essayer des cures originales, comme le soin facial drainant et détoxifiant "Tropical Nut" (1h, 400KRp) ou le gommage corporel au riz pilé, poudre de curcuma, graines de tamarin et huile de jasmin, qui favorise la circulation et soulage les tensions musculaires (1h30, 550KRp).

Alam Kulkul Hotel Jl. Pantai Kuta Kuta 0361 752 520 (ext. 165) www.jamutraditionalspa.com Tlj. 9h-17h

NOS ADRESSES

PAUSES

Les bars de plage de Kuta sont souvent de simples paillotes qui ferment après le coucher du soleil.

Camion à cocktails

On the Juice

Promesse d'ambiance *lounge* pour profiter pleinement du coucher de soleil à Kuta, ce bar est idéalement situé face à la mer, un camion jaune aux couleurs d'éternelles vacances faisant office de bar. Tandis que le personnel s'active, on se prélasse dans un pouf géant devant la plage en savourant un excellent jus de fruits ou un cocktail. On ne manque pas l'happy hour de 17h à 18h (un cocktail offert pour un commandé). Env. 40KRp les jus et 100KRp les cocktails.

LEGIAN (plan 2, A2 n°8) Juste au nord du croisement de Jl. Padma et de Jl. Pantai Legian 0819 3609 3690 Sam.-jeu. 8h-22h, ven. 8h-0h

RESTAURANTS

À la bonne franquette

Warung Murah $

Une cantine aérée très populaire, où l'on compose son menu en choisissant dans les marmites et la vitrine du comptoir. Des plats balinais simples, souvent à base de poisson, à accompagner de riz et de légumes variés. Assiette garnie 25-45KRp, bière 30KRp, jus de fruits frais 10-22KRp.

KUTA (plan 2, A2 n°10) Jl. Arjuna 99 0361 732 082 Tlj. 9h-20h30

Copieux

Made's Warung $

Une ambiance fort sympathique règne dans ce chaleureux restaurant décoré de vieilles photos et de masques traditionnels, distribué sur deux niveaux et une mezzanine. Plats balinais et thaïs très copieux. Plats végétariens 30-40KRp, currys, *sate lilit ikan* (brochettes de poisson haché), *babi* (travers de porc) à la papaye 65KRp.

KUTA (plan 2, B4 n°11) Jl. Pantai Kuta 0361 755 297 www.madeswarung.com Tlj. 10h-0h

So romantic !

Poppie's Restaurant $$

Cet établissement est ouvert depuis 1973. C'est pour dîner qu'il faut réserver une table dans son délicieux jardin balinais, et pouvoir ainsi profiter du murmure des fontaines et de la douce lumière des bougies. L'endroit dégage un charme fou – demandez une table dans un des recoins de verdure –, l'atmosphère est follement romantique et le service raffiné. Fournie, la carte conjugue spécialités locales et classiques internationaux présentés avec goût (env. 75KRp le plat). À deux, misez sur la *rijsttafel*, un copieux assortiment de plats indonésiens servis avec du riz (305KRp). À noter, de nombreux plats sont garantis sans gluten.

KUTA (plan 2, B4 n°12) Poppie's Lane I (côté Jl. Pantai Kuta) 0361 751 059 www.poppiesbali.com Tlj. 8h-23h

Nippon *ad hoc*

Take $$

Faites fi du cadre dépouillé façon cantine, la cuisine est excellente ! La carte foisonne de soupes et de plats de nouilles traditionnels (80-175KRp), mais on vient surtout chez Take pour l'extrême fraîcheur de son poisson cru, servi sous forme de sashimis, de makis, de *tataki* ou en tempura (60-160KRp). Vous irez choisir dans les viviers le poisson que le chef préparera ensuite devant vous. Carte de sakés et de bières. L'addition grimpe vite, mais c'est parfaitement justifié. Réservation impérative.

KUTA (plan 2, B3 n°13) Jl. Patih Jelantik 0361 759 745 www.take.ramarestaurantsbali.com Tlj. 12h-21h

La mer qu'on voit danser...

Mozzarella by the Sea $$

Il n'y a pas à dire, la terrasse à la déco récup' patinée est top, qui plus est face à la portion la plus calme de Legian Beach. Sympathique pour un déjeuner rapide, idéal pour un dîner aux chandelles bercé par le ressac. Pâtes, burgers, brochettes, poulet ou poisson grillé. Comptez 75-125KRp le plat.

LEGIAN (plan 2, A2 n°14) Jl. Padma Utara 9 (face à la plage) 0361 755 896 www.mozzarella-resto.com Tlj. 8h-23h

SHOPPING

Kuta regorge de bazars pour touristes et de magasins d'articles de plage et de surf. Les vendeurs ont tendance à se montrer insistants, voire agressifs. Pour les souvenirs bon marché, dirigez-vous vers Poppies Lane I ou Jalan Arjuna (Double Six), et négociez ferme, car les prix annoncés sont trois ou quatre fois supérieurs à la normale. Vous trouverez les plus beaux sarongs sur Jalan Arjuna, et des boutiques de mode et déco le long de Jalan Legian, entre Poppies Lane I et Poppies Lane II. Du côté des galeries commerciales, citons Kuta Beachwalk (beachwalkbali.com), sur Jalan Pantai Kuta, à côté du Sheraton Bali Kuta, le Discovery Mall (www.

Batiks balinais

LE BATIK
Le batik est le textile le plus vendu dans les boutiques de Kuta et Seminiak. Il doit ses motifs à une technique d'impression artisanale après tissage, utilisant de la cire chaude pour réserver certaines parties du tissu lors de la teinture. En renouvelant l'opération, des tons clairs aux plus foncés, on obtient des dessins complexes. Méfiez-vous toutefois des faux batiks, souvent en rayonne et imprimés de façon industrielle.

discoveryshoppingmall.com), sur Jalan Kartika Plaza, et le Carrefour Plaza sur Sunset Road (entre Merta Nadi et Merdeka).

Batik authentique
Balifu
On aime ses sarongs haut de gamme en batik. La plupart des imprimés sont déclinés sur soie (80US$), coton (28US$), parfois mousseline et rayonne. Avec des lignes coordonnées de serviettes, sacs et robes de plage, etc., et des bijoux fantaisie assortis.

LEGIAN (plan 2, A2 n°20) Jl. Arjuna Block B1(Double Six) 0859 5378 4088 www.balifusarongs.com Tlj. 9h-18h

Farfouille de bijoux
Fajar Accessories
Dans ce petit atelier de bijoux fantaisie, bric-à-brac poussiéreux aux allures de grossiste, on déniche de bonnes surprises à prix mini (50-60KRp). Perles de bois multicolores ou plus classiques, graines et coquillages s'y déclinent en colliers furieusement kitsch ou diablement élégants, comme d'imposantes parures ethniques (70KRp) du plus bel effet. Il faut simplement aimer fouiner !

LEGIAN (plan 2, B2 n°21) Jl. Legian 418 0813 3827 7969 Lun.-sam. 9h-19h

Voir aussi **Karung Kreatif** (p.41).

SORTIES

Kuta attire surtout les touristes de moins de 25 ans, le plus souvent australiens, et la consommation d'alcool y atteint un niveau élevé le soir. En témoignent les rixes qui se produisent couramment à partir de minuit et les fins de soirée peu glorieuses. En matière de clubbing, une mode chasse l'autre, mais c'est souvent un rabais sur les consommations qui conditionne la fréquentation : l'entrée est gratuite, et les boîtes font leur marge sur les boissons. La plupart des clubs sont installés sur Jalan Legian, entre Poppies Lane I et Poppies Lane II. Programme et bons plans dans le bimensuel gratuit *The Beat*.

Temple de la fête
Engine Room
Sous le même toit, quatre bars et autant de dance-floors animés par une dizaine de DJ. Niveau sonore très élevé et ambiance survoltée pour une clientèle jeune.

KUTA (plan 2, B4 n°30) Jl. Legian 0361 755 188 www.engineroombali.com Tlj. 19h-4h

Voir aussi L'**Orchard Bar and Restaurant** (p.41).

DE SEMINYAK À UMALAS

Au nord de Kuta, Seminyak était encore il y a peu un petit village de pêcheurs, mais depuis les années 2000, l'essor du tourisme l'a converti en une villégiature tapageuse alliant boutiques étincelantes, hôtels design et bars à champagnes. À Umalas, le luxe se fait plus discret, et de vertes rizières ponctuées de cocotiers s'avancent encore jusqu'aux plages battues par les vagues...

ACCÈS ET INFOS

- De l'aéroport, le trajet en taxi prépayé coûte 100-120KRp selon la destination à Seminyak ou Umalas. Entre la rue principale, Jalan Kayu Aya (plan 3, B2), et la plage de Seminyak ou celle de Legian, comptez 35KRp en taxi Blue Bird. De la rue principale aux plages de Seminyak, de Legian ou de Petitenget, il n'y a pas plus de 15 à 30 min de marche. Pour accéder à Umalas, remontez Jalan Raya Kerobokan et tournez à gauche dans Jalan Umalas.
- Les motos-taxis Gojek vous conduiront partout à des tarifs fixes (casque fourni). À commander sur votre Smartphone. www.gojek.com
- Blue Bird Taxis 3617 011 11 www.bluebirdgroup.com

À VOIR

SEMINYAK ET PETITENGET

Seminyak ne tarit pas d'adresses tendance, avec son front de mer trusté par les palaces, ses bars branchés, ses boutiques de luxe et ses galeries de créateurs aimantant une clientèle oisive et paradeuse. Le secteur regroupe certains des restaurants les plus raffinés et les mieux établis de Bali, ce qui en fait une destination gastronomique incontournable. Dans ce paradis des gourmands, vous trouverez un mélange de saveurs du monde entier, accomodées par des chefs expérimentés – de réputation internationale pour certains.

***The place to be* au coucher du soleil**

Seminyak Beach (plan 3, A2)

On peut gagner la plage de Seminyak soit par le sud, en empruntant Jalan Camplung Tanduk, soit par le nord, en suivant Jalan Kayu Aya (ou Laksmana) vers l'ouest. Très belle, souvent battue par les vagues, elle prolonge les plages de Kuta et de Legian, mais en plus chic et moins bruyant. Les bars de sa partie sud déploient chaises longues, poufs moelleux et parasols multicolores, et les surfeurs s'y mêlent à la clientèle élégante des hôtels qui monopolisent la partie nord.

Jl. Camplung Tanduk (anciennement Abimanyu ou Jl. Dhyana Pura)

Petit mais puissant

Pura Petitenget (plan 3, A1)

Ce modeste temple de la Mer fait l'objet d'une grande ferveur populaire. Au 16e s., Danghyang Nirartha, le célèbre brahmane javanais venu enseigner aux Balinais les préceptes du shivaïsme, aurait oublié sa boîte à bétel dans le

À NE PAS MANQUER

- Seminyak Beach
- Pura Petitenget

Seminyak Beach au coucher du soleil

village. Un esprit maléfique aurait alors tenté de se l'approprier, provoquant toutes sortes d'incidents. Il fut donc décidé d'ériger un sanctuaire autour de l'objet précieux pour le protéger. Les malheurs cessèrent aussitôt, valant dès lors au site une profonde vénération (*peti* : "coffret" ; *tenget* : "doté d'un pouvoir surnaturel"). De hauts perrons et des portails en brique rouge et en pierre sculptée donnent accès au temple et à ses trois cours successives ponctuées de *meru* aux toits de chaume superposés. Les fermiers viennent s'assurer de bonnes récoltes au petit Pura Masceti, situé dans la même enceinte.

Jl. Petitenget € Accès libre, sarong obligatoire Parking commun avec la plage 2KRp

Le grand mix
Petitenget Beach (plan 3, A2)

Cette plage au sable fin immaculé et aux vagues grisantes est appréciée autant des surfeurs et nageurs étrangers que des familles balinaises. Il est très agréable de s'y promener en début de matinée ou en fin d'après- midi.

Jl. Petitenget Matériel de surf à louer sur le parking

KEROBOKAN ET UMALAS

Entre Seminyak et Canggu, Kerobokan regroupe les villages d'Umalas et de Banjar Semer. S'il bénéficie de la proximité des restaurants à la mode et des boutiques de créateurs de Seminyak, ce lieu-dit a conservé ses hectares de rizières et sa tranquillité. Aussi cette enclave rurale abrite-t-elle maintes opulentes villas d'expatriés et autres résidences luxueuses dissimulées dans la jungle. D'ailleurs, la route principale qui mène du nord de Seminyak à Kerobokan est bordée de magasins de meubles et d'ateliers proposant des "antiquités sur commande" !

Activités (n°1 à 6)
- *1* Adventure Scuba Diving - *p.59* E1
- *2* Bali Green Surf - *p.59* B2
- *4* Jari Menari - *p.59* B2
- *3* Kima Bali Surf Camp - *p.59* .. B2
- *6* Nia Cooking Class - *p.60* B2
- *5* Spa Bali Dyanapura - *p.60* ... B2

Pauses (n°10 à 17)
- *12* Babi Guling Pak Malen - *p.61* . B2
- *15* Ku De Ta - *p.61* A2
- *16* Mano Beach House - *p.61* A1
- *10* Monsieur Spoon - *p.60* B2
- *17* Potato Head - *p.61* A1
- *11* Revolver Espresso - *p.61* B2
- *14* Taris Bali - *p.61* B2

Restaurants (n°30 à 37)
- *33* Batik Restaurant - *p.62* B2
- *32* Chandi - *p.62* B2
- *34* Mama-San - *p.62* B2
- *37* Métis - *p.63* B1
- *31* Nook - *p.62* A1
- *36* Sardine - *p.63* B1
- *30* Warung Dua Umalas - *p.62* ... B1
- *35* Warung Sulawesi - *p.62* B1

Shopping (n°50 à 56)
- *50* Bintang Supermarket - *p.64* . B2
- *51* Coco Supermarket - *p.64* B2
- *53* Magali Pascal - *p.64* B2
- *55* Quarzia - *p.64* A2
- *54* Saya Gallery - *p.65* B2
- *56* Uluwatu - *p.64* B2

Sorties (n°70 à 72)
- *72* 40 Thieves - *p.65* A1
- *71* Bali Joe - *p.65* B2
- *70* La Favela - *p.65* B2

Hébergements (n°80)
- *80* Ned's Hide-Away - *p.321* B2

Pour le surf

Batu Belig Beach (plan 3, A1)

Nettement moins fréquentée que les plages plus méridionales, celle-ci est un spot de surf réputé, particulièrement prisé des Australiens.

Jl. Batubelig

À FAIRE

Plongez sur des jardins de coraux

Adventure Scuba Diving (plan 3, B1 n°1)

Faute de sites de plongée à proximité, ce club organise des sorties avec bouteille ou masque et tuba au large de Nusa Lembongan, Nusa Penida, Padang Bai, Amed et Tulamben. Comptez 59US$ pour une formation en piscine, et 149US$ pour une journée de plongée avec bouteille. En ligne sont proposés d'intéressants forfaits hébergement + plongée en partenariat avec l'hôtel Green Palms.

Jl. Dewi Saraswati 50 (par Jl. Bidadari) Seminyak 0877 6010 2000 www.adventure-scuba-diving.com Tlj. 9h-13h et 14h-18h

Chevauchez les déferlantes

Bali Green Surf ♥ (plan 3, B2 n°2)

Cette école ouverte par quatre Balinais reverse la moitié de ses bénéfices à des orphelinats et à des institutions pour handicapés. Elle collecte aussi des fonds pour faciliter l'insertion socioprofessionnelle de ces jeunes, en leur apprenant l'anglais notamment. Elle s'efforce enfin de sensibiliser les petits Balinais à la nécessité de préserver les plages et le milieu marin. Leçons de surf (2h30) pour enfant 35US$, pour adulte 45US$, sorties sur d'autres spots à partir de 50US$ selon le nombre de participants. Réductions en réservant en ligne.

Jl. Drupadi 2, 9 (par Jl. Camplung Tanduk) Seminyak 0878 8176 0313 https://www.baligreensurfschool.com/ Tlj. 9h-19h

Kima Bali Surf Camp (plan 3, B2 n°3)

Pour un stage d'une à trois semaines sur les meilleurs spots de l'île, logé dans un petit hôtel de charme. Le programme ne laisse rien au hasard, mais reste modulable en fonction du niveau de chacun. Le forfait comprend la prise en charge à l'aéroport, l'hébergement avec petit déjeuner, les sessions de surf, des cours de yoga et la mise à disposition d'un VTT et d'une navette. Autres camps de base à Padang, Green Bowl et Canggu. À partir de 20€ par pers. et par nuit.

Gang Puri Kubu II 63B (par Jl. Camplung Tanduk) Seminyak 0811 3944 332 ou +44 (Allemagne) 20 81 44 31 40 www.kimasurf.com

Dé-ten-dez-vous

Jari Menari (plan 3, B2 n°4)

Cette équipe exclusivement masculine prodigue des soins énergiques à base d'étirements et de percussions de *jari menari* ("doigts dansants" en indonésien). Comptez 485KRp la séance (1h15), 535KRp avec des étirements en sus (1h30), 590KRp le massage à quatre mains (1h). Également des soins ciblés pour le dos ou les pieds. Prix hors taxes.

Jl. Raya Basangkasa 47 (ex-Jl. Raya Seminyak) Seminyak 0361 736 740 www.jarimenari.com Tlj. 9h-19h

Spa Bali Dyanapura (plan 3, B2 n°5)
Un salon de massage impeccable et d'un bon rapport qualité-prix. Comptez 160KRp pour un massage balinais traditionnel de 1h ou pour un gommage corporel (*body scrub*). Si vous êtes en quête d'exotisme, essayez le forfait "Chocolate Dreams" : 2h30 de soins, avec modelage au beurre de cacao, gommage complet au chocolat et à la cannelle et bain au chocolat (500KRp).

Jl. Camplung Tanduk 100x (à côté de la pharmacie) Seminyak ☎ 0361 737 933 www.spabali.asia ⌚ Tlj. 10h30-20h

Apprenez à cuisiner balinais

Nia Cooking Class (plan 3, B2 n°6)
Tous les matins – en haute saison du moins –, le Warung Nia organise des cours de cuisine. Après avoir fait son marché et pris un thé, on apprend (en anglais) à préparer les épices et les sauces et à mitonner sept plats. Et l'on déguste le repas préparé entre élèves : 575KRp (9h-13h30). On peut venir vous chercher à l'hôtel. À réserver en ligne.

Kaya Aya Village (dans le marché aux puces) Jl. Kayu Aya Seminyak ☎ 0877 6155 6688 www.seminyakbalinesecookingclass.com ⌚ Lun.-sam. 9h-13h30

Fleurs de frangipanier

NOS ADRESSES

PAUSES

Envie d'un jambon-beurre ?

Monsieur Spoon
Vous rêvez d'un croissant moelleux ou d'une tarte aux fraises ? On dit de cette petite boulangerie française qu'elle confectionne les meilleures viennoiseries et pâtisseries de la région, sinon de l'île ! Également un choix de snacks salés (quiche lorraine, croque-monsieur, etc.).

SEMINYAK (plan 3, B2 n°10) Jl. Kayu Cendana 2N (Seminyak Square) ⌚ Tlj. 7h-19h

Babi guling extra

Babi Guling Pak Malen
Ne vous laissez pas décourager par la circulation du boulevard, car

cette modeste cantine propose un excellent *babi guling* (cochon de lait rôti). Pas de chichis : on vous sert une assiette (en plastique) garnie de riz, de légumes et de viande croustillante, y compris la peau grillée, et un bol de soupe pour 50KRp, mais vous pourrez vous sustenter pour moins cher.

SEMINYAK (plan 3, B2 n°12) Jl. Sunset Road 554 0361 745 2968 Tlj. 9h-17h

À toute heure
Revolver Espresso ♥

Pour un espresso digne de ce nom, un petit déjeuner réconfortant (55-100KRp), un *poke bowl* ou un burger en journée. À partir de 18h, on s'y presse pour l'apéro et l'on peut même y dîner pour moins de 150KRp.

SEMINYAK (plan 3, B2 n°11) Jl. Kayu Aya, Gang 51 www.revolverespresso.com Tlj. 7h-tard

On remet ça ?
Taris Bali

Regarder le soleil s'abîmer dans les vagues, assis sur un gros pouf coloré en sirotant une bière (40-60KRp), c'est tout l'art de vivre à Seminyak ! Si la musique peut paraître un peu incongrue en pleine journée, elle donne à ce bar de plage des allures de boîte en plein air dès la tombée de la nuit.

SEMINYAK (plan 3, B2 n°14) Seminyak Beach (par Jl. Camplung Tanduk) 0813 3960 4000 Tlj. 8h-0h

Soudain un petit creux...
Ku De Ta

Chic et cher, cet élégant complexe accueille sa clientèle sélecte dans un restaurant gastronomique (dîner à partir de 600KRp) et deux bars, dont l'un sur la plage. Bière (65KRp) et cocktail (130KRp), à savourer sur un divan au son des mix d'un DJ.

SEMINYAK (plan 3, A2 n°15) Jl. Kayu Aya 9 (accès nord de Seminyak Beach) 0361 736 969 www.kudeta.com Lun.-jeu. 12h-23h, ven.-dim. 8h-tard

Bar des familles
Mano Beach House ♥

Posé à l'embouchure d'un fleuve côtier, ce bar pas snob pour deux sous déploie une terrasse au niveau de la plage et une autre à l'étage, idéales pour conclure l'après-midi devant un smoothy, une bière (40KRp) ou un cocktail, pendant que les enfants s'amusent sur la pelouse entre les tables. On peut aussi s'y restaurer à des prix raisonnables (70-100KRp HT). Animation musicale le mercredi soir.

KEROBOKAN (plan 3, A1 n°16) Jl. Petitenget 0361 473 0874 Tlj. 11h-22h

Incontournable !
Potato Head

Le club cher et m'as-tu-vu de la côte sud, mais tellement spectaculaire ! Sa façade, fort originale, cache plusieurs restaurants et un bar autour d'une vaste piscine. Pour profiter d'un transat, venez en fin de matinée, commandez un jus de fruits frais (40KRp), un Martini revisité fruit de la passion ou un cocktail à partager. Vous pourrez ensuite vous baigner et grignoter en attendant l'obscurité (ceviche 75KRp, snacks à partager 100-250KRp). Puis les DJ entrent en scène et la nuit commence...

KEROBOKAN (plan 3, A1 n°17) Jl. Petitenget 51B 0361 473 7979 www.potatohead.co/seminyak/ Tlj. 10h-0h

RESTAURANTS

D'Asie du Sud-Est et d'ailleurs

Batik Restaurant $$$

Deux salles claires et décorées de beaux batiks – l'une au rez-de-chaussée, l'autre à l'étage – et un bar. Au menu, des plats vietnamiens, thaïs et, bien sûr, indonésiens. Goûtez au *beef rendang* (bœuf en sauce à la noix de coco râpée et grillée, 120KRp) ou au *Crying Tiger* (160KRp). Également une recette de couscous – legs du restaurant Khaïma qui occupait naguère les lieux. Très belle carte de vins du Nouveau Monde. Cocktail 85-120KRp.

SEMINYAK (plan 3, B2 n°33) Jl Kayua Aya 0361 735 171 Tlj. 12h-23h

Asiatique créatif

Mama-San $$$

Ce restaurant, sur lequel veille le portrait géant d'une *mama-san* (maîtresse d'auberge japonaise), réunit un bar et une salle conviviale avec ses photos anciennes et son mobilier de bistro vintage. On y déguste une cuisine asiatique plutôt créative, très parfumée et joliment présentée. Comptez 130-150KRp le cocktail et 150-360KRp le plat.

SEMINYAK (plan 3, B2 n°34) Jl. Raya Kerobokan 135 0818 0612 6700 www.mamasanbali.com Tlj. 12h-15h et 18h-22h Rés. impérative

Coin (coin) chic

Chandi $$$

Lumières tamisées, musique jazz et service prévenant offrent un écrin romantique à une table traditionnelle soignée qui a fait du canard sa spécialité, du *duck lilit* (deux brochettes de canard haché et parfumé aux épices 24KRp) au *duck betutu tasting* et ses seize préparations (demi-canard 168KRp, canard entier 320KRp). Les végétariens apprécieront le *sate* au tofu et légumes. Un peu moins cher le midi.

SEMINYAK (plan 3, B2 n°32) Jl. Kayu Aya 72 0361 4771 155 www.shor.by/chandibali Tlj. 10h-22h Rés. recommandée le soir

Buffet d'enfer

Warung Dua Umalas $

Pour son délicieux buffet indonésien (à partir de 15KRp la portion végétarienne, de 30KRp la portion carnée). Et, à la carte, des pâtes, burgers et autres plats de viande (66-140KRp). Sans oublier un vaste choix de petits déjeuners.

KEROBOKAN (plan 3, B1 n°30) Jl. Umalas II 88 0361 8475 139 Tlj. 7h-23h

Déj' bohème

Nook $$

Au milieu des rizières, on goûte à la douceur d'Umalas le temps d'un déjeuner au Nook. Le cadre relaxant et la décoration bohème invitent à faire durer le repas. On y déguste un *nasi kampur special* (mélange de spécialités balinaises) ou un burger végan au pain noir. En dessert, optez pour le *dadar gulung* (crêpe balinaise à la noix de coco), un délice ! Comptez 40-80KRp selon les plats.

KEROBOKAN (plan 3, A1 n°31) Jl. Umalas 1 3618 475 625 ou 0813 5386 7776 www.nookrestaurantbali.com Lun.-sam. 8h-23h, dim. 8h-21h

Familial

Warung Sulawesi $

Un ravissant patio meublé de bric et de broc, à l'ombre d'un grand arbre, et des plats disposés sur un comptoir, parmi lesquels on choisit de quoi remplir son assiette. Une cuisine balinaise familiale simple mais goûteuse, dans un cadre on ne peut plus paisible... Base de riz + viande ou poisson + légumes (40-50KRp).

KEROBOKAN (plan 3, B1 n°35) Jl. Petitenget 57B 0828 3604 527 Tlj. 10h-20h

Amuse-bouche chics, Seminyak

Poisson gastronome
Sardine ♥$$$

Une adresse raffinée au design balinais. Sous une vaste toiture traditionnelle en bambou, face à une rizière, on se régale de légumes du potager bio, accompagnés de viandes mais surtout de produits de la mer d'une extrême fraîcheur – le propriétaire se rend tous les jours au marché aux poissons de Jimbaran. Le menu, d'inspiration française fusion, change tous les jour. Plats 130-290KRp à midi, 130-480KRp le soir.

KEROBOKAN (plan 3, B1 n°36) Jl. Petitenget 21 0811 3978 333 www.sardinebali.com Tlj. 11h30-1h (dernière commande à 23h) Rés. conseillée le soir

Frenchie
Métis $$$

Une des tables chicissimes de Kerobokan, placée sous la houlette d'un chef français. L'élégante salle aux boiseries sombres dessine un hémicycle autour d'une petite rizière. La carte, sous influence hexagonale, comporte des recettes de foie gras inventives. Le soir, 195-575KRp le plat. À midi en semaine, formule trois plats 155-175KRp.

KEROBOKAN (plan 3, B1 n°37) Jl. Petitenget 6 0361 473 7888 www.metisbali.com Lun.-sam. 11h-16h et 17h30-23h30, dim. 17h30-23h30

SHOPPING

Seminyak est assurément l'un des hauts lieux du shopping à Bali, notamment en matière de mode et de décoration. Les meilleures adresses s'alignent sur Jalan Kayu Aya, entre Jalan Raya Seminyak et Seminyak Square (plan 3, A2). De là, en remontant les ruelles en direction du nord, vous dénicherez encore de loin en loin de sympathiques échoppes. Pour visiter les fabriques de meubles et d'accessoires de décoration, louez un deux-roues et filez jusqu'à Jalan Mertanadi, au nord de Jalan Sunset (plan 3, B2).

Cerf-volant artisanal

En dépannage

Bintang Supermarket

Une supérette à la balinaise, où l'on trouve un peu de tout : de quoi préparer un pique-nique, des produits anti-moustiques, quelques souvenirs et même une petite agence postale.

SEMINYAK (plan 3, B2 n°50) Jl. Raya Seminyak 17 0361 730 552 Tlj. 8h-21h

Un DAB en plus

Coco Supermarket

Un supermarché moderne et bien tenu, équipé, en plus, d'un distributeur de billets.

SEMINYAK (plan 3, B2 n°51) Jl. Kayu Aya 65-67 0361 735 618 Dim.-jeu. 8h-22h, ven.-sam. 8h-0h

Dressing cool et classe

Magali Pascal

Cette styliste française, qui a créé sa marque à Bali en 2004, conçoit une mode raffinée, intemporelle et bohème. Les matières (soie, lin, coton) sont fluides et les tons subtils, pour des vêtements décontractés chics à porter dans la journée comme le soir. Comptez de 3 600 à 9 000KRp pour une robe. Deux autres boutiques dans le secteur : Jl. Raya Petitenget 100X et Jl. Pantai Batu Bolong 84a.

SEMINYAK (plan 3, B2 n°53) Jl. Kayu Aya 177X (par Oberoi) 0361 737 907 www.magalipascal.com Tlj. 9h-22h

Bellissimo sarong !

Quarzia

Quand le sarong se fait robe de diva, ou quand Bali influence deux créateurs venus d'Italie, cela donne des motifs originaux, des soies somptueuses (170 US$), des tuniques et des robes d'une trompeuse simplicité, et des kimonos raffinés en batik artisanal (240 US$).

SEMINYAK (plan 3, A2 n°55) Jl. Kayu Aya 3A 0361 736 644 www.quarzia.it Tlj. 10h-18h

Dentelles balinaises revisitées

Uluwatu

La broderie ajourée (*krawang*) est un artisanat ancestral, et la tunique traditionnelle en dentelle (*kebaya*) que les femmes portent sur leur sarong en est l'une des déclinaisons.

Uluwatu a adapté les modèles aux goûts occidentaux pour en faire des vêtements féminins de coupe classique (à partir de 600KRp) et de jolis textiles pour la maison. Autres magasins à Sanur, Ubud et Kuta.

SEMINYAK (plan 3, B2 n°56) Jl. Kayu Aya 0361 735 973 www.uluwatu.co.id Tlj. 9h-20h

Déco ethnique chic
Saya Gallery

Une belle sélection de petits meubles, d'objets et d'accessoires pour la maison, tous inspirés des arts traditionnels indonésiens. On trouve là aussi bien des colliers rituels et des statuettes que des pieds de lampe, bougies, vide-poches et autres idées-cadeaux à prix raisonnables.

SEMINYAK (plan 3, B2 n°54) Jl. Kayu Aya 12X 0361 730 858 www.sayagallery.com Tlj. 11h-18h

Pour chineurs motivés
Jalan Gunung Tangkuban Perahu et Jalan Mertanadi

Ces deux rues du nord-est de Kerobokan sont bordées d'une foule d'ateliers artisanaux, de fabriques et de boutiques de décoration. Elles sont poussiéreuses, très fréquentées et souvent dépourvues de trottoirs, mais les curieux apprécieront cette incursion dans le Bali des grossistes et des exportateurs. Jalan Gunung Tangkuban Perahu s'étend dans le prolongement est de Jalan Batubelig (plan 3, B1). Au bout, il faut prendre Jalan Mertanadi à droite pour redescendre vers le sud.

KEROBOKAN (plan 3, A1)

SORTIES

Relaaax
La Favela ♥

Un étonnant dédale de charmantes salles meublées de récup' chic, autour d'un patio et de sa fontaine noyés sous la verdure. L'ensemble, cosy, est baigné par une enjôleuse musique jazzy. Pour ne rien gâcher, on peut y dîner à des prix raisonnables. Lassi 55KRp, whisky à partir de 125KRp, cocktails 160-180KRp.

SEMINYAK (plan 3, B2 n°70) Jl. Kayu Aya 177X 0812 4612 0010 www.lafavelabali.com Tlj. 19h-3h

Reines de la nuit
Bali Joe

L'un des bars gays les plus fameux de la côte, célèbre pour ses spectacles de drag-queens. Un petit établissement très chaleureux, où règne une bonne humeur qui ne manque pas de séduire aussi les hétéros. Cocktails à partir de 80KRp.

SEMINYAK (plan 3, B2 n°71) Jl. Camplung Tanduk 8 0361 3003 499 www.balijoebar.com Tlj. 20h-3h

Caché mais connu
40 Thieves

Apprécié des expatriés, le 40 Thieves restitue l'ambiance des *speakeasy* (bars clandestins) américains du temps de la prohibition. La formule "deux cocktails pour le prix d'un" des vendredis et samedis soirs en incite plus d'un à y passer la nuit ! Il faut traversez le restaurant Mad Ronin pour y accéder.

SEMINYAK (plan 3, A1 n°72) Jl. Petitenget 7 0878 6226 7657 Mer.-sam. 20h-tard dans la nuit

CANGGU ET SES ENVIRONS

Localité balinaise en plein essor, Canggu attire de nombreux expatriés, *digital nomads*, mordus de surf et adeptes du yoga. Sur ce spot branché du littoral occidental de l'île plane une ambiance décontractée, que distillent ses innombrables cafés pour *hipsters*, ses restaurants gourmets et ses beach-clubs.

ACCÈS ET INFOS

- De l'aéroport, le trajet en taxi prépayé pour Canggu coûte plus de 150KRp.
- Moins onéreuses que les taxis, les motos-taxis Gojek vous conduiront dans tout le sud-ouest de l'île à des tarifs fixes. www.gojek.com

À VOIR

CANGGU

À mi-chemin entre Seminyak et le célèbre temple de Tanah Lot (p.256), Canggu déroule sur 8km des plages de sable gris où le ressac et les courants découragent parfois la baignade familiale, mais réservent de fabuleuses vagues aux surfeurs.

Pour *surfriders* confirmés

Berawa Beach (plan 4, B2)

La plus méridionale des plages de Canggu est un spot recherché des surfeurs d'un bon niveau, avec des vagues puissantes, même à marée basse.

Jl. Pantai Berawa

Vagues pour tous

Batu Bolong Beach (plan 4, A2-B2)

Ses déferlantes bien formées sont appréciées des surfeurs expérimentés tout en restant à la portée des débutants. Il est possible de louer une planche et une combinaison à hauteur du parking.

Jl. Raya Batu Bolong

Spot de légende

Echo Beach (plan 4, A2)

Ses lames sont réservées aux surfeurs émérites. Les cafés du front de mer qui offrent des terrasses bien agréables à ceux qui souhaitent profiter du spectacle, souvent fascinant, devraient bientôt faire place à un *beach club*.

Jl. Padang Linjong

PERERENAN ET SESEH

Seseh est un paisible village côtier aux rizières “instagrammables” et aux spots de surf attractifs, que la plage de Pererenan sépare de Canggu. Le coin idéal pour les amateurs de calme, tout en restant à proximité de l'animation festive de Canggu.

À NE PAS MANQUER

- Echo Beach
- Pererenan Beach

Batu Bolong Beach

Du sable et des cendres

Seseh Beach (plan 4, A1)

Les Balinais sont nombreux sur la plage de Seseh, et c'est l'un des spots favoris des amoureux au coucher du soleil. La proximité d'un temple des Morts (*pura dalem*) en fait aussi le cadre de cérémonies funéraires. Il n'est pas rare d'y voir des familles tout de blanc vêtues descendre en procession pour confier à la mer les cendres d'un des leurs. La plage est jalonnée d'échoppes et de *warung* improvisés.

Jl. Pantai Seseh

Accents sauvages

Pererenan Beach (plan 4, A2)

Encore peu lotie, cette plage de sable sombre est particulièrement propice au surf à marée montante, attirant même les surfeurs de haut niveau.

Jl. Pantai Pererenan

À FAIRE

Programmez une remise en forme

The Canggu Studio (plan 4, B2 n°1)

Au programme, une trentaine d'activités sportives, de la boxe thaïe au *dance-hall*, du hip-hop au bootyFit (140KRp le cours). Le forfait de 5 cours (650KRp) permet de varier les plaisirs et d'essayer de nouvelles disciplines, comme la danse lyrique.

Jl. Nelayan 32 0823 3977 0272 www.thecanggustudio.com Lun.-ven. 8h-20h, sam. 8h-16h

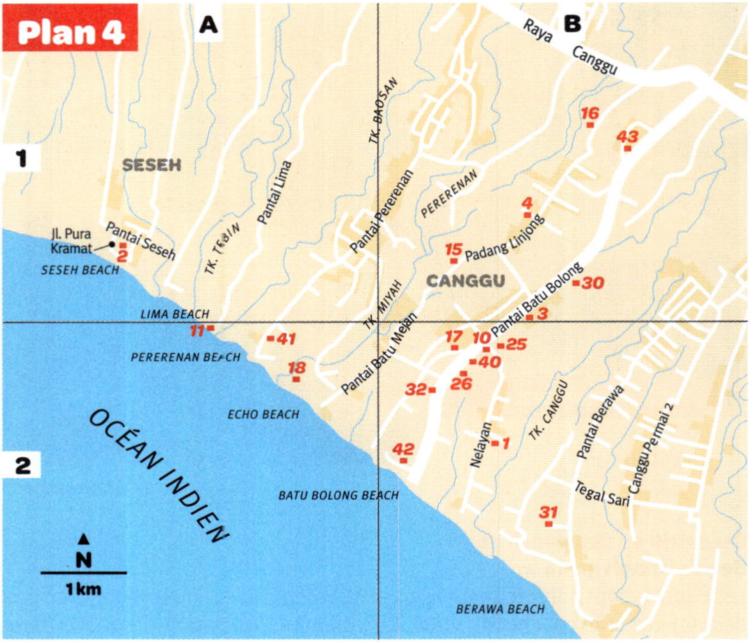

Activités (n°1 à 4)
4 Samadi Yoga - *p.69* B1
1 The Canggu Studio - *p.67* B2
3 The Practice - *p.68* B2
2 Udara - *p.69* A1

Pauses (n°10 et 11)
10 Monsieur Spoon - *p.69* B2
11 Nate's Bar - *p.69* A2

Restaurants (n°15 à 18)
17 Deus Ex Machina - *p.70* B2
15 Give Cafe - *p.69* A2
18 La Brisa - *p.70* A2
16 Xích Lô - *p.70* B1

Shopping (n°25 et 26)
26 Love Anchor - *p.70* B1
25 Suen Noaj - *p.70* B1

Sorties (n°30 à 32)
30 Black Sand Brewery - *p.71* B1
32 The Back Room at Mason - *p.71* A2
31 Vault - *p.71* B2

Hébergements (n°40 à 43)
41 Lautan Kupu Kupu Villa - *p.321* A2
40 The Calmtree Bungalows - *p.321* B2
43 The Chillhouse - *p.319* B1
42 Tugu Bali - *p.320* B2

RENDEZ-VOUS AVEC...
Retrouvez les bonnes adresses de Krisna Patra
Restaurants
A Dapur Kitchn - *p.40* B1

Détendez-vous

Avec son cadre paisible et ses "vibrations spirituelles", Bali séduit les adeptes du yoga et Canggu regroupe certains des meilleurs centres de l'île.

The Practice (plan 4, B2 n°3)

Bénéficiant de professeurs de réputation internationale et d'un cadre à couper le souffle, The Practice se distingue par son engagement à adapter les enseignements du yoga traditionnel à la vie de tous les jours (130KRp le cours, 550KRp les 5).

Jl. Pantai Batu Bolong 94 ☎ 0361 300 3446 ou 0812 3670 2160 www.thepracticebali.com

Samadi Yoga (plan 4, B1 n°4)
"Apprenez à danser avec l'univers" grâce au yoga, au tai-chi et à la méditation. Telle est la promesse de Samadi ! Dans un cadre luxuriant, découvrez de nouveaux horizons intérieurs lors des rituels de pleine lune ou des ateliers de *kundalini yoga* (technique mêlant relaxation et méditation dans des postures dynamiques ou statiques). Comptez 140KRp le cours, 700KRp les 6. Également des stages.

Jl. Canggu Padang Linjong 39 0812 3831 2505 www.samadibali.com Tlj. 7h-21h

Initiez-vous à l'*extatic dance*

Udara (plan 4, A1 n°2)
Le dimanche matin, offrez-vous un combiné yoga, danse extatique et thérapie sonore (100KRp). Une expérience étonnante, pour se défouler et faire le plein de vibrations positives face à l'océan. Après un brunch végétarien, vous pourrez profiter du spa – sauna, hammam, piscines d'eau chaude et d'eau froide (150KRp).

Jl. Pura Kramat, Seseh 0361 9079 927 www.udara-bali.com

NOS ADRESSES

PAUSES

Douceurs françaises

Monsieur Spoon
Monsieur Spoon met la viennoiserie française à l'honneur. Autres boulangeries à Seminyak (p.60) et à Umalas.

CANGGU (plan 4, B2 n°10) Jl. Pantai Batu Bolong 55 0819 1707 2020 www.monsieurspoon.com Tlj. 7h-21h

Sunset coco

Nate's Bar
Ce bar de la plage de Lima est l'endroit idéal où savourer une noix de coco fraîche au coucher du soleil, observer les pêcheurs à l'épervier et profiter de bonne musique. Grillades et boissons à partir de 35KRp.

CANGGU (plan 4, A2 n°11) Jl. Babadan, Pantai Lima 0852 3700 7807 Tlj. 8h30-23h

RESTAURANTS

Petit déj. solidaire

Give Cafe $
Paradis des végans, ce *warung* régale les yeux et les papilles avec ses crêpes arc-en-ciel, ses toasts à l'avocat, ses *bowls* et ses smoothies. L'endroit rêvé pour un petit déjeuner coloré... et solidaire ! Ce café-restaurant se veut sans but lucratif et propose à ses clients de décider à quelle cause le prix de leurs repas (plats 35-50KRp) reviendra : à des Balinais en difficulté ou à un projet de défense de l'environnement.

CANGGU (plan 4, A2 n°15) Jl. Padang Linjong 85 0821 4545 9316 www.givecafe.org Tlj. 10h-20h

Bouillon vietnamien
Xích Lô $
Pour un *phô* (soupe mêlant nouilles de riz, légumes et/ou viande) ou des rouleaux de printemps dans un grand *joglo* (maison traditionnelle en bois). Autant que ces spécialités vietnamiennes, on savoure la vue sur les rizières, sublime dans la lumière rasante de fin de journée. Comptez 40KRp les snacks et 70-100KRp les plats. Évènements et ateliers artistiques le dimanche et le mercredi.

CANGGU (plan 4, B1 n°16) Jl. Canggu Padang Linjong 1 0877 6238 8008 Tlj. 8h-22h

Bistrot *aussie*
Deus Ex Machina $$
Ce lieu branché tenu par un Australien passionné par les motos de collection, le surf, l'art et la cuisine, conjugue atelier de réparation, galerie, boutique de *beachwear* et resto fusion. Au menu, de copieuses salades d'inspiration mexicaine (55-70KRp), de bons gros burgers (70-160KRp), des pizzas et un beau choix de bières. Soirées à thème, comme le fameux *Tacos and Tattuesday* du mardi : un voucher de 150KRp qui donne droit à un plat, une boisson et un tatouage, un vrai ! À partir de 18h, s'inscrire en arrivant.

CANGGU (plan 4, B2 n°17) Jl. Batu Mejan 8 0811 338 150 www.deuscustoms.com Tlj. 7h-23h

Façon *Pirates des Caraïbes*
La Brisa $$$ ♥
On se plonge dans une ambiance boho pour siroter un cocktail au coucher du soleil. Dans ce lieu immense, qui multiplie les recoins cosy, tout concourt au plaisir des yeux : les piscines, la vue sur la mer, les mezzanines en bambou... Ajoutez une playlist originale et une carte pleine de bonnes surprises. Des tapas aux plats, tout est délicieux ; le gaspacho et le ceviche de fenouil sont à tomber. Prix à la hauteur du cadre (150-500KRp). Mieux vaut réserver.

CANGGU (plan 4, A2 n°18) Jl. Pantai Batu Mejan 0811 3946 666 www.labrisa-bali.com Tlj. 10h-23h

SHOPPING

Prêt-à-porter local
Suen Noaj
Un vaste choix de vêtements et d'accessoires pour hommes et femmes à des prix abordables : à partir de 30US$ le tee-shirt. Des matières faciles et des imprimés gais et colorés (vagues japonisantes ou oiseaux exotiques). L'idéal pour passer quelques jours au soleil ! D'autres boutiques à Seminyak, Canggu, Ubud et Uluwatu.

CANGGU (plan 4, B1 n°25) Jl. Batu Mejan 0821 4656 5094 www.suennoaj.com Tlj. 9h-21h

Bazar bohème
Love Anchor
Ce bazar regroupe une dizaine de stands créatifs et de boutiques au cœur de Canggu. Vous y trouverez des vêtements abordables, des bijoux, des sacs en corde, des objets d'art et d'artisanat... à prix négociables. Pour dénicher un nouveau maillot de bain ou des souvenirs et s'attarder devant un café ou un jus de fruits frais.

CANGGU (plan 4, B1 n°26) Jl. Pantai Batu Bolong 56 0853 3399 9917 www.loveanchorcanggu.com

Au cœur de Canggu…

SORTIES

Oh Malt'

Black Sand Brewery

Cette brasserie produit une petite mais convaincante gamme de bières artisanales (à partir de 70KRp la pression). Les tapas et minipizzas (55-110KRp) accompagnent parfaitement la meilleure IPA de Bali, comme les tacos à la poitrine de bœuf, hors catégorie ! Happy hour le vendredi et, le dimanche de 17h à 18h, tapas gratuites pour une bière commandée.

CANGGU (plan 4, B1 n°30) Jl. Pantai Batu Bolong 0813 5353 8992 www.blacksandbrewery.com Tlj. 12h-22h

Soirée underground

Vault

Un incontournable de la *night*, avec soirée house le vendredi et hip-hop le samedi (entrée 180KRp hors événement). Le bar souterrain, le Cocktail Bunker, est ouvert tous les soirs. Cocktails 150KRp.

CANGGU (plan 4, B2 n°31) Jl. Pantai Berawa 99, Tibubeneng 0887 878 902 ou 0833 7070 007 www.vaultbali.com Vault mer. et ven.-sam. 22h-4h Cocktail Bunker tlj. 21h-4h

Électro saxo

The Back Room at Mason

Envie de faire la fête ? Direction ce bar caché à l'arrière du restaurant Mason. Le cocktail rhum-gingembre donne le ton des soirées électro-jazz qui se prolongent, le week-end, jusqu'au milieu de la nuit. À partir de 140KRp le cocktail.

CANGGU (plan 4, A2 n°32) Jl. Batu Bolong 83 www.thebackroomatmason.com Tlj. 20h-tard

JIMBARAN ET LE BUKIT

Aux portes de la presqu'île du Bukit, Jimbaran semble partagé entre son train-train quotidien et les perspectives que lui ouvre le tourisme de luxe. Il est vrai que, trop aride pour offrir de hauts rendements agricoles, le petit bout de terre qui s'étend au sud du bourg a quelques atouts touristiques : le spectaculaire temple d'Uluwatu et des plages sauvages, battues par des déferlantes qui sont déjà entrées dans la légende du surf.

ACCÈS ET INFOS

- En taxi, comptez 150KRp de l'aéroport à Jimbaran, 200KRp pour Nusa Dua et 225KRp pour Uluwatu.
- Les routes de la presqu'île sont bonnes, mais trop encombrées en haute saison pour que l'on songe à louer une voiture. Les dénivelés rendent la pratique du vélo assez fatigante. Le scooter est donc le moyen de transport idoine.

À VOIR

JIMBARAN

Jimbaran n'est encore qu'un gros village de pêcheurs adossé à la mangrove. En témoigne le marché au poisson de Kedonganan, juste au sud de l'aéroport. Au bord de l'eau, on ramende les filets et on répare les *jukung*. Plus au sud, **Kedonganan Beach** égrène ses restaurants de fruits de mer le long d'un ruban de sable sans arbres mais rafraîchi par la brise marine. Au centre de la baie s'étire l'étroite plage frangée de cocotiers de Jimbaran. Ses modestes chantiers navals côtoient quelques *warung*, où des femmes font griller la prise du jour pour le bonheur de touristes en quête d'authenticité. Plus au sud, le long de **Muaya Beach** (ou Four Seasons Beach), sont établis les grands hôtels. Sur cette plage, la plus agréable de la baie, donnent d'autres restaurants de poisson, plus sélects.

Pour la pêche du jour

Marché au poisson

De puissants effluves signalent l'entrée de la halle et persistent dans ses allées étroites, où les éventaires débordent de poissons de toutes les formes et de toutes les couleurs ! Frais et luisants, ils s'alignent classés par espèces et par tailles : thons, marlins, vivaneaux (*red snappers*), poissons-perroquets (*parrotfishes*)... Et que dire des amas de crevettes ou des impressionnantes langoustes ! Dehors, sur le rivage, des villageois vendent du poisson grillé et les barques aux couleurs vives attendent le soir pour reprendre la mer.

Kedonganan Beach ⏲ Tlj. 6h-18h € Accès payant au quartier

Champs à l'honneur

Pura Ulun Siwi

Restauré au 18e s. par le roi de Mengwi, l'austère complexe qui fait face au marché de Jimbaran est un important temple de *subak* destiné à protéger les cultures des rongeurs et des insectes. De nombreux cultivateurs viennent faire

À NE PAS MANQUER

- Garuda Wisnu Kencana Cultural Park
- Bingin Beach
- Impossible Beach
- Suluban Beach et Uluwatu Surf
- Pura Luhur Uluwatu
- Museum Pasifika (Nusa Dua)

Bingin Beach

COULEUR LOCALE

Long de 6m, large de 45cm, le bateau de pêche balinais, ou ***jukung***, est taillé dans un tronc d'arbre évidé. Sa proue effilée évoque une tête de marlin. Son équilibre est assuré grâce à deux balanciers en bambou, que des bras courbes relient à sa coque, telles les pattes d'un insecte. Il est propulsé par une petite voile triangulaire arrimée à deux mâts en "pince de crabe" ou par un moteur.

provision de son eau sacrée pour en asperger leurs champs. À la différence de la plupart des sanctuaires balinais, où les fidèles prient en direction du mont Agung, celui-ci est orienté vers l'ouest. Il aurait, en effet, été fondé au 11e s. par un Javanais qui se tournait vers la montagne sacrée de son île d'origine pour se recueillir. Selon la tradition, les Balinais doivent y faire des offrandes avant de se rendre au temple d'Uluwatu.

Jl. Raya Uluwatu (au nord-ouest du carrefour central) € Accès libre Sarong obligatoire

Scènes pittoresques

Marché aux fruits et légumes

Ne manquez pas de vous promener dans ses allées sombres, où de grands paniers de crevettes séchées côtoient des corbeilles de mangues, de tomates et de piments. Assises sur des tabourets bas, les femmes préparent les offrandes destinées au temple : gâteaux de riz, guirlandes de fleurs, tressages de feuilles de cocotier et bâtons d'encens. Sur le trottoir, la marchande de *sate* vend ses brochettes quelques milliers de roupies, tandis que sa voisine râpe des noix de coco pour préparer ses sauces.

Jl. Raya Uluwatu (dans l'angle nord-est du carrefour principal) 🕒 Tlj. 6h-12h30

LE BUKIT

Bukit signifie "colline", et cette presqu'île calcaire qui s'avance au sud de Jimbaran n'excède effectivement guère 210m de hauteur. Au 18e s., elle était encore boisée et le raja de Mengwi – alors l'un des plus puissants de Bali – allait y chasser. Malgré la déforestation massive et l'expansion immobilière malavisée qui accable certaines zones, la presqu'île a gardé un certain charme. Sur ses côtes ouest et sud, le plateau calcaire s'abîme dans la mer en de spectaculaires falaises ourlées de criques sublimes. Depuis que Kuta a succombé au tourisme de masse, le Bukit est le nouveau paradis balinais des surfeurs. Les escaliers aussi raides qu'interminables qui descendent vers ses plages leur assurent une certaine tranquillité.

Le parc de la démesure
Garuda Wisnu Kencana Cultural Park

Les Balinais adorent ce parc de loisirs de 240ha orné de bassins et de statues hors de proportion, où ont lieu toutes sortes de manifestations culturelles et festives. Il est dédié au dieu Wisnu (Vishnou) et à sa monture, l'oiseau fabuleux Garuda, emblème de l'Indonésie. Son aménagement a suscité des travaux titanesques, et son monument emblématique, conçu en 1990 par le célèbre artiste balinais Nyoman Nuarta, n'a été achevé qu'en 2018. Haut de 120m, il représente le dieu assis en tailleur sur les épaules de Garuda, dont les ailes atteignent 64m d'envergure ! Des terrasses que domine la colossale statue rehaussée d'or, le regard embrasse l'isthme de Jimbaran, la plaine de Kuta et Denpasar et, en arrière-plan, les silhouettes des monts Batur et Agung. Près de l'entrée du site, un amphithéâtre accueille des spectacles de danses balinaises (30min toutes les heures, de 10h à 17h30). En soirée, honneur à la danse *kecak* (à 18h30). Le parc abrite aussi une boutique de souvenirs et un restaurant.

Garuda Wisnu Kencana Cultural Park

Jl. Raya Uluwatu (à 5km de Jimbaran et d'Ungasan) 0361 700 808 www.gwkbali.com (le menu "performances" donne le programme des danses) Tlj. 9h-20h Entrée 125KRp, enfants 100KRp (spectacles inclus)

Assez facile d'accès
Balangan Beach

Cette longue plage de sable gardée par un petit temple et quelques cafés est prisée des familles et des surfeurs pour sa relative quiétude. Le reflux dénude une grève hérissée de rochers mais, à marée haute, Balangan Beach est magnifique. Compte tenu de la proximité de son parking et malgré un escalier assez raide, c'est la plage la plus facile d'accès de l'ouest du Bukit.

Jl. Pantai Balangan (à 6km de la route principale reliant Jimbaran à Uluwatu et 10km au sud-ouest de Jimbaran) © Accès 5KRp

Comme en 1967

Bingin Beach

Cette plage a un charme fou, mais elle se mérite ! Elle est blottie au pied d'escarpements verdoyants, que dévalent des marches irrégulières (comptez 10min pour descendre, 15 pour monter). Son mince feston de sable est léché par des eaux nuancées de bleu et de vert, dont les breaks sont réservés aux surfeurs chevronnés, et ses quelques *warung* et pensions accrochés à la falaise tiennent plus de robinsonnades que de repaires pour touristes connectés. C'est le Bali d'autrefois, celui du temps des hippies.

Jl. Pantai Bingin par Jl. Raya Uluwatu (4km au nord-ouest de Pecatu et 13km de Jimbaran)

La bien nommée !

Impossible Beach

Cette succession de criques séparées entre elles par d'énormes rochers est un fameux spot de surf, et le spectacle de ses déferlantes comblera tous les amoureux de la mer. Préservé par son accès difficile (escalier aussi raide qu'irrégulier), ce site sauvage est plus propice à la contemplation qu'à la baignade.

Jl. Pantai Bingin (par Jl. Raya Uluwatu) (12km au sud-ouest de Jimbaran via Pecatu)

Une plage familiale

Padang Padang Beach

Cette plage attire les familles le week-end, car son parking n'est pas trop éloigné, le sentier qui la dessert est agréable et elle est dotée de *warung*. C'est aussi l'un des spots de surf les plus réputés de la presqu'île, mais ses vagues sont assez difficiles. Si les rouleaux se brisent à bonne distance de la grève, les courants peuvent, selon les marées, rendre la baignade périlleuse. À l'ouest de l'embouchure du petit fleuve côtier s'étend une autre plage plus calme, **Thomas Beach**. Pour s'y rendre, il faut reprendre la route d'Uluwatu, tourner à droite vers la falaise en direction du Thomas Homestay et descendre des escaliers.

Jl. Pantai Padang Padang par Jl. Raya Uluwatu (5km au nord-ouest de Pecatu et 14km de Jimbaran) © Accès payant

Repaire de surfeurs

Suluban Beach et Uluwatu Surf

Des cafés s'étagent en grappes précaires le long du sentier et des marches qui conduisent à la modeste plage de Suluban, lovée dans une vaste échancrure de la falaise – et submergée à marée haute. C'est un rendez-vous de surfeurs de haut niveau, d'autant qu'elle commande l'accès au mythique spot d'Uluwatu, l'un des plus exigeants de Bali avec son plateau calcaire ennoyé, sur lequel vient se briser la houle.

Jl. Pantai Suluban (2km au nord du temple d'Uluwatu)

Vertigineux !

Pura Luhur Uluwatu

Malgré sa taille modeste et un accès réservé aux fidèles, ce temple est l'un des plus visités de Bali. Il occupe en effet un site spectaculaire : un éperon rocheux dominant l'océan de plus de 70m. Les touristes s'y pressent au coucher du soleil et pour son spectacle de *kecak* (tlj. à 18h précises). Fondé au 11e s. par le prêtre Mpu Kuturan, il fut relevé au 16e s. par un autre saint homme javanais, Danghyang Nirartha (p 271). C'est là que ce dernier aurait atteint le nirvana, mettant fin au cycle de ses réincarnations terrestres. Le temple d'Uluwatu (*ulu* signifie "tête" et *watu*, "rocher") fait partie des sanctuaires voués aux divinités marines. C'est aussi l'un des neuf *kayangan jagat* (temples directionnels) qui protègent l'île des esprits malins. La visite permet d'admirer le porche fendu

Spectacle de *kecak* au Pura Luhur Uluwatu

BON À SAVOIR
Bien traités par les Balinais (Hanuman, le dieu-singe compagnon de Rama, symbolise force et vigueur), les **macaques crabiers** sont nombreux aux abords des temples. Habitués à recevoir de la nourriture, ils sont devenus exigeants et agressifs. Ils n'hésiteront pas à se percher sur votre épaule... pour mieux vous pincer l'oreille ou la joue. Méfiez-vous !

et la porte d'entrée cérémonielle, mais seulement d'apercevoir le modeste *meru* dressé au bout de l'étroit promontoire. Prenez le temps de vous éloigner du temple en suivant le sentier côtier pour contempler sa silhouette juchée à l'aplomb de l'abîme vertigineux – munissez-vous d'un bâton pour écarter les singes et rangez lunettes, casquettes, téléphones et appareils de photo.

Jl. Raya Uluwatu (15km au sud-ouest de Jimbaran) ⏲ Tlj. 8h-19h € Entrée 30KRp Spectacle de danse kecak à 18h 150KRp

Pour une journée au soleil

Pandawa Beach

Sable blanc, mer bleue, vagues propices à la baignade et *warung* font de cette longue plage une destination idéale en famille. Petits *surf kayaks* à louer pour s'amuser dans les vagues.

Jl. Pantai Pandawa (4km au sud d'Ungasan) € Accès payant

Ghetto aseptisé

Nusa Dua

Nusa Dua formait jadis une langue de terre basse et déserte, aux longues plages ourlées de cocotiers. Au début des années 1970, le gouvernement indonésien décida d'y installer un luxueux complexe touristique soigneusement coupé de l'extérieur pour limiter son impact sur l'environnement... et sur la population locale. En résulte ce ghetto aseptisé, aux ronds-points luxuriants et aux pelouses grasses, aux plages bordées d'hôtels 5 étoiles et semées de transats parfaitement alignés. L'entrée est soumise à un strict contrôle de sécurité et les seuls Balinais que l'on croise dans cette enclave sont des employés, dûment costumés de sarongs et turbans assortis.

Museum Pasifika 👍

La première section de ce musée spacieux est dédiée à la représentation de Bali en peinture. Les artistes sont groupés par nationalités, d'abord les Indonésiens (I. Bagus N. Rai, M. Wianta et H. Gunawan), puis les Italiens (R. Locatelli), les Mexicains (M. Covarrubias), les Néerlandais, les Français et autres "Indo-Européens", tels le Belge A.-J. Le Mayeur et le Suisse T. Meier. Les salles suivantes traitent de la mythologie et des traditions balinaises. Les deux dernières exposent une passionnante collection d'arts premiers de Mélanésie et de Polynésie, dont de précieux objets rituels du Vanuatu. Vous pourrez conclure votre visite par une apaisante pause-café, face au patio fleuri du musée.

BTDC Blok P ☎ 0361 774 935 www.museum-pasifika.com ⏲ Tlj. 10h-18h € 70KRp

TORTUES EN DANGER

Les Balinais situent leur île au centre de l'Univers, qu'ils voient sanglé au dos d'une tortue par deux serpents-dragons (*naga*). Si ces derniers relâchent leur étreinte, il s'ensuit des séismes dévastateurs, car les océans sur lesquels flottent la tortue Bedawang Nala et les deux *naga* sont le repaire des démons, au contraire des montagnes, séjour de dieux bienveillants. La tortue verte est la plus précieuse des offrandes que les Balinais font aux divinités pour préserver l'équilibre des forces du Bien et du Mal. Mais *Chelonia mydas* est aussi appréciée pour sa chair, et l'écaille de tortue donne lieu à toutes sortes de trafics. Dans les années 1990, on estimait à 27 000 le nombre de tortues vertes tuées chaque année à Bali. Pour enrayer la chute vertigineuse des effectifs, le gouvernement a fixé à 5 000 les prélèvements autorisés. Mais malgré ce quota et les campagnes de sensibilisation, les tortues marines restent au cœur d'un important et juteux trafic. Choisir ce reptile pour symbole cosmogonique ne semblait pourtant pas relever du hasard : présent sur Terre depuis plus de 100 millions d'années et doté d'extraordinaires facultés de navigation, il peut parcourir des milliers de kilomètres sans s'égarer entre ses aires de reproduction et de nourrissage. Six des sept espèces de tortues marines existantes nagent dans les eaux indonésiennes. Mais pour combien de temps encore ?

Tortue verte

Récréation sans danger

Geger Beach

Au sud de Nusa Dua, cet immense ruban de sable est la seule vraie plage publique de la station, les autres dépendant des hôtels. Les jeunes enfants peuvent s'y baigner sans risque. Le lieu doit son nom au Pura Geger, le temple au portail richement sculpté, dédié aux divinités agraires, qui domine la falaise.

Jl. Pantai Geger

Arrêt buffet

Bualu

Situé juste à l'est de l'entrée de Nusa Dua, ce village, où logent la plupart des employés balinais de l'enclave touristique, ne manque pas d'animation. Outre un petit marché quotidien, il possède de nombreux *warung* sympathiques et nettement moins chers que les restaurants des grands hôtels qui se partagent la plage.

Jl. Raya Bualu Ungasan (à l'est du complexe de Nusa Dua)

À FAIRE

Barbotez dans les vagues

Muaya Beach (p.72) est la plage la plus fréquentée et la plus agréable de la baie de Jimbaran, car elle s'étend au pied d'une colline qui la protège du vent. La presqu'île de Bukit recèle certaines des plus belles plages de Bali. Encore faut-il aimer les rouleaux et se méfier des courants. Sur la côte ouest, de Balangan à Uluwatu, se succèdent des criques où les vagues sont violentes et les courants traîtres. À marée descendante, mieux vaut porter des sandales en plastique pour se protéger des rochers coupants. Pandawa Beach (p.77) et surtout Geger Beach (p.79), sur la côte sud, sont les plus accueillantes pour les familles et les nageurs peu aguerris.

Surfez

Down Patrol Bali

Cette école propose des cours de surf tous niveaux en individuel (550KRp) ou en groupe de quatre (400KRp). Très attentifs à la sécurité, les instructeurs s'assurent que chacun progresse à son rythme et dans la bonne humeur. Forfaits de 3 sessions à partir de 1 000KRp. Également des séjours de surf sur d'autres spots de l'île.

Pantai Balangan Jimbaran ☎ 0859 3529 1189 www.dawnpatrolbali.com ⏲ Tlj. 6h-19h

Boycottez les couvoirs à tortues du Bukit

Alors qu'ils sont censés œuvrer à la protection des tortues marines, désormais menacées, ces couvoirs sont en fait des centres d'élevage. Les bébés sont importés et ne font que grandir sur place, dans des bassins. Il s'agit d'attirer les touristes, mais aussi d'alimenter un commerce qui ne dit pas son nom, ces reptiles marins jouant un grand rôle dans les rituels balinais, cf. Tortues en danger (p.78).

Survolez la presqu'île
Paragliding Bali
Les falaises méridionales du Bukit se prêtent à la pratique du parapente – plus particulièrement de mai à octobre –, avec survol de la côte et atterrissage sur la plage. Ce club propose des tours en compagnie d'un pilote expérimenté (30min), des leçons et des stages de deux à sept jours.
Timbis Beach (4km au sud-est d'Ungasan) 0812 3916 918 www.flybali.info

NOS ADRESSES

RESTAURANTS

Les restaurants de poisson et de fruits de mer de Jimbaran sont les plus réputés de Bali. assez élevés, leurs prix sont fixés par la commune et indiqués au poids. Les établissements voisins du marché au poisson de Kedonganan s'alignent le long d'une plage sans ombre mais rafraîchie par la brise marine. À Jimbaran Beach vous attendent une ou deux adresses correctes et de pittoresques *warung*. Enfin, les tables de Muaya Beach drainent la clientèle des grands hôtels voisins. On choisit dans les viviers le ou les poissons, coquillages et crustacés qui, une fois pesés et payés, seront grillés sur un feu de noix de coco.

Grillades de la mer
Made Bagus Cafe $
À Muaya Beach, on adore ce petit resto de plage convivial. On y trouve les mêmes produits qu'autour du marché au poisson, mais à des prix plus sages : palourdes autour de 70KRp le kilo, poisson à partir de 120KRp, grosses crevettes à 220-300KRp. Également des nouilles aux légumes, au poisson ou au poulet.
JIMBARAN Muaya Cafe Area Jl. Pantai Muaya (par Jl. Raya Uluwatu) 0361 701 858 Tlj. 14h-22h Rés. conseillée le soir

Menu iodé !
Bali Sea Beach House $$$
D'exquis poissons et fruits de mer grillés, frits ou à la vapeur.

TAXI !
Jimbaran est renommé pour ses restaurants de poisson, et même tard le soir, on trouvera toujours un taxi pour regagner Kuta, Sanur ou Seminyak. Attention toutefois, prenez un taxi avec compteur à l'aller (150KRp à partir de Kuta) et fixez bien le tarif au retour. De Kuta à Uluwatu, mieux vaut tenter de négocier un forfait aller-retour, que vous ne réglerez qu'à la toute fin de la course. En dernier recours, vous pouvez commander un Go-Jek (moto-taxi) ou un taxi indépendant avec l'appli GRAB. Mais à moins d'avoir glissé une carte sim locale dans votre téléphone, vous n'aurez aucun moyen de contrôler la course.

Choisissez, puis faites peser et préparer. Dégustez ensuite sous le toit de bambou de l'accueillante salle ou, mieux, sur la plage, après un cocktail au coucher du soleil. À partir de 175KRp l'assiette de poisson grillé, riz et légumes et 320KRp pour un menu avec de la langouste fraîche.

JIMBARAN Jl. Pantai Kedonganan (500m au sud du marché au poisson) 0812 3806 0898 Tlj. 10h-23h Réserver le soir Accès au quartier 5KRp

Pour reprendre des forces

The Loft $$

Un café branché où l'on s'arrête pour un petit déjeuner reconstituant avant une session de surf, ou pour un brunch tardif. Mention spéciale au toast à l'avocat et au *rösti* de pommes de terre et son saumon fumé ! Comptez 100KRp pour un plat et une boisson.

PECATU Jl. Labuansait 52 0821 4594 4537 www.theloftbali.com Tlj. 7h-21h

Pour la vue… et le son

Single Fin $$

Les atouts maîtres de ce petit restaurant jumelé avec une boutique de surf ? Son imprenable coucher de soleil et le spot de Suluban Beach en contrebas et son ambiance musicale. À la carte, falafels, couscous et salades (70-90KRp), *fish'n chips*, burgers et pizzas (95-120KRp). Branché en semaine, le Single Fin attire les foules avec ses soirées du dimanche devenues légendaires.

PECATU Blue Point Jl. Padang Padang (1,5km au nord d'Uluwatu) 0851 5874 5844 Tlj. 13h-21h (hors évènement) Parking 2-5KRp

Raffiné

Sakala $$$

L'une des meilleures tables de l'île. Dans un décor design épuré, on déguste une cuisine fusion assez juste, concoctée par un jeune chef canadien qui a fait ses classes en France. Les mariages sont inventifs, comme le foie gras caramélisé aux amandes ou le ceviche de truite aux fruits exotiques. Comptez 100-350KRp le plat et 300KRp le brunch dominical.

TANJUNG BENOA Jl. Pratama 95 0361 775 216 www.sakalaresortbali.com 11h-23h Sur rés. le soir

Poissons-écureuils

Voir aussi **The Cashew Tree** (p.41).

SANUR

Sanur attire les Occidentaux depuis plus longtemps que Kuta, mais elle est bien mieux préservée. L'absence de route littorale en fait une enclave paisible, loin des embouteillages et de toute frénésie festive et, hormis son "grand" hôtel des années 1960, son architecture se fond dans la végétation. Familles et seniors apprécient ses longues plages de sable blond et, de juin à septembre, son lagon fait les délices des kite-surfeurs.

À VOIR

SANUR

La pensant sous l'emprise de sorciers maléfiques, les Balinais évitaient jadis cette région marécageuse et impaludée du royaume de Badung. C'est sur la plage de Sanur que les Néerlandais débarquèrent en 1906 avant de marcher sur Denpasar. Sanur attira des Occidentaux dès les années 1930 et prit son essor dans les années 1960. De cette époque date l'Inna Grand Bali Beach Hotel, seul mastodonte à déparer le front de mer.

ACCÈS ET INFOS

- Jalan Tol Bali Mandara, la route à péage, met Sanur à 9km de Denpasar, 35km d'Uluwatu (1h30) et 29km d'Ubud (1h).
- En taxi prépayé, comptez 150KRp et 30-45min de l'aéroport (14km) à Sanur.
- Les cars Perama relient Sanur à Ubud (80KRp), Lovina, Kintamani, Tirta Gangga (200KRp), Amed et Tulamben (200KRp). Jl. Hang Tuah Sanur 0361 751 875 www.peramatour.com

À pied ou à vélo

Le front de mer et les plages (plan 5, B1-A4)

Un sentier (dit *trotoar*) pavé et ombragé suit le rivage sur plus de 5km, se prolongeant même jusqu'à Padang Galak, 3km au nord de Sanur. Dans le nord de la station, au débouché de Jalan Matahari Terbit, la plage est bordée de bordées *warung* fréquentés par les jeunes du coin. Plus au sud, à hauteur de Jalan Hang Tuah et de l'embarcadère pour les îles Penida (p.90), débutent le marché aux souvenirs et la portion de plage fréquentée par les familles balinaises. La promenade longe ensuite l'Inna Grand Bali Beach Hotel, puis des cafés et restaurants qui alignent chaises longues et parasols sur le sable. Sous les arbres de Sindhu Beach, des jeunes femmes proposent des massages. Passé Jalan Pantai Karang, le *trotoar* longe de paisibles villas noyées dans la verdure. L'animation reprend entre les rues Duyung et Kusuma, autour de quelques restaurants au bord de l'eau. La promenade s'achève face à l'île de Serangan.

Comptez 1h15 de marche du nord au sud et 35min à vélo (nombreux loueurs, env. 30KRp/j.)

Poussière d'étoiles

Musée Le Mayeur (plan 5, B1)

Le peintre belge Adrien-Jean Le Mayeur de Merprès arriva à Bali en 1932, à 52 ans. Il y rencontra Ni Pollok, une jeune danseuse de *legong*, qu'il prit d'abord

À NE PAS MANQUER

- Le front de mer et les plages
- Musée Le Mayeur

***Jukung* sur une plage de Sanur**

comme modèle, puis comme épouse en 1935. En 1933, il se fit bâtir sur la plage de Sanur une maison de style balinais, que le couple légua à l'État en 1957. Le Mayeur s'éteignit l'année suivante et Ni Pollok en 1985. Vidée de la plupart de ses meubles et négligée, la villa n'en conserve pas moins la sérénité qui dut séduire l'artiste. Si certaines toiles sont de piètres copies, celles des salles 2 et 3 éclairent la façon dont Le Mayeur traitait la lumière et ses sujets. Dans la petite pièce du fond sont réunies des photos de Ni Pollok.

Jl. Hang Tuah 0361 286 201 Sam.-jeu. 8h-15h30, ven. 8h30-12h30 50KRp

C'EST DANS L'AIR

L'**érosion du littoral** est un problème crucial à Bali. À la destruction de la mangrove et de la barrière récifale s'ajoutent des tempêtes de plus en plus destructrices. Entre 2000 et 2010, l'île a ainsi perdu 40% de ses plages. Celle de Padang Galak a reculé de 30m. Seuls l'apport massif de sable et l'édification de brise-lames ont permis de sauver celle de Sanur.

LES ENVIRONS DE SANUR

Du sable noir... comme la magie

Pantai Padang Galak

Terriblement érodée, cette plage de sable noir n'en est pas moins appréciée des Balinais. Les amoureux s'y retrouvent au coucher du soleil, les pêcheurs vont y lancer leur ligne et les surfeurs prendre la vague. C'est aussi le seul endroit de l'île où l'on peut se débarrasser des sortilèges, à l'issue d'un rituel complexe. Les cérémonies y sont donc nombreuses, surtout le dimanche, et ferventes.

Env. 2km au nord de Sanur

Plan 5
A
B
1
2
3
4
53
Padang Galak
2
Ngurah Rai Bypass
Natahari Terbit
Matahari Terbit
Nuri
ARCHIPEL DE PENIDA
Hang Tuah
Hang Tuah
Hang Tuah
MUSÉE LE MAYEUR
Danau Kerinci
Inna Bali Beach
SANUR BEACH
Tukad Nyali
Gang 22
Danau Beratan
Wira
Tukad Bilok
10
Danau Buyan
Segara Ayu
Intaran
POSTE PRINCIPALE
22
PURA SEGARA
12
Danau Tondano
Tandakan
27
Pantai Sindhu
C
20
Danau Toba
5
SINDHU BEACH
Batur Sari
Gang Batur Sari
Danau Tondano
Pungutan
29
SELAT BADUNG
Danau Tamblingan
Bumi Ayu
56
51
52
42
Pungutan
Pantai Karang
KARANG BEACH
Sekuta
Batur Sari
11
40
41
55
Kanda
Bet
Ngandang 1
28
Kesari
Mukti Sari
Tirtha Nadi II
Tirta Nusa
Ketut Lestari
Karang Sari
Danau Tamblingan
AÉROPORT NGURAH RAI
Tambak Sari
Tirta Ening
D
Ngurah Rai Bypass
3
25
26
6
Danau Poso
Danau Poso
Kusuma Sari
PURA BELANJONG
Tanjun
Pengembak
Wana Sari
54
Sekar Waru
50
Sudamala
Cemara
KUSUMA SARI BEACH
Merta Sari
Merta Sari
4
1
PURA MERTA SARI
N
300 m

À FAIRE

Admirez les figures des cerfs-volants

Bali Kite Festival

Trois jours durant, vers la mi-juillet, des nuées de cerfs-volants s'ébattent au-dessus de la plage de Padang Galak (2km au nord-est de Sanur). Jadis, il s'agissait pour les paysans de la région de demander aux dieux d'abondantes récoltes. Chaque village du district envoie une équipe, encouragée par un *gamelan* (ensemble instrumental). Il faut une dizaine d'hommes pour lancer certains cerfs-volants mesurant jusqu'à 10m de long et 4m d'envergure ! Cette grande fête populaire attire aujourd'hui des spectateurs et des cerfs-volistes étrangers.

Jl. Pantai Padang Galak, Mi-juil.

Profitez de la plage

Les brise-lames érigés au large de Sanur garantissent une baignade sans risque pour les bambins, dans une eau peu profonde et bien plus chaude qu'ailleurs. Si vous souhaitez louer une chaise longue et un parasol, optez pour la portion de plage délimitée par Jl. Segara Ayu et Jl. Pantai Karang.

Glissez sur les vagues

Pour chevaucher des déferlantes (plutôt de décembre à mars), il faut passer les brise-lames construits en face de l'Inna Grand Bali Beach Hotel ou du Hyatt Hotel, à environ 500m du rivage. Vous pouvez louer les services d'un pêcheur pour vous y rendre en bateau. Mais gare aux coraux ! Les surfeurs locaux plébiscitent la plage de Padang Galak, bien plus facile d'accès, juste au nord de Sanur.

Rip Curl School of Surf (plan 5, A4 n°1)

Une école internationale réputée et des instructeurs anglophones. Cours privés ou collectifs de surf (770KRp les 2h), de paddle, de kitesurf (1 650KRp), etc.

Jl. Merta Sari (sur la plage de l'hôtel Prama) Sanur ☎ 0361 287 749 www.ripcurlschoolofsurf.com € Cours privés ou collectifs, à partir de 500KRp

Explorez les fonds marins

Bali Breizh Divers (plan 5, A1 n°2)

Tenu par des Français, ce club de plongée organise des sorties et des stages dans la langue de Cousteau ! À Nusa Penida, certaines palanquées approchent des raies mantas. Forfait deux plongées (équipement et transfert inclus) : à Nusa Penida 2 200KRp, à Tulamben 1 600KRp. Et des formules avec gîte, de 7 à 15 jours, à partir de 13 100KRp en demi-pension.

Ngurah Rai Bypass 464A Sanur 0813 3873 2713 www.balibreizhdivers.com Tlj. 8h-18h

Dune Atlantis International (plan 5, A4 n°3)

Membre d'un réseau fiable, ce club francophone conduit les plongeurs sur tous les sites de Bali, et dispense des formations PADI (1 journée, 2 plongées 145US$, convertis en roupies au cours du jour de la transaction... avec prise en charge à l'hôtel).

Ngurah Rai Bypass 96E Sanur
0361 284 131 ou 08123 805 767 www.atlantis-bali-diving.com/fr/ Tlj. 7h30-18h30

Méditez face à l'océan

Power of Now Oasis (plan 5, A4 n°4)

Sous les cocotiers de la plage, une belle salle, tout en bambou dans la tradition balinaise, l'ambiance suprême pour une heure de yoga, de relaxation ou de méditation avec un praticien anglophone. Également des soins ayurvédiques et de l'acupuncture. Comptez 100KRp le cours, 800KRp les dix séances.

Jl. Merta Sari (sur la plage, à côté de l'hôtel Mercure) Sanur 0878 6153 4535 www.powerofnowoasis.com Tlj. 8h-18h30 4 séances/j (planning des cours en ligne)

Segara Ayu Beach, Sanur

Prenez soin de vous

Sindhu Beach (plan 5, B2 n°5)

Le meilleur endroit où se faire masser à prix doux – à l'ombre, bercé par les vagues. Selon l'affluence, le massage traditionnel complet de 1h se négocie de 50KRp à 70KRp. Prévoyez 30KRp pour une séance de réflexologie plantaire.

Au bout de Jl. Pantai Sindhu Sanur

Nest Beachside Spa (plan 5, B4 n°6)

Dans une belle maison climatisée en bois cérusé, entre Jalan Duyung et Jalan Kusuma, on reçoit les soins face à la mer. Grand éventail de massages, mais aussi manucure, pédicure et épilation. Les prix sont élevés (185KRp pour un massage balinais, 85KRp pour une séance de réflexologie plantaire), mais justifiés par le cadre et le sérieux.

Au bout de Jl. Duyung (sur le front de mer, à côté du Lilla Pantai Warung) Sanur
0361 9381 523 ou 0813 396 34528 (Whatsapp)
www.thenestbeachsidespa.com Tlj. 9h-20h

NOS ADRESSES

PAUSES

En-cas soignés
Goddes Bakery Bali
Pour vous offrir un croissant fraîchement sorti du four, une forêt noire et un café, ou pour grignoter une salade Caesar (55KRp), un sandwich (60KRp), voire une pizza.

SANUR (plan 5, A2 n°10) Jl. Danau Bunyan 5B
0361 288 223 www.goddesbakery.com
Tlj. 7h-22h

Envie de fraîcheur ?
Gelato Secrets
Ce stand tout simple vend des glaces italiennes préparées de manière artisanale à Ubud. Le choix des parfums est limité, mais essayez la pistache, le caramel au beurre salé ou la noix de coco : des délices ! Cône ou coupelle d'une à trois boules 35-95KRp.

SANUR (plan 5, B3 n°11) Jl. Danau Tamblingan (devant le magasin Artasedana)
0361 271 580 www.gelatosecrets.com Tlj. 13h-22h

Bière artisanale
Shotgun Social
Campé sur le front de mer, ce bar-restaurant sans prétention ne propose pas moins de 16 bières artisanales à la pression (35-90KRp). À siroter dans le jardin et à accompagner, pourquoi pas, d'une pizza (85-210KRp). Petit plus pour les familles, l'aire de jeux pour les enfants.

SANUR (plan 5, B2 n°12) Jl. Pantai Sindhu 11
0813 3975 1933 Tlj. 11h-22h

Voir aussi **Rumah Sanur Creative Hub** (p.40) et, pour une glace, **Massimo** (p.88).

RESTAURANTS

Arrêt buffet
Warung Kecil Infinity $
Dans cette cantine colorée prisée des résidents, on compose son menu au buffet ! Le filet de poulet à la sauce au miel et graines de sésame est un délice à petit prix. Comptez 40KRp l'assiette de riz avec deux légumes et deux viandes.

SANUR (plan 5, A3-B3 n°28) Jl. Bypass Ngurah Rai 279 0821 4734 1758 Tlj. 8h-22h

Repas d'ambiance
Pasar Sindhu $
Sur ce marché sont proposées le soir moult spécialités balinaises : soupe au saté, cubes de fruits frais, beignets et autres sucreries. La plupart des commerçants installent de grandes tables, autour desquelles on prend place après avoir composé son menu. Mets à partir de 15KRp, repas copieux 25-50KRp. Mais plus grand-chose à manger après 21h30 !

SANUR (plan 5, B2 n°20) Jl. Danau Toba (près de l'intersection de Jl. Danau Tamblingan)
Tlj. 18h-22h

Pour *la* spécialité de Bali
Warung Babi Guling Sanur $
C'est assurément là qu'il faut venir goûter le cochon de lait grillé à la balinaise (rôti dans l'arrière-cour). Le cadre est modeste, mais la recette authentique ! Présentez-vous assez

tôt pour le déjeuner, quand la cuisson vient juste de se terminer. Comptez 40KRp pour une assiette de viande, de riz et de légumes.

SANUR (plan 5, A2 n°22) Ngurah Rai Bypass 256 (en face du McDonald's) Tlj. 11h-21h

Bol de saveurs

Soul on the Beach $$

Idéal pour un brunch (100-150KRp) les pieds dans le sable et le clapotis des vagues en fond sonore. Pour bien démarrer la journée, optez pour un Sunrise Surprise Smoothie Bowl ou pour des Shakshuka Eggs si vous préférez le salé. Le menu est créatif et la présentation raffinée.

SANUR (plan 5, B2 n°29) Jl. Pantai Sindhu 0813 3975 1932 www.soulonthebeachbali.com Tlj. 8h-22h

À l'heure de Lecce

Massimo $$

Massimo Sacco met en valeur la cuisine de sa province d'origine, le Salento, le talon de la botte italienne. La carte est riche (pâtes, pizzas, viandes et poissons) et les prix sont corrects : spaghettis 69-113KRp, mixgrill de la mer 125KRp. Le service est efficace et souriant et l'endroit ne désemplit pas ! Réservation conseillée le soir.

SANUR (plan 5, B4 n°25) Jl. Danau Tamblingan 228 0361 288 942 https://massimobali.com/ Tlj. 9h-23h

Les pieds dans l'eau

Lilla Pantai ♥$$

Au bord de l'eau, profitez d'un cadre chaleureux (décoration soignée, cuisine ouverte, musique douce). Le patron s'approvisionnant auprès des pêcheurs, la fraîcheur est garantie. Le *mahi-mahi* est affiché à 69KRp, les *spicy prawns* (grosses crevettes dans un plat épicé de spaghettis) sont à 79KRp.

SANUR (plan 5, B4 n°26) Jl. Duyung – Jl. Setapak (front de mer) 0821 445 791 42 Tlj. 8h-22h30

Cuisine de haute volée

Gong Restaurant $$$

Discrètement installé entre le Bypass et Jalan Danau Toba, ce restaurant vaut le détour. Son propriétaire et chef est balinais, mais sa maîtrise dépasse les frontières nationales. Deux plats d'exception : le barramundi grillé (100KRp) et le magret de canard (135KRp). Les salles ont été dessinées par une décoratrice japonaise. Le service peut paraître lent : c'est que la gastronomie demande du temps !

SANUR (plan 5, B2 n°27) Jl. Tirta Akasa 28 0361 270 260 18h-22h

Voir aussi **Dapur Kitchn** et **Warung Amphibia** (p.40).

SHOPPING

Shopping express

Artasedana

Dans ce supermarché, vous pourrez acheter des sarongs en batik (industriel) ou en ikat, des tuniques, tee-shirts, tongs, bijoux fantaisie et souvenirs en tout genre à des prix honnêtes, sans avoir besoin de marchander. Également un petit rayon pharmacie.

SANUR (plan 5, B3 n°40) Jl. Danau Tamblingan 136 0878 6299 0007 Tlj. 8h-21h

Tout pour être belle

Koa Boutique Spa

En plus d'un moment de détente, on trouve là des bijoux, vêtements et objet décoratifs stylés d'inspiration balinaise. Les tissus traditionnels (350KRp) conviennent à un après-midi de plage mais peuvent aussi réveiller une tenue. Laissez-vous tenter par un bracelet (env. 200KRp) pour finir d'habiller vos mains après une manucure.

SANUR (plan 5, B3 n°41) Jl. Danau Tamblingan 63 ☐ 0851 0343 3385 ◷ Tlj. 10h-21h

Au bonheur des dames

A-Krea

Dans cette boutique, vous trouverez des objets originaux à petits prix qui feront de beaux cadeaux : belles pochettes en tissus, petite maroquinerie, linge de table et vêtements.

SANUR (plan 5, B3 n°42) Jl. Danau Tambligan 51 ☐ 0361 286 101 ◷ Tlj. 9h-21h

LA RECETTE

NASI GORENG (RIZ FRIT)

Voici l'une des innombrables variantes de cette recette

Pour 4 pers.

400g de riz long grain cuit
200g de blanc de poulet
4 œufs
12 crevettes décortiquées ou 3 c.a.c de pâte de crevette
2 carottes
1 blanc de poireau ou 1 chou chinois émincé
1 branche de céleri
3 gousses d'ail
2 échalotes
3 cives
1 piment rouge
2 c.a.s. de Ketchup
1 c.a.c. de cassonade
Hule de coco, de sésame ou d'arachide

Garniture facultative

Cacahuète grillée, concombre, coriandre ciselée, oignon frit...

Battez les œufs, salez, poivrez et faites-les cuire en omelette. Une fois celle-ci refroidie, roulez-la pour la découper en fines lanières. Découpez les crevettes et le poulet en dés. Épluchez et râpez grossièrement les carottes. Retirez les parties dures du chou et émincez-le. Hachez ensemble l'échalote, l'ail épluchés et le piment épépiné et faites revenir cette pâte dans de l'huile chaude, au wok ou à la poêle. Quand elle est dorée, ajoutez les crevettes (ou la pâte de crevette et mélangez bien) ainsi que le poulet. Faites revenir à feu moyen en remuant régulièrement jusqu'à ce que le poulet soit cuit (4-5min). Ajoutez les légumes, le Ketchup, la cassonade et le riz. Mélangez bien et faites sauter en remuant jusqu'à ce que les légumes soient cuits et le riz bien chaud. Ajoutez les lanières d'œuf hors du feu, rectifiez au besoin l'assaisonnement avant de servir accompagné de chips de crevettes.

LES ÎLES PENIDA

Ces trois îles surgies des eaux turquoise, au sud-est de Bali, sont réputées pour la richesse de leurs fonds marins. Nanties de belles plages et d'une mangrove intacte, Nusa Lembongan et Nusa Ceningan sont pourvues de nombreux hôtels et proposent un large panel d'activités. Nusa Penida, l'île la plus grande, demeure sauvage avec ses collines boisées, bien que petits hôtels et centres de plongée s'y multiplient.

ACCÈS ET INFOS

- De Bali, cf. Transports (p.304)
- Le scooter est le moyen de locomotion idéal dans les îles (à partir de 75KRp la journée). Précision, les loueurs fournissent rarement un casque, mieux vaut en apporter un. Certaines routes étant mal entretenues, soyez particulièrement prudent. Vous pourrez également affréter une moto-taxi, mais accrochez-vous, les chauffeurs conduisent vite et sans se soucier des ornières !
- Attention, les deux DAB de l'archipel sont souvent vides et les taux de change prohibitifs. Faites provision d'espèces pour la durée de votre séjour avant d'embarquer et assurez-vous que votre hôtel accepte les CB.

À VOIR

NUSA LEMBONGAN ★

Ancrée à 12km des côtes balinaises, Lembongan concentre sur 8km² tout ce que le littoral de la grande île peut offrir de mieux : de séduisantes criques de sable blanc, une eau déclinant toutes les nuances de bleu, une mangrove intacte et des fonds marins époustouflants à seulement quelques brasses de la côte. Sauf à Jungut Batu, où accostent les vedettes en provenance de Sanur, c'est un paradis que se partagent pêcheurs, plongeurs et quelques surfeurs.

Et la vie va...

Jungut Batu

Le plus gros village de Lembongan s'étire au bord de la plus longue plage de l'île, au nord-est de Menur Point. À l'abri de la baie, le clapot du large laisse place à des eaux étales d'une incroyable transparence, sur un sable d'une blancheur éblouissante. Malgré les beach-clubs et le va-et-vient des vedettes chargées de touristes venus de la "grande île" pour la journée, Jungut Batu semble ignorer le tohu-bohu de Bali. Comme ailleurs, les femmes se pressent vers les temples, un empilement odorant de fleurs et d'offrandes de riz sur la tête, tandis que, de retour de la pêche, les hommes discutent à l'ombre des préaux, face à la mer. La baie est réputée pour ses fonds marins et pour ses trois spots de surf – Shipwrecks (qui doit son nom à un morceau d'épave), Lacerations et Playgrounds –, dont les rouleaux déferlent au bord du récif corallien. Au nord de la plage où accostent les vedettes, une promenade piétonne suit le rivage, en longeant les pensions et les hôtels.

À NE PAS MANQUER

- Nusa Lembongan ★, Sunset Beach et Mangrove Side ★
- Blue Lagoon (Nusa Ceningan)
- Pura Goa Giri Putri (Nusa Penida)
- Les hauteurs de Nusa Penida
- Plonger avec les raies mantas et les poissons-lunes

En route pour le temple !

Plage avec vue
Tamarind Beach

Une avenante plage abritée, proche du célèbre spot de surf de Playgrounds. Par temps clair, elle dévoile un beau panorama sur les sommets de Bali.

À 20min de marche de Jungut Bay par le sentier côtier Desservie par une piste qui s'embranche sur la route de Mushroom Bay

Hotspot touristique
Mushroom Bay

La jolie plage de cette baie protégée est bordée de cafés et de paillotes d'hôtels, et les embarcations qui la sillonnent gâchent un peu la baignade. La restauration et l'hébergement sont plus onéreux qu'ailleurs, sans que la qualité soit toujours au rendez-vous. Du rivage, toutefois, se déroule un ravissant panorama sur la mer et la lointaine Bali. En fin d'après-midi, la terrasse des bars invite à siroter l'apéritif en profitant du coucher du soleil.

À 30min de marche de Jungut Batu par le sentier Également accessible par la route

Spectacle houleux
Sunset Beach – Sandy Bay

Au creux de cette anse spectaculaire, la marée basse révèle un impressionnant plateau rocheux façonné par l'érosion marine. Son orientation face à la houle du sud-ouest lui garantit des vagues énormes et de splendides crépuscules. La pointe de Devil's Tear ("déchirure du diable"), au sud de la baie, la sépare de Dream Beach. Par gros temps, la mer vient se fracasser violemment au pied de ses escarpements calcaires.

Accessible par la route

Rêve tempéré
Dream Beach

Cet attrayant ruban sableux est en principe public, mais l'escalier qui descend de la falaise à son extrémité septentrionale est mal en point, et il faut traverser un complexe hôtelier pour y accéder. Cela ne pose, en principe, pas de problème, mais on vous invitera sans doute avec une certaine insistance à consommer au bar (accès à la piscine et aux transats 70KRp). La plage est l'une des plus agréables de l'île, mais attention, les vagues, souvent puissantes, imposent la prudence aux nageurs peu entraînés.

Nusa Lembongan Accessible par la route

Traversée pittoresque
Passerelle suspendue

Une passerelle jaune vif enjambe le détroit séparant Lembongan de Ceningan. Elle est si étroite que les deux-roues doivent s'assurer que la voie est libre avant de s'y engager. Ses planches disjointes font un terrible raffut au passage des scooters, mais on ne court aucun risque à l'emprunter, et il serait dommage de se priver de l'expérience !

Réservée aux piétons et aux deux-roues

La mangrove à pieds secs
Mangrove Side ★

C'est ainsi que l'on dénomme la petite voie aménagée dans le nord-est de l'île, entre mer et mangrove. À la sortie nord de Jungut Batu, la route passe près du phare qui se dresse à la pointe nord-ouest de l'île, puis longe la plage et des champs d'algues avant de pénétrer dans la mangrove. Payante, mais très agréable à pied ou à vélo (elle est plate et ombragée), Mangrove Side serpente ensuite sous les palétuviers. En chemin, vous pourrez vous poser sur le sable, manger un poisson grillé dans un *warung* ou demander à un pêcheur de vous emmener faire un tour en pirogue dans la forêt inondée.

€ Accès payant Comptez 4km AR du centre de Jungut Batu

NUSA CENINGAN

La plus petite des trois îles : 3,7km de longueur pour à peine 1,5km de largeur. Plus tranquille que Nusa Lembongan, Ceningan vit encore un peu de l'algoculture. Le tourisme s'y développe doucement, une passerelle en limitant l'accès. Les côtes de cette île moins visitée sont particulièrement belles. De petits bars-restaurant se partagent sa façade sud-ouest... et le coucher du soleil, face à Lembongan.

Plongeon ultra-bleu
Blue Lagoon 👍

Cette petite baie du sud-ouest de l'île doit son nom à son eau turquoise. On peut plonger ou sauter dans l'océan du haut des pontons qui dominent l'une de ses falaises (saut de 13m ou 8m, 5KRp). L'expérience est grisante et sans réel danger, bien qu'il faille tout de même un peu de force dans les bras pour regagner le sommet de la falaise par une échelle. On peut aussi sauter de moins haut en bifurquant vers le Mahana Point Warung (25KRp), un minuscule bar perché sur une saillie rocheuse elle aussi équipée d'un ponton – la remontée est un peu moins athlétique.

Prendre à droite après la passerelle et suivre la route jusqu'au panneau Blue Lagoon

NUSA PENIDA

Avec plus de 200km^2 (22km de longueur pour 16km de largeur), Nusa Penida est nettement plus grande que ses deux sœurs, bien plus sauvage aussi. La majeure partie des visiteurs n'y accostent que pour y passer une journée, se contentant d'explorer quelques spots popularisés par Instagram et ses fonds marins – l'archipel est classé zone maritime protégée. Compte tenu de ses faibles ressources hydriques, Nusa Penida est étonnamment verte. Ses 40 000 habitants se répartissent entre les bourgs de la côte nord et les quelques hameaux disséminés au creux de collines escarpées et couvertes de végétation. Le plus élevé d'entre eux, Tanglad, est perché à 396m d'altitude – Nusa Penida culmine à 521m, au mont Emas, ou Puncak Mundi. Hormis sur sa côte septentrionale, ourlée de plages étroites, l'île est ceinte de hautes falaises et baignée par des courants froids et violents. Ces abords inhospitaliers ont d'ailleurs contribué à son isolement et à sa réputation effrayante. Les anciens étaient convaincus que le roi des démons, Jero Gede Macaling, y avait trouvé refuge après avoir été chassé de Bali.

Comité d'accueil
Toyapakeh

C'est sur sa plage que les bateaux en provenance de Lembongan et de Kusamba débarquent leurs passagers. Il suffit de voir l'attroupement que suscite le moindre accostage pour se convaincre que c'est là la principale attraction que connaît ce petit village.

Kelingking Beach, Nusa Penida

Le démon de la rancune
Pura Dalem Ped

Le temple des Morts de Ped est dédié à Jero Gede Macaling, le plus effrayant des démons de l'hindouisme balinais, reconnaissable à ses crocs menaçants et à sa couronne. Chassé il y a bien longtemps de son repaire de Batuan (p.134), il aurait pris l'habitude de revenir une fois l'an châtier la population balinaise en déversant sur elle épidémies et autres catastrophes. Aussi le temple reçoit-il de très nombreux pèlerins désireux d'amadouer le démon, voire d'obtenir sa protection par des offrandes.

Ped (5km au nord-est de Toyapakeh, sur la route de Sampalan)

Au-then-tique !

Sampalan

Le gros ferry de ravitaillement en provenance de Padang Bai assure l'animation du principal village de l'île. Le marché matinal de Sampalan est un véritable concentré de vie balinaise, avec son fouillis coloré et odorant, mêlant étals de poisson séché, offrandes (gâteaux de riz, guirlandes et fleurs), barbecues sommaires et brassées d'encens aux fumées entêtantes. Inutile d'y chercher le moindre éventaire pour touristes, tous les articles sont de première nécessité : cordages et filets de pêche, seaux en zinc ou en plastique, sarongs bon marché, petits autels portatifs, paniers tressés, sandales...

8,5km au nord-est de Toyapakeh

Sacré souterrain

Pura Goa Giri Putri 👍

Ce temple de Karangasari est particulièrement révéré par les Balinais, et beaucoup vont s'y recueillir une fois par an. Il occupe une immense grotte desservie par un étroit corridor creusé dans le calcaire, qui s'ouvre en contre-haut de la route, au sommet d'une volée de marches. La surprise est totale quand on débouche sur cette vaste salle d'environ 300m sur 20 et haute de 60m, à peine éclairée par quelques lanternes. De grandes cérémonies y réunissent fréquemment 5 000 fidèles. Le temple compte six autels, dont l'un à l'extérieur. Le dernier est dédié à Dewi Kwan Im, bodhisattva de la Compassion du bouddhisme mahayana à qui les Balinais prêtent le pouvoir d'accueillir toutes les religions et de soulager tous ceux qui la prient. Juste à côté s'ouvre l'entrée secondaire du temple, qui donne sur l'autre versant de la colline.

Karangsari (9km au sud-est de Sampalan) € Offrande 10KRp Sarong obligatoire

Entre agriculture et tissage

Les hauteurs de l'île 👍

À hauteur de **Suana**, 2km au sud-est de **Karangsari**, la route quitte la côte pour s'enfoncer dans les collines. Très pittoresque, elle donne un aperçu de la flore des îles Penida et de leurs cultures vivrières (banane, manioc, fourrage) tout en dévoilant de belles vues vers l'océan, Lombok et Bali. Elle dessert **Pejukutan**, puis **Tanglad**, communauté de tisserands spécialisés dans la confection du *cepuk*. Ce tissu à dominante rouge et rose et aux motifs géométriques est paré de vertus protectrices. Il est réalisé sur de petits métiers rustiques selon la technique ancestrale du *cagcag* – le tisserand est assis à même le sol et l'ouvrage posé sur ses genoux. En visitant les nombreux ateliers du village, vous remarquerez des étoles et des sarongs à motifs de zigzags de trois couleurs, souvent obtenues avec des teintures végétales.

11km au sud du Pura Goa Giri Putri

Ramassage des algues à Nusa Lembongan

Fragile comme le cristal

Crystal Bay

Tous les clubs de plongée vantent cette baie aux eaux translucides, car on a toutes les chances de pouvoir y observer des poissons-lunes. Mais cet atout touristique est en train de gâcher ce site unique. De juillet à septembre, quand y affluent ces énormes poissons, le lieu n'est plus qu'un embouteillage de bateaux et de plongeurs inconscients des dégâts qu'ils infligent aux coraux. La prudence est de mise pour les nageurs ici, les courants étant dangereux. On l'aime au coucher du soleil, lorsque les bateaux sont repartis.

Desservie par de petites routes en provenance de Batumadeg ou de Sakti, hameau situé 5km au sud de Toyapakeh

COULEUR LOCALE

Encouragée depuis les années 1980, la **culture des algues** destinées aux industries agroalimentaire et cosmétique contribue à préserver les massifs coralliens et la faune marine. Chaque famille exploite une ou plusieurs parcelle de 10m^2. Si Nusa Ceningan tire encore une partie de son revenu de l'algoculture, à Penida et Lembongan, celle-ci a disparu au profit du tourisme, activité moins ingrate et plus lucrative.

Un secret bien gardé

Tembeling Spring and Beach

L'un des secrets les mieux gardés de Nusa Penida est un bassin d'eau douce niché dans la jungle de Tembeling. Il faut emprunter un chemin escarpé à travers la forêt pour gagner ces piscines naturelles. Les rayons du soleil qui percent la végétation baignent le site d'une lumière féerique. Après un bain relaxant, poussez jusqu'à la plage : les rochers et la puissances des vagues découragent la baignade, mais le panorama vaut le détour.

Batumadeg De la grand-route, il faudra gagner le site à pied (3km) ou à moto-taxi (50KRp/pers). Déconseillé à scooter car la piste est aussi rocailleuse que pentue

À FAIRE

Explorez la mangrove à Nusa Lembongan

Pour profiter du calme absolu qui règne dans cette forêt inondée, rien de mieux qu'un tour en barque (100-150KRp). Son rivage et les fonds marins avoisinants constituent également un écosystème original, très intéressant à explorer avec palmes, masque et tuba. Tout le long de Mangrove Side (p.92), notamment dans ses *warung*, on vous proposera ces deux activités. Il y a des merveilles à découvrir tout près du rivage (comptez 100-150KRp pour un tour en pirogue jusqu'aux meilleurs sites de snorkeling et 30KRp pour la location du matériel).

En pirogue dans la mangrove, Nusa Lembongan

Prenez la vague

À Nusa Lembongan Trois spots sont réservés aux surfeurs expérimentés – Shipwrecks, Lacerations (le plus difficile) et Playgrounds, face à **Tamarind Beach**, le plus proche du rivage et le plus facile, mais dans une zone de navigation très fréquentée. Les vagues ne se forment qu'à marée montante et il faut se méfier des coraux tranchants et des morceaux de métal rouillé qui se cachent sous l'eau. De juin à novembre, la meilleure période, nombre de clubs balinais y organisent des excursions à la journée.

À Nusa Ceningan Ceningan Point Surf Break est situé au large de **Dream Point**, sur la côte sud-ouest de l'île. Des vagues s'y dessinent même à marée basse, quand on ne peut pas surfer sur la côte de Lembongan. Pour rejoindre ce spot, il vous faudra affréter un bateau à hauteur de la passerelle suspendue. Attention, les courants sont puissants, les vagues exigeantes et certains pêcheurs locaux assurent que l'on croise des requins dans ces parages.

Monkey Surfing Sur la plage de Jungut Batu Nusa Lembongan 08810 3882 1318 (Whatsapp) www.monkeyactivities.com Tlj. 8h-19h

Plongez avec les raies mantas et les poissons-lunes

L'archipel compte parmi les plus beaux sites de plongée de Bali, et même les plongeurs les plus blasés en repartent émerveillés. Ses fonds recèlent, en effet, près de 300 variétés de coraux et plus de 570 espèces de poissons récifaux, tandis que dans ses eaux évoluent d'élégantes raies mantas et de placides poissons-lunes, ou môles (*Mola mola*). Les spots ne manquent pas, mais c'est au nord-ouest de Lembongan et entre Ceningan et Penida que les fonds sont les plus spectaculaires. Certains sont parfaitement accessibles aux débutants, mais attention, toutefois, aux courants violents.

Purple Dive Penida

Ce centre de plongée écoresponsable se distingue par la qualité de ses équipements et le professionnalisme de ses instructeurs – dont deux Françaises à la bonne humeur communicative. À partir de 1 300KRp les deux plongées loisirs, 5 500KRp la formation PADI de niveau 1. Idéal pour découvrir les fonds marins de l'archipel.

Jl. Raya Ped, Sental Nusa Penida 0813 3998 6262 www.purpledivepenida.com Tlj. 7h-18h

NOS ADRESSES

PAUSES

Quelle terrasse !

Sandy Bay

La carte de ce beach-club est variée et la cuisine honnête, mais sans plus. Le restaurant vaut surtout le détour pour son orientation plein ouest, qui permet de voir le soleil disparaître à l'horizn en sirotant un cocktail (90-140KRp) sur son agréable terrasse.

NUSA LEMBONGAN Sunset Beach 0877 4329 1700 www.sandybaylembongan.com Mer.-lun. 12h-21h

Tchin !

Indiana Kenanga

Pour trinquer sur la plage au coucher du soleil, un vaste choix de vins à accompagner d'un plateau d'antipasti (230KRp) ou de tapas variées. Et pour les plus gros appétits, de grandes salades ou des burgers (110-160KRp).

NUSA LEMBONGAN Jungut Batu Beach 56 (au milieu de la plage en allant vers le phare) Jungut Batu 0366 5596 371 www.indiana-kenanga-villas.com Tlj. 7h-22h

Escale canon

Le Pirate

Une ambiance décontractée, une irrésistible piscine à débordement entourée de transats et une terrasse suspendue au-dessus du détroit de Ceningan pour admirer à loisir le camaïeu de bleus et le damier des champs d'algues… Le Pirate est le point de chute idéal pour boire un très bon café ou un jus de fruits frais (35KRp) à toute heure !

NUSA CENINGAN À droite après la passerelle, le long de la route qui domine la baie 0813 3838 9360 www.lepirate.com Tlj. 9h-22h

Cocktail cool

Penida Colada Lounge Bar

Ce café de plage est une jolie halte sur la route nord, près du village de Ped. Le matin, pour un petit déjeuner face à la mer. Le soir, pour siroter un verre sur une banquette de la terrasse. Grand choix de jus de fruits, de smoothies, de cocktails (80KRp), de snacks et de plats végans (35-60KRp).

NUSA PENIDA Jl. Raya Ped Ped 0853 3388 1101 Tlj. 7h-22h Wifi gratuit

Apéro perché

Amok Sunset

Au vaste *bale* en bambou de style contemporain, que prolonge un bassin dominant la baie, s'ajoutent des "nids" perchés dans lesquels on peut boire un cocktail (120KRp) et profiter d'une vue imprenable sur le mont Agung (pour 4 pers., réserver). On peut aussi s'y restaurer (50-120KRp la salade, 120-250KRp le plat) et passer l'après-midi au bord de la piscine. Navette gratuite jusqu'à la route principale à 16h, 17h30, 19h et 20h30.

NUSA PENIDA Gamat Bay, Sakti 0823 3555 5016 www.amoksunset.com Tlj. 11h-22h

RESTAURANTS

Honneur au poisson

Nyoman's Warung $

Sur la route de la mangrove, on ne peut pas manquer la façade rouge et bleu vif de ce *warung* de plage où le poisson se déguste face aux bateaux de pêche. Le meilleur est le *jacket fish* (bourse-licorne) grillé (55KRp) que Nyoman, la patronne, cuit à la perfection. On peut aussi opter pour le *pepes ikan* (poisson vapeur en feuille de bananier) ou pour le curry de poisson (40-60KRp).

NUSA LEMBONGAN Entre Jungut Batu et la mangrove, au bord de la route, côté plage Jungut Batu 0822 3629 3577 Tlj. 9h-22h

Cuisiné avec amour

Warung Beach $

Tenu par un couple adorable, ce petit *warung* du bord de mer offre une vue incroyable sur le volcan Agung et une ambiance familiale. Les prix sont imbattables et les plats toujours excellents, tels le poulet au curry et le burger au *tempeh* (graines de soja fermentées). Comptez 20-55KRp.

NUSA PENIDA Jl. Ped-Buyuk
0853 3348 2485 Tlj. 8h-21h30

Envie d'un bœuf bourguignon ?
Ba'bar Kitchen & Lounge $$
L'endroit est tout simple, avec sa cuisine ouverte sur la salle, et les spécialités italiennes (pizzas et pâtes 55-85KRp) et françaises (89KRp le bœuf bourguignon) sont fort bonnes. L'atmosphère est conviviale, et l'on prend plaisir à discuter avec ses voisins de table tout en observant l'équipe souriante qui s'active aux fourneaux.

NUSA PENIDA Jl. Raya Toyapakeh, Ped
0831 1454 5870
Tlj. 12h-22h

LA RECETTE

SAMBAL UDANG (CURRY DE CREVETTES)

Pour 4 pers.
800g de grosses crevettes crues
400g de tomates concassées
2 tiges de citronnelle
3cm de gingembre frais
Le jus et le zeste d'un demi-combava ou citron vert
1 c. à c. de *sambal oelek* (pâte de piment, vendue dans les épiceries asiatiques)
1 c. à c. de *terasi* (pâte de crevettes, épiceries asiatiques)
1 échalote
2 gousses d'ail
Huile d'arachide
1 c. à c. de sucre
Sel

Délayez le *sambal oelek* dans le jus de combava (ou citron vert) et versez-le sur les crevettes décortiquées et dénervées. Mélangez, couvrez et réservez au frais pendant au moins 30min. Dans un robot, mixez le *terasi*, la partie tendre des tiges de citronnelle, le gingembre, l'échalote et l'ail pelés. Dans l'huile chaude d'un wok ou d'une poêle, faites revenir ce mélange à feu vif pendant 3min. Ajoutez les tomates, le zeste d'agrume, le sucre, le sel et laissez mijoter 5min. Incorporez les crevettes, mouillez au besoin et laissez cuire à feu doux encore 5min. Servez avec du riz parfumé.

Cœur battant de Bali, conservatoire des arts insulaires où se produisent régulièrement danseuses et musiciens traditionnels, Ubud est aussi réputée pour ses centres de yoga et de soins ayurvédiques. Tout autour, dans un écrin de rizières et de jungle propice à la randonnée, s'inscrivent villages d'artisans et sanctuaires royaux. Tandis qu'à Gianyar, sur la côte sud-est, prospère l'un des marchés les plus vivants de la région.

Le Centre

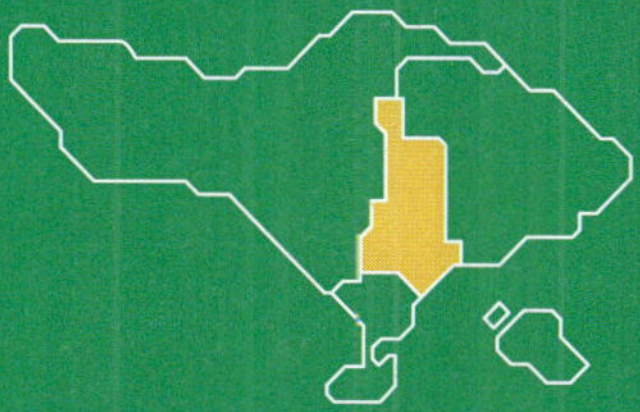

Bassin aux lotus du Pura Taman Saraswati, Ubud

Plan 6

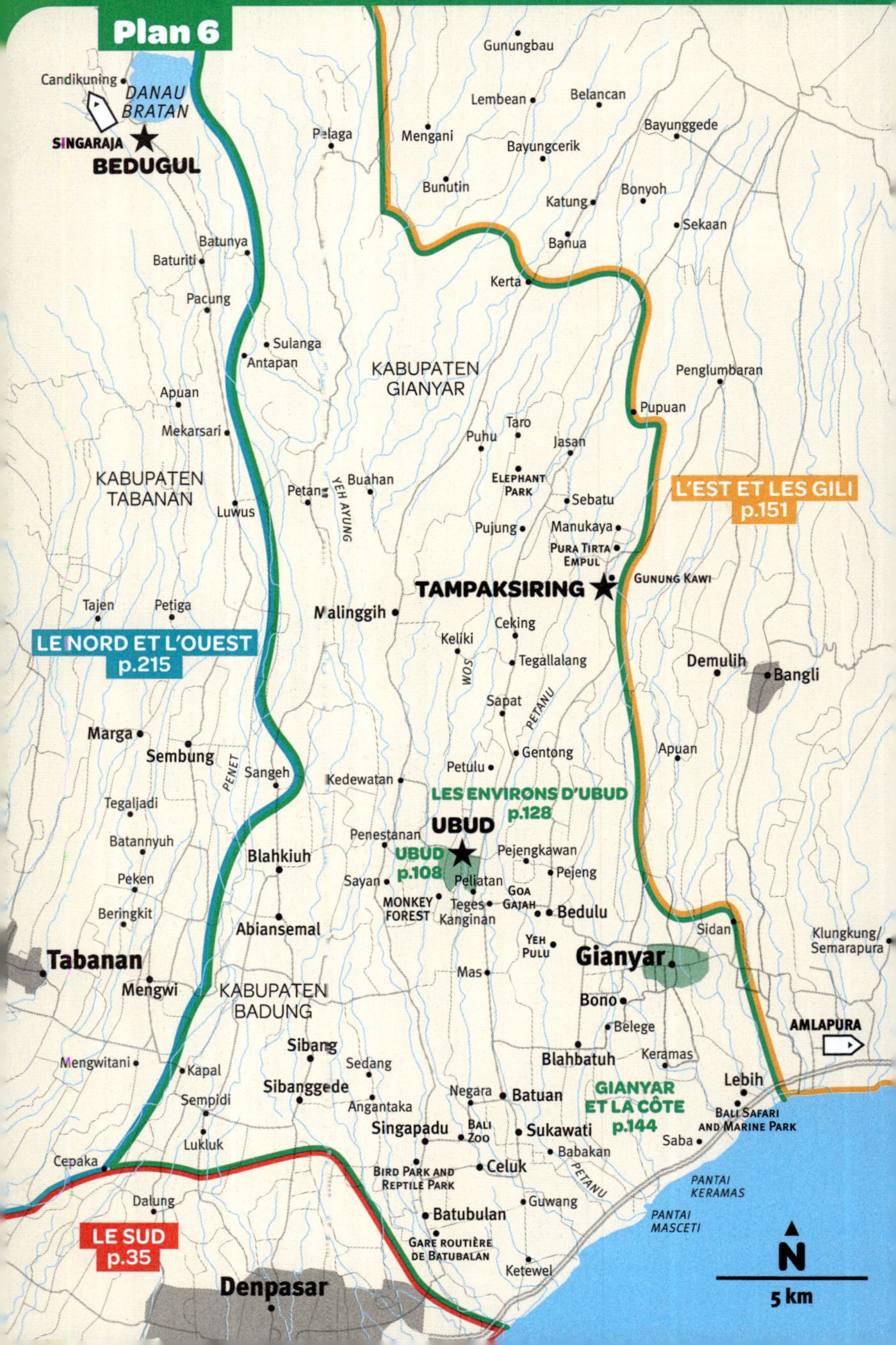

Candikuning
DANAU BRATAN
SINGARAJA
BEDUGUL
Pelaga
Gunungbau
Lembean
Belancan
Mengani
Bayungcerik
Bayunggede
Bunutin
Katung
Bonyoh
Sekaan
Banua
Kerta
Batunya
Baturiti
Pacung
Sulanga
Antapan
KABUPATEN GIANYAR
Penglumbaran
Apuan
Pupuan
Mekarsari
Taro
Puhu
Jasan
KABUPATEN TABANAN
Buahan
Petang
YEH AYUNG
Elephant Park
Sebatu
Luwus
L'EST ET LES GILI p.151
Pujung
Manukaya
Pura Tirta Empul
TAMPAKSIRING
Gunung Kawi
Tajen
Petiga
Malinggih
Ceking
LE NORD ET L'OUEST p.215
Keliki
Tegallalang
Demulih
Bangli
WOS
Sapat
PETANU
Marga
Sembung
Gentong
Apuan
PENET
Sangeh
Petulu
Kedewatan
LES ENVIRONS D'UBUD p.128
Tegaljadi
UBUD
Penestanan
Batannyuh
Blahkiuh
UBUD p.108
Pejengkawan
Pejeng
Sayan
Peliatan
Peken
Monkey Forest
Teges
Goa Gajah
Bedulu
Beringkit
Kanginan
Sidan
Abiansemal
Yeh Pulu
Klungkung/ Semarapura
Tabanan
Gianyar
Mengwi
KABUPATEN BADUNG
Mas
Bono
Belege
AMLAPURA
Sibang
Blahbatuh
Keramas
Mengwitani
Kapal
Sedang
Lebih
Sempidi
Sibanggede
Negara
Batuan
GIANYAR ET LA CÔTE p.144
Angantaka
Bali Safari and Marine Park
Lukluk
Singapadu
Bali Zoo
Sukawati
Saba
Cepaka
Babakan
Bird Park and Reptile Park
Celuk
PETANU
PANTAI KERAMAS
Dalung
Guwang
PANTAI MASCETI
LE SUD p.35
Batubulan
Gare routière de Batubalan
N
Ketewel
5 km
Denpasar

SEPT BONNES RAISONS...

... de s'ouvrir à la spiritualité à Ubud, d'admirer le talent des artisans du centre de l'île et de se laisser surprendre par la culture hindouiste.

UN COURS DE CUISINE BALINAISE (p.120) Pour "apprivoiser" de nouvelles saveurs épicées.

CELUK (p.136) Pour observer ses orfèvres à l'œuvre, puis tester le travail de l'argent au WS Art Studio (p.107).

BALI BOTANICA DAY SPA (p.116) Une journée au spa pour se ressourcer dans un écrin de verdure.

THE YOGA BARN À UBUD (p.116) Pour un cours de yoga ou une retraite "détox" : la capitale culturelle de l'île est *the place* où harmoniser son corps et son esprit.

LA FORÊT DES SINGES À UBUD (p.114) Pour une promenade matinale dans une "oasis sacrée" emplie de temples, d'arbres centenaires et... de singes effrontés !

☀ **TAMPAKSIRING** (p.130) Pour participer à une cérémonie traditionnelle de purification par l'eau au temple de Tirta Empul (p.131).

☀ **MUSEUM PURI LUKISAN ART & CULTURAL WORKSHOP** (p.120) Pour s'initier à la confection d'offrandes ou à une pratique artisanale locale.

RENDEZ-VOUS AVEC...

Yessi Neliana incarne la diversité culturelle indonésienne. Née dans une communauté chinoise d'un petit village de Sumatra, elle a vécu à Jakarta et en Grande-Bretagne avant de poursuivre sa quête d'épanouissement personnel à Bali.
Pour cette aventurière, Ubud est un voyage autour du monde pimenté à la sauce balinaise !

Mon *sunset cocktail*

A The Sayan House

Mon spot favori pour un cocktail avec des amis au coucher du soleil. La vue sur la rivière, les rizières et la jungle est époustouflante. Et si les délicieux cocktails vous ont ouvert l'appétit, sachez que la fusion étonnante qu'opère The Sayan House entre les cuisines mexicaine et japonaise est fort réussie. Je craque souvent pour le *daifuku* (sucrerie japonaise) !

UBUD Jl. Raya Sayan 70, Sayan
0361 4792 592 ou 0822 4737 0344 (WhatsAppp) www.thesayanhouse.com Tlj. 12h-21h (dernière commande à 20h)

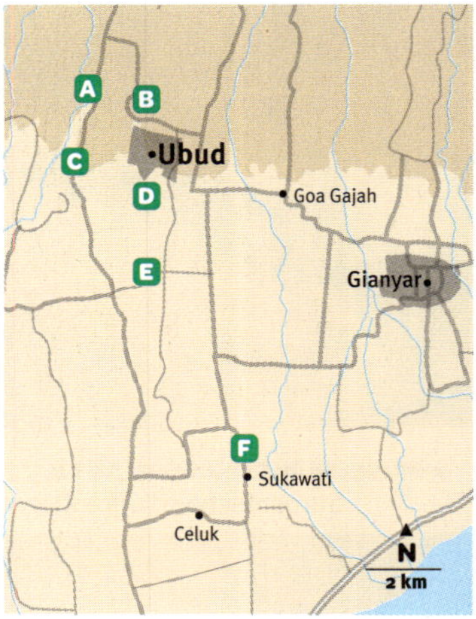

Ma bulle bien-être

B Çantika Alami Spa

Mon adresse détente après une semaine trépidante ! Ma routine ? Un gommage et un massage traditionnel, dans un pavillon ouvert sur la nature. Le spa édite une gamme de produits naturels – dont certains ingrédients poussent dans le jardin, où il fait bon flâner ! Et j'adore ses ateliers où l'on apprend à confectionner des cosmétiques bio.

UBUD Jl. Subak Sok Wayah
0813 3972 9980 Tlj. 9h-21h

Mon reposoir écolo chic

C Bambu Indah Boutique Hotel

De vénérables pavillons de noces javanais transformés en chambres et une piscine naturelle que l'on partage avec des poissons... voilà un hôtel unique en son genre. Il faut disposer d'un certain budget pour y séjourner, mais on peut

SI UBUD ÉTAIT...

Une musique Ce serait *Morning Happiness* de Gus Teja, un air de flûte qui accompagne idéalement les massages.

Masques de *barong*, Sukawati

profiter simplement de son bar et de son restaurant. La cuisine se veut, elle aussi, authentique et bio – les légumes proviennent du jardin et le menu change tous les jours !

UBUD Jl. Banjar Baung, Sayan
0361 977 922 Restaurant tlj 7h-22h

Mon crush culinaire

D Kagemusha

L'un des endroits préservés d'Ubud. Mon rendez-vous du samedi midi, c'est le Kagemusha : des mets bio cuisinés dans le respect de la tradition nippone, mais dans un cadre typiquement balinais. Et l'on s'y sent comme à la maison ! Comptez 30-60KRp le plat.

UBUD Jl. Raya Nyuh Kuning, Mas
0361 973 134 11h-22h30

Mon atelier créa

E WS Art Studio

Ce havre de paix au milieu des rizières est mon booster créatif ! Travail de l'argent, sculpture sur bois, peinture, confection de cerfs-volants, art du batik... on peut y apprendre différentes techniques artistiques et retrouver le plaisir de créer de ses mains ! Mon dernier workshop ? La réalisation d'un pendentif en argent que je ne quitte plus !

UBUD Jl. Raya Silungan, Lodtunduh
082 146 895 330 www.craftworkshopbali.com Tlj. 11h-18h Env. 275-380KRp le cours de 2 ou 3h, transport du centre d'Ubud compris

Mon spot *oleh oleh*

F Marché de Sukawati

Impensable de partir en visite dans ma famille à Sumatra sans *oleh oleh* (cadeaux souvenirs). J'aime flâner sur le marché de Sukawati, moins fréquenté que celui d'Ubud. J'y trouve toujours de jolis sarongs et autres produits artisanaux. La négociation fait partie de la transaction et contribue à l'animation !

SUKAWATI Jl. Raya Sukawati Marché central 7h-14h Marché artisanal 9h-17h

UBUD ★

Son climat frais et sa communauté d'artistes valent à Ubud une décontraction raffinée que n'a pu entamer l'afflux touristique. La capitale culturelle de l'île a fini par absorber les villages proches. Mais il suffit de quitter ses grands axes bordés de boutiques chics pour pouvoir admirer de belles demeures anciennes et déboucher sur des rizières paisibles. Prenez le temps de savourer ses charmes.

À VOIR

Ubud, de *ubab* ("médecine" en indonésien), naît au 8e s., quand les disciples d'un gourou indien nommé Rsi Markendya, fondent un temple au confluent de deux rivières. Autour du sanctuaire, devenu un lieu de pèlerinage, grandit au fil du temps une petite principauté, qui connaît son âge d'or au 19e s., attirant architectes, sculpteurs et autres artistes de renom. Au début du 20e s., le cadre idyllique d'Ubud et son rayonnement culturel séduisent des peintres du monde entier, tels l'Allemand Walter Spies, le Néerlandais Rudolf Bonnet et le Mexicain Miguel Covarrubias. Ils contribueront à la création, en 1936, d'une coopérative chargée de maintenir la qualité de la production picturale et de la statuaire balinaises. Dans les années 1960 s'ouvrent ainsi plusieurs écoles de peinture autour d'Ubud. À partir des années 1970, les voyageurs, toujours plus nombreux, découvrent cette étonnante communauté d'artistes.

ACCÈS ET INFOS

- Ubud est 37km au nord-est de l'aéroport (env. 1h), 29km au nord de Sanur et 21km au nord-est de Denpasar.
- Les *shuttles* et cars climatisés de Perama Tour relient Ubud à l'aéroport (60KRp), Sanur (50KRp), Kuta (60KRp), Padang Bai, Candidasa (75KRp), Amed, Tulamben (175KRp), Lovina (125KRp), Kintamani (150KRp) et Tirta Gangga (150KRp). Jl. Hanoman Padang Tegal Ubud 0361 973 316 www.peramatour.com Rés. en ligne ou la veille au 0361 751 875 (24h/24)
- Ubud Tourist Information Programme et billetterie des spectacles locaux (danse, théâtre), bureau de change, etc. Angle Jl. Raya Ubud et Jl. Monkey Forest (en face du palais royal, derrière la statue) 0361 973 285 Tlj. 8h-21h

LE CENTRE-VILLE

"Souvenir" du marché

Marché (plan 7, B3)

Point de ralliement central d'Ubud, le marché s'est adapté à la demande touristique et n'est plus tout à fait ce qu'il était. Certes, le matin, on y trouve encore un pittoresque pêle-mêle de fruits, de légumes, de volailles vivantes et de fleurs destinées aux offrandes, mais il est désormais envahi par des souvenirs de pacotille aux prix prohibitifs. Il faut dire que les arrêts de bus voisins lui garantissent un flot continuel d'acheteurs faciles à embobeliner...

Jl. Raya Ubud (au sud du palais royal) Tlj. 7h-20h

À NE PAS MANQUER

- Puri Saren Agung
- Pura Taman Saraswati
- Museum Puri Lukisan
- Neka Art Museum
- Pengosekan
- Agung Rai Museum of Art – ARMA
- Peliatan
- Une initiation à l'art et à l'artisanat locaux
- Un spectacle de danseurs traditionnels

Au milieu des rizières...

COULEUR LOCALE
Même si les **traitements par les plantes** ont cédé le pas aux médicaments occidentaux, nombre de Balinais consultent encore des guérisseurs. La pharmacopée végétale est utilisée sous forme d'emplâtres, de breuvages ou d'amalgames mâchés avec du riz avant d'être crachés avec force sur le malade.

Le palais royal

Puri Saren Agung (plan 7, B2)

Le palais où le dernier raja d'Ubud résida jusqu'à sa mort, en 1978, est encore occupé par sa famille. Il remonte au début du 19e s., mais la plupart de ses bâtiments ont dû être relevés après le séisme de 1917. Le préau richement orné, à droite de l'entrée, accueille d'excellents spectacles de danse (p.121). La porte qui sépare la cour extérieure de la partie privée du complexe a été conçue par I Gusti Nyoman Lempad (v. 1862-1978), peintre, sculpteur et architecte de renom, dont vous pourrez admirer plusieurs œuvres au Neka Art Museum (p.113). Ouverte à la visite, la partie résidentielle du Puri Saren Agung se compose d'une succession de pavillons campés dans de paisibles jardins agrémentés de bassins et de sculptures.

Jl. Raya Ubud ⏲ Tlj. 8h-19h € Entrée libre (sauf durant les spectacles de danse) La billetterie devant l'entrée est celle des spectacles nocturnes

Un joli temple aquatique

Pura Taman Saraswati (plan 7, B3)

Le café qui retient les touristes en bord de rue peut vous faire manquer l'entrée de ce discret sanctuaire dédié à Dewi Saraswati, la déesse de la Connaissance,

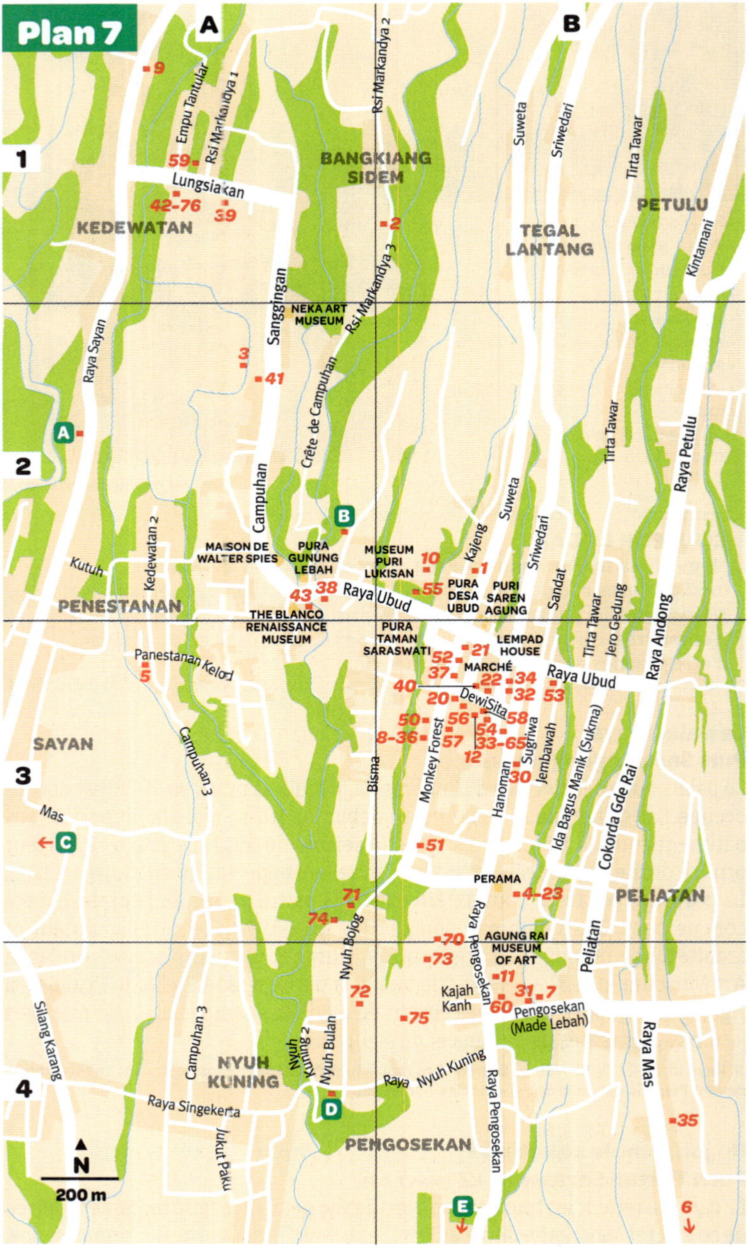
Plan 7
A
B
1
2
3
4
9
Empu Tantular
Rsi Markandya 1
Rsi Markandya 2
59
Lungsiakan
42-76
39
KEDEWATAN
BANGKIANG SIDEM
2
Rsi Markandya 3
Suweta
Sriwedari
Tirta Tawar
PETULU
TEGAL LANTANG
Kintamani
Raya Sayan
NEKA ART MUSEUM
Sanggingan
3
41
Crête de Campuhan
A
Tirta Tawar
Raya Petulu
B
Campuhan
Kedewatan 2
MAISON DE WALTER SPIES
PURA GUNUNG LEBAH
MUSEUM PURI LUKISAN
10
Kajeng
1
Suweta
Sriwedari
Sandat
Kutuh
PENESTANAN
43
38
Raya Ubud
55
PURA DESA UBUD
PURI SAREN AGUNG
Tirta Tawar
Jero Gedung
Raya Andong
THE BLANCO RENAISSANCE MUSEUM
PURA TAMAN SARASWATI
52
21
LEMPAD HOUSE
Panestanan Kelod
5
37
MARCHÉ
40
22
34
32
53
Raya Ubud
20
Dewi Sita
50
56
58
8-36
57
54
33-65
12
Monkey Forest
Sugriwa
Jembawah
Hanoman
30
Ida Bagus Manik (Sukma)
Cokorda Gde Rai
SAYAN
Campuhan 3
Bisma
Mas
C
51
PERAMA
4-23
PELIATAN
71
74
Nyuh Bojog
70
Raya Pengosekan
AGUNG RAI MUSEUM OF ART
73
Peliatan
11
72
Kajah Kanh
31
7
60
Pengosekan (Made Lebah)
75
Silang Karang
Campuhan 3
Nyuh Kuning 2
Nyuh Bulan
NYUH KUNING
Raya Nyuh Kuning
Raya Pengosekan
Raya Mas
D
Raya Singekerta
Jukut Paku
35
PENGOSEKAN
N
200 m
E
6

de la Sagesse et des Arts. Ce serait dommage, car le raja d'Ubud en confia la conception à I Gusti Nyoman Lempad dans les années 1950, et c'est aussi à ce sculpteur de renom que le sanctuaire doit son impressionnante statue de Jero Gede Macaling, le roi des Démons. Au nord-est de la cour, ne ratez pas la sculpture de la tortue sacrée qui porte sur son dos les différents niveaux de l'Univers.

Jl. Raya Ubud (à l'ouest du Pura Desa Ubud)

Un écrin pour l'art moderne balinais

Museum Puri Lukisan / musée des Beaux-Arts (plan 7, A2-B2)

Ce "palais de la Peinture" présente l'art insulaire du 20e s. à nos jours. L'exposition occupe trois pavillons érigés dans un splendide parc tropical agrémenté d'un bassin aux lotus. Certaines notices explicatives sont un peu succinctes, mais la variété des techniques, des styles et des thèmes – du panthéon hindo-balinais aux scènes du quotidien en passant par des paysages idéalisés – permet d'apprécier le talent de grands artistes insulaires. Le musée accueille des ateliers d'artisanat d'art réputés.

Jl. Raya Ubud 0361 971 159 Tlj. 9h-18h 85KRp

Antre de créateur

Lempad House (plan 7, B3)

Impossible de visiter Ubud sans entendre parler d'I Gusti Nyoman Lempad. L'architecte, sculpteur et peintre, qui a signé nombre des monuments de la ville, naquit à Bedulu vers 1862 et s'éteignit en 1978 – plus que centenaire, donc – dans cette maison qu'occupent ses descendants. Enclos familial typique, Lempad House offre au visiteur le joyeux désordre de son jardin et de ses pavillons décorés de sculptures du maître. À voir pour son atmosphère et les vieilles photos de l'artiste.

Jl. Raya Ubud (à l'est du palais royal)

À L'OUEST DU CENTRE-VILLE

Vers ailleurs...

Passerelle suspendue de Campuhan (plan 7, A2)

À l'ouest du centre-ville, en direction de Campuhan, la rue principale d'Ubud enjambe le cours de la Wos. Plutôt que le pont routier, empruntez la passerelle suspendue bâtie par les Néerlandais au début du 20e s. Ses planches disjointes, ses câbles rouillés gainés de lianes et la vue qu'elle ménage évoquent tout le charme du vieil Ubud. Au sud de la passerelle, les berges escarpées de la Wos sont envahies par une végétation exubérante mêlant fougères, fleurs et cocotiers graciles. Au nord, vous apercevrez le Pura Gunung Lebah.

Extrémité ouest de Jl. Raya Ubud

... et au-delà

Pura Gunung Lebah (plan 7, A2)

Bâti sur un site spectaculaire, le confluent encaissé des rivières Wos et Cerik, ce temple du 8e s. aurait été agrandi au 17e s. par Danghyang Nirartha. La forêt environnante regorgeant de plantes médicinales, le site reçut le nom d'Ubad ("Médecine") – une vocation qui ne s'est pas démentie depuis si l'on en juge par les innombrables officines de soins alternatifs d'Ubud. Les confluents (*campuhan*) sont considérés comme des nœuds d'énergies telluriques, sources de dangers comme de pouvoirs surnaturels. Les parois de la gorge sont trouées de grottes où méditaient jadis les ermites, et l'on vient de loin recueillir son eau sacrée pour des *odalan*.

Jl. Raya Ubud En contrebas de Jl. Raya Ubud, avant le pont ⌚ Fermé jusqu'à nouvel ordre aux étrangers

Ole (ole) !

The Blanco Renaissance Museum (plan 7, A2-A3)

Antonio Maria Blanco est un peintre d'origine catalane né à Manille en 1912 et mort à Ubud en 1999. Ayant passé sa jeunesse aux Philippines et étudié l'art à New York, Blanco vécut un temps aux États-Unis avant de partir explorer les îles du Pacifique, à l'instar de Gauguin. Il finit par arriver à Bali en 1952, et le raja d'Ubud lui offrit une parcelle de terrain pour y installer son atelier. L'année suivante, il épousa une danseuse balinaise célèbre et fit bâtir sur les hauteurs qui dominent la Wos une maison aussi fantaisiste et flamboyante que lui. "Don" Blanco revendiquait une proximité avec Dalí et Miró, mais les toiles exposées dans ce musée – des portraits ou des nus aux poses lascives – témoignent surtout de sa fascination pour le corps féminin.

Jl. Raya Campuhan (juste après la passerelle, à gauche) 📱 0361 975 502 www.blancomuseum.com ⌚ Tlj. 9h-17h € 100KRp

***Temple Celebration* (1968) de I Wayang Pugur, musée Neka**

Bali vue par les artistes

Neka Art Museum (plan 7, A2)

Un très beau musée privé dédié à l'art balinais depuis le 19e s., dont les pavillons traditionnels occupent un grand jardin au-dessus la Wos. Né en 1939 à Peliatan, juste au sud d'Ubud, et fils d'un sculpteur reconnu, Suteja Neka fréquenta dès l'enfance les artistes occidentaux installés dans les environs. Il se lia notamment avec les Néerlandais Rudolf Bonnet et Arie Smit, et se mit à collectionner les œuvres d'art, tout en se consacrant à l'enseignement. C'est en 1982 que fut inauguré ce qui était alors le plus grand musée privé d'Indonésie. La collection compte quelque 400 œuvres signées des meilleurs artistes balinais (I Gusti Nyoman Lempad, Ida Bagus Made, Dewa Putu Bedil, etc.) et de peintres étrangers ou originaires d'autres îles de l'archipel indonésien ayant résidé à Bali ou choisi l'île pour sujet (Bonnet, Smit, Theo Meier, Miguel Covarrubias, Louise Garrett Koke, Paul Tatsumi Nagano, Abas Alibasjah, Ahmad Sadali, etc.). Les œuvres présentées dans la salle d'expositions temporaires sont à vendre. Ne manquez pas la collection de kriss, ou *keris*, de Suteja Neka.

Jl. Raya Sanggingan (env. 1km après le pont de Campuhan) Kedewatan 0361 975 074 www.nekaartmuseum.com Lun.-sam. 9h-17h, dim. 12h-17h 75KRp

Repaire de peintres

Penestanan (plan 7, A2)

Ce village est réputé de longue date pour ses fabricants de perles et ses peintres. Ce n'est donc pas un hasard si le Néerlandais Arie Smit choisit de s'y installer à la fin des années 1950. Proche des habitants, il ne tarda pas à encourager les enfants à peindre en leur faisant don de pinceaux et de quelques tubes de couleurs primaires. Le résultat ? Des scènes de la vie quotidienne bariolées et fourmillant de détails, en rupture avec la production des peintres locaux. Ces "Jeunes Artistes" au style débridé, plein d'humour et de vitalité ont fait école depuis. On trouve à Penestanan de nombreux ateliers de qualité inégale et quelques galeries, souvent chères. Enfoncez-vous dans les ruelles en guettant les panneaux signalant des maisons d'artistes.

Prendre la route sinueuse qui monte à gauche, juste après le Blanco Renaissance Museum L'entrée du village est à 1km env. du pont de Campuhan

Village privé… de paysage !

Sayan (plan 7, A3)

Cette localité implantée sur la rive (gauche) escarpée et boisée de l'Ayung laisse encore imaginer ce qu'était Ubud avant le boom touristique. Mais les villas et hôtels de luxe qui se multiplient sur la crête de Sayan empêchent désormais de profiter du panorama sur ces gorges spectaculaires. Heureusement, vous pourrez découvrir la vallée grâce à l'une des agences qui proposent des descentes en raft de la rivière (p.119).

3km à l'ouest de la sortie d'Ubud, via Penestanan

AU SUD ET À L'EST DU CENTRE-VILLE

L'armée des 560 singes

Monkey Forest (plan 7, B3)

Malin comme un singe… d'Ubud

La forêt des Singes est l'un des incontournables d'Ubud, d'autant que ses grands arbres – dont quelques banians spectaculaires – dispensent une délicieuse fraîcheur. Plusieurs centaines de macaques y coulent des jours paisibles, consacrant une bonne partie de leur temps à taquiner, voire à persécuter les passants. Habitués à être nourris par les touristes, ils guettent tout ce qui peut être chapardé. Alors cachez lunettes, bijoux, chapeau, etc., et méfiez-vous de celui qui viendra se percher gentiment sur votre épaule, avant de vous pincer ou de vous tirer les cheveux. Évitez également de vous écarter des sentiers pavés : les mâles peuvent se montrer agressifs si vous approchez leur territoire de trop près. Comme toutes les créatures vivantes, les singes sont traités avec beaucoup de respect par la population hindoue, surtout quand ils vivent à proximité d'un sanctuaire. Ce bosquet en abrite trois : un temple des Morts, un champ de crémation et une source sacrée.

Jl. Monkey Forest Padang Tegal ☎ 0361 971 304 www.monkeyforestubud.com ⏲ Tlj. 8h30-18h € 80KRp

Une "communauté de paysans et d'artistes"

Pengosekan (plan 7, A4-B4)

Ce village désormais absorbé par Ubud s'est doté en 1969 de la toute première coopérative artistique de l'île, la "Communauté des paysans et des artistes de Pengosekan", sous la houlette du peintre Dewa Nyoman Batuan (1941-2013). Il s'agissait pour les villageois de mutualiser matériel et savoir-faire, mais aussi leurs efforts en matière de promotion et de débouchés commerciaux. Des artistes de premier plan, tels les peintres Gusti Ketut Kobot et Dewa Putu Sena, servirent ainsi de faire-valoir aux encadreurs d'art et aux sculpteurs. C'est aux artisans de Pengosekan que Bali doit certaines productions devenues emblématiques, comme l'assiette en forme de feuille de bananier. Quant au style pictural de Pengosekan, il diffère radicalement de celui de Penestanan par ses couleurs plus subtiles et ses thèmes privilégiant la nature et la mythologie hindoue.

À 2km du centre-ville par Jl. Hanoman puis Jl. Raya Pengosekan

Agung Rai Museum of Art – ARMA (plan 7, B3-B4)

C'est à Agung Rai, membre de la famille princière de Peliatan, que l'on doit ce musée installé depuis 1996 dans d'imposants bâtiments de style traditionnel au cœur d'un jardin paysager. Ayant baigné dès l'enfance dans l'univers artistique d'Ubud, le prince se lança très tôt dans le commerce de l'art. Au fil des années, il se constitua ainsi une impressionnante collection personnelle. Elle comprend des œuvres signées des plus grands peintres nationaux, comme Ida Bagus Made, I Gusti Nyoman Lempad ou Anak Agung Gede Sobrat, et de tous les artistes occidentaux que Bali a inspirés. La fondation ARMA initie gratuitement les petits Balinais aux traditions artistiques de leur île ; elle présente des spectacles de danse et de musique tous les soirs de la semaine (rens. sur place ou à l'OT) et organise toutes sortes d'ateliers culturels (p.120).

Jl. Pengosekan 0361 976 659 www.armabali.com/museum Tlj. 9h-18h 100KRp

Un fief du *legong*

Peliatan (plan 7, B3)

Ne manquez pas de descendre à Peliatan à pied en suivant Jalan Sukma. Il flotte sur cette rue l'ambiance bohème qui devait baigner la ville dans les années 1960. Désormais un faubourg d'Ubud, Peliatan n'en possède pas moins un prestigieux passé – jadis, le village avait lui aussi sa cour royale. Les maîtres de danse de Peliatan sont réputés, et l'on voit là d'excellents spectacles de *legong*, le fameux ballet de cour à la gestuelle stylisée si caractéristique de Bali. Le village compte également une quinzaine d'orchestres, dont le tout premier gamelan féminin de l'île, qui accompagne régulièrement un ballet d'enfants. Ces ensembles se produisent plusieurs fois par semaine au Puri Agung, l'ancien palais royal de Peliatan.

Par Jl. Raya Ubud vers l'est, puis Jl. Sukma vers le sud (2km au sud-est du marché central)
Spectacle de danse kecak le jeu. à 19h30 (75KRp), de legong le mer., ven. et sam. à 19h30 (100KRp). Prise en charge au centre d'Ubud gratuite

À FAIRE

Ouvrez vos chakras !

Bali Spirit Festival

Ce festival dédié au yoga et aux soins holistiques illustre à merveille ce qui fait l'originalité d'Ubud : un mariage entre arts balinais et occidental, techniques orientales millénaires et ésotérisme New Age. Conférences, ateliers, concerts et autres spectacles sont organisés dans différents sites de la localité et de ses environs.

0361 970 992 www.balispiritfestival.com Six jours, entre mi-mars et début avril

Affûtez vos papilles

Ubud Food Festival

Profitez de ce festival pour découvrir toute la diversité de la cuisine indonésienne. Trois jours de dégustations, de cours de cuisine dispensés par des chefs réputés, de marchés de producteurs et autres animations autour de la gastronomie. Le tout en musique !

Jl. Raya Sanggingan 88 Ubud 0361 977 408 Trois jours mi-avril

Choyez votre corps et votre esprit

Karsa Spa (plan 7, B1 n°2)

Idéal pour se ressourcer ! On arrive à pied, le long de la crête de Campuhan, pour se faire masser dans le silence des rizières, puis on rentre en flânant au milieu de la nature. Outre les massages traditionnels, la maison se concentre sur les soins énergétiques japonais. Séance de *reiki* de 1h à 280KRp, massage shiatsu de 1h à 280KRp.

Jl. Markandia (sur la crête de Campuhan, derrière le Karsa Kafe) Bangkiang Sidem
0813 5339 2013 www.karsaspa.com Tlj. 9h-19h

Bali Botanica Day Spa (plan 7, A2 n°3)

Face aux rizières, on reçoit là un massage ayurvédique de 2h30 (595KRp) ou, durant 45min, un *shirodhara*, traitement utilisé par les yogis pour restaurer l'équilibre du système nerveux (450KRp). On peut aussi craquer pour le forfait "Un jour à Bali Botanica", qui comprend un massage ayurvédique, le déjeuner au restaurant Bridges et trois soins cosmétiques (1 430KRp), – dont, pourquoi pas, un peeling au café et un bain aux épices... Prise en charge à l'hôtel comprise. Réductions en ligne.

Jl. Raya Sanggingan Kedewatan 0361 976 739 www.balibotanica.com Lun.-jeu. 11h-21h, ven.-dim. 9h-21h

The Yoga Barn (plan 7, B3 n°4)

Le plus important centre de yoga de la ville propose une large palette de techniques de remise en forme, relaxation, méditation, jeûne et autres approches plus ou moins ésotériques, du chant védique à la thérapie sonore. Le cadre à lui seul vaut le détour, une oasis de verdure au milieu des rizières, cachée au bout d'une ruelle banale. Au programme figurent des cours de yoga de différentes écoles (130KRp/h, 10 cours 1100KRp), mais aussi des retraites

LE COSTUME TRADITIONNEL

À l'occasion des fêtes de temple, les fidèles se parent afin d'honorer les dieux, pour plaire à autrui, mais aussi pour tenir leur rang. À l'image du cosmos, le corps est hiérarchisé de haut en bas, ce que reflète le costume. Dans tout l'archipel indonésien, le textile est empreint de connotations symboliques. À Bali, le plus chargé magiquement est le *geringsing*, que les villageois installés au pied du mont Agung revêtent lors des rituels. Le *poleng*, damier noir et blanc de la dualité, habille les statues, les monuments et les humains, ces derniers appréciant aussi le batik javanais. La ceinture de tissu, que l'on se doit de porter dans les temples, jugule symboliquement les appétits des parties basses du corps. La règle impose aux fidèles une ceinture jaune pour les fêtes aux dieux et une ceinture blanche pour les prêtres. Les hommes revêtent fréquemment une veste safari, leur prestige s'affichant notamment dans le luxe des boutons. Depuis les années 1980-1990, le noir a remplacé le blanc dans les rites funéraires.

Procession rituelle, Ubud

"détox" couplant cours et soins : 2 500KRp les trois jours sans hébergement, 6 000KRp la semaine (avec hébergement).

Jl. Hanoman Pengosekan (à 50m au sud du croisement de Jl. Monkey Forest et Jl. Hanoman) 0361 971 236 www.theyogabarn.com Tlj. 7h-21h

Voir aussi **Çantika Alami Spa** (p.106)

Baladez-vous en pleine nature

Crête de Campuhan (plan 7, A2)

Le sentier qui suit la crête de Campuhan est particulièrement agréable. S'ouvrant à droite juste avant le pont de Campuhan (quand on vient d'Ubud), il descend vers le Pura Gunung Lebah. De l'autre côté du pont, après avoir longé la palissade du temple, il gagne la crête de Campuhan en sinuant parmi les hautes herbes *alang-alang* (*Imperata cylindrica*), dont on fait les toits de maisons. En contrebas, la Wos et la Cerik ont creusé de luxuriantes gorges. Passé quelques fermes éparses, vous atteindrez la route asphaltée qui traverse Bangkiang Sidem, au milieu de rizières. Si vous souhaitez rester en pleine nature, revenez sur vos pas (50min AR). Sinon, continuez sur la chaussée et prenez la première route à gauche. Elle traverse les villages de Payogaran et de Lungsiakan avant de déboucher sur la grand-route qui redescend vers Ubud. Un second détour, vers l'ouest cette fois, en bifurquant à droite à la hauteur du restaurant Mozaic (p.124), vous dévoilera d'autres rizières, mais le secteur est en cours d'urbanisation. Un escalier vous permettra de redescendre sur la route principale de Campuhan à Ubud (2h30 à 3h de marche pour la boucle).

Nadis Herbal (plan 7, B2 n°1)

Impensable de séjourner à Ubud sans effectuer au moins une promenade matinale dans les rizières environnantes ! Attention, certains fermiers exigent un droit de passage. Pour en savoir plus sur la riziculture irriguée et apprendre à reconnaître les végétaux qui nourrissent et soignent les Balinais, vous pouvez vous joindre à une balade guidée de trois ou quatre heures dans la campagne autour d'Ubud organisée par l'herboristerie Nadis Herbal. Prévoyez un couvre-chef, une protection solaire et des chaussures imperméables pour les zones boueuses.

Jl. Suweta 15 Ubud 0857 3794 2436 ou 0857 3869 4949 www.nadisherbal.com Départ tlj. à 8h30 (sur rés.) € 300KRp/pers. (avec boissons et en-cas)

Féru d'ornithologie ?

Rendez-vous à **Petulu** (plan 7, B1) ! D'avril à novembre, de 17h à 18h, ce village perdu au milieu des rizières voit affluer des nuées de hérons et d'aigrettes. En un concert de piaillements, les échassiers s'entassent sur les rebords de toits, les talus et la moindre branche d'arbre, dans un périmètre ne dépassant pas quelques centaines de mètres. On peut les approcher (attention aux déjections !) en flânant dans l'unique rue de la localité, car ils ne sont absolument pas craintifs. Le *pura desa* (temple communal), au nord de Petulu, en est le meilleur observatoire.

1,5km au nord d'Ubud par Jl. Raya Andong € Accès au village 20KRp

Bali Bird Walks (plan 7, A3 n°5)

On recense plus de 100 espèces d'oiseaux autour d'Ubud, et grâce à cette excursion au vert, vous pourrez en identifier au moins une trentaine, parmi les plus courantes et les plus emblématiques, ainsi que des papillons multicolores. En chemin, vous contemplerez les rizières et la flore sauvage. Après 3h30 de marche environ, la randonnée s'achève par un repas, inclus dans le prix (37US$).

Jl. Penestanan Kelod, Sayan Ubud 0361 975 009 www.balibirdwalk.com Lun., Mar., ven., sam. Départ à 9h

Défiez les rapides

Mason Adventures

Affrontez en radeau pneumatique les flots impétueux de l'Ayung, à l'ouest d'Ubud : plus de 9km de rivière, tantôt parmi des rizières, tantôt au fond de gorges, et 33 rapides en pleine forêt tropicale. Comptez 995KRp par adulte, 2396KRp pour une famille de cinq personnes, avec prise en charge à l'hôtel. Réservez au plus tard la veille.

0361 721 480 www.masonadventures.com

Sur la crête de Campuhan

Adonnez-vous au canyoning

Adventure and Spirit (plan 7, B4 n°6)

Les torrents et les vallées encaissées de Bali se prêtent au canyoning et garantissent des expéditions spectaculaires et riches en émotions. Comptez de 150US$ à 280US$ selon la difficulté et la durée du parcours (l'un d'eux est praticable à partir de 12 ans, à condition de savoir nager). Prise en charge à l'hôtel, petit déjeuner, déjeuner, matériel et assurance compris.

Jl. Raya Mas 62A Mas 0853 3388 5598 www.adventureandspirit.com Tlj. 9h-17h

Dévalez la montagne à vélo

Bali Eco Cycling (plan 7, B4 n°7)

Cette agence sérieuse organise des découvertes "écolos" de Bali à vélo. Le circuit le plus populaire s'étend sur une journée, avec prise en charge à l'hôtel et transfert à Penelokan pour un petit déjeuner avec vue imprenable sur le volcan Batur. Vous enfourchez ensuite votre bicyclette pour descendre de petites routes. Des arrêts sont prévus dans les villages afin d'en découvrir l'habitat et les activités coutumières, de visiter un temple, des rizières, des ateliers d'artisans, et même de déjeuner copieusement à la balinaise. C'est facile (ça descend tout le temps), agréable et instructif. Adulte 50US$, enfant 30-45US$ selon l'âge.

Jl. Raya Pengosekan Peliatan 0361 975 557 ou 0813 3742 0420 baliecocycling.com Tlj. 7h-20h30

Suivez un cours de cuisine

Cafe Wayan Cooking Class (plan 7, B3 n°8)

L'une des bonnes tables d'Ubud dispense des cours de cuisine balinaise pour deux à dix personnes (350KRp par participant). Sept options différentes sont proposées, celle du jour étant sélectionnée par le premier qui réserve. Au terme des deux heures de préparation, les élèves se régalent ensemble du repas qu'ils ont concocté.

Jl. Monkey Forest Ubud 0361 975 447 www.cafewayan.com Cours à 10h et 16h Rés. impérative la veille

Lobong Culinary Experience (plan 7, A1 n°9)

Une sympathique expérience culinaire qui combine la visite du marché, l'achat des ingrédients, la confection d'un menu typique, puis sa dégustation en groupe. Tarif 425KRp/pers. avec prise en charge à l'hôtel.

Jl. Raya Kedewatan Kedewatan 0812 3651 778 ou 0813 3736 4623 www.lobongculinary.com Tlj. à 3h

Hacher, émincer... l'art de la découpe

Initiez-vous à l'art et à l'artisanat locaux

Museum Puri Lukisan Art & Cultural Workshop (plan 7, B2 n°10)

Des artisans et des artistes des environs se relaient dans l'enceinte du musée pour animer des ateliers de danse ou de gamelan (1h, 145KRp), de peinture sur masque, de confection d'offrandes ou de vannerie (3h, 365KRp), des stages d'une journée de peinture traditionnelle, de sculpture sur bois (520KRp), de réalisation de marionnettes (575KRp), de batik (575KRp), etc.

Jl. Raya Ubud Ubud 0361 971 159 www.purilukisanmuseum.com

ARMA Cultural Workshops (plan 7, B4 n°11)

La promotion des savoir-faire ancestraux est l'une des raisons d'être de l'Agung Rai Museum of Art. Ses ateliers convient le grand public à s'initier à certaines disciplines, de la sculpture sur bois à la peinture balinaise, de la danse à la musique et au batik, de l'astrologie hindoue aux cours de yoga en passant par la préparation d'offrandes et la cuisine. De 25 à 55US$ l'atelier de 2 à 4h.

Jl. Pengosekan Ubud 0361 976 659 www.armabali.com/museum/cultural-workshops

Pondok Pekak Library and Learning Center (plan 7, B3 n°12)

Cours de danse, de musique, de peinture, de sculpture sur bois, ateliers de création de bijoux, etc., pour petits et grands. Ce centre associatif, dont les bénéfices sont reversés dans des actions éducatives, abrite aussi une bibliothèque et un agréable *warung*.

Jl. Monkey Forest (juste au sud de Jl. Dewi Sita) Ubud 0361 976 194 Lun.-sam. 9h-17h

Voir aussi **WS Art Studio** (p.107).

Applaudissez des danseurs traditionnels

C'est à Ubud et dans ses environs que, si vous n'avez pas la chance d'être invité à des cérémonies hindo-balinaises, vous pourrez voir les meilleurs spectacles de danses traditionnelles. Chaque soir, plusieurs représentations sont données simultanément en différents lieux, tels que le palais royal d'Ubud, l'Ubud Kelod Community Hall, les musées Puri Lukisan et ARMA, et le Puri Agung de Peliatan. Le programme et les billets sont disponibles à l'OT. Une navette viendra vous chercher et vous ramènera au centre d'Ubud à l'issue du spectacle. Si vous souhaitez voir des danses de *legong*, vous aurez le choix entre les troupes Semara Ratih (mar.), Tirta Sari (ven.), Gunung Sari (sam.) ou Sekaa Gong Wanita Mekarsari (dim.). Pour la danse du *barong*, allez applaudir la troupe Sadha Budaya (lun.), et pour le *kecak*, la troupe Semara Madya (jeu.). Comptez 100KRp/pers., prise en charge au centre d'Ubud incluse.

Assistez à une représentation de *wayang kulit*

Le *wayang kulit* met en scène des épisodes du *Ramayana* ou du *Mahabharata*, les deux grandes épopées indiennes, interprétés par de petites marionnettes plates en cuir accompagnées d'un orchestre. Là encore, le programme complet est disponible à l'OT. Plusieurs hôtels de la ville se coordonnent pour proposer un spectacle chaque soir.

NOS ADRESSES

PAUSES

Pour un moment cool

Juice Ja Cafe

Les soirées d'Ubud étant plutôt tranquilles, ce café-restaurant bercé de musique latino-caribéenne est un bon endroit où boire un verre à toute heure. Pour une bière fraîche ou un cocktail de fruits, à accompagner, pourquoi pas, d'une salade, d'un gros sandwich ou d'un petit plat (30-60KRp).

UBUD (plan 7, B3 n°20) Jl. Suweta 49
0821 4427 9256 Tlj. 8h-18h

Délices glacés

Gelato Secrets

De vraies glaces à l'italienne, sans conservateurs, à base de fruits, de légumes et d'épices locaux, à déguster dans des cornets maison (35-70KRp). Les parfums sont classiques mais les présentations parfois étonnantes, tel le *Gelato Lipstick*, bâtonnet en forme de tube de rouge à lèvres ! Deux autres boutiques sur Jalan Hanoman et Jalan Monkey Forest.

UBUD (plan 7, B3 n°21) Jl. Raya Ubud
0812 3999 6393 www.gelatosecrets.com
Tlj. 13h-22h

Pour une crêpe à la confiture

Confiture de Bali

Michèle, la Française, et Wayan, la Balinaise, se sont associées pour mettre au point toute une gamme de confitures aux fruits et aux épices de la région. Elles les proposent en pot (20-58KRp) et en garniture de crêpes (20KRp), à savourer devant leur échoppe ou à emporter.

UBUD (plan 7, B3 n°22) Jl. Gotama 26 0812 3964 7518 Tlj. 9h-17h

Santé !

Yoga Barn Garden Kafe

“Shot détox du foie”, “Quelque chose de vert”, “Boisson énergisante”, les noms des jus de fruits (45-60KRp) concoctés par le café du Yoga Barn ne laissent aucun doute quant à leur objectif. Vous en ressortirez plus beau, plus sain, ou tout du moins rafraîchi. Le cadre de verdure est un pur bonheur, et l’ambiance zen du centre de yoga un reconstituant à elle seule.

UBUD (plan 7, B3 n°23) Jl. Raya Pengosekan, Pengosekan 0361 971 407 ou 0811 3983 789 www.theyogabarn.com Lun.-jeu. et sam. 7h30-20h, ven. et dim. 7h30-22h

En indonésien, glace se dit *es krim*

RESTAURANTS

Ubud possède un nombre étonnant de bonnes tables, dont la plupart servent une cuisine bio de toute première fraîcheur. Même les restaurants classiques proposent des plats végétariens et vegans, et beaucoup des plats sans gluten. Certes, les *warung* vraiment bon marché sont rarissimes, mais les adresses à prix raisonnables ne manquent pas.

Cadre magnifique

Murni’s Warung $

C’est Murni, native de Penestanan, qui a ouvert le premier restaurant touristique d’Ubud en 1974. L’endroit est particulièrement spectaculaire, suspendu à flanc de falaise, au-dessus de la Wos. Pour jouir d’une vue imprenable sur la gorge , réservez une table au bord de l’à-pic. À la carte, des mets végétariens et des recettes balinaises comme le *gado gado* et le curry de poulet. Plats 25-50KRp, cocktails 120-160KRp.

UBUD (plan 7, A2 n°38) Jl. Raya Ubud, Campuhan (juste à côté du pont de Campuhan) 0361 975 233 www.murnis.com Tlj. 9h-22h

Tout bio

Dayu’s Warung $

Une cuisine bio à l’indonésienne, sans gluten, largement végétarienne, de première fraîcheur et sans façon. La salle du bas est minuscule, celle de l’étage à peine plus grande. Plats 40-50KRp, desserts 20KRp. Bon choix de jus frais 23KRp.

UBUD (plan 7, B3 n°30) Jl. Sugriwa 28X 0361 978 965 Tlj. 7h30-22h30

Aussie

Fly Cafe & Cuisine $

Le rendez-vous des expatriés en mal d'ambiance anglo-saxonne (le patron est australien, sa compagne balinaise). On y va pour les *chicken wings* (ailes de poulets grillées), les *ribs* (travers de porc grillés), la bière et l'ambiance bon enfant. Soirée quizz le vendredi soir. Plats à partir de 55KRp.

UBUD (plan 7, A1 n°39) Jl. Raya Lungsiakan 2C, Kedewatan 0361 975 440 www.flycafebali.com Tlj. 12h-21h

Doudou de chez nous

Famous Pizza Ubud $$

Nombre de Français vivant à Ubud se retrouvent chez l'exubérant Thierry et son épouse, Ade (un cordon-bleu !), pour se restaurer à la bonne franquette. Des tables brutes sous un préau, une petite salle et ses étagères bourrées de livres et une carte restreinte mêlant plats indonésiens, bœuf Stroganoff, pâtes et pizzas. De 39 à 120KRp le plat.

UBUD (plan 7, B4 n°31) Jl. Made Lebah 0813 3936 8686 www.famouspizzaubud.com Dim.-ven. 7h30-22h

Pour un bœuf *rendang*

Waroeng Bernadette $$

Dans un cadre de style récup', fatigué juste ce qu'il faut et animé par des objets en provenance de la galerie voisine, voilà une petite adresse sans chichis où goûter le bœuf *rendang* (ou ses déclinaisons végétarienne ou poulet). Les portions sont copieuses, mais vous pouvez vous contenter d'un *gado gado* (légumes sautés et sauce à la cacahuète). Plats 35-70KRp.

UBUD (plan 7, B3 n°32) Jl. Goutama 0821 4742 4779 Tlj. 11h-23h

Tout pour la forme

Earth Cafe & Market $$

L'une des meilleures tables végétariennes d'Ubud, installée à l'étage d'une épicerie bio, sous une véranda bien ventilée. Vaste choix de boissons énergisantes, smoothies, lassis (env. 45KRp), soupes parfumées, salades composées et plats originaux (45-130KRp). Il y en a pour tous les appétits !

UBUD (plan 7, B3 n°33) Jl. Goutama Selatan 0361 976 546 www.earthcafebali.com Tlj. 7h-22h

Écolo chic et créatif

Clear Cafe $$

Salle épurée, ambiance détendue et service prévenant pour une carte goûteuse (50-80KRp le plat) : salades, thon "Sunshine" (mi-cuit sauce tamarin), *ikan asli* (poisson pané à la noix de coco râpée). Et d'étonnants "élixirs", tel le Twilight Tonic (citron, miel, curcuma et sel marin) ou le Jamu (gingembre, tamarin et épices).

UBUD (plan 7, B3 n°34) Jl. Hanoman 8 0878 6219 7585 www.clearcafebali.com Tlj. 12h-22h

Dans le cochon, tout est bon !

Babi Guling Ibu Oka 2 $$

Si vous n'avez pas encore goûté le *babi guling* (cochon de lait rôti), en voici l'occasion. On vous servira là une assiette contenant de la viande, des saucisses, de la peau grillée, du riz et des légumes (60KRp). Avec une soupe copieuse en sus, il vous en coûtera 70KRp. Attention, les préparations sont relevées ! La bière (petite) revient à 25KRp.

UBUD (plan 7, B4 n°35) Jl. Raya Mas 191 0812 3830 9927 Tlj. 11h-18h

Valeur sûre

Cafe Wayan ♥$$

Derrière la salle de restaurant s'étire un opulent jardin semé de pièces d'eau, de *bale* (rés. recommandée) et dont les paisibles recoins sont garnis de tables basses et de gros coussins. Les mets, traditionnels, sont de qualité, notamment le poisson grillé. Hors-d'œuvre 30-69KRp, plats 45-142KRp.

UBUD (plan 7, B3 n°36) Jl. Monkey Forest 📱0361 975 447 🕒Tlj. 11h-21h

En toute sérénité

Ibu Rai $$

Une salle décorée de statues et de bois sombre, un éclairage particulièrement romantique et une carte qui mêle agréablement les saveurs de toute l'Asie. Le *baramundi* sauce hollandaise et noisettes le dispute au canard laqué à la coriandre et au poulet aux noix de cajou et au gingembre (comptez 80-120KRp le plat). Bons desserts. Belle arrière-salle plus calme.

UBUD (plan 7, B3 n°37) Jl. Monkey Forest 72 📱0361 973 472 🕒Tlj. 8h-23h

Romantique à souhait

Terracotta $$

Le restaurant de l'hôtel Mathis Retreat possède l'une des terrasses les plus agréables d'Ubud, avec sa vue dégagée sur de vastes rizières. Les plats sont bien présentés et leurs ingrédients de qualité. Comptez 40-65KRp pour les hors-d'œuvre, comme le millefeuille de thon ou les calamars frits, 80-185KRp pour les plats, tels que le carré d'agneau pané ou les *pepe ikan*. Belle carte des vins.

UBUD (plan 7, A1 n°42) Jl. Raya Lungsiakan, Kedewatan 📱0361 8989 700 ou 0813 3703 6525 mathiscollection.com/terracotta-ubud/ 🕒Tlj. 7h-23h (dernière commande à 22h)

Honneur au terroir

Locavore $$$

Lancée par un chef néerlandais reconnu, cette table créative entend faire consommer local. La carte évolue au gré des saisons et du marché, et les produits du terroir balinais se muent en saucisses, terrines ou confits, mariés avec les fruits, légumes et épices que vous aurez vues sur les étals. La présentation et le service sont parfaits. Un menu unique de dégustation de 24 plats "The Four Wall" imaginé comme un parcours narratif pour une immersion culinaire aussi étonnante que savoureuse (1 250KRp).

UBUD (plan 7, B3 n°40) Jl. Dewi Sita 10 📱0361 977 733 www.locavore.co.id 🕒Lun.-sam. 12h-14h30 et 18h-22h Rés. indispensable 8-15 jours avant

Gastronomique assurément

Mozaic ♥$$$

Décor et service irréprochables pour un repas (à déguster en salle ou au jardin) imaginé par le chef étoilé Chris Salans, qui allie merveilleusement les denrées de l'archipel et d'ailleurs. Trois menus de 6 ou 8 plats : produits du cru (750-1 000KRp), saveurs locales et du monde (1 250-1 600KRp), végétarien (600-800KRp). Et l'on tiendra compte de vos aversions et allergies éventuelles. Accord mets et vin possible.

UBUD (plan 7, A2 n°41) Jl. Raya Sanggingan 📱0361 975 768 www.mozaic-bali.com 🕒Tlj. 12h-14h et 18h-21h45 Rés. recommandée

Gastronomie relax

Bridges $$$

L'élégant cadre de style colonial attire une clientèle sélecte, et la situation en terrasse au-dessus de la rivière invite à un romantique dîner aux chandelles. La cuisine associe les notes asiatiques et françaises. Entrées 110-295KRp, plats 135-200KRp. Bonne mais chère carte des vins. Pour bénéficier de la vue sur le vieux pont de fer et la gorge de la Wos, pensez à réserver.

UBUD (plan 7, A2 n°43) Jl. Raya Campuhan, Campuhan (juste après le pont de Campuhan, à côté du Blanco Renaissance Museum)
0361 970 095 www.bridgesbali.com
Tlj. 11h-23h30

SHOPPING

C'est dans Jalan Dewi Sita que vous trouverez les boutiques de vêtements les plus élégantes de la ville. L'art est l'un des fonds de commerce d'Ubud, mais la qualité des œuvres exposées dans les galeries est souvent discutable. Vous pourrez vous faire une idée des prix aux musées Neka et ARMA à Ubud, et Rudana à Mas. Flânez aussi le long de Jalan Raya Campuhan et de Jalan Raya Sanggingan, ou rendez visite aux peintres de Penestanan. Vous y obtiendrez les meilleurs prix, le plaisir d'observer les artistes au travail en prime !

Statuettes artisanales, Ubud

La beauté par les plantes
Utama Spice

Une ligne de soins pour le corps élaborée à Pengosekan avec des plantes et huiles essentielles. Les exfoliants s'inspirent de recettes traditionnelles (100KRp). Certains produits malins, comme le répulsif antimoustique ou les lotions rafraîchissantes, se glissent dans le sac et s'utilisent sur une peau moite (40KRp).

UBUD (plan 7, B3 n°51) Jl. Monkey Forest
0851 0085 3155 www.utamaspicebali.com
Tlj. 9h-19h

Il n'y a que maille...
MilenaZU ♥

Cette Italienne installée à Bali fait fabriquer ses créations à Petulu : de fines mailles métalliques, mêlées ou non à des rubans de soie et des cristaux, pour composer des bijoux originaux et légers.

UBUD (plan 7, B3 n°52) Jl. Monkey Forest 14
0361 971 294 www.milenazu.com
Mar.-sam. 9h15-21h, dim.-lun. 11h-19h

Tissage artisanal
Gedog Art shop ♥

Derrière une devanture modeste, de très beaux tissages artisanaux

Boîtes à offrandes

provenant de Java Est, ainsi que des batiks et toiles plus rustiques à utiliser en chemins de table ou en tentures murales. À partir de 300KRp.

UBUD (plan 7, B3 n°53) Jl. Hanoman 43
0817 0663 887 Tlj. 11h-21h

Batiks pas toc

Kamar Sutra Silk & Batik

Cette boutique propose de très beaux batiks javanais artisanaux, des pièces uniques et donc onéreuses. On aime particulièrement les déclinaisons d'indigo aux motifs délicats. Comptez 2 700KRp pour un tissage convertible en tenture murale ou en chemin de table. Tâchez de négocier les prix.

UBUD (plan 7, B3 n°50) Jl. Monkey Forest
0361 977 109 Tlj. 11h-20h30

Rien ne se perd

ARTcycleBALI

Récupérer les chambres à air de vélo ou de vieilles voitures qui encombrent Bali pour les transformer en charmants accessoires, sacs, portefeuilles, bijoux... l'idée est maligne, écolo et le résultat probant ! Pour ne rien gâcher, la boutique organise des ateliers pour vous apprendre à en faire autant avec vos vieux caoutchoucs.

UBUD (plan 7, B3 n°54) Jl. Goutama Selantan
0817 9404 686 artcyclebali.wixsite.com/artcyclebali Tlj. 10h-21h

tout se transforme !

Smateria

Encore une idée de récup' sympa : tailler des sacs, valises et autres accessoires dans des moustiquaires et filets de pêche. Née au Cambodge, la marque Smateria propose des formes bien conçues, dans une palette très colorée.

UBUD (plan 7, B2 n°55) Jl. Raya Ubud
0812 3685 3486 www.smateria.com
Tlj. 11h-18h

Nihon no fasshon

Atelier Manis

Dessinés par la Japonaise Miki Takahashi, qui a fait ses classes auprès d'Issey Miyake, des vêtements simples mais structurés, fabriqués à Bali dans des tissus naturels, laine, soie, lin ou coton. Les modèles, épurés, associent coupe millimétrée et beauté des matières.

UBUD (plan 7, B3 n°56) Jl. Dewi Sita 0361 971 599 ou 0818 0548 5351 Tlj. 11h-16h

Cadeaux rigolos

Makassi

Un petit magasin coloré et rigolo, plein de gadgets divers et de sacs de plage en PVC (avec son célèbre imprimé panneau directionnel de Bali) dessinés par la Française Lucie. Un grand choix de cadeaux dans une gamme de prix allant de 2 à 50€. À côté, la boutique OH présente des objets de décoration *made in Indonesia*.

UBUD (plan 7, B3 n°57) Jl. Monkey Forest 0853 3744 0389 Tlj. 11h-18h

Artisanat trié sur le volet

Ali Art Shop ♥

Une intéressante sélection d'objets traditionnels anciens ou récents : marionnettes de Java (450-1 000KRp), coiffes rituelles de danseuses de *legong*, masques... N'hésitez pas à négocier. Autre boutique dans Jalan Dewi Sita, dans le centre d'Ubud.

UBUD (plan 7, B3 n°58) Jl. Dewisita, Padang Tegal 0812392 3116

Caverne d'Ali Baba

Celeng Gallery

Cette vaste galerie de Kedewatan offre un condensé de ce que l'on peut rapporter de Bali. Si les meubles et sculptures sur pierre nécessitent des frais d'expédition importants, les petits objets (coiffes rituelles, bijoux, masques, etc.) feront de jolis souvenirs. Comptez de 900 à 1 300KRp pour des marionnettes de qualité. Voyez également la Kuluk Gallery, au nord du Neka Art Museum.

UBUD (plan 7, A1 n°59) Jl. Raya Lungsiakan, Kedawatan 0361 975 833 www.kulukgallery.com Tlj. 10h-17h

Expression libre

Agung Rai Gallery

Agung Rai, le fondateur du musée ARMA, avait 23 ans quand il ouvrit cette galerie d'art en 1978. Il entendait promouvoir de jeunes talents, et connaissant beaucoup de peintres, se mit à vendre leur travail. La galerie continue à présenter des artistes novateurs, n'hésitant pas à s'affranchir des canons commerciaux qui brident trop souvent l'art balinais.

UBUD (plan 7, B4 n°60) Jl. Peliatan, Peliatan 0361 974 562 www.agungraigallery.com Tlj. 9h-18h

SORTIES

Pour un film ou un *drink* végan

Paradiso Ubud

Si vous souhaitez voir un film sur grand écran à Ubud, c'est là qu'il faut aller. Cet endroit, qui se veut la première salle de spectacle bio et végane du monde, projette un film chaque soir et accueille des cours de danse et de yoga, des expositions, des conférences... Ajoutez à cela une galerie-boutique équitable, un bar végan, et le Bali Vegan Festival début octobre.

UBUD (plan 7, B3 n°65) Jl. Gautama Selatan 0812 3697 4727 www.paradisoubud.com

LES ENVIRONS D'UBUD

L'ancien royaume de Gianyar est un formidable conservatoire des traditions balinaises. Le long de ses routes se succèdent des ateliers de joaillerie, de sculpture, de cerfs-volants... mais aussi des écoles de *wayang kulit* ou de danse du *barong*, certains des lieux sacrés les plus merveilleux de Bali – tels la grotte de Goa Gajah et les sources de Tirta Empul –, et des paysages bucoliques de rizières ou de forêt tropicale.

À VOIR

ACCÈS ET INFOS

- Le scooter et la moto sont de loin les modes de découverte les plus plaisants, car les distances restent modestes. Mais les routes sont sinueuses et l'on n'y dépasse guère 30km/h. Avec leurs faibles dénivelés, les environs sud et est d'Ubud se visitent aisément à vélo. Au nord, en revanche, il y a plusieurs côtes à grimper.
- Faites provision d'espèces en ville, car il n'y a pas de distributeurs de billets dans les villages.

En l'absence de tout panneau routier, se repérer dans les environs d'Ubud tient de la gageure, d'autant que les villages qui s'étirent le long des routes finissent parfois par se rejoindre. Le plus sûr est de suivre un grand axe (Sanur-Denpasar, la route de Kintamani et du Batur ou celle de Gianyar) et d'explorer ses abords. Pour trouver les localités les plus reculées, demandez aux passants, mais ne soyez pas surpris si leurs explications sont floues, voire contradictoires : la gentillesse naturelle des Balinais les incite à apporter une réponse à toute question, même s'ils ne la connaissent pas, et avec le sourire !

AU NORD D'UBUD

Rond-point de l'artisanat

Tegallalang

Passé **Gentong**, village spécialisé dans les petites sculptures animalières et statues de divinités, et **Sapat**, où l'on confectionne des fleurs et autres végétaux en bois coloré, vous arriverez à Tegallagang. Ce bourg commerçant est un peu le carrefour de tous les villages d'artisans. De la feuille de bananier au canard des rizières et aux bouddhas, vous retrouverez tous les incontournables en bois ou en nacre dans le déballage de ses boutiques-ateliers, mais aussi des modèles commandés par des grossistes occidentaux : bateaux de pêche bretons, mouettes en bois peint et autres articles bon marché.

9km au nord d'Ubud

Pour le coup d'œil

Ceking

À hauteur de ce hameau, la route domine de jolies rizières étagées au flanc d'une vallée encaissée. La vue serait splendide – surtout quand les rayons obliques du soleil en redessinent les contours – sans les embouteillages de

À NE PAS MANQUER

- Pura Gunung Kawi Sebatu
- Tampaksiring ★
- Pura Tirta Empul
- Gunung Kawi
- Pura Taman Pule (Mas)
- Setia Darma House of Puppets (Mas)
- Marché de Sukawati
- Celuk
- Goa Gajah (Bedulu)
- Pura Kebo Edan (Pejeng)

Tegallalang

taxis, les grappes de touristes en quête de *la* photo et les vendeurs ambulants, omniprésents. (Refusez de payer le péage si vous ne faites que passer.)

1,5km au nord de Tegallalang

Une communauté de peintres-paysans
Keliki

Les peintres de cette localité, qui vit au rythme des récoltes de riz et de noix de coco, sont fidèles aux canons séculaires de la célèbre école de Batuan (p.134). Investi d'une dimension sacrée, leur art s'attache à illustrer avec force détails les grands cycles mythologiques, à représenter des danses rituelles ou des paysages le plus souvent symboliques.

2,5km à l'ouest de Tegallalang et 9km au nord d'Ubud

Sculptures sur bois
Pujung

Fief de sculpteurs réputés, cette bourgade pittoresque est animée par un joli marché. Ses nombreux artisans, qui se consacrent principalement à la fabrication de beaux Garuda, ont pour matériau de prédilection le bois jaune au grain très fin du jaquier, dont on consomme aussi les fruits.

5km au nord de Tegallalang

Haut lieu du *gong kebyar*
Sebatu

Construit au versant d'une colline dans un cadre boisé, ce village est célèbre pour sa troupe de danseurs et de musiciens. Pratiquant le *gong kebyar*, un genre de gamelan identifiable à ses ruptures de rythme et à ses mouvements virtuoses, elle se produit fréquemment à l'étranger, notamment en France, et a enregistré plusieurs albums chez des maisons de disques internationales.

16km au nord d'Ubud

Divins bassins

Pura Gunung Kawi Sebatu 👍

Un parking pris d'assaut par les autocars de tourisme et les vendeurs ambulants signale ce beau sanctuaire encaissé dans une vallée luxuriante, en contrebas de la route. Ne vous laissez pas décourager, car une réelle sérénité émane de ce site noyé sous la verdure des bananiers, des cocotiers et des fougères. Si l'on en croit l'*Usana Bali*, une chronique légendaire, au cours de la guerre qui l'opposait au dieu Indra, seigneur du Ciel, le terrible roi-sorcier Mayadenawa se réfugia à Sebatu, mettant ses habitants en fuite. Prenant ces derniers en pitié, Wisnu, le dieu des Eaux, fit jaillir une source pour les revigorer et leur donner le courage d'affronter le despote. En remerciement, après la mort de Mayadenawa, les villageois érigèrent ce temple à Wisnu autour de la source sacrée. Elle alimente une série de bassins, dont certains sont destinés aux rites de purification des fidèles, et d'autres ouverts à tous, sous réserve d'une conduite respectueuse.

Juste au sud de Sebatu ⌚ Tlj. 8h-18h € 50KRp Prière de ne pas photographier les baigneurs

Le choc des titans

Tampaksiring ★

Les épopées font de ce gros bourg avenant le cadre d'une terrible bataille entre Indra, le dieu suprême, et le roi Mayadenawa, que sa parenté avec Dewi Danu, la déesse de l'Eau, avait doué de pouvoirs surnaturels. Accusant les divinités hindoues d'avoir fait mourir son épouse bouddhiste, le roi avait interdit à ses sujets de leur rendre un culte. Au cours de la guerre qui s'ensuivit, le potentat tenta de se débarrasser de l'armée céleste d'Indra en l'incitant à se désaltérer dans une source qu'il avait empoisonnée. Mais le Seigneur du Ciel fit aussitôt jaillir une source sacrée, qui ressuscita ses guerriers morts et leur procura la force de pourchasser Mayadenawa. C'est le flot de sang craché par le roi agonisant qui aurait donné naissance à la rivière Petanu ("rivière de la Malédiction" – jusque dans les années 1920, il était interdit d'utiliser son eau et de s'y baigner). Cette légende atteste la guerre d'influence que se livrèrent l'hindouisme et le bouddhisme à Bali au Moyen Âge.

16km au nord-est d'Ubud

IL ÉTAIT UNE FOIS

La lutte opposant Indra à Mayadenawa fut longue et sanglante. Le roi-sorcier se métamorphosa plusieurs fois pour échapper à ses ennemis, mais le dieu finit par tuer d'une flèche le dernier avatar du despote. Cette victoire du Bien sur le Mal est célébrée dans le calendrier balinais lors des fêtes de **Galungan**, qui ont lieu tous les 210 jours.

Source sacrée

Pura Tirta Empul

Ce sanctuaire de la "Source sacrée" (*tirta empul*) est le plus septentrional des sites vénérés de la vallée de la Pakerisan ("rivière du Kriss"). Il veille sur la fameuse source miraculeuse que le dieu Indra aurait fait jaillir pour revigorer ses troupes, et en finir avec le sinistre Mayadenawa. Fondé vers 960, le temple est en réalité irrigué par trois sources, dont l'eau purificatrice sert à maintes cérémonies. Il ne présente pas un grand intérêt architectural, mais permet d'apprécier la ferveur des Balinais qui, leurs offrandes faites, vont se plonger tout habillés dans ses bassins, sous l'arrosage d'une quinzaine de gargouilles. Tâchez d'arriver tôt le matin, avant les foules.

Tirta Empul

500m au nord de Tampaksiring, en direction de Penelokan ⌚ Tlj. 7h-17h € 50KRp, parking 2KRp Sarong obligatoire (à louer 10KRp). Bain autorisé si l'on est décemment vêtu et que l'on respecte la sainteté du site

Sanctuaire discret

Pura Mengening

Ce temple de l'Eau-Claire, fondé au début du 11e s. immédiatement en aval de Tirta Empul, est le moins fréquenté des trois sites sacrés de Tampaksiring. Pour y accéder, vous devrez descendre une longue volée de marches jusqu'au fond de la vallée, où sourd une source sacrée, puis gravir l'autre versant. Le Pura Mengening contient plusieurs *candi*, monuments funéraires quadrangulaires surmontés d'un toit à étages pyramidaux, clairement apparentés à ceux de l'ancienne Java. Vous remarquerez que l'eau de la rivière est canalisée pour passer par le temple – et ainsi renforcer ses pouvoirs magiques. Elle s'écoule ensuite dans des bassins étagés et noyés sous la végétation. À proximité du Pura Mengening s'élève un palais commandé par le président Sukarno à la fin des années 1950.

Juste au sud de Tirta Empul, de l'autre côté de la route, en contrebas

Vallée des Rois balinaise

Gunung Kawi

Il faut dévaler 400 marches pour atteindre ce lieu sacré majeur, où dix *candi* dédiés à des rois et reines du 11e s. se font face de part et d'autre de la rivière Pakerisan. Sur la rive gauche (est) sont regroupés les cinq *candi* principaux, les cénotaphes du roi Udayana, de son épouse javanaise et de leurs trois fils,

Airlangga, Marakata et Anak Wungsu – c'est ce dernier qui fit aménager cette "Vallée des Rois" en l'honneur de son père. Chaque *candi* occupe une cavité de 7m de hauteur, et sa façade est dotée d'une porte aveugle – passage symbolique vers l'au-delà – surmontant une niche à offrandes. Les cendres des défunts étant confiées à la mer, les *candi* sont des "maisons" où les âmes royales peuvent séjourner quand elles redescendent sur terre pour les grandes fêtes religieuses. Sur la rive opposée se dressent les *candi* plus simples des quatre épouses du roi Anak Wungsu. Le cénotaphe isolé plus au sud serait celui d'un Premier ministre. Encore plus au sud, la Pakerisan reçoit les eaux de la Bulan, un confluent (*campuhan*) d'une importance particulière pour les hindous, qui s'y purifient.

Au nord-est du centre de Tampaksiring, par une petite rue vers la droite ⏲ Tlj. 8h-18h € 50KRp Sarong obligatoire

Au centre de Bali

Taro

Alors qu'il méditait sur la pente du volcan Raung, dans l'est de Java, une voix aurait enjoint Rsi Markandeya d'aller fonder une colonie en pleine jungle balinaise, au flanc du mont Agung. Le mystique indien embarqua donc avec 800 colons, mais victimes d'accidents surnaturels, la plupart d'entre eux moururent avant d'avoir pu défricher la forêt. Markandeya regagna Java et, après plusieurs semaines de méditation, comprit qu'il devait faire des offrandes à la terre, aux divinités et aux ancêtres pour réussir dans son entreprise. La seconde tentative fut la bonne et, avec 400 nouveaux colons, il fonda le village de Taro – avant même celui d'Ubud. Le temple principal de Taro, le Pura Gunung Raung, est dédié au volcan javanais et les villageois font régulièrement le pèlerinage à Java. Signalé par un impressionnant porche fendu, le sanctuaire, qui ne se visite pas, se distingue par la délicatesse de ses sculptures. Son pavillon rappelle les maisons longues des Iban de Bornéo. À Taro sont élevés des bovins albinos dont le lait et toutes les excrétions récoltables, larmes comprises, auraient des pouvoirs de guérison. Les ateliers installés aux abords du village fabriquent des autels familiaux en pierre noire reconstituée à partir de sable volcanique.

19km au nord d'Ubud et quelques kilomètres au nord-ouest de Sebatu par une bifurcation de la route de Penelokan

AU SUD D'UBUD, SUR LA ROUTE DE SANUR

Chez les maîtres sculpteurs brahmanes

Mas 👍

Par tradition, la sculpture sur bois est l'apanage d'une lignée de brahmanes particulièrement représentée à Mas. Jadis, les maîtres artisans locaux se contentaient de produire des objets rituels, statues de divinités, panneaux, instruments de musique et masques de danse. L'essor du tourisme les a conduits à exploiter des essences moins nobles que l'ébène ou le santal, et à aborder des sujets profanes plus lucratifs (corps féminin, statuettes animalières, etc.).

Spectacle de *topeng*, Mas

N'hésitez pas à leur rendre visite. Le savoir-faire se transmettant de père en fils, certaines familles sont spécialisées dans la production de masques, d'autres dans les statues de Siwa, d'autres encore dans les Garuda...

3km au sud d'Ubud

Pura Taman Pule 👍

Le temple le plus important de Mas se dresse à l'emplacement de la demeure de Danghyang Nirartha, grand prêtre shivaïte du 16e s., originaire de Java et marié à la fille du prince de Mas. Devenu conseiller du roi de Gelgel, ce sage mit à profit son pouvoir pour renforcer celui des prêtres, et la plupart des brahmanes de Bali le revendiquent comme ancêtre. Tous les 210 jours, lors de la fête de Kuningan, qui conclut les célébrations de Galungan, ses nobles descendants affluent au Pura Taman Pule avec leurs offrandes.

Jl. Raya Mas (au cœur du village, derrière le terrain de sport) Port du sarong obligatoire

The Rudana Museum

Ce musée expose le travail de maîtres balinais du 20e s., tel I Gusti Nyoman Lempad – cf. Lempad House (p.111) –, et d'étrangers célèbres comme Rudolf Bonnet, Antonio Blanco, Arie Smit ou Donald Friend. Il donne à voir l'évolution de la peinture contemporaine, à Bali (Nyoman Gunarsa) comme dans le reste de l'Indonésie. On y contemplera les peintures délirantes d'I Wayan Bendi, les couleurs éclatantes de Srihadi Soedarsono et les abstractions de Wayan Darmika. La galerie d'art installée dans l'immense parc livre un aperçu des tendances du marché de l'art balinais.

Jl. Cokorda Rai Pudak 44 (à la limite nord de Mas) 0361 975 779 www.museumrudana.com
Tlj. 9h-17h 50KRp

Setia Darma House of Masks and Puppets

Un millier de masques et 4 000 marionnettes d'Indonésie, de Chine, d'Afrique, d'Amérique du Sud et d'Europe. Cette collection privée occupe plusieurs bâtiments de style javanais, anciens pour certains, campés dans un magnifique jardin. L'un de ces pavillons est réservé au *barong*, un autre au *wayang kulit*, un troisième aux masques du *wayang wong*, transposition chorégraphique du *wayang kulit*. Le quatrième expose des marionnettes javanaises et des masques de *topeng* représentant la geste semi-légendaire des clans balinais. Le dernier rassemble des masques d'autres pays, ce qui permet d'établir une comparaison entre les différentes traditions nationales ou régionales. Les explications (en anglais) sont très détaillées. Une mine d'informations pour ceux qui souhaitent acquérir masques ou marionnettes dans les ateliers avoisinants.

Jl. Tegal Bingin (1km à l'est de la route principale) Mas 0361 898 74 93 Tlj. 8h-16h Don de 10KRp minimum

> **COULEUR LOCALE**
> Les **sculpteurs** de Mas privilégient le blanc et tendre *panggal buaya* ou "bois crocodile" (*Zanthoxylum rhetsa*), dont le grain fin se prête aux sculptures délicates. Plus cher, le jaquier, d'un jaune soutenu, est utilisé pour les grandes statues ou les instruments du gamelan. Importé du Timor-Oriental, le bois de santal est réservé aux objets rituels. L'acajou vient de Java et l'ébène, de Bornéo ou des Célèbes, voire d'Afrique.

Le berceau du *gambuh*

Batuan

C'est à Batuan que le démon Jero Gede Macaling aurait résidé avant d'être exilé à Nusa Penida, cf. Pura Dalem Ped (p.93). À l'instar de Mas et de Sanur, Batuan possède une importante communauté de brahmanes – en témoignent ses nombreux et magnifiques temples privés, érigés par des familles de haut lignage. C'est le berceau du *gambuh*, danse théâtrale classique qui puise son inspiration dans les grandes épopées littéraires (p.286) – en principe, des représentations sont données au temple central (Pura Desa Batuan) le 1er et le 15 de chaque mois. Dans les années 1930, ce bourg agricole vit naître un style pictural caractérisé par des couleurs sourdes et un foisonnement de détails minutieux. Parmi les maîtres actuels de cette école dite de Batuan figurent aussi bien des tenants de la tradition que des modernistes pleins d'humour tel I Wayan Bendi (né en 1950), qui fait cohabiter voitures et avions avec les démons et les femmes dénudées de l'iconographie classique.

8km au sud d'Ubud, juste au nord-ouest de Sukawati

Monstres volants

Negara

Ce hameau s'est spécialisé dans la confection de cerfs-volants en bois et tissu peints de toutes les couleurs, à l'effigie d'effrayantes créatures mythologiques. Vous pourrez faire affaire dans les ateliers et boutiques de la rue principale.

2km à l'ouest de Batuan, au-delà du cours de la Wos

Artisans en coulisses

Singapadu

Singapadu est réputé pour ses danseurs, et ses artisans sont passés maîtres dans la fabrication de leurs accessoires. Bénéficiant d'une abondante clientèle balinaise, ils n'ont nul besoin d'attirer les touristes, aussi le village a-t-il conservé sa sérénité agreste. Les orfèvres qui façonnent les parures et les kriss de cérémonie sont regroupés dans la partie sud-est du bourg, du côté de Celuk. Au sud-ouest, sur la route de Batubulan, œuvrent des tailleurs de pierre. La plupart des fabricants de masques sont, pour leur part, établis au cœur du village. Aucun d'eux n'ayant pignon sur rue, il faut guetter le moindre panonceau ou signe de leur activité.

2km au sud-ouest de Batuan

Le fief des marionnettistes

Sukawati

La seigneurie de Sukawati devint au 18e s., sous le nom de Timbul, le deuxième royaume de l'île derrière Klungkung. Les hauts faits de son fondateur, I Dewa Agung Anom, alimentent les récits du théâtre rituel *wayang wong* et *topeng*. Et la tradition lui attribue la paternité du *legong*, qu'il adopta comme ballet de sa cour. Si l'on s'écarte de la grand-route, on découvrira des marchés pittoresques, de belles maisons de brahmanes et des ateliers d'art disséminés dans les hameaux périphériques. Mais Sukawati s'illustre surtout par ses marionnettistes. Regroupés à Puya, au nord-ouest du marché central, et à Babakan, au sud-est, pour les plus réputés, ils confectionnent eux-mêmes les ombres peintes du *wayang kulit*.

Statuettes traditionnelles

11km au sud d'Ubud, 13km au nord-est de Sanur

Marché 👍

Même s'il est en cours de rénovation, le marché de Sukawati reste l'un des plus animés de la région. S'y mêlent des effluves d'encens et de fleurs aux lourds parfums des fruits mûrs et aux relents aigres de poisson séché. Une profusion de marchandises encombre ses venelles : régimes de bananes, paniers débordant de tubercules et de fruits tropicaux (dont les étonnants *salak* à peau de serpent) ou volailles caquetant dans leurs cages en bambou. Les éventaires de paniers et de boîtes à offrandes aux décors chatoyants, les étals de rubans et d'ombrelles de temple et des coupes pleines de pétales de toutes les couleurs complètent le tableau. De l'autre côté de la rue principale, au marché artisanal (*pasar seni*), on trouvera une foule d'objets à des prix intéressants.

Dans la partie sud du village ⏲ Marché central 7h-14h Marché artisanal 9h-17h

Foire aux bijoux

Celuk 👍

Difficile d'ignorer que l'on arrive à Celuk ! Sur plusieurs kilomètres, de part et d'autre de la grand-route venant de Sukawati, s'alignent des manufactures et échoppes de bijouterie-joaillerie – la plus importante concentration de l'île Mais il faut s'enfoncer dans les rues secondaires pour découvrir les ateliers des forgerons orfèvres de l'orgueilleuse caste des Pande. S'ils font bon accueil aux touristes, ils travaillent surtout pour la clientèle locale, les boutiques des stations balnéaires et de Denpasar, voire pour des exportateurs. À côté de ces artistes, dont la fonction reste quasi sacrée, nombre d'artisans d'autres castes ont ouvert leurs ateliers et boutiques, afin de satisfaire l'engouement occidental pour les bijoux balinais.

L'entrée du marché de Sukawati

2km au sud-ouest de Sukawati, sur la route de Sanur et Denpasar

Made Kawi

Caché dans une ruelle de Celuk, l'atelier de ce forgeron *pande* est l'un des plus réputés de Bali. Le maître et ses ouvriers travaillent l'or et l'argent selon les techniques ancestrales du repoussé, du filigrane et de la granulation. Ils produisent des coiffes d'apparat, des manches de kriss et de l'orfèvrerie rituelle. Les formes, techniques et pierres utilisées ont toutes une valeur symbolique. Pour localiser l'atelier, demandez à votre chauffeur ou aux villageois. Mais vous ne pourrez rien y acheter : tout est réalisé sur commande pour des cérémonies.

📱 0361 298 381

> **COULEUR LOCALE**
> Par tradition, les **forgerons-bijoutiers** appartiennent à la caste des Pande, qui revendique des origines javanaises. Ils prétendent avoir reçu des dieux la maîtrise du feu et du métal et sont les seuls habilités à produire la joaillerie sacrée (coiffes des prêtres, kriss d'apparat, petites effigies des dieux que l'on offre au temple, etc.).

Sculptures d'époque !

Batubulan

C'est dans ce village que se trouve la gare des bus desservant le centre et l'est de l'île. Ses sculpteurs ont contribué à la décoration de la plupart des temples balinais, et leur créativité est sans limite. Leur matériau de prédilection est une pierre volcanique grise, poreuse, tendre et légère appelée *paras*. Comme elle s'érode et se patine vite, des œuvres récentes peuvent passer pour des trésors anciens, d'autant que la chaleur humide les revêt rapidement de mousse. Batubulan se prétend spécialisé dans les antiquités en tout genre, provenant des îles les plus reculées de l'archipel indonésien, mais ce ne sont souvent que des copies habilement vieillies. Le village est aussi une sorte de "capitale mondiale" du *barong*, et ses troupes sont particulièrement respectées.

15km au sud d'Ubud via Sukawati et Celuk, à 9km de Sanur

Pura Puseh Batubulan

Ce temple de Wisnu donne toute la mesure du syncrétisme balinais. Son portail pyramidal à gradins évoque celui des temples hindous du sud de l'Inde, tandis que ses cours sont ponctuées de statues bouddhiques de style balinais, d'éléphants et de divinités hindo-javanaises. Malgré leur aspect antique, ces sculptures sont récentes et souvent copiées sur l'iconographie de livres d'art ou d'archéologie, témoignant ainsi du talent des artistes locaux. Le temple abrite un masque de Barong particulièrement sacré, et la rumeur prétend qu'on l'entend parfois rugir. L'estrade dressée juste à côté du sanctuaire accueille tous les matins un spectacle de baron.

Jl. Raya Pura Puseh (200m à l'est de la rue principale) Sarong obligatoire

AU SUD-EST D'UBUD, SUR LA ROUTE DE GIANYAR

Legs d'un grand royaume

Bedulu

La région est habitée depuis l'âge du bronze, et Bedulu fut un temps le siège du royaume de Pejeng, qui s'épanouit du 10e au 15e s. C'est aussi le village natal du célèbre peintre et architecte I Gusti Nyoman Lempad, cf. Lempad House (p.111).

Au sud-est d'Ubud, sur la route de Gianyar

Goa Gajah

Du parking, il faut descendre un escalier vers la rivière Petanu pour gagner ce temple rupestre, qui fut sans doute d'abord (vers le 8e s.) un sanctuaire bouddhique. Il doit son nom actuel à la monstrueuse tête sculptée dont la gueule béante forme l'entrée de la caverne, et que les Occidentaux prirent pour celle d'un éléphant (*gajah*) en la découvrant dans les années 1920. Devant la grotte, des nymphes symbolisant les rivières sacrées de l'Inde gardent deux grands bassins destinés aux ablutions rituelles des pèlerins. Le petit pavillon qui s'élève à gauche de l'entrée renferme une statue de Hariti, ogresse repentie dont le bouddhisme a fait la divinité protectrice des enfants. Un court tunnel creusé de niches aboutit au sanctuaire. À l'une de ses extrémités de ce T se tient Ganesha, à l'autre trois lingams (pierres dressées) évoquent Brahma,

Wisnu et Siwa. En ressortant, suivez le sentier qui descend vers le torrent : la falaise était auparavant richement sculptée, mais le séisme de 1917 lui a arraché d'énormes blocs. Au fond du ravin, près d'un bassin récent, une loge accueillait des fidèles en méditation.

Jl. Raya Goa Gajah (3km à l'est d'Ubud) ⏲ Tlj. 8h-18h € 50KRp Sarong obligatoire

Goa Gajah

Scènes du quotidien médiéval

Yeh Pulu

Ce site archéologique riverain de la Petanu est l'un des plus étonnant de la vallée. Pour profiter pleinement de son charme, tâchez de vous y présenter dès l'ouverture. Une allée pavée vous mènera à travers les rizières jusqu'aux bas-reliefs : un pan de falaise sculpté sur une hauteur de 2m et plus de 25m de longueur, vers le 14e s. Cette œuvre magistrale est attribuée à un ascète, qui aurait occupé la cellule creusée dans la paroi à l'une des extrémités de la frise. Les bas-reliefs pourraient illustrer la geste du jeune bouvier Krisna (avatar de Wisnu) ou de simples scènes de la vie rurale. Ici, on distingue une femme ouvrant une porte. Là, un ascète coiffé d'un turban se tient assis derrière un paysan, houe sur l'épaule. Sur les autres panneaux se succèdent un cavalier, deux hommes affrontant un ours, deux chasseurs portant leurs prises suspendues à une perche, une femme retenant par la queue la monture d'un cavalier...

500m à l'est de Goa Gajah, sur la route de Gianyar, bifurquez à droite ⏲ Tlj. 9h-18h € 30KRp

Temple de la paix

Pura Samuan Tiga

À la charnière des 10e et 11e s., le roi Udayana – qui avait épousé une princesse javanaise – aurait réuni dans ce temple les chefs des principales sectes hindoues qui se disputaient Bali et Java pour tenter d'apaiser leurs divergences.

Aussi son anniversaire revêt-il une importance particulière pour tous les hindous de l'île. L'édifice a été reconstruit après le séisme de 1917, et son portail monumental est l'œuvre d'I Gusti Nyoman Lempad. À la différence de la plupart des temples balinais, qui comptent trois cours, le Pura Samuan Tiga en possède sept.

Au nord de Bedulu, 150m à l'est du carrefour entre la route de Tampaksiring et celle de Gianyar Sarong obligatoire

D'antiques reliques

Gedong Arca Purbakala / Musée archéologique

Installé dans un petit jardin, ce musée archéologique expose des outils, bijoux, statues et vaisselle de différentes époques. Remarquez les sarcophages monolithes du 4e s. av. J.-C., dont les reliefs sommaires sont censés tenir en respect les mauvais esprits. Notez aussi les lingams, ces stèles d'aspect phallique au sommet arrondi symbolisant la force et l'énergie divines.

Jl. Raya Tampaksiring (route de Tampaksiring, sur la droite, 500m au nord de la route Ubud-Gianyar) Bedulu ☎ 0361 942 347 ⏱ Lun.-jeu. 8h-15h, ven. 8h-12h30, 9h-14h € Donation recommandée 20KRp

Trésors archéologiques

Pejeng

Les environs de cette ancienne capitale médiévale recèlent de riches témoignages archéologiques combinant hindouisme et bouddhisme. La plupart sont conservés chez des particuliers, mais on peut en admirer certains dans les temples du village et au Musée archéologique de Bedulu.

1km au nord de Bedulu sur la route de Tampaksiring

Pura Kebo Edan 👍

Ce modeste temple est célèbre pour son énigmatique *Géant de Pejeng*, une statue en pierre du 13e ou 14e s., haute de 3,60m. Pour certains, ce colosse représenterait Bima, l'un des héros du *Mahabharata*, dansant sur un cadavre, des serpents enroulés autour de ses chevilles et de ses bras. Son sexe démesuré, dit "miraculeux", est censé rendre hommage aux prouesses et à la force quasi mystique du personnage. Sa tête est dépourvue de visage mais dotée de cornes et de crocs stylisés, ce qui expliquerait le nom du sanctuaire – *kebo edan* signifie "buffle fou" en balinais. Selon une autre interprétation, ses attributs phalliques en feraient un avatar de Siwa, auquel un culte tantrique secret aurait ici été rendu.

Jl. Raya Tampaksiring Au nord du Musée archéologique, à gauche sur la route de Tampaksiring ⏱ Tlj. 7h30-18h € Offrande 20KRp bienvenue Port du sarong obligatoire

Pura Pusering Jagat

Ce temple "du Centre de l'Univers" recèle deux précieuses reliques. La première est le "vase de Pejeng" : une grande urne datée de 1329, dont le décor sculpté raconte comment les dieux barattèrent la mer de Lait originelle pour en tirer l'élixir d'immortalité. Symbolisant l'harmonie de l'Univers, cette œuvre représente la montagne cosmique (le cylindre) flottant sur l'océan primordial (le piédestal carré). Elle aurait servi à conserver de l'eau lustrale.

L'autre attraction s'abrite dans un petit pavillon : un lingam (dressé côté montagne) et un yoni (réceptacle en forme de vulve placé côté mer) devant lesquels viennent se recueillir les jeunes mariés et les couples en mal d'enfant.

Jl. Raya Tampaksiring Au nord du Pura Kebo Edan, du même côté de la route ⌚ Tlj. 9h-17h € Offrande bienvenue Sarong obligatoire

Pura Penataran Sasih

L'ancien temple royal de Pejeng renferme un imposant tambour rituel en bronze (ou *moko*) de 1,86m de hauteur pour un diamètre de 1,60m. Il s'agit de la plus grande relique connue de la culture de Dong Son, une civilisation de riziculteurs indochinois qui rayonna sur toute l'Asie du Sud-Est au Ier millénaire avant notre ère. La légende fait du **tambour de Pejeng** une roue qui se serait détachée du char de la déesse de la Lune ou l'une de ses boucles d'oreilles tombée du ciel – d'où son nom et celui du temple (*sasih* veut dire "lune"). Coulé à la cire perdue, il est orné de têtes stylisées et de dessins géométriques. Le tambour étant conservé sur un très haut piédestal, mieux vaut être équipé de jumelles pour en apprécier tous les détails.

Jl. Raya Tampaksiring (au cœur de Pejeng) ⌚ Lun.-ven. 11h-17h30, sam. 11h-15h30 € 20KRp Sarong obligatoire

À FAIRE

Approchez la faune indonésienne

Bali Bird Park

Avec 1 000 oiseaux représentant quelque 250 espèces tropicales différentes (indonésiennes, africaines et sud-américaines), ce parc zoologique à l'abondante végétation plaira aux amateurs d'ornithologie. Il est scindé en sept zones recréant l'habitat naturel de ses hôtes. On peut assister à leur repas et en savoir plus sur leur mode de vie. Au reptilarium voisin résident des dragons de Komodo, long de 3m et endémiques d'Indonésie centrale. Ils voisinent avec des varans malais et des serpents dont l'île abrite une trentaine d'espèces terrestres, notamment un python de 8m. Projection d'un film en 3D sur les oiseaux.

Singapadu (à quelques centaines de mètres au sud-ouest du zoo) 📱 0361 299 344 www.balireptilepark.id ⌚ Tlj. 9h-17h € 200KRp, enfant 100KRp

Bali Zoo

Les quelque 350 pensionnaires de ce zoo sont, pour la plupart, des représentants d'espèces indigènes d'Indonésie, telles que l'éléphant sauvage, le tigre et l'orang-outan de Sumatra, le binturong et l'ours des cocotiers, dont les enclos s'efforcent de reproduire l'habitat naturel. Mais si les animations (possibilité de nourrir les animaux, balades à dos d'éléphant ou de poney, etc.) raviront les plus jeunes, leurs tarifs sont prohibitifs et les sollicitations du personnel un peu trop insistantes.

Jl. Raya Singapadu (dans l'est du village) Singapadu 📱 0361 294 357 www.bali-zoo.com ⌚ Tlj. 9h-17h Rencontre avec les animaux entre 12h et 15h30 € 395KRp, enfant 280KRp - Elephant Ride à partir de 1100-780KRp (réductions sur leur site)

Lori tricolore, Bali Bird Park

Initiez-vous à la peinture balinaise

Keliki Painting School

Cette école est l'endroit idéal pour qui veut s'immerger dans le quotidien des peintres paysans de Keliki (p.129) et apprendre l'art de la miniature balinaise. Les formules proposées vont du cours (50KRp/h ou 140KRp les 3h) et des ateliers d'une journée (300KRp les 7h) à des stages de 5 jours (1 400KRp), voire plus. Navette entre Ubud et Keliki 140KRp AR. Repas, fruits et boissons inclus pour les sessions de plus de 3h. Possibilité de réserver une chambre d'hôtes au village.

Jl. Kreshna Banjar Triwanga Keliki 0361 8989 158 www.keliki-painting-school.com

NOS ADRESSES

PAUSES

Dans les villages voisins d'Ubud, les hôtels sont rares et donc chers. Quant aux restaurants, ils laissent souvent à désirer.

Popote végétarienne

Warung Vegetarian Karuna Vittala $

Ne vous laissez pas décourager par le cadre rustique et la carte sommaire de ce petit restaurant de bord de route. Derrière sa devanture vert vif vous attendent de délicieuses assiettes, exclusivement végétariennes, de première fraîcheur. *Sate* (20KRp les 10 brochettes aux légumes et tofu), *capcay* (15KRp), assiettes garnies 15-20KRp.

SUKAWATI Jl. Raya Sukawati (11km au sud d'Ubud) 0878 5497 6221 Tlj. 9h-19h

Pour un dîner aux chandelles

Bale Udang Mang Engking Ubud $$

Le lieu imite un hameau avec ses *bale* en bambou coiffés de chaume, dressés face à un bassin. On peut y manger à l'occidentale ou assis en tailleur à une table basse. L'ambiance est particulièrement romantique le soir. À la carte, des classiques indonésiens et des spécialités à base de crevettes (110-135KRp) ou de canard très réussies (45-90KRp).

TEGES KANGINAN Jl. Raya Goa Gajah (au sud-est d'Ubud) 0811 3999 898 www.baleudang.com Tlj. 11h-20h

LA RECETTE

DADAR GULUNG (CRÊPES À LA NOIX DE COCO)

Pour 4 pers.

250g de farine de riz
25cl de lait de coco
2 œufs
1 c.a.s. d'extrait de pandanus (pandan) ou de colorant alimentaire vert

Garniture

100g de sucre roux
200g de noix de coco râpée
10cl d'eau
1 pincée de sel
10cl d'eau

Battez les œufs, ajoutez progressivement la farine, le lait de coco et le colorant. Laissez reposer au moins 1h à température ambiante. Faites ensuite chauffer l'eau et le sucre pour obtenir un sirop, puis ajoutez la noix de coco râpée et le sel et mélangez jusqu'à évaporation. Faites cuire les crêpes, qui doivent rester moelleuses. Versez sur chacune 1 ou 2 c.a.s. de la garniture avant de les rouler comme des nems. À déguster tiède ou froid.

SHOPPING

Touristique mais intéressant

Daging Woodcarvers

Cet atelier de Mas s'est clairement organisé pour recevoir les touristes, et l'un de ses vendeurs peut expliquer en français dans quel bois et comment les sculptures sont réalisées. Plusieurs artisans, aux styles très différents, travaillent sous un préau à l'extérieur, et la vaste boutique, qui présente la production de plusieurs "maisons" à la manière d'une coopérative, permet de se faire une idée des thèmes, des styles, des bois utilisés... et des prix. Ainsi, rien ne vous empêche de flâner dans la boutique avant d'aller négocier vos achats dans les petits ateliers des environs.

MAS Tengkulak Mas (1km à l'est de la route principale) 0812 3855 3777 Tlj. 8h-18h

Artisanat à trier

Pasar Seni

Juste en face du marché central, ce marché artisanal occupe un bâtiment à deux étages où l'on peut passer des heures à chiner. Il écoule une partie de la production des villages environnants, mais également une foule de babioles de qualité médiocre. Si les prix restent inférieurs à ceux qui se pratiquent à Ubud, Kuta ou Sanur, les commerçants cherchent en toute logique à profiter de l'engouement croissant des touristes, et mieux vaut savoir négocier. À 200m à l'ouest du Pasar Seni se tient le Pasar Seni Pagi ("marché artisanal du matin"), où viennent s'approvisionner nombre de marchands de souvenirs. Il est plus authentique et ses prix sont plus intéressants.

SUKAWATI Jl. Raya Sukawati (partie sud du village) Tlj. 9h-17h Pasar Seni Pagi 7h-15h

Ainsi font, font, font...

I Wayan Kurdana

Une échoppe minuscule où l'on peut observer Wayan, le propriétaire, découper ses marionnettes dans le cuir, puis les poinçonner patiemment et les peindre pour les mettre en vente. Avant de choisir la vôtre, demandez-lui donc de vous montrer comment il l'anime. Comptez 250-500KRp selon le modèle.

SUKAWATI Shadow Puppet Carver, Jl. Yudistira Babakan (1km à l'est du marché de Sukawati, à côté de l'Indomaret) 0817 4726 538 Tlj. 9h-17h

Bijoux en stock

Angel to Angel

Un foisonnement kitschissime signale de loin cette fabrique : grenouilles, masques hilares et gracieuses figures féminines grimpent le long de sa façade en un improbable délire décoratif. Sa visite vous dévoilera toutes les étapes de la réalisation d'un bijou... et vous convaincra sans doute d'acheter quelque chose, la boutique étant un régal pour les yeux. Certaines créations sont hors de prix, d'autres, en argent et pierres fines, restent accessibles : boucles d'oreilles, pendentifs ou bagues à partir de 200KRp.

CELUK Jl. Raya Celuk 0361 295 999 www.angeltoangelsilver.com Tlj. 9h-18h30

Parures baroques

UC Silver ♥

Des statues tout droit sorties d'une BD d'*heroic fantasy* veillent sur l'entrée de cette fabrique. UC Silver utilise le savoir-faire local, mais en visant la clientèle étrangère. À peine arrivé, on est efficacement pris en charge par de charmantes hôtesses et conduit vers les ateliers, où l'on peut observer et questionner à loisir les artisans au travail. Mais le clou de la visite reste la salle d'exposition et ses pièces uniques, toutes plus époustouflantes les unes que les autres. Autour du thème de la libellule, insecte emblématique de la marque, les bijoux arborent toutes sortes de symboles baroques et d'entrelacs New Age. Les plus extravagants et les modèles uniques coûtent plus de 250€, mais un tel montant est largement justifié. Pour les pièces plus modestes, le style a tout de même un prix : vous trouverez peu de choses à moins de 500KRp.

BATUBULAN Jl. Raya Batubulan Tohpati (sur la grand-route de Batubulan à Denpasar/Sanur) 0361 461 511 uc-silver.com Tlj. 9h-18h

GIANYAR ET LA CÔTE

Chef-lieu d'un département florissant, Gianyar n'a pas le vernis cosmopolite d'Ubud. Il faut dire que le patrimoine de cette ancienne capitale royale se résume à son palais et à quelques édifices décatis et que des directives ont limité le développement de son parc hôtelier. Authentique, elle vit au rythme des villages artisanaux dont elle est le pôle administratif, et son marché est l'un des plus vivants de la région.

ACCÈS ET INFOS

- Gianyar se trouve 11km au sud-est d'Ubud, 24km au nord-ouest de Denpasar et 12km à l'ouest de Semarapura/Klungkung.
- La préfecture est assez bien connectée aux gros bourgs du centre et de l'est de l'île. Des *bemo* la relient à la gare routière de Batubulan, au nord-est de Denpasar, à Ubud (via Goa Gajah), Penelokan (lac Batur) via Bangli, à Semarapura/Klungkung, Padang Bai et Candidasa. Tous partent à intervalles à peu près réguliers, dans la matinée, de l'arrière du marché, à l'exception du *bemo* pour Ubud qui, lui, s'arrête devant le marché.

À VOIR

GIANYAR ET SES ENVIRONS

À voir de l'extérieur

Puri Agung Gianyar

Le palais (*puri*) royal de Gianyar est l'un des mieux préservés de l'île. Érigé en 1771, incendié à la fin du 19e s. par les troupes du royaume voisin de Klungkung, il bénéficia de la protection des Hollandais après sa reconstruction. Restauré en 1992, à l'occasion d'une crémation royale, l'édifice est encore occupé par la famille du dernier raja et donc fermé à la visite. De la rue, on peut néanmoins en apercevoir le jardin et quelques pavillons.

Jl. Ngurah Rai 99 (au cœur de la ville)

Couleurs locales

Marché de Gianyar

Sur ce marché bondé et bruyant, l'odeur du poisson séché le dispute à celle des bâtons d'encens (vaste choix et bonne qualité), et les habituels empilements disparates de seaux en plastique et de paniers en feuille de bananier côtoient les étals de sarongs en ikat en une spectaculaire palette de couleurs. Vous y trouverez tous les fruits de saison à des prix dérisoires, pour vous préparer un pique-nique au cas où l'omniprésent *babi guling*, le cochon de lait rôti à la broche, ne vous tenterait pas.

Jl. Ngurah Rai Tlj. 3h-22h

Une histoire d'enfer

Pura Dalem Sidan

Le temple des Morts de Sidan est connu pour ses bas-reliefs illustrant les tourments infernaux. À l'instar des autres *pura dalem*, il est dédié à Siwa, le dieu hindou de la Destruction et de la Renaissance, symbole des nouveaux

À NE PAS MANQUER

- Marché de Gianyar
- Pura Dalem Sidan
- Taman Nusa Indonesian Cultural Park

Pura Dalem Sidan

cycles de vie et de création. À l'entrée du sanctuaire, le visage grimaçant, aux dents acérées et à la langue démesurément pendante, est celui de la sorcière Rangda, ou de Kali, manifestation aussi effrayante que destructrice de la déesse Durga. Le portail ouvragé de l'édifice (*kori agung*) arbore un *kayonan*, arbre cosmique associant des créatures mythiques aux éléments de l'Univers. Parmi les ornements de la tour de *kulkul*, remarquez les malfrats torturés par des géants menaçants.

3km au nord-est de Gianyar sur la route de Bangli Sarong obligatoire

Habitat et culture de l'Indonésie

Taman Nusa Indonesian Cultural Park

Cet écomusée reconstitue, sur 15ha, le cadre de vie des différentes ethnies qui peuplent l'archipel indonésien. Vous pourrez y admirer des reproductions de monuments emblématiques, tel le fameux temple de Borobudur à Java, et de plus de 60 maisons et autres édifices, vieux pour certains de plusieurs siècles Cet ensemble est certes un peu artificiel, mais réalisé avec goût, et sa visite permet de suivre l'évolution de l'architecture nationale depuis des temps reculés. Service de restauration et spectacles de *barong*.

Jl. Taman Bali, Blahpane Kelod, Sidan (4,5km au nord-est de Gianyar) 0361 952 952 www.taman-nusa.com Tlj. 9h-17h 29$

De palme et de bambou

Bona et Belege

À voir les ateliers qui bordent la route de Blahbatuh, vous comprendrez que ces deux hameaux voisins sont spécialisés dans la fabrication d'objets en palme tressée et de meubles en bambou – fauteuils et tables basses, très appréciés des hôtels et restaurants balinais. Si le style colonial a fait place à des formes plus contemporaines, la production reste assez stéréotypée.

2km au sud-ouest de Gianyar

En couleur et en musique

Blahbatuh

Ce village mérite un détour pour ses ateliers d'ikat, notamment celui de Putri Ayu Tenun Ikat, à côté du temple communal (*pura desa*). La fabrication de gongs et d'instruments à percussion est une autre spécialité artisanale de Blahbatuh.

10km au sud-ouest de Gianyar

SUR LE LITTORAL

Pourtant proche de la côte, Gianyar semble tourner le dos à la mer, et les plages (*pantai*) de sable noir qui s'étendent du nord de Sanur au sud de Padang Bai sont encore assez sauvages. Leurs vagues impétueuses attirent les surfeurs, mais rendent la baignade dangereuse. Pour les atteindre, il faut suivre Jalan Prof. Dr. Ida Bagus Mantra Bypass – la quatre-voies qui relie Sanur à Kusamba puis bifurquer sur les petites routes qui desservent les villages côtiers. Interrompu çà et là par l'embouchure d'un cours d'eau, ce cordon littoral étiré sur plus de 10km est victime d'une terrible érosion. Si l'on trouve au moins un ou deux éventaires pour se sustenter sur la plupart des plages, les hôtels y sont rares.

Melasti (rite de purification précédant le Nouvel An balinais), Pantai Purnama

Pour *happy few*

Pantai Purnama

Bordé de luxueuses villas, ce ruban de sable est gardé par un petit temple de *subak*, le Pura Erjeruk.

5km au sud-est de Sukawati

Pour un *break*
Pantai Saba

Cette plage souffre du même manque d'entretien et de la même érosion que ses voisines, mais les quelques *homestays* rudimentaires pour surfeurs établis à ses abords verdoyants font peu à peu place à des hôtels un tantinet plus luxueux.

3km au nord-est de Pantai Purnama

Espace cérémoniel réservé
Pantai Masceti

Frangée d'une luxuriante végétation, cette plage est dominée par l'un des temples directionnels qui protègent l'île des démons marins. Isolé face aux flots, ce **Pura Masceti** accueille maintes cérémonies. Celle qui consiste à purifier les *pratima* (effigies sacrées), ustensiles rituels et masques rassemble en longues processions les habitants de nombreux villages, vêtus de blanc pour l'occasion. Cette portion du rivage, interdite à la baignade et à la bronzette, est jonchée de restes d'offrandes et autres détritus.

La plage du démon
Pantai Lebih

Voici l'une des plages les plus animées de cette côte, avec ses bateaux de pêche multicolores et ses nombreux *warung* de fortune, fameux pour leur poisson grillé. Gardée par un temple de la Mer (*pura segara*), elle revêt une signification particulière pour les Balinais, car c'est là que Jero Gede Macaling, le démon exilé à Nusa Penida (p.93), débarque une fois l'an pour semer le malheur dans leur île.

La plage la plus proche du Bali Safari & Marine Park

À FAIRE

Et maintenant surfez !
Si **Pantai Ketewel** (au sud de Sukawati), **Pantai Saba** et **Pantai Siyut** (après Lebih) offrent de belles vagues, les meilleures sont celles de **Pantai Keramas** (au sud-est de Blahbatuh). Fréquenté par des surfeurs expérimentés, australiens pour la plupart, ce spot accueille régulièrement des compétitions internationales. Attention, des rochers affleurent à marée descendante.

Amusez-vous en famille
Bali Safari & Marine Park

Plus récréatif que pédagogique, ce parc animalier héberge des spécimens d'une soixantaine d'espèces tropicales. En famille, on pourra y effectuer un minisafari en bus parmi les zèbres, assister au repas des piranhas ou des tigres blancs, profiter d'aires de jeux aquatiques et d'attractions en tout genre, tel le spectacle Bali Agung, inspiré d'une légende balinaise. Les décors sont splendides, et des animaux accompagnent les danseurs aux costumes chamarrés. Quoique modulables, les forfaits sont assez onéreux (640-1 680KRp).

Jl. Pr Dr Ida Bagus Mantra Bypass Km19,8 Lebih (8km au sud-est de Gianyar) 0361 950 000 www.balisafarimarinepark.com Tlj. 9h-17h

Explorez un "canyon caché"

Beji Guwang Hidden Canyon

Les adeptes du canyoning seront aux anges : le paysage de ces gorges est unique dans l'île. Préparez-vous à escalader des rochers aux formes étranges avant de pouvoir nager dans une rivière tenue pour sacrée par les Balinais – les pèlerins hindous viennent s'y purifier. Une excursion guidée proposée par Bali Hidden Canyon Tour (450KRp, sac étanche fourni, 2 pers. miinimum). Prévoyez des chaussures adaptées et une serviette.

Jl. Sahadewa, Banjar Wangbung, Sukawati Tlj. 8h-17h Parfois fermé à la saison des pluies Casiers et douches à disposition sur le site Bali Hidden Canyon Tour Jl. Raya Hanoman 1 Ubud 0878 6002 4499 (WhatsApp) www.balihiddencanyontour.com

NOS ADRESSES

RESTAURANTS

Gianyar ne cherche pas vraiment à attirer les touristes et les restaurants y sont rares. Le mieux est d'y déjeuner d'un *babi guling* (cochon de lait farci d'épices et rôti à la broche) – le meilleur de l'île, dit-on – ou

Pasar Senggol, Gianyar

d'acheter au marché de quoi pique-niquer, et de dîner sur son marché de nuit. Les villages alentour sont tout aussi dépourvus de bonnes tables. Le Bali Safari & Marine Park dispose de plusieurs espaces de restauration.

Sur le pouce

Pasar Senggol ♥$

Vous pourrez dîner pour trois fois rien sur ce marché nocturne particulièrement pittoresque : *babi guling*, poulet grillé, plats de riz et de légumes, brochettes et sucreries traditionnelles. Le repas (30-50KRp) est servi sur un carré de carton ou une feuille de bananier et l'on grignote assis sur un tabouret – s'il en reste un de libre !

GIANYAR Jl. Ngurah Rai (près du marché principal) ◷ Tlj. 17h-21h

Authentique...

Babi Guling Depot Melati $

Vous rêvez d'un *babi guling* "dans son jus" ? Courez au Depot Melati ! Ici, le cochon grillé est découpé devant vous sur une grande table, le long du trottoir. Les quartiers de viande sont enrobés de sauce bien épicée et servis avec du riz, des légumes et des morceaux de peau croustillante, dans une assiette en plastique (50KRp). Ajoutez 20KRp pour une soupe et il ne vous restera plus qu'à trouver une place autour de la grande table commune. Tâchez d'arriver vers midi pour avoir des morceaux de choix.

Jl. Ngurah Rai 37 (en face du marché) ◷ Tlj. 7h-16h

Voir aussi le restaurant de plage du **Komune Resort & Beach Club** (p.324) à Blahbatuh.

SHOPPING

Gianyar est un grand centre de production artisanale de l'ikat et l'on peut visiter plusieurs manufactures à l'ouest du centre-ville.

Tout apprendre sur l'ikat

Tenun Ikat Setia Cili

La fabrique d'ikat la plus connue produit des tissages artisanaux de belle qualité. La visite des ateliers, où des dizaines d'ouvrières s'affairent sur leur métier, permet d'observer comment les fils sont préparés, noués puis teints, et de voir le dessin se former au fur et à mesure du tissage. Dans l'immense boutique, vous aurez le choix entre de l'ikat au mètre et des sarongs. Les prix sont fixes, mais corrects. Également quelques articles de confection de coupe basique.

GIANYAR Ciung Wanara 7 (à l'ouest du centre-ville, sur l'avenue qui mène à Ubud) ◷ Tlj. 9h-17h

Ikat créatif

Ikat Putri Bali ♥

Moins connue et meilleur marché que la précédente, cette petite fabrique familiale fait elle aussi travailler une armée de jeunes femmes assidûment penchées sur leur tissage, les écouteurs de leur téléphone portable rivés aux oreilles. Si le procédé artisanal est le même, les motifs et les couleurs varient, chaque atelier ayant les siens. Celui-ci propose des imprimés originaux pleins d'élégance, aux nuances subtiles.

GIANYAR Jl. Manik 1A (petite rue parallèle à la rue principale, au nord-ouest du marché) ◷ Tlj. 8h-16h

Outre les deux volcans les plus actifs de l'île, le Batur à la majestueuse caldeira et le divin Agung, la région abrite des sanctuaires très fréquentés. À Klungkung et Amlapura s'admirent des palais royaux ; à Tirta Gangga se visite un idyllique jardin aquatique. Plus à l'est, les villages de pêcheurs d'Amed et Tulamben attirent les plongeurs épris de simplicité, tandis qu'à Padang Bai, on embarque pour les paradisiaques Gili, voisines de Lombok.

L'Est et les Gili

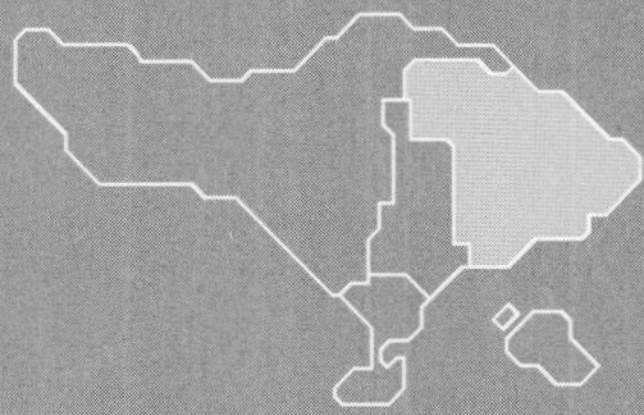

Statue du Pura Ulun Danu Batur

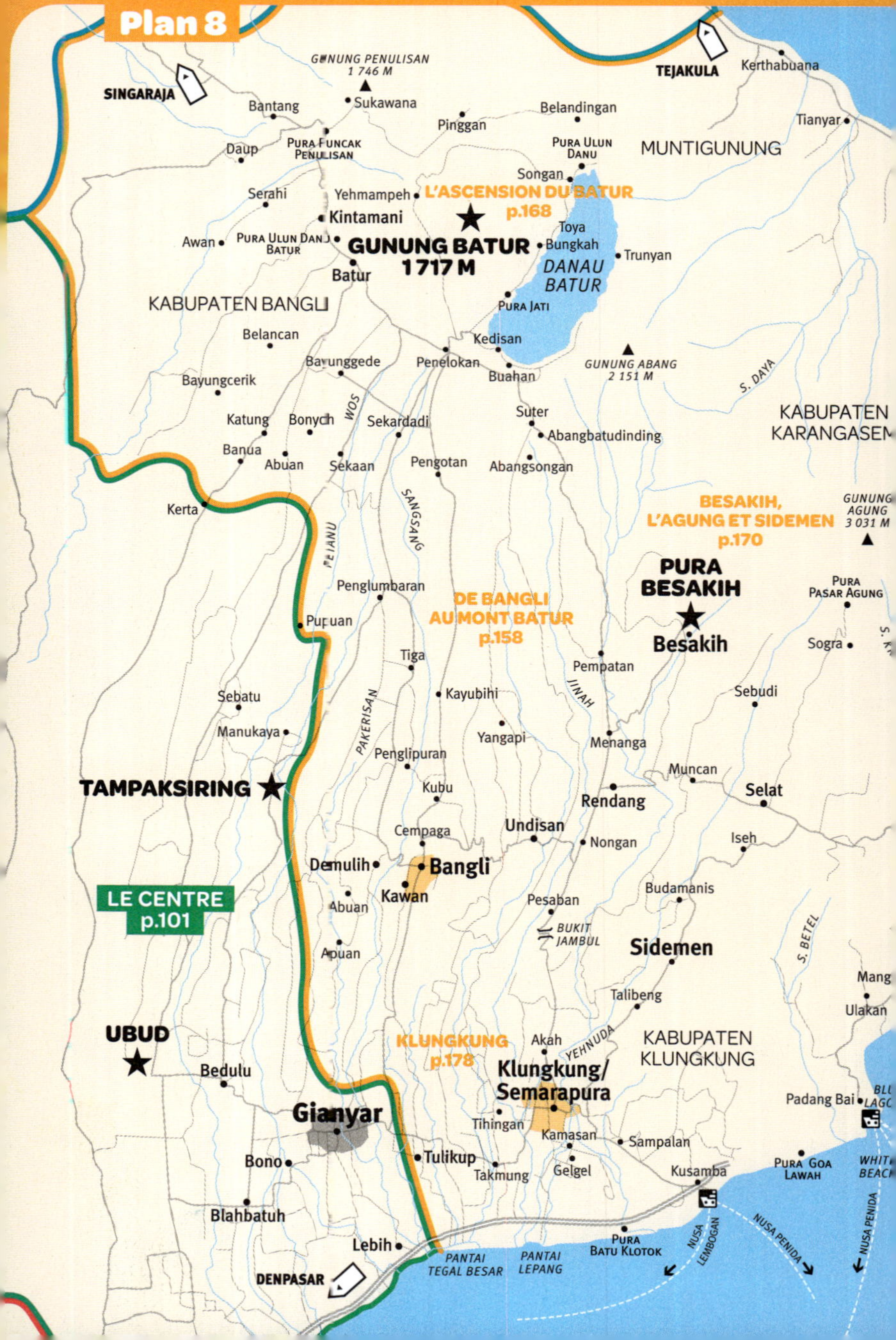
Plan 8
GUNUNG PENULISAN 1 746 M
SINGARAJA
TEJAKULA
Kerthabuana
Bantang
Sukawana
Pinggan
Belandingan
Tianyar
Daup
PURA PUNCAK PENULISAN
PURA ULUN DANU
MUNTIGUNUNG
Songan
Serahi
Yehmampeh
L'ASCENSION DU BATUR p.168
Kintamani
Toya Bungkah
Awan
PURA ULUN DANU BATUR
GUNUNG BATUR 1 717 M
Trunyan
Batur
DANAU BATUR
KABUPATEN BANGLI
PURA JATI
Belancan
Kedisan
Bayunggede
Penelokan
Buahan
GUNUNG ABANG 2 151 M
Bayungcerik
S. DAYA
WOS
Katung
Bonyoh
Sekardadi
Suter
KABUPATEN KARANGASEM
Abangbatudinding
Banua
Abuan
Sekaan
Pengotan
Abangsongan
Kerta
SANGSANG
BESAKIH, L'AGUNG ET SIDEMEN p.170
GUNUNG AGUNG 3 031 M
PETANU
PURA BESAKIH
Penglumbaran
DE BANGLI AU MONT BATUR p.158
PURA PASAR AGUNG
Puruan
Besakih
Tiga
Sogra
Pempatan
JINAH
Sebatu
Kayubihi
Sebudi
PAKERISAN
Manukaya
Yangapi
Menanga
Penglipuran
Muncan
TAMPAKSIRING
Kubu
Rendang
Selat
Undisan
Cempaga
Nongan
Iseh
Demulih
Bangli
Kawan
LE CENTRE p.101
Budamanis
Abuan
Pesaban
BUKIT JAMBUL
S. BETEL
Sidemen
Apuan
Mang
Talibeng
Ulakan
UBUD
KLUNGKUNG p.178
Akah
YEHNUDA
KABUPATEN KLUNGKUNG
Bedulu
Klungkung/ Semarapura
BLU LAGO
Padang Bai
Gianyar
Tihingan
Kamasan
Sampalan
Bono
Tulikup
Takmung
Gelgel
Kusamba
PURA GOA LAWAH
WHIT BEACH
Blahbatuh
NUSA LEMBOGAN
NUSA PENIDA
NUSA PENIDA
PURA BATU KLOTOK
Lebih
PANTAI TEGAL BESAR
PANTAI LEPANG
DENPASAR

MER DE BALI
GILI TRAWANGAN
GILI MENO
LES GILI p.204
GILI AIR
SELAT LOMBOK
BANGSAL
ARCHIPEL DES GILI
N
1 km
Kubu
TULAMBEN
TULAMBEN MARINE RESERVE
AMED ET TULAMBEN p.198
AMED
Culik
Jemeluk
Bunutan
LIPAH BEACH
KLANTONG
TANAH ARON
Bangle
Selang
Aas
Abang
S. JANGA
GUNUNG LEMPUYANG 1 058 M
Ababi
TAMAN TIRTA GANGGA
Tiyingtali
PURA LEMPUYANG
GUNUNG SERAYA 1 175 M
Seraya Timur
Gelumpang
Buda Keling
Jungutan
Bukit
AMLAPURA ET TIRTA GANGGA p.190
Seraya
Padangkerta
Sibetan
Bebandem
Amlapura
Seraya Barat
Subagan
Asak
Tenganan
TAMAN UJUNG
Jasri
PADANG BAI ET CANDIDASA p.184
Bugbug
PANTAI PASIR PUTIH
Sengkidu
PURA GUMANG
Candidasa
PADANG BAY
SELAT LOMBOK
LES GILIS
NUSA PENIDA
LOMBOK
N
5 km

☀ CINQ BONNES RAISONS…

… d'aller explorer l'est de l'île et d'aborder différemment ses lieux les plus sacrés.

☀ **SIDEMEN** (p.174) Pour se ressourcer au bord d'une piscine, dans un cadre bucolique, après une randonnée dans les rizières (p.175) ou une balade à vélo…

☀ **TAMAN TIRTA GANGGA** (p.193) Pour se rafraîchir, à la balinaise, dans la grande piscine de ce palais flottant.

☀ **UNE PLONGÉE AU LARGE DE TULAMBEN** (p.201) Pour s'extasier devant la faune marine.

☀ **FREE DIVE GILI** (p.208) Pour un stage d'apnée avant d'aller explorer les jardins de coraux de Gili Air et ralentir le rythme sur cette île paradisiaque.

☀ **L'ASCENSION DU MONT BATUR** (p.168) Pour assister au lever du soleil sur le volcan, avant de profiter des sources chaudes de Toya Bungkah (p.165).

RENDEZ-VOUS AVEC…

Charmée par la douceur de vivre d'Amed, **Julia Pekulia** partage son temps entre ce havre de paix et le centre de plongée qu'elle anime à Nusa Penida. Très impliquée dans la protection de ce petit paradis qu'est Amed, elle vous livre ses adresses fétiches.

Very Happy Hour

A Blue Earth Village

Le spot pour un apéro au coucher du soleil : accroché à la colline, ce café en bambou et matériaux recyclés dévoile une vue éblouissante sur la baie de Jemeluk et le mont Agung. Et je craque pour ses salades fraîcheur. Le plus ? L'accueil et l'engagement écolo… bien sûr !

JEMELUK Jl. Raya Amed (sur une colline dominant la baie) 0821 4554 3699 www.blueearthvillage.com Tlj. 12h-22h

Pour une plongée en famille

B La baie de Lipah

Les enfants peuvent s'y adonner au snorkeling, les plongeurs avertis descendre sur un beau récif, à plus de 30m, que fréquentent tortues et requins, tandis que des jardins de coraux attendent les plongeurs débutants à 5-6m de la surface. Adressez-vous au centre Euro Dive – ses guides, qui connaissent les différents spots comme leur poche, vous signaleront la moindre petite crevette cachée sous un rocher.

C Euro Dive PANTAI LIPAH Sur la plage 0363 236 05 www.eurodivebali.com

Pour un souvenir éthique

D Peduli Alam

J'aime discuter avec Heike, la Mère Teresa enthousiaste qui gère cette boutique associative. La vente des sacs et pochettes en matériaux

recyclés finance un dispensaire, la gestion des déchets et des campagnes de sensibilisation à l'écologie dans toute la région.

BUNUTAN Jl. Raya Lipah 0815 2932 4698 Lun.-sam. 9h-16h30

Cuisine de la *mama*

E Wayan's Warung

Wayan vous accueillera à bras ouverts et se souviendra longtemps de votre prénom ! Je fonds pour son *pepes ikan* (poisson épicé en papillote) et pour sa soupe de poissons. C'est comme à la maison, en version balinaise.

BAIE DE LIPAH Jl. Raya Amed Tlj. 10h-22h

Rascasse tête plate dans une éponge tonneau, au large d'Amed

Mon rituel bien-être

F Spa Aquaterrace

Ce spa tenu par un couple nippo-indonésien jouit d'une vue splendide sur la mer, d'une déco authentiquement zen et d'un personnel compétent. Les huiles sont naturelles et les prix divisés par deux de 13h à 16h. Mon soin favori ? Le Cleopatra !

BUNUTAN Jl. Karangasem-Seraya (à hauteur de la plage de Selang) 0812 3674 0829 www.aquaterrace-amed.com

Mon bol de chlorophylle

G La vallée de Bangle

Quand j'ai besoin de prendre de la hauteur, j'enfourche mon scooter et je suis la piste – réservée aux deux-roues – qui mène à Bangle, parmi les rizières. L'accueil des enfants et les grands arbres me transportent ailleurs ! À proximité s'épanchent une source sacrée et une petite chute qui vaut le détour – les villageois se feront un plaisir de vous en indiquer le chemin ! Sur les sentiers forestiers, je respiiire.

Jl. Bunutan-Bangle

Mon lieu de recueillement

H Pura Lempuyang

C'est le temple (p.194) que j'aime faire découvrir aux amis de passage. Pour son aura mystique et son panorama sur le mont Agung par temps clair. Certes, il faut gravir 1 700 marches pour dominer ses sept sanctuaires étagés, mais la vue qu'offre le premier est déjà stupéfiante, surtout au point du jour.

ABANG Tlj. 6h-19h

SI AMED ÉTAIT...

Un son Ce serait le chant qu'entonne un chœur de percussions vocales *kecak*, le soir, sur la plage...

DE BANGLI AU MONT BATUR

Bangli est la préfecture d'un département qui englobe toute la région du mont Batur, volcan le plus actif de l'île. Là, les routes en provenance du Sud et de l'Est se rejoignent pour gravir les pentes boisées de cette montagne sacrée et aboutir à Penelokan. Après la touffeur tropicale des basses terres, l'air frais et léger et l'imposant lac de cratère du Batur garantissent un dépaysement total.

À VOIR

Les touristes en route pour le mont Batur prennent à peine le temps de s'arrêter à Bangli, paisible bourgade établie à un peu plus de 400m d'altitude, au creux de collines densément boisées. Au nord de la préfecture, la route grimpe progressivement en serpentant au cœur de la forêt tropicale. Les rizières font place à des cultures plus diversifiées, et les plantations de caféiers alternent avec les bambouseraies, les champs de citronniers, de mandariniers et des lopins de maïs ou de patates douces.

ACCÈS ET INFOS

- Bangli se trouve 21km au nord-est d'Ubud, 22km de Penelokan et 24km du lac Batur.
- Principale localité voisine du mont Batur, Kintamani est à 29km de Tejakula, sur la côte nord-est, et 38km de Kubutambahan, sur la côte nord. Comptez au moins 1h30-2h de route à partir de la côte sud, et 1h-1h30 de la côte nord comme de Besakih.
- Aux abords du mont Batur, à Penelokan ou à Kubupenelokan, vous devrez acquitter un péage. Conservez le ticket pour ne pas avoir à payer plusieurs fois si vous circulez dans les environs.
- Toutes les agences de tourisme d'Ubud et du Sud proposent des excursions en minibus (*shuttle*) au mont Batur. Le forfait inclut en général la prise en charge à l'hôtel, l'approche (éclair) du lac Batur, le déjeuner à Penelokan et la visite de Besakih ou d'Ubud. À partir de 400KRp selon les forfaits et le point de départ.

BANGLI ET SES ENVIRONS

Dans un cadre agreste...

Bangli

Chef-lieu du seul département totalement enclavé de l'île, Bangli vit de l'agriculture (céréales, tubercules, café, agrumes, clou de girofle, vanille) et de l'artisanat. Son cadre verdoyant et son climat lénifiant lui valent aussi d'accueillir le seul hôpital psychiatrique de l'île ! Fondée au 13ᵉ s., Bangli est l'ancienne capitale d'un royaume qui prit son essor à la fin du 17ᵉ s. et connut son apogée vers 1850. De nos jours, les touristes en route pour le mont Batur prennent à peine le temps de marquer l'arrêt devant ses palais et son ancien temple royal, pourtant l'un des plus ornés de l'île.

Pura Kehen 👍

Un imposant et abrupt escalier gardé par des personnages du *wayang kulit*, le théâtre d'ombres balinais, marque l'entrée du sanctuaire le plus important du royaume de Bangli, et l'un des plus beaux de Bali. C'est là que les rajas étaient

À NE PAS MANQUER

- Pura Kehen (Bangli)
- Museum Geopark Batur (Kintamani)
- Pura Ulun Danu Batur (Kintamani)
- Pura Ulun Danu Songan (Songan)
- Randonner sur le flanc oriental du Batur

Devant le Pura Ulun Danu Batur

jadis intronisés et que résident les âmes divinisées des souverains défunts. Dédié au dieu du Soleil Surya, le Pura Kehen aurait été fondé vers le 10e s. Ses trois cours étagées scandent l'ascension du monde souterrain vers les mondes terrestre puis céleste. Les édicules nichés parmi les racines du banian qui ombrage la première cour protègent des *kulkul* (tambours de cérémonie). La deuxième cour abrite les autels des ancêtres de la dernière dynastie de Bangli. La troisième est dominée par un grandiose *meru* à onze toits voué à Hyang Api, divinité du Feu et de l'Énergie fondamentale (*Kehen* dérive de *keren*, "âtre", "foyer"). Dans l'angle nord-est, le plus sacré car le plus proche du mont Agung, se dresse un autel surmonté des trônes de Brahma, Wisnu et Siwa.

Dans une rue perpendiculaire à la route de Penelokan, au nord du centre-ville ⌚ Tlj. 7h-17h € Entrée 30KRp Sarong obligatoire (location 20KRp)

Chez les Bali Aga

Penglipuran

Situé à 700m d'altitude, ce hameau d'agriculteurs Bali Aga (p.196) a été soigneusement restauré par une association œuvrant au développement raisonné des villages balinais. Ses habitants observent des coutumes millénaires teintées d'animisme qui excluent tout système de castes. Pour répondre aux normes cosmiques hindo-balinaises, Penglipuran s'étire de part et d'autre d'une avenue qui s'élève doucement du sud vers le mont Batur, soit du monde humain vers celui des dieux. À l'extrémité nord, la plus sacrée, le beau temple principal ferme la perspective. À l'opposé se dresse le temple des Morts. Entre les deux s'insèrent les habitations : 76 familles patrilinéaires – pas une de plus –, chacune possédant son enclos et sa bambouseraie, principale ressource. Les enclos familiaux s'alignent symétriquement de part et d'autre de la rue, derrière des portails identiques ornés d'une petite plaque indiquant le nombre d'occupants et leur patronyme. La structure tripartite du village est reproduite dans chaque enclos : d'abord le temple familial, orienté vers l'est (pour apaiser les divinités du mont Agung, qui n'ont pas présidé à l'orientation de Penglipuran), puis le logement, avec sa cuisine et ses pavillons d'habitation ; à l'arrière s'étend la cour réservée aux animaux. Les villageois adhèrent (avec parfois un peu d'insistance !) à l'orientation touristique de l'association, invitant les visiteurs à pénétrer dans leur enclos, leur proposant des paniers à offrandes en bambou, des boissons ou un repas succinct.

Kubu (5km au nord de Bangli, route de Penelokan-Kintamani, sur la gauche après Kubu)
€ 50KRp Hébergement et restauration possibles sur place

BON À SAVOIR
Les cartes de crédit étant rarement acceptées à Penelokan, Kedisan et Kintamani, faites provision d'espèces avant de prendre la route du Batur (distributeurs de billets aux abords du marché de Bangli). La région du lac a mauvaise réputation (prix gonflés et arnaques fréquentes). Si vous négociez une excursion avec un prestataire local, ne versez qu'un acompte et payez le solde une fois la prestation assurée.

AUX ABORDS DU MONT BATUR

D'où que l'on arrive, toutes les routes grimpent vers le mont Batur, qui ne le cède qu'au mont Agung pour la sacralité. Ce volcan possède une immense caldeira, occupée par un volcan secondaire et un lac. Les principaux villages de la région sont installés sur la crête occidentale de la dépression, vaste arc de cercle qui s'élève de 1 300 à 1 700m d'altitude, du sud-est au nord-ouest.

€ Accès payant : 35KRp

En balcon sur la caldeira

Penelokan

À 1 350m d'altitude, ce village n'a pas usurpé son nom d'"Endroit d'où l'on regarde", et il offre le meilleur point de vue sur le lac et le volcan. Rançon de cette position imprenable : des embouteillages d'autocars déversant des hordes de touristes, une impressionnante concentration de restaurants panoramiques et une foule de vendeurs en tout genre. Choisissez l'un des *warung* les plus modestes, délaissés par les groupes, et contentez-vous d'un rafraîchissement en admirant le paysage, avant de descendre au bord du lac.

20km au nord de Bangli

Museum Geopark Batur

Il présente la géologie de Bali, l'histoire des éruptions du Gunung Batur et les légendes liées à cette montagne sacrée. Les volcans de toute l'Indonésie y sont décrits, comme ceux de la ceinture de feu du Pacifique. Un petit film de 20min, des animations interactives et un télescope permettant d'observer les fumerolles qui s'échappent du volcan complètent cette visite fort instructive.

Jl. Raya Penelokan (près du carrefour des routes de Bangli et de Kintamani) 0366 915 37
Lun.-ven. 8h-16h, w.-e. 8h-14h € Entrée libre

Un village déplacé

Batur

L'éruption de 1917 ravagea le village d'origine, construit au bord du lac, mais la lave ayant épargné son temple principal, les rescapés y virent un signe divin, et la vie y reprit son cours. Ce n'est qu'après l'éruption de 1926, qui engloutit le sanctuaire, que les villageois se décidèrent à prendre de la hauteur en déménageant sur le bord externe de la caldeira. L'agglomération actuelle se confond désormais avec le gros bourg de Kintamani.

5km au nord-ouest de Penelokan

Un temple lacustre sacré entre tous

Pura Ulun Danu Batur

Ce vaste sanctuaire est l'un des plus importants de l'île, avec le Pura Besakih du mont Agung (p.170). Comptant parmi les *kahyangan jagad* (temples directionnels) de l'île, il est voué à la déesse du lac Batur, gardienne du système d'irrigation de l'île. Un nombre considérable de pèlerins vont y honorer les divinités des montagnes et s'en remettre à Dewi Danu pour des problèmes de ravitaillement en eau, ou de protection sanitaire de leur hameau et de leurs troupeaux. Le complexe se dressait à l'origine au bord de l'eau, dans le premier village de Batur. L'éruption de 1926 laissa aux habitants le temps de démonter des dizaines d'autels, et l'on put ainsi reconstituer neuf temples du complexe sur les hauteurs de la caldeira. Dans les années 1970, il redevint le principal

Sur le lac Batur

sanctuaire du lac, sous le nom de Pura Ulun Danu Batur ("temple de la Tête du lac Batur"), un titre que lui dispute le Pura Ulun Danu de Songan (p.165). Le Pura Ulun Danu Batur accueille les fêtes bouddhiques et célébrations du Nouvel An de la communauté sino-balinaise.

Au bord de la route de crête, juste avant l'entrée de Kintamani 🕒 7h-18h Sarong obligatoire € 35KRp (sarong 50KRp)

Carrefour commerçant

Kintamani

Le chef-lieu du district aligne ses maisons aux toits de tôle le long de la route de crête. De modestes *warung* en disputent les bas-côtés aux vendeurs d'essence en bouteille, aux étals d'oranges et aux cages de coqs de combat, que l'on habitue ainsi au bruit et à l'agitation. Une mosquée au dôme vert vif signale une petite communauté musulmane. Kintamani est l'endroit idéal où acheter des fruits – bananes et mandarines, notamment – ainsi que des légumes, qui poussent en abondance aux abords du lac et du volcan. Un marché typique s'y tient tous les trois jours.

25km au nord-ouest de Bangli et 36km au nord-est d'Ubud

Au-dessous du volcan

Penulisan

Passé Kintamani, la route de crête continue jusqu'à Penulisan, avant de redescendre vers la côte nord. Le dernier village de la caldeira a pour intérêt principal d'être arrimé au pied du **Gunung Penulisan** (1 746m), sommet d'une diagonale qui passe par le Gunung Batur, le Gunung Abang et le Gunung Agung. Le belvédère de Penulisan offre une belle perspective sur cet alignement.

11km au nord de Kintamani, 42km au nord d'Ubud et 31km au sud-est de Kubutambahan

Pura Puncak Penulisan (ou Pura Tegeh Kahuripan)

Certains pensent que ce temple du 10e-11e s. fut un temps l'un des deux plus sacrés de l'île avec le Pura Ulun Danu Batur (p.161), formant en quelque sorte la contrepartie mâle du sanctuaire du lac et de sa divinité féminine. Mais au 15e s., il dut s'effacer derrière le Pura Besakih. Bâti au sommet du Gunung Penulisan, site probablement sacré depuis la période mégalithique, il demeure capital pour les insulaires. Un escalier de 300 marches relie ses onze terrasses ascendantes et ses cinq sanctuaires. Défiguré par des constructions en béton défraîchies et par une haute antenne de radio-télévision, il offre cependant, par temps clair, de beaux points de vue sur l'enfilade du Gunung Batur, du Gunung Abang et du lointain Gunung Agung, au sud-est, et sur le littoral nord.

10km au nord de Kintamani, dans un virage en épingle à cheveu 🕒 7h-18h Sarong obligatoire € 30KRp

AUTOUR DU LAC BATUR

Le chemin qui descend de Penelokan vers le Danau Batur est raide et sinueux, mais asphalté. Impossible, toutefois, de faire le tour complet du lac en voiture, car sur sa rive orientale, la route ne va pas au-delà du hameau de Trunyan.

Côté ouest, elle dessert Songan et le Pura Ulun Danu, puis contourne le volcan pour revenir à Penelokan via Yemampeh.

IL ÉTAIT UNE FOIS
Principal réservoir de l'île, le lac Batur alimente les **réseaux d'irrigation** des départements de Badung, Klungkung, Gianyar, Bangli et Buleleng. Représentant de la déesse Dewi Danu, le grand prêtre du Pura Ulun Danu Batur arbitre tous les litiges liés à la gestion de l'eau des cinq *kabupaten*, et l'on ne saurait y aménager une rizière sans son accord.

Que d'eau !

Danau Batur / Lac Batur

Profond de 81m, le plus vaste plan d'eau de l'île étale ses eaux paisibles sur environ 18km² au creux de hautes montagnes : au sud-est s'élève le verdoyant mont Abang, à l'ouest le Batur, moins abrupt et plus aride. Le lac alimente le système d'irrigation du centre et de l'est de l'île, et ses riverains pratiquent l'aquaculture du tilapia (*mujair*) et de productives cultures maraîchères (oignons, choux, etc.). Centrale dans la religion locale, la déesse du lac, Dewi Danu, est honorée à Batur, cf. Pura Ulun Danu Batur (p.161), et à Songan, cf. Pura Ulun Danu Songan (p.165).

Chers embarcadères

Kedisan et Buahan

À Kedisan, à l'approche du lac, les sollicitations des guides, colporteurs et bateliers se font pressantes. De ce village d'aquaculteurs, on peut en effet gagner Trunyan en bateau, mais à un prix prohibitif. Pour vous rendre à Buahan, localité plus paisible et plus accueillante, à 1km de Kedisan, prenez à droite la route qui longe la rive sud du lac. Vous admirerez ainsi les cultures maraîchères et les installations aquacoles qui font vivre les riverains. Au-delà de Buahan, la route suit le lac vers Abang et Trunyan.

Kedisan est à 2km de Penelokan

De retour des champs

Dérive touristique

Trunyan

Niché au pied d'un versant abrupt du Gunung Abang, ce village occupe une étroite bande de terre sur la rive orientale du lac Batur. L'outillage de pierre retrouvé sur le site dénote la présence d'une communauté de chasseurs-cueilleurs du paléolithique. Trunyan est avec Tenganan l'un des deux principaux villages Bali

Aga de l'île, aux coutumes, notamment funéraires, particulières. L'affluence touristique a donné lieu à de telles dérives que bien des guides ont fini par déconseiller la visite de Trunyan. Pour enrayer cette chute de fréquentation, les villageois ont constitué une association qui impose (en principe) des prix fixes et tente de limiter le harcèlement. Malgré cela, et en dépit d'un accueil plus amène, les sollicitations demeurent nombreuses. Le cimetière du village n'est accessible qu'en bateau, au prix fort, et il semble que les pratiques funéraires qui l'ont rendu célèbre – on y laissait les cadavres se décomposer à l'air libre – n'ont plus court Un attrape-touristes à fuir !

Sur la rive est du lac, passé le village d'Abang, à env. 10km de Kedisan € Accès au village 10KRp/pers.

Pura Gede Pancering Jagat

Le nom du sanctuaire, "Grand Temple du Centre du monde", confirme l'importance que les habitants accordent à leur village, convaincus qu'il est le "nombril du monde", à l'abri de toute éruption et de tout séisme. Un peu en retrait du rivage, à l'ombre d'un pan de montagne escarpé, le temple perpétue des traditions mégalithiques : on y vénère des pierres dressées. L'un de ses *meru* abrite une statue, haute de 4m, de la divinité protectrice du village.

Trunyan Sarong obligatoire

> **BON À SAVOIR**
> **Gagner Trunyan en bateau** (10-20min à partir de Buahan ou Kedisan) vous coûtera le prix exorbitant de 650KRp AR/bateau – assurez-vous que le droit d'entrée au village est compris. À votre arrivée, ne vous laissez pas intimider par les rabatteurs qui insisteront pour vous servir de guide.

Après l'effort, le réconfort !

Toya Bungkah

Principal point de départ des ascensions du mont Batur, Toya Bungkah possède quelques pensions ou hôtels ainsi que des agences proposant randonnées et traversées du lac. Ses sources sulfureuses (43°C), réputées soulager les rhumatismes et les affections cutanées, sont en tout cas bien agréables après une journée de trek. Elles jaillissent des roches volcaniques en plusieurs endroits sur la rive du lac.

À env. 8km de Kedisan 🕒 Tlj. 7h-19h

Carte postale champêtre

Songan

Rares sont les touristes à pousser jusqu'au dernier village maraîcher riverain du Batur, inchangé depuis des décennies. Modestes maisons casquées de tôle, poules et canards qui s'égaillent sur la chaussée, nuées d'enfants curieux et petits étals d'articles de première nécessité bordant la route du Pura Ulun Danu, site le plus spectaculaire des environs. De Songan, la route bifurque vers l'ouest et contourne le cratère en direction de Yehmampeh.

Au nord du lac, à env. 3,5km de Toya Bungkah

Pura Ulun Danu Songan

Ce temple a une valeur particulière pour les Balinais, car de la destruction du village de Batur, en 1926, aux années 1970, il demeura le "temple de la Tête du lac" et le principal sanctuaire consacré à Dewi Danu. Sa visite offre un vrai moment de grâce. Blotti au pied d'un éperon rocheux, il ordonne ses *meru* au cœur d'une exubérante végétation, dans un calme absolu. Pour preuve de la protection divine dont il jouit, les gens des alentours vous diront qu'il s'y produit des miracles. En ce lieu, l'eau du lac est particulièrement sacrée et réservée aux cérémonies. Les touristes sont priés de rester à bonne distance de la rive, et la baignade leur est strictement interdite.

À la sortie nord de Songan, 2km au nord de Toya Bungkah € Entrée libre Sarong et ceinture obligatoires

À FAIRE

Prenez un bain relaxant

Toya Devasya Natural Hot Spring

Plutôt chic et bien entretenu, ce complexe déploie au bord du lac deux bassins alimentés par des sources chaudes et une grande piscine entourée de lits bain de soleil. Entrée 285KRp, avec un menu déjeuner, une boisson, un casier fermé, une serviette et du savon.

Jl Pendakian Gunung Batur Toya Bungkah 0366 512 05 ou 0819 9994 4323 www.toyadevasya.com Lun.-ven. 8h-18h, sam.-dim. 7h-19h

Bains publics

L'une des sources chaudes de Toya Bungkah alimente des bains publics où les villageois vont se savonner ou laver leur linge. L'endroit est sommairement entretenu, mais son atmosphère nettement moins aseptisée que celle des spas payants.

Toya Bungkah Tlj. 7h-18h Gratuit

Sources chaudes de Toya Bungkah

Crapahutez sur le flanc oriental du Batur

Muntigunung Trekking

Cette randonnée facile de 3h, sous la conduite d'un guide local, est organisée par une association humanitaire qui vient en aide à une trentaine de villages au nord-est du Batur. Après 1h de grimpette jusqu'à un belvédère sur la caldeira du Gunung Batur, vous redescendrez vers les plaines côtières en faisant halte dans les villages. Pendant huit mois, la région reçoit très peu de précipitations, ce qui obligeait jadis les villageoises à faire chaque jour cinq heures de marche pour rapporter de l'eau puisée dans le lac Batur. Libérées depuis 2006 de cette corvée par la construction de citernes, elles s'emploient au tressage de paniers, au tissage de sacs, de poches et de hamacs. Le revenu que les familles tirent ainsi de l'écotourisme a grandement amélioré leur ordinaire. Sur réservation. À partir de 600KRp/pers. hors transport (mais on peut venir vous chercher à l'hôtel).

0812 4697 0202 muntigunungtrekking@gmail.com www.muntigunung.com

Pédalez de la caldeira du Batur à la côte sud

De nombreuses agences de tourisme d'Ubud et de la côte sud organisent des excursions aux abords du Batur, avec prise en charge matinale à l'hôtel, transport en minibus jusqu'à Penelokan, petit déjeuner face à la caldeira et descente à vélo au retour vers le sud. On s'arrête en chemin pour découvrir les activités et l'habitat traditionnels, visiter un temple, des rizières, des ateliers d'artisans et déjeuner à la balinaise. Une balade facile et instructive.

Bali Eco Cycling

Cette agence d'écotourisme sérieuse a conçu la rando-vélo la plus “culturelle”, au meilleur prix : adulte 50US$, enfant 30-45US$ selon l'âge (p.119).

Jl. Raya Pengosekan Ubud 0361 975 557 ou 0813 3742 0420 baliecocycling.com
Tlj. 7h-20h30

Bali Bike Baik

Là encore, il s'agit de descendre à vélo de la caldeira du Batur à Ubud, en marquant l'arrêt dans des rizières et une plantation de café. Déjeuner à la ferme et détour par un temple villageois. Il vous en coûtera 600KRp à partir des stations balnéaires de la côte sud, 550KRp d'Ubud et ses environs.

0361 978 052 ou 0813 3867 3852 www.balibike.com

Ramez sur le lac Batur !

Maintes agences locales proposent des sorties en canoë sur le lac, à des prix souvent fantaisistes. Voici un prestataire sérieux :

C. Bali

Tenue par un couple néerlando-australien résidant au bord du lac Batur, cette petite agence organise des circuits aux abords du volcan, en panachant le canoë, la balade à vélo et la visite de villages et de rizières. Circuits à la journée de 600 à 750KRp/pers. selon le nombre de participants, transports, petit déj. et déj. compris.

Devant l'hôtel Segara Kedisan 0813 5342 0541 www.c-bali.com Tlj. 9h-17h

NOS ADRESSES

RESTAURANTS

Certes, vous trouverez pléthore de restaurants avec terrasse à Penelokan, mais ils servent une nourriture le plus souvent médiocre et visent surtout les groupes. Si vous craquez pour un repas avec vue, commandez un *gado gado* ou un *mie goreng* plutôt qu'un plat compliqué.

Simplicité et fraîcheur incluses

Warung Baling Baling $

Parmi la foule des établissements proposant un "buffet tout compris", voici un petit *warung* touristique dont la carte, réduite, garantit des plats simples et frais, à des prix abordables. Terrasse donnant sur le lac et le volcan. L'occasion de goûter le *mujair nyat-nyat*, ou poisson du lac – du tilapia. Comptez 35-50KRp.

PENELOKAN Jl. Raya Penelokan 0361 5531 131 Tlj. 4h-22h

Table sans façons

Baruna Restaurant $

Le petit restaurant de l'hôtel Baruna propose une cuisine du jour sans chichis. Poulet ou poisson grillé, frit ou cuit à la vapeur 60KRp, *gado gado*, *nasi goreng* ou *capcay* 25KRp.

KINTAMANI Tlj. 9h-20h

Brochettes de viande sur tige de citronnelle

Bonne table et vue imprenable

Danu Cafe ♥$$

Un agréable restaurant du Lakeview Hotel, avec son bar, son salon confortable et sa jolie terrasse panoramique. La carte réunit des classiques indonésiens et internationaux fort bien cuisinés. À la carte, *mujair nyat-nyat* (tilapia), *sate lilit* (brochettes de poisson), poulet aux épices balinaises ou classiques indonésiens (35-55KRp le plat). Le midi, menu de 4 plats à 145KRp.

KINTAMANI Jl. Raya Penelokan 0366 525 25 Tlj. 7h-21h

DU LAC À L'ASSIETTE

Dans les *warung* de la région du Batur, des panneaux signalent de l'*ikan mujair*. Élevé dans le lac Batur, le *mujair* est le tilapia de Java, un poisson robuste, très prolifique, voire invasif – et redoutablement efficace contre la prolifération des moustiques. Il est servi frit ou grillé, accompagné de riz, de légumes et d'une sauce aussi piquante que parfumée.

L'ASCENSION DU BATUR

Le volcan culmine à 1 717m et son ascension est assez aisée, puisqu'elle débute au bord du lac, à un peu plus de 1 000m. En montant, vous verrez des coulées de lave solidifiées. Au sommet, vous pourrez longer le rebord ouest du cratère. Les cônes secondaires les plus actifs, au sud-ouest, émettent des fumerolles et des gaz soufrés. Par temps clair, la vue sur les champs de lave, le lac et les monts Abang et Agung est somptueuse.

À FAIRE

Le Gunung Batur est le plus spectaculaire et le plus accessible des volcans balinais. La taille de sa caldeira (13,7km de diamètre) laisse imaginer les proportions colossales du volcan primitif. Probablement plus élevé que le Gunung Agung, le Batur connut une éruption cataclysmique il y a un peu moins de 30 000 ans, expulsant d'énormes quantités de lave et de cendres. Fragilisé, son sommet finit par s'effondrer sur la chambre magmatique en de gros blocs, laissant place à une immense dépression. C'est une seconde éruption majeure qui donna naissance au Batur actuel, quelque 10 000 ans plus tard. Depuis, un grand lac s'est formé dans la partie sud-est de la caldeira, et plusieurs cônes secondaires ont surgi sur le flanc occidental du cratère, le long d'une faille orientée nord-est/sud-ouest. Les trois principaux ont été nommés Batur I, II et III. Culminant à 1 717m, le Batur est un strato-volcan actif : il émet constamment de la vapeur et est entré en éruption au moins 22 fois depuis 1804, crachant une lave fluide, dont les coulées les plus spectaculaires sont visibles sur son flanc ouest. L'éruption de 1917 fit plus de 1 000 morts et détruisit des

CONSEILS

- Les agences établies aux abords du lac Batur proposent des ascensions guidées du volcan à des prix souvent exagérés. En effet, l'association des guides du mont Batur (PPPGB) a le monopole de ces randonnées, et les agences se contentent de gonfler ses tarifs d'une commission. Mieux vaut donc vous adresser directement à l'association et engager un chauffeur qui vous conduira au point de rendez-vous. Vous pouvez aussi vous passer d'un guide, les sentiers étant bien balisés, mais ne vous y lancez pas seul de nuit. Si les Balinais insistent tant pour que vous soyez accompagné, c'est qu'après tout accident, il leur faut purifier la montagne par des cérémonies.
- The Association of Mount Batur Trekking Guides (PPPGB) Ascension au lever du soleil (départ à 4h) : 600KRp pour 1-4 pers. Ascension du mont Abang (difficile) : 1 000KRp. Côté lac, en face de l'hôtel Arlisan, rue principale de Toya Bungkah Kintamani 0366 523 62

MATÉRIEL

Chaussures adaptées à la lave coupante et aux sentiers glissants, polaire et coupe-vent légers, cape de pluie, chapeau, crème solaire et lampe frontale pour un départ de nuit. La plupart des guides fournissent de l'eau et un en-cas. *Warung* au sommet et colporteurs en chemin.

Au flanc du Gunung Batur

dizaines de milliers de constructions. Le Batur appartient à une petite chaîne parfaitement alignée sur une diagonale nord-ouest/sud-est, qui comprend le Gunung Agung, le Gunung Abang (2 151m) et le Gunung Penulisan (1 746m).

Quand ?

L'ascension est déconseillée à la saison des pluies (déc.-mars). Même à la meilleure période (avr.-sept.), il faut surveiller la météo, car le sommet est souvent noyé dans la brume dès la fin de la matinée. Pour la devancer, prenez le départ vers 3h30 ou 4h et prévoyez 2h30 à 3h d'ascension. Mais l'affluence est forte en haute saison ! Vous croiserez (un peu) moins de monde en partant après 5h, mais vous vous exposerez alors à un coup de chaud. Pour explorer les abords du cratère et des cônes secondaires, prévoyez la journée.

Quel itinéraire ?

Du Pura Jati Le plus direct. Le sentier part du parking et grimpe tout droit pour atteindre le sommet en un peu plus de 2h.

De Toya Bungkah Le plus fréquenté. Le sentier part à droite après le kiosque des guides, sur la route de Kedisan, et rejoint la crête en 45min. À l'approche du cratère, la déclivité s'accentue et il faut progresser dans du sable volcanique. Comptez 2h30-3h.

Par le nord-est Le plus facile. Pour l'emprunter, il faut bifurquer vers l'ouest à Songan et, 3km plus loin, s'engager à gauche sur une piste qui se termine en cul-de-sac (1km). Du parking, comptez 1h jusqu'au cratère.

BESAKIH, L'AGUNG ET SIDEMEN

Adossé au cône parfait du mont Agung, le toit de Bali, Besakih abrite le complexe sacré le plus vaste et le plus révéré de l'île. Dans ses innombrables sanctuaires se croisent pèlerins balinais, javanais et même indiens, et à leurs *meru* s'accrochent des écharpes de brume qui semblent échappées du volcan. En contrebas s'étale un tapis de rizières, de vergers et de bosquets semé de villages vivant au rythme des pluies.

ACCÈS ET INFOS

- Besakih se trouve à 17km de Penelokan (45-60min), 20km de Bangli, 48km d'Ubud via Penelokan, 20km de Klungkung/Semarapura, 50km de Denpasar et 71km de Singaraja, sur la côte nord.
- Toutes les agences de voyages balinaises proposent l'excursion à Besakih. En général, la prestation intègre cette visite à un circuit comprenant le déjeuner. Cette formule peut être intéressante si vous êtes seul, mais vous côtoierez d'autres groupes sur les sites. Le mieux est de louer une voiture avec chauffeur (550-600KRp/j.), de visiter Besakih tôt le matin (voyez avec votre chauffeur s'il peut vous servir de guide), puis de musarder dans les rizières et les villages environnants.
- DAB (ATM) à Selat et Sidemen (Mastercard) ou à Klungkung.
- Location de VTT (50KRp/j.) et de scooters (70KRp/j.) à Sidemen.

À VOIR

BESAKIH

Le complexe de Besakih est un incontournable touristique. À près de 1 000m d'altitude, sur le versant sud-ouest du Gunung Agung, il étage sur 3km^2 près de 200 bâtiments, dont une vingtaine de temples. L'accès de ce périmètre sacré est réservé aux pèlerins. Les touristes peuvent toutefois longer son enceinte pour admirer l'étagement des temples, leurs *meru* et autels... et les fidèles qui avancent en groupes, les hommes portant chemise et turban blanc, les femmes en *kebaya* de dentelle immaculée, coiffées d'improbables échafaudages d'offrandes. Tout au long de l'année, le site est le théâtre de célébrations diverses : toutes les anciennes branches royales, chaque communauté villageoise alentour, chaque clan y entretient un sanctuaire ou un autel. **À votre arrivée** sur l'un des parkings, attendez-vous à être assailli par des nuées de vendeurs. Tout le long du chemin d'accès (env. 1 200m), vous devrez repousser les sollicitations d'*ojek* proposant de vous emmener au temple pour une somme faramineuse, et de faux guides vendant leurs services très cher. Le périmètre sacré est réservé aux pèlerins, même si l'on vous affirme le contraire. Tous les Balinais connaissent bien Besakih, et votre chauffeur pourra répondre à la plupart de vos questions.

Le temple-mère de Bali

Pura Besakih ★

Site sacré de longue date, comme la plupart des temples de montagne balinais, Besakih est sans doute un lieu de culte depuis l'époque mégalithique – les

À NE PAS MANQUER

- Pura Besakih ★
- Pura Pasar Agung
- Sidemen

Rizières au pied du mont Agung

massives pierres de soutènement de certains de ses édifices et leur structure pyramidale le laissent penser. La tradition attribue la toute première construction à Rsi Markandeya, le sage javanais dont les disciples auraient fondé Ubud au 8e s. Agrandi au début du 11e s., le Pura Besakih prit réellement de l'importance au 15e, quand les rajas de Gelgel, d'origine javanaise, en firent le lieu de culte de leurs ancêtres divinisés. Après la chute de Gelgel, trois royaumes balinais y multiplièrent les petits sanctuaires. Le séisme de 1917 ne laissa debout que de rares autels, mais les édifices reconstruits furent miraculeusement épargnés par l'éruption de 1963.

Visite On y accède par une large avenue bordée d'échoppes. Par temps clair, la forêt des *candi bentar* en pierre noire et des *meru* en chaume gris se détache magistralement sur les pentes vert sombre du volcan, mais le spectacle est encore plus impressionnant quand descend la brume et que les silhouettes des sanctuaires paraissent flotter dans les nuages. Les trois temples principaux – Pura Penataran Agung, Pura Batu Madeg et Pura Kiduling Kreteg – sont respectivement dédiés à Siwa (le dieu qui détruit pour créer à nouveau), Wisnu (le protecteur de l'Univers) et Brahma (le créateur de l'Univers). Consacrés à différentes divinités du panthéon hindou et aux éléments (eau, feu, terre, points cardinaux), une vingtaine d'autres temples publics sont disséminés sur le site, et autant de temples appartenant à de grandes familles balinaises. Un escalier monumental flanqué d'étroites terrasses monte vers le plus imposant, le Pura Penataran Agung, cœur du complexe. Les touristes peuvent emprunter l'un des deux escaliers latéraux, situés hors du périmètre sacré. Prenez celui de gauche (nord), montez jusqu'à la terrasse supérieure, d'où vous dominerez un incroyable enchevêtrement de *meru* en chaume lustré, et redescendez par l'escalier sud. Au passage, les entrées latérales vous permettront d'apercevoir les dévots en prière devant des autels de toutes les tailles. Le site en abriterait près de trois cents. Là encore, vous croiserez maints colporteurs – de cartes postales, boissons, fruits, sarongs, magnets... – et d'insistants aspirants guides.

Tlj. 8h-18h 30KRP Parking 5KRp

LES HAUTEURS DU GUNUNG AGUNG

L'Agung est le plus haut sommet de Bali, un strato-volcan au cône presque parfait, qui domine toute la partie orientale de l'île et plonge directement dans la mer. Pour les Balinais, c'est la "montagne mère" de leur île, la plus sacrée et la plus crainte, à tel point que nombre de guides laissent leurs clients en achever seuls l'ascension pour ne pas perturber les divinités. La tradition veut que le dieu Hyang Pasupati l'ait créée en même temps que le mont Batur, en apportant de Java des pierres du volcan Semeru. Tous les temples balinais consacrent l'un de leurs autels à la divinité du Gunung Agung.

Le géant endormi... s'est réveillé !

Gunung Agung

L'altitude du mont Agung prête à controverse. Si ce volcan culminait à 3 142m avant l'éruption de 1963, il n'atteindrait plus que 3 031m, voire 2 997m depuis celles de 2017-2019. Sa cime est située sur le rebord sud-ouest de cette énorme bouche de 500m de diamètre et 200m de profondeur, avec une cheminée aux parois presque verticales. L'éruption de 1963 – l'une des plus dévastatrices que l'Indonésie ait connues au 20e s. – n'a pas empêché les Balinais de se réinstaller sur ses flancs est et sud. Une épaisse forêt pluviale, où l'on croise macaques et cochons sauvages, occupe ses pentes ouest et sud les plus basses. En revanche, la partie supérieure du cône, composée d'un fin gravier volcanique, ou pouzzolane, est totalement désolée. Le niveau d'alerte demeure à 3 (sur une échelle de 1 à 4), et un rayon de 4km autour du cratère reste interdit d'accès.

TRISTE AFFAIRE

En février 1963, l'Agung, assoupi depuis un siècle, entra en éruption. Cette colère allait durer jusqu'à la fin de janvier 1964, provoquant l'effondrement de la partie sud du cratère, qui perdit plus de 100m d'altitude d'un coup. Elle fit plus de 1 200 victimes, dévastant de nombreux villages, mais elle épargna Besakih et ses temples.

Temple céleste

Pura Pasar Agung

Perché à un peu moins de 1 700m, le Pura Pasar Agung est le deuxième sanctuaire de l'île par l'altitude, derrière le Pura Puncak Penulisan (p.162). C'est aussi l'un des neuf temples directionnels de Bali. Son importance tient à sa position élevée au flanc du mont Agung, lui-même considéré comme une réplique du mont Meru, axe de la cosmogonie hindoue. Aussi occupe-t-il une place majeure dans le culte hindo-balinais. Actuellement, la proximité

GRAVIR L'AGUNG

Si le sommet de l'Agung reste inaccessible à l'heure où nous mettons sous presse, nous vous communiquons ces quelques informations en espérant que le volcan se rendormira bientôt.

De Besakih C'est la voie la plus difficile (env. 5km, 2 000m de dénivelé), mais elle conduit au sommet du volcan. L'ascension prend 6h30, la descente 4h30. Cet itinéraire requiert une excellente forme physique. Certains passages peuvent être glissants, abrupts ou demander quelques acrobaties.

Du Purah Pasar Agung Un itinéraire aussi sportif, voire plus raide que le précédent, mais plus court (4h de montée pour 1 300m de dénivelé). Il débute à 1 575m d'altitude, sur le parking du temple et aboutit sur un rebord du cratère, à 2 866m. Le panorama est splendide, dominé par le sommet de l'Agung sur la gauche, de l'autre côté d'un ravin infranchissable. Aussi pénible que la montée, la descente prend le même temps.

De Duduk Cette voie plus longue, mais moins abrupte que les précédentes, part de 300m d'alt., sur la côte nord-est, non loin de Tulamben. Le trek débute l'après-midi, avec un bivouac à 1 750m, et se termine par 3h de grimpette le lendemain vers le cratère.

Meilleure saison : mai-oct., juil.-sept. étant la période idéale.

Guide indispensable Départ de nuit (avant 2h) et météo capricieuse compliquant l'orientation.

Le mont Agung au crépuscule

du cratère de l'Agung en interdit l'accès, mais en temps normal, on y croise toujours des familles venues s'assurer la force et la paix par leurs prières et offrandes.

10km au nord de Selat

LES CONTREFORTS DU GUNUNG AGUNG

Offrant des vues bucoliques sur la forêt pluviale, des vallées encaissées et le damier des rizières, les routes qui longent les contreforts du mont Agung, en direction de Penelokan et du Gunung Batur (nord-ouest), et celles qui relient Rendang à Selat et Sidemen, au sud-est, figurent parmi les plus belles de l'île.

Rendez-vous des pagayeurs

Rendang

Comme Muncan, son voisin, le village d'où partent les *bemo* à destination de Besakih bénéficie de la proximité de la Telaga Waja, une rivière qui se prête particulièrement bien au rafting. Entre les deux bourgs, la route d'Amlapura épouse et franchit plusieurs de ses méandres verdoyants. Plusieurs bases nautiques se sont ouvertes le long du cours d'eau.

6km au sud-ouest de Besakih, 14km au nord de Klungkung/Semarapura

Vue imprenable sur l'Agung

Iseh

Le peintre et musicien allemand Walter Spies s'installa dans ce charmant petit village en 1932 pour fuir les mondanités d'Ubud, et il y reçut de nombreux Occidentaux épris de culture balinaise. Séduit par l'authenticité de la vie rurale, le peintre suisse Theo Meier se retira lui aussi à Iseh, y invitant maintes célébrités. La campagne environnante est une succession de rizières ponctuées de hauts cocotiers et de modestes oratoires aux divinités nourricières, mais l'on y cultive aussi le bambou, le caféier et le giroflier. C'est d'Iseh que l'on jouit du plus beau point de vue sur le versant méridional de l'Agung.

3km au sud-ouest de Selat, sur la route de Sidemen

Retraite paisible

Sidemen

Ce bourg de riziculteurs est établi à 400m d'altitude, dans un paysage bucolique aux courbes agréables. On y croise des paysans de retour des champs, des éleveurs guidant leurs canards et des écoliers rieurs. Autre atout de Sidemen, ses hôtels de charme éparpillés dans la campagne, où l'on peut se ressourcer au bord d'une piscine, après une randonnée dans les rizières, une balade à vélo, ou l'ascension du volcan. Jadis le siège d'une principauté liée au royaume de Klungkung, la bourgade loge une petite communauté musulmane – les descendants des gardes du palais de Karangasem, originaires de Lombok. Sidemen abrite aussi des ateliers d'ikat (ou *endek*) et de *songket* (soie ou cotonnade rehaussée de fils d'or ou d'argent).

7km au sud de Selat, sur la route de Klungkung (10km)

À l'orée de la forêt

À FAIRE

Promenez-vous au milieu des rizières

Tous les hôtels de Sidemen vous indiqueront de jolies balades dans les rizières, à effectuer en solo ou en compagnie d'un guide (50KRp). Prévoyez des chaussures confortables, qui ne craignent ni l'eau ni la boue, et si possible montantes pour vous prémunir des morsures de serpent. Une suggestion : suivez la route, juste au nord d'Iseh, qui mène à Selat. Le panorama sur les rizières et la vallée de l'Unda est splendide ! Guettez le petit sentier qui descend dans la vallée et traversez le cours d'eau pour continuer sur l'allée pavée qui conduit au hameau d'Uma avant de rebrousser chemin.

Adonnez-vous au rafting

Les prestataires sont nombreux et font de la publicité sur tous les sites touristiques de l'île. C'est souvent dans les grandes stations comme Kuta, Sanur ou Ubud que l'on profite des offres les plus intéressantes. Retenez leurs prix afin de pouvoir négocier si vous préférez tenter votre chance directement à Rendang ou à Muncan.

Dans les rizières de Sidemen (p.175)

www.balisobek.com

Cette agence, qui organise des expéditions en raft, se signale par la qualité de ses équipements et ses guides expérimentés. On se laisse facilement embarquer pour 2h30 de descente dans les rapides suffisamment agitées (mais pas trop !) de la rivière Telaga Waja. S'ensuit un déjeuner balinais au cœur d'une végétation profuse.

Jl. Raya Muncan, Rendang 0361 729016 ou 0817 9752 345 www.balisobek.com Tlj. 8h-17h Rapides de classe 3. Min 12 ans

NOS ADRESSES

RESTAURANTS

À Besakih, vous ne trouverez guère qu'une enfilade de *warung* populaires dans la rue principale. Les familles balinaises apportent leur pique-nique et déjeunent sur les pelouses en contrebas du temple.

Sans prétention

Warung Makan Mawar $

Pratique si vous ne voulez pas déjeuner dans la cohue de Besakih. Le décor est minimal, l'endroit plutôt propre, et les quelques plats proposés sont bien préparés. *Nasi goreng*, *mie goreng, ayam goreng, kolobak* (beignets de viande de porc), comptez 20-40KRp.

RENDANG Jl. Mawar 5 0817 4758 364 Tlj. 8h-20h

Bonne popote

Warung Ida $

L'un des petits *warung* qui offrent une alternative bon marché aux restaurants des hôtels. Plats simples : *capcay, nasi goreng, gado gado, sate*, etc. (35-45KRp).

SIDEMEN Banjar Tebola (sur la route des hôtels) 0812 3647 384 Tlj. 10h-22h

Adresse recommandable

Warung Damuh $

Installé au beau milieu des rizières, il fricote impeccablement toutes les recettes indonésiennes, à base de poulet, de porc et de poisson, ainsi que des plats de légumes élaborés à l'intention des végétariens. Service attentif et souriant.

SIDEMEN Jl. Raya Hyang Taluh 0812 3884 2511 Tlj. 8h-21h

Cuisine indienne

Ati's Restaurant @Subak Tabola Villa $$

La cuisine de ce restaurant est à la hauteur de ses vues sur la vallée de Sidemen. À la carte, démesurément longue, figurent de succulentes spécialités indiennes, dont le *mutton kalimirch masala* (mouton aux épices, 125KRp). La gérante, que l'on appelle Mama Ati, est une figure locale : elle est la joyeuse pionnière qui a ouvert la région au tourisme en y établissant de charmants hôtels et un centre culturel, dans le respect des us et coutumes locales.

SIDEMEN Jl. Raya Tabola 0812 3829 936 Tlj. 7h-22h

LA RECETTE

SAMBAL MATAH

10 échalotes
3 gousses d'ail
5 piments oiseaux (ou un demi poivron)
4 feuilles de combava (ou *kaffir lime*, vendues dans les épiceries asiatiques)
1 c. à. c. de *terasi* (pâte de crevettes, épiceries asiatiques)
Le jus et le zeste d'un demi combava ou citron vert
3 tiges de citronnelle
3 c. à s. d'huile de coco tiédie

Pelez les échalotes et découpez-les dans leur longueur en minces lanières. Inciser les piments pour les épépiner puis débitez-les en fines rondelles (ou émincez le poivron épépiné). Pressez l'ail. Ciselez les feuilles de combava. Prélevez la partie blanche des tiges de citronnelle et détaillez-la, puis broyez-la dans un mortier pour en exalter le goût. Râpez la peau du demi-combava (ou citron vert) et réservez-la. Délayez le terasi dans le jus de l'agrume.

Mélangez soigneusement tous les ingrédients et ajoutez l'huile de coco pour les lier. Voilà prêt un accompagnement délicieux (mais relevé) pour du poisson grillé !

KLUNGKUNG (SEMARAPURA)

Voilà une ancienne capitale royale assez peu soucieuse d'attirer les touristes, en dépit d'un riche patrimoine. Profitez-en pour flâner sur son marché trépidant, parmi les quincailleries et échoppes de tissu. Les villages environnants cultivent des savoir-faire ancestraux et, sur la côte, la plupart des longues plages de sable noir battues par les vagues demeurent le domaine réservé des pêcheurs et des sauniers.

ACCÈS ET INFOS

- Klungkung est située 30km au nord-est de Denpasar, 10km à l'est de Gianyar, 20km au sud-est d'Ubud, 10km au sud-ouest de Sidemen, 23km à l'ouest de Candidasa et 17km au nord-ouest de Padang Bai.

À VOIR

KLUNGKUNG

Semarapura – son nom officiel depuis 1992 – préfère se faire appeler Klungkung, fière d'avoir été sous ce nom la seconde capitale du plus ancien et du plus important des royaumes balinais, le dernier aussi à être tombé aux mains des Néerlandais, en 1908. C'est une ville sans apprêts, avec ses boutiques regorgeant de marchandises en tout genre et ses avenues ombragées bordées de constructions hétéroclites. Principales attractions, le palais royal et le marché sont réunis près du grand carrefour central.

De beaux restes

Taman Gili – Puri Semarapura

De l'immense palais bâti en 1710 ne subsistent que les jardins et deux bâtiments, les autres ayant été détruits lors de l'assaut néerlandais de 1908 ou rasés peu de temps après. Centre symbolique du royaume de Klungkung, le complexe s'inscrivait dans un carré de 150m de côté et évoquait un mandala (représentation de l'Univers) avec son dédale de pavillons, de cours et de jardins rafraîchis par des bassins. Son nom d'origine, Puri Semarapura, "palais du Dieu de l'Amour", laisse imaginer le raffinement qui présida à sa conception, laquelle mobilisa les meilleurs artisans de la région. Mais on le désigne plus couramment du nom de son parc, Taman Gili, voire sous celui de Taman Gili Kertha Gosa.

Angle sud-ouest de Jl. Untung Surapati et Jl. Puputan ⏲ Tlj. 8h-17h € 50KRp (billetterie de l'autre côté de Jl. Surapati, près du monument du Puputan)

Kertha Gosa

C'est dans ce haut *bale* que le raja et ses conseillers se réunissaient pour administrer les affaires du royaume. Le pavillon abritait aussi la Cour suprême de Klungkung, avant d'être transformé par les Néerlandais en palais de justice à l'occidentale, des sièges remplaçant alors les nattes étalées sur le sol. Le Kertha Gosa possède un extraordinaire plafond peint, avec la profusion de détails caractéristique du style *wayang*, pour mieux édifier les justiciables.

À NE PAS MANQUER

- Taman Gili (Klungkung)
- Nyoman Gunarsa Museum (Takmung)
- Pura Goa Lawah (Pesinggahan)

Plafond du Bale Kambang, Taman Gili

La plupart des panneaux illustrent en effet, à travers la geste de Bima, l'un des héros du *Mahabharata*, les délices que le paradis réserve aux justes et les supplices infernaux qui attendent les pécheurs. Endommagé par le séisme de 1917, le Kertha Gosa fut réhabilité en 1920, et certaines de ses peintures ont été exécutées sur bois en 1930 par Pan Seken, un artiste de Kamasan (p.180). En 1960, le fils du maître, Pan Semaris, les reporta sur des plaques d'amiante.

Dans l'angle nord-est du complexe

Bale Kambang

Quand il n'y recevait pas des hôtes de marque, le raja venait méditer ou prendre le frais dans ce *bale* aux douves fleuries, dressé au centre de son domaine. À l'époque coloniale, ce ravissant pavillon flottant servait de salle d'attente au palais de justice. Les panneaux peints de son plafond illustrent des mythes et légendes. Ceux du bas représentent les phases du calendrier balinais, celui du milieu relate la vie des petites gens à travers le conte de Pan et Men Brayut, parents modestes de dix-huit enfants, tandis que les panneaux supérieurs racontent la légende de Sutasoma, un héros de la mythologie insulaire. Les peintures actuelles ont été réalisées en 1945 et restaurées depuis, comme celles du Kertha Gosa.

Au cœur du complexe

Kori Agung

Par miracle, la grande porte du palais a échappé aux boulets de l'artillerie batave. Mariant la brique rouge et la pierre grise sculptée, elle est gardée par des personnages supposés tenir les intrus en respect. Loin de ressembler à des démons grimaçants, ces sentinelles sont des messieurs barbus, chapeautés et vêtus à l'occidentale, dont l'un compte son argent !

Sur le côté sud du parc

Un captivant musée

Museum Semarajaya

Le modeste musée du palais manque de moyens, mais certainement pas d'intérêt, même s'il est un peu poussiéreux. Si vous passez rapidement en revue ses trouvailles archéologiques, ne faites pas l'impasse sur la présentation (en anglais) des techniques de production du sel sur les plages, du tissage traditionnel, de la fabrication du vin de palme et du mythe du Barong. Le musée évoque également le *puputan* (suicide collectif) de 1908 qui mit fin à la royauté de Klungkung.

Au fond du parc € Entrée couplée avec celle du palais

Un si beau parc

Pura Taman Sari

Ce "temple au Jardin fleuri" fut consacré à la fin du 17e s. – quand des rejetons de la famille royale de Gelgel s'installèrent à Klungkung –, afin d'accueillir les cérémonies en l'honneur des armes sacrées du souverain. Comme son nom le laisse deviner, il occupe un agréable parc, et les nombreux toits superposés de ses deux *meru* attestent l'importance des divinités que l'on y révérait. Le plus haut des deux est entouré de bassins, et sa base repose sur la tortue et les deux serpents sacrés qui portent l'Univers.

Jl. Gunung Semeru (1km au nord-est du Puri Semarapura en remontant Jl. Gajah Mada pour tourner dans la 4e perpendiculaire à droite)

AUTOUR DE KLUNGKUNG

Arts populaires et peinture

Nyoman Gunarsa Museum

Figure majeure de la peinture moderne indonésienne, Nyoman Gunarsa (né en 1974) expose là sa collection personnelle : des trésors des arts populaires (sculptures, marionnettes, masques, céramiques, textiles, etc.) et de la peinture balinaise présentés sur deux niveaux, hélas souvent sans beaucoup d'explications. Le troisième niveau reçoit des expositions temporaires. L'édifice pâtit d'un manque d'entretien, mais son atmosphère étrangement nostalgique confère un charme certain à la visite.

Jl. Pertigaan Banda 1, Takmung (4km au sud-ouest de Klungkung) 0366 222 55
Lun.-sam. 9h-16h € 75KRp

Deux siècles de tradition picturale

Kamasan

Les artisans d'art de ce village idéalement situé entre Klungkung et Gelgel sont restés fidèles aux canons de leurs ancêtres, fournisseurs attitrés des deux cours royales. Comme au 18e s., les peintres empruntent leurs thèmes au *Ramayana*, au *Mahabharata* ou à des contes balinais, et leurs personnages, saisis de trois quarts, évoquent les marionnettes du *wayang kulit*. Ils officient dans le quartier nord (*banjar sangging*) de Kamasan. N'hésitez pas à musarder dans les passages et les ruelles et à franchir le seuil des enclos familiaux : ils vous présenteront avec joie leur travail. Le quartier sud (*banjar pande mas*) est traditionnellement celui des orfèvres.

2,5km au sud-est du centre de Klungkung par Jl. Puputan, puis à gauche

Ancienne capitale royale
Gelgel

Ce village endormi fut pendant trois siècles la capitale d'un royaume assez puissant pour imposer sa domination au reste de l'île et qui connut son âge d'or au début du 16e s. Mais les rivalités internes et les rébellions en sapèrent la suprématie dans la seconde moitié du 17e s. et la cour s'établit à Klungkung vers 1710. Du palais ne subsiste qu'un sanctuaire, le Pura Jero Agung, au cœur du village. Les innombrables descendants de la famille royale se rassemblent au Pura Dasar Bhuana pour rendre un culte à leurs ancêtres divinisés. Gelgel, qui comptait des vassaux musulmans à Java et Lombok, possède aussi la plus ancienne mosquée de Bali. À présent, le village est spécialisé dans le tissage de *songket*, ces cotonnades et soieries brochées d'or ou d'argent.

4km au sud-est de Klungkung

SUR LE LITTORAL

Plage sauvage
Pantai Sidayu

Une longue plage de sable noir, desservie par une petite route frangée de cocotiers, où vous pourrez vous baigner en toute tranquillité !

5km au sud de Klungkung

Plage sanctifiée
Pantai Klotok

Le temple en pierre volcanique qui domine cette plage revêt une importance particulière pour les Balinais. C'est en effet au **Pura Batu Klotok** que l'on apporte les statues de Besakih (p.170) pour leur offrir un bain de mer purificateur avant le Nouvel An. Le reste du temps, on y va pour s'assurer de bonnes récoltes de riz.

5km au sud de Klungkung

Port historique
Kusamba

Les effluves de poisson qui flottent aux abords de la plage et ses nombreux *jukung* ne laissent aucun doute sur la principale occupation du village. Ne manquez pas d'aller observer les sauniers à l'œuvre, cf. Le sel de Kusamba (p.182). Au 19e s.,

Saunière de Kusamba

Kusamba était le port le plus actif du royaume de Klungkung, voire de la côte sud. Outre du sel, le village commercialisait alors sa production agricole et les armes forgées par les *pande* des environs. Il fut aussi le théâtre d'un mémorable épisode des guerres coloniales. En mai 1849, alors que les Néerlandais s'étaient emparés du port, la sœur du *raja* de Klungkung dirigea une contre-attaque victorieuse. Elle est devenue une icône des mouvements d'émancipation féminine indonésiens.

7km au sud-est de Klungkung

LE SEL DE KUSAMBA

Sur les hauteurs de la plage de Kusamba, des paillotes signalent des sites de récolte du sel. De l'aube à midi, le saunier puise de l'eau de mer pour en asperger inlassablement une bande sableuse. La croûte de sable et de sel est ensuite déposée dans de grands baquets et mouillée. Le sable tombe au fond et l'eau chargée de sel est canalisée vers des troncs d'arbre évidés. Là, en plein soleil, elle s'évaporera, ne laissant que la saumure. À la saison sèche, chaque baquet fournit jusqu'à 20kg de sel marin par jour.

Grotte sacrée

Pura Goa Lawah

C'est l'un des six temples directionnels protégeant Bali des esprits maléfiques – en l'occurrence ceux du sud-est. Fondé, selon la tradition, au 9e s., il est dédié à deux incarnations de Wisnu : Tengahing Segara, le maître des océans, et Sang Hyang Basuki, le dieu-dragon qui règne sur la grotte. Les entrailles de celle-ci sont taboues et elles communiqueraient avec le temple, sacré entre tous, de Besakih, à 30km de là. Un grand parking défigure un peu le site, et les assauts des colporteurs gâchent l'approche du sanctuaire, mais la ferveur des pèlerins les fait vite oublier. Devant l'entrée se dresse un *padmasana* (autel surmonté d'un trône vide). La végétation qui mange la falaise ne laisse voir qu'une modeste antichambre occupée par une rangée d'autels. À défaut de distinguer les milliers de chauves-souris frugivores suspendues au plafond de la grotte, vous entendrez leurs grincements et sentirez leurs déjections. Les Balinais leur vouent le plus grand respect.

Pesinggahan Sur la route côtière, 3km à l'est de Kusamba, 9km au sud-est de Klungkung
Tlj. 8h-18h € 30KRp, parking 2KRp

NOS ADRESSES

RESTAURANTS

Klungkung compte quelques cantines et vous trouverez au marché de quoi grignoter ou préparer un pique-nique à des prix imbattables. Vous pourrez aussi vous restaurer pour trois fois rien aux abords de la gare routière, environ 2km au sud du centre-ville.

Au bonheur des locavores

Pasar Senggol $

Dès 16h, les stands de nourriture font leur apparition sur le marché de Klungkung. On peut y goûter presque toutes les spécialités indonésiennes, de la soupe au ragoût, des brochettes aux pâtisseries. Prévoyez environ 40KRp le repas.

KLUNGKUNG Jl. Diponegoro ⏲ Tlj. 16h-22h

SHOPPING

Déluge textile

Pasar Galiran

S'y déploient les habituels étals de fruits, de légumes, la volaille vivante, les vendeurs d'ombrelles de temple, de corbeilles à offrandes et et les énormes éventaires d'encens aux parfums étonnamment frais et légers. Mais ce qui caractérise ce dédale coloré, c'est sa profusion de tissus et de sarongs (à partir de 50KRp) : dentelles des *kebaya*, ikats chatoyants, batiks, jetés de table ou de lit... Le meilleur choix de la ville !

KLUNGKUNG Angle de Jl. Puputan et de Jl. Diponegoro (entrée face au Taman Gili ou par Jl. Diponegoro) ⏲ Tlj. 6h-18h

Marché de Klungkung

Peintures locales

Kadek Natha

Si vous craignez de déranger les artistes de Kamasan, cette boutique vous permettra de choisir (à prix négociables) entre des peintures traditionnelles de tailles et de qualités diverses, du calendrier astrologique à la scène de genre.

KAMASAN Jl. Mahodara, Banjar Sangging ☎ 0819 9930 3132 ⏲ Tlj. 8h-18h

Pour un sarong de cérémonie

Dian's

Cet atelier confectionne de beaux textiles artisanaux : *ranrang* rustiques, aux larges chevrons ajourés de trois ou quatre couleurs, et *songket* de cérémonie (brocart de coton ou de soie, aux motifs rehaussés de fils d'or ou d'argent). Étole de *rangrang* 800KRp en coton, 1 000KRp en soie. Panneau de *songket* (1,10x1,75m) 1 000-1 500KRp en coton, 6 000-12 000KRp en soie.

GELGEL Jl. Gaduh 16 ☎ 0878 6084 6955 ⏲ Tlj. 9h-19h

PADANG BAI ET CANDIDASA

Principal port de liaison avec Lombok, Padang Bai offre un vivant et bruyant tableau : va-et-vient des vedettes, ferrys qui cornent en entrant dans la baie et passagers lourdement chargés qui attendent d'embarquer. Quelques hôtels pour Occidentaux font bande à part, plus au nord, face à la plage où les pêcheurs halent leur *jukung*. Mais il faut pousser jusqu'à Candidasa pour retrouver une ambiance plus balnéaire...

À VOIR

PADANG BAI

Seul havre naturel sur une longue côte venteuse, Padang Bai s'abrite dans une baie profonde et bien protégée par des collines boisées. C'est d'ailleurs là que les Hollandais accostèrent pour la première fois à Bali, à la fin du 16e s. Les cahutes où les femmes font griller le poisson donnent encore tout son pittoresque au front de mer, mais le village, mal entretenu, vit désormais au rythme des bateaux qui relient Bali à Lombok. Plus que les touristes, c'est l'afflux des voyageurs indonésiens qui vaut à Padang Bai son ambiance de ruche cosmopolite ! Le minaret de sa mosquée (juste à l'ouest de l'embarcadère) répond aux *meru* des temples hindous du centre-ville et à ceux du Pura Silayukti, dressé sur un promontoire, à l'est de la baie.

ACCÈS ET INFOS

- Padang Bai est à 54km de Denpasar, 36km d'Ubud, 17km de Klungkung et 10km de Candidasa.
- Important embarcadère pour Lombok et les îles Gili – cf. Transports (p.304) –, Padang Bai est bien desservi par les transports en commun. Nombre d'agences de voyages vendent des billets de bateau et de minibus à des prix excessifs : faites-vous votre opinion avant de vous décider et n'hésitez pas à négocier, surtout en basse saison.
- De l'aéroport de Denpasar, comptez au moins 2h30 de route pour Padang Bai (400KRp en taxi prépayé), et au moins 3h (425KRp) pour Candidasa.
- Perama Tour & Travel possède un bureau à Candidasa et dessert Padang Bai, Amed, Tulamben, Lovina, Ubud, Sanur et Kuta. Jl. Raya Candidasa (à l'ouest de la ville) **Candidasa** 0363 411 14 ou 0361 751 875 (24h/24) www.peramatour.com Tlj. 7h-19h

Sable blanc et eaux turquoise

Plage principale

Bien abritée au nord de la baie, elle s'étend devant les hôtels. Quelque peu encombrée par les *jukung* des pêcheurs et des *speed boats* au mouillage, elle se prête néanmoins à la baignade.

Chaussez vos palmes !

Blue Lagoon

L'eau transparente de cette crique incite à s'équiper d'un masque et d'un tuba. Le tombant (40m) au pied des falaises recèle une faune aussi riche que colorée. Mais ne vous aventurez pas trop loin, les courants sont violents.

À 5min à pied de la plage principale, à l'est du promontoire

À NE PAS MANQUER

- Les villages Bali Aga de Tenganan
- Pantai Pasir Putih (White Sand Beach)

Pas de poche pour le portable dans le sarong traditionnel !

CANDIDASA

Au sens large, Candidasa désigne la partie est de la baie d'Amuk, des villages de **Sengkidu** et de **Manggis** à la pointe de **Bugbug**. C'est dans les années 1970 que ses hautes collines boisées, ses longues plages de sable, son lagon et la proximité de beaux sites de plongée en firent une destination touristique. Puis le récif corallien servit de carrière pour la construction des hôtels, et l'érosion marine commença à ronger la plage... La pose de brise-lames a limité la catastrophe, mais la station n'attire plus guère que quelques retraités occidentaux et les riches expatriés d'Ubud en quête de calme et d'air marin. Le rivage s'est mué en un balcon sur la mer, frangé de minces langues de sable à marée basse. Ses hôtels et pensions s'étirent au-dessus des vagues et l'on y paresse dans des chaises longues à l'ombre des cocotiers. Compte tenu de la proximité de Tulamben (p.199) et des îles Penida (p.90), Candidasa reste toutefois une base idéale pour les amateurs de plongée.

Village-témoin

Tenganan

Ce village au plan minutieusement pensé (un rectangle fortifié de 500m par 200m) est, avec ceux de Penglipuran (p.159) et de Trunyan (p.163), l'un des plus passionnants témoins du mode de vie des Bali Aga (p.196). Son isolement relatif lui a valu de conserver sa topographie, son organisation sociale et ses traditions animistes. L'intérêt que les ethnologues lui ont porté a favorisé le tourisme à partir des années 1980 et permis aux jeunes de résister à la tentation de s'en aller vivre ailleurs. Les villageois se tournent désormais vers l'écotourisme, et Tenganan est devenu la principale attraction des environs.

3,5km au nord de Candidasa € Entrée sur donation (45min de marche ou 15KRp en ojek)

COULEUR LOCALE
Tenganan est le seul village balinais à pratiquer le tissage du ***geringsing***, selon la technique dite du "double ikat". Celle-ci requiert une grande habileté, car il faut faire coïncider les fils de chaîne et de trame, préalablement teints, pour obtenir le dessin souhaité. Ces tissus à dominante rouge-brun sont supposés protéger, guérir, voire exorciser.

Différentes facettes d'une même culture
Bugbug et les autres villages Bali Aga
Parmi les autres communautés Bali Aga de la région figurent Bugbug (à l'est de Candidasa, sur la route d'Amlapura), Timbrah, Asak, Bungaya (petit marché matinal) et Bebandem (p.194). Leur population et leurs coutumes sont bien plus métissées que celles de Tengagan.

4km à l'est de Candidasa, puis par une route à gauche en direction de Bebandem

Vraie plage !
Pantai Pasir Putih (White Sand Beach)
Au pied de falaises boisées, au terme d'une route qui finit en épingles à cheveu, voilà enfin une plage digne de ce nom : sable blond, eau claire et cocotiers ! Ses atouts lui ont d'ailleurs valu les appellations de *White Sand Beach* et de *Virgin Beach*. Ses petits *warung* installés à l'ombre vous permettront de vous rafraîchir en contemplant les vagues... et des hédonistes bien bronzés.

8km à l'est de Candidasa (à Pasir, passé Bugbug, suivre les panneaux "White Sand Beach") € Parking 5KRp

Pantai Pasir Putih

À FAIRE

Plongez
Tous les clubs privilégient les spots des Penida et de Tulamben, mais les amateurs expérimentés ne doivent pas négliger ceux de la baie d'Amuk, dont Blue Lagoon et Teluk Jepun. Au large, Gili Tepekong est réputé pour les coraux de son tombant, son "trou bleu" (sur lequel débouche une grotte), ses squales et ses innombrables poissons-perroquets.

Absolute Scuba
Ce club, qui dépend du Padang Bai Beach Resort, emploie plusieurs instructeurs francophones. On peut y louer du matériel, suivre un stage PADI ou réserver des sorties à Tulamben pour les débutants (1 500KRp les 2 plongées),

à Amed ou Nusa Penida (1 350-1 700KRp) pour les plongeurs confirmés. Déjeuner, boissons, serviette et équipement compris.

Jl. Pantai Silayukti Padang Bai 0363 420 88 ou 0821 4458 1655 (whatsapp) www.absolutescubabali.com

Geko Dive

Le plus ancien centre de plongée de Padang Bai opère de manière identique à ses concurrents, mais il se distingue par sa participation à des projets écoresponsables, comme l'entretien des plages et la construction d'un récif artificiel pour pallier la dégradation de la barrière de corail. Sorties autour de Padang Bai à partir de 650KRp pour les plongeurs certifiés et 1 100KRp pour les débutants (animateurs francophones si besoin).

Jl. Pantai Silayukti (face à la plage, à côté de l'hôtel Topi Inn) Padang Bai 0821 2180 1997 (whatsapp) gekodivebali.com Tlj. 7h-19h

Bali Bubbles

Tenu par des Néerlandais, ce club de plongée sérieux propose des stages en anglais (à partir de 395US$ pour la première certification), des forfaits avec hébergement et des sorties à la journée dans la baie d'Amuk (95US$), au large de Tulamben (95-115US$) ou des îles Penida (135-150US$ hors équipement). Prix convertis en roupies. Transfert et déjeuner inclus. Réductions en ligne.

Nyuh Tebel Manggis (à l'extrémité ouest de la rue principale) 0363 421 96 www.bali-bubbles.com

Randonnez sur terre ou sous l'eau

Les collines verdoyantes qui moutonnent au nord de Candidasa et Manggis incitent à la marche. Vous pourrez vous rendre à Tenganan en moins d'une heure ou effectuer des parcours plus longs, en suivant la jolie route de Manggis à Putung (7km), sur les contreforts du mont Agung. Vous pourrez aussi vous faire déposer à mi-chemin et redescendre à pied pour profiter de splendides panoramas sur les plantations de girofliers, les rizières et la plaine côtière.

Trekking Candidasa

I Ketut Somat, qui connaît parfaitement la région, guide les randonneurs jusqu'à Pasir Putih, autour de Tenganan ou dans les collines. De 250 à 450KRp/pers.

0878 6145 2001 www.trekkingcandidasa.com

Bali Candidasa Tours

Outre des excursions culturelles à la journée ou à la demi-journée, cette petite agence de Candidasa propose des activités sportives variées dont des "randonnées palmées" dans la baie d'Amuk (45US$) et des parties de pêche en mer (75US$). Prix négociables.

0813 3815 7733 (whatsapp) www.balibestjourney.com

Dé-ten-dez-vous

Orchid Spa

Massage traditionnel (1h, 100KRp) ou aux pierres chaudes (90min, 200KRp), réflexologie plantaire (45min, 90KRp) et autres soins sont proposées dans le cadre agréable de l'hôtel Water Garden. Y compris une mise en beauté exotique : gommage corporel au café, au chocolat ou aux algues (45min, 140KRp) ou enveloppement aux noix de bancoulier et à la papaye dans des feuilles de bananier (2h, 250KRp).

Water Garden Hotel Jl. Raya Candidasa Candidasa 0363 415 40 www.watergardenhotel.com Tlj. 9h-20h

Faites une retraite dans un ashram

Gedong Gandhi Ashram

Créé en 1976 par Gedong Bagoes Oka, une fervente disciple du mahatma Gandhi, cet ashram égrène ses pavillons sous les cocotiers, entre mer et lagune. La communauté, active dans le domaine de la santé (acupuncture et phytothérapie traditionnelle) et de l'éducation, accueille des hôtes payants. Le forfait journalier (350KRp, 100KRp pour la seconde personne) inclut l'hébergement dans des chambres sommaires (sanitaires partagés), mais bien tenues, trois repas végétariens ou à base de poisson et des cours quotidiens de yoga.

Jl. Raya Candidasa Candidasa 0363 411 08 ou 0822 3634 0211 www.ashramgandhi.com

NOS ADRESSES

RESTAURANTS

La pêche du jour

Depot Segara $

Un modeste café du bord de mer où vous pourrez déguster du poisson tout frais pêché, grillé ou frit. Les prix sont doux et les portions copieuses. Brochette ou *sate* de poisson, steak de barracuda grillé, calmars grillés, recettes de poulet variées. Plats 20-55KRp.

PADANG BAI Jl. Segara 10 (à l'ouest du Pura Segara) Tlj. 7h-22h

Comme à la maison…

Ozone Café $

L'endroit tout trouvé si vous rêvez d'un burger ou d'une assiette de pâtes. L'ambiance est plutôt chaleureuse et le cadre plaisant, avec ses tables basses et ses murs couverts d'inscriptions. Plats à partir de 45KRp.

PADANG BAI Jl. Silayukti (au fond de la grand-place) 0363 4381 466 Tlj. 8h-23h

Spécialités balinaises

Lezat Beach $$

L'atout majeur de ce restaurant est sa grande terrasse en bord de mer. Essayez le *beef rendang* (bœuf en sauce), le homard, le *mahi-mahi* poêlé à l'ail et aux câpres ou la soupe de poisson. Plats 65-125KRp. Cours de cuisine sur réservation.

CANDIDASA (à l'est du poste de police, face au supermarché Alfamart) 0363 415 39 www.lezatbeachrestaurant.com Tlj. 7h30-23h

Assiettes à la française

Vincent's ♥$$

Cette adresse sympathique baigne dans une atmosphère jazzy qui se veut parisienne. Inspiré par les tableaux de Van Gogh, le décor est soigné, tandis que la carte mêle mets balinais et étrangers bien préparés. Agréable jardin, éclairé le soir à la bougie. Entrées 60-135KRp, plats 85-195KRp, desserts 25-75KRp.

Cocktails 90-130KRp. Concert le samedi soir.

CANDIDASA Jl. Raya Candidasa (à l'est du Lagon, de l'autre côté de la rue) 0363 413 68 www.vincentsbali.com Tlj. 10h30-22h

Les pieds dans l'eau

Warung Wayan Gede $$

Des *warung* (plus chers que la moyenne) de Pasir Putih, celui-ci a installé ses tables sous les arbres, près du rivage. Pour un *mie goreng*, un *nasi goreng* (45-50KRp), un curry (50-120KRp), des brochettes ou une grillade (100-170KRp). Où simplement un jus de fruits frais (20KRp).

BUGBUG Plage de Pasir Putih Tlj. 9h-18h

Fédérateur

Amarta Seaside Restaurant ♥$$

Le restaurant de l'hôtel Amarta compte parmi les meilleurs de la station, et ses prix restent raisonnables. Quelques plats d'inspiration méditerranéenne ou française (porc au miel 80KRp) partagent la carte avec des classiques indonésiens : plats végétariens (45KRp), currys, crevettes et poisson grillés (78-95KRp). On s'attable dans la jolie salle ouverte sur la mer ou sous les cocotiers, au-dessus des vagues.

***Sate* de fruits de mer**

SENGKIDU Jl. Raya Sengkidu, Mendira (à l'ouest de la route de Tenganan) 0363 412 30 ou 0819 3650 6891 Tlj. 8h-23h

Voir aussi le restaurant du **Topi Inn** (p.326) à Padang Bai.

LA RECETTE

GADO-GADO

Pour 4 pers.

100g de haricots verts
100g de pousses de soja
150g de tofu ferme
1 boite de mini-maïs
2 tomates
2 œufs durs
1 concombre

Pour la sauce

200g de cacahuètes grillées non salées
4 gousses d'ail
2 petits piments rouges
2 c.a.s. de sauce tomate
1 c.a.s. de sauce soja
2 c.a.s. de sucre roux
5cl d'eau
Jus d'un demi-citron vert
Huile, sel

Mixez les ingrédients de la sauce et faites revenir la pâte obtenue 5min dans une sauteuse. Découpez les œufs durs en quatre, tronçonnez les légumes lavés et faites blanchir maïs, haricots verts et soja dans de l'eau bouillante salée. Faites dorer le tofu coupé en dés dans de l'huile et égouttez-le sur du papier absorbant. Disposez l'ensemble sur un plat, une coupelle de sauce au milieu. Accompagnez de chips de crevette ou de galettes de riz.

AMLAPURA ET TIRTA GANGGA

À 3km du littoral, la verte et paisible Amlapura jouit de vues splendides sur le mont Agung. Ville-porte de la côte orientale, elle est aussi la préfecture du Karangasem, département qui a relayé le royaume dont elle était jadis la capitale. La cité vit surtout au rythme de son marché. Pressés de gagner le palais de plaisance de Tirta Gangga, au pied du mont Agung, les touristes s'y arrêtent rarement.

ACCÈS ET INFOS

- Amlapura se trouve 13km au nord-est de Candidasa, 21km au nord-est de Padang Bai, 23km au sud-ouest d'Amed et 29km au sud-ouest de Tulamben.
- Perama Tour & Travel La compagnie dessert Tirta Gangga à partir de Kuta (7h, 150KRp), de Sanur (7h30, 150KRp), d'Ubud (7h, 150KRp) et de Padang Bai (8h30, 75KRp). 0361 751 875 www.peramatour.com

À VOIR

AMLAPURA

De 1768 à 1849, les profits tirés du trafic des esclaves assurèrent au royaume de Karangasem la mainmise sur tout l'est et le nord de Bali, mais celui-ci passa ensuite sous la férule de Lombok puis, en 1894, sous celle des Néerlandais. En 1963, l'éruption du mont Agung recouvrit de cendres son ancienne capitale. Au lendemain de la catastrophe, pour conjurer le malheur, on décida de rebaptiser celle-ci Amlapura. De nos jours, les palais et temples royaux de la ville ne sont plus que l'ombre d'eux-mêmes et, pour prendre la mesure du faste enfoui, mieux vaut visiter le Taman Ujung (p.191) ou Tirta Gangga (p.193). Son histoire mouvementée a doté Amlapura d'une population cosmopolite. À son importante communauté musulmane s'ajoutent de nombreux Chinois, témoins de son ancienne vocation commerciale.

Témoin silencieux d'une longue histoire

Puri Agung Karangasem

L'enceinte et l'imposante entrée principale laissent imaginer la splendeur de ce palais de la seconde moitié du 19e s., dont l'architecture dénote des influences occidentales et chinoises. Hélas, la famille royale n'a plus les moyens de l'entretenir correctement depuis le décès du dernier roi, en 1966. Fermez les yeux – sur l'état de décrépitude de l'ensemble – et imaginez les murs en brique de ses cours ornés d'assiettes en porcelaine de Chine, les portes et boiseries dorées à l'or fin, les jardins pimpants et la nombreuse maisonnée qui occupait les lieux. Représentez-vous l'esplanade, devant le palais, quand le souverain y accordait des audiences publiques à l'ombre d'un grand banian ! Derrière le portail se succèdent des cours dont les pavillons logeaient des artisans, des artistes, des esclaves… mais aussi des chevaux et une ménagerie. Il faut enfin s'enfoncer au cœur du complexe pour atteindre les appartements royaux et leurs jardins. La salle d'audience (1900) aurait reçu le nom de Maskerdam pour honorer les Néerlandais d'avoir permis au raja de conserver son trône après l'abolition des

À NE PAS MANQUER

- Puri Agung Karangasem (Amlapura)
- Taman Ujung (Ujung)
- Pura Lempuyang (Abang)
- Taman Tirta Gangga (Abang) ★

Tirta Gangga

autres royaumes balinais. Lui fait face le Bale Pemandesan, où l'on procédait au limage rituel des dents des enfants. Le pavillon flottant (*bale kambang*) qui s'élève au milieu d'un petit lac artificiel accueillait des réunions familiales.

Jl. Teuku Umar (600m au nord de la poste – en voiture, les sens uniques obligent à contourner le centre pour arriver par le nord) ◷ Tlj. 8h-17h € 30KRp

SUR LA ROUTE CÔTIÈRE D'AMED

La route littorale qui relie Ujung à Amed (p.198) en contournant le Gunung Seraya (1 175m) est restée sauvage. Elle dessert de pittoresques hameaux, monte et descend en lacet au-dessus de la mer, avec en ligne de mire la silhouette de Lombok. D'Amlapura, comptez 35km et plus d'une heure pour gagner Aas et les premiers établissements touristiques de la région d'Amed.

Retraite princièrea

Taman Ujung / Water Palace

Bâti de 1919 à 1921 pour le raja de Karangasem, ce palais de plaisance illustre, avec celui de Tirta Gangga (p.193), la passion du prince pour l'architecture et les jardins ornementaux. Le raja allait y chercher un isolement propice à la contemplation, et il y recevait ses hôtes de marque. Ravagé lors de la grande éruption de l'Agung en 1963, puis par un séisme en 1976, le palais a été restauré, et les Balinais adorent se faire photographier dans son cadre romantique. L'ensemble se compose de gracieux pavillons et de trois grands bassins enjambés par des ponts. Il faut visiter les pièces fanées du pavillon principal, dont la chambre du raja, et s'attarder devant les photos de la famille royale.

Ujung (4,6km au sud d'Amlapura) ◷ Tlj. 8h-18h € 75KRp

Métiers d'art

Seraya

Isolé sur les contreforts méridionaux du Gunung Seraya, mais traversé par la route côtière, ce village compte de nombreux tisserands, et ceux-ci ont relancé la fabrication artisanale du *kamben poleng* et du *rangrang*. Le premier est le tissu à damier noir et blanc, symbolisant la complémentarité des contraires, dont on drape les statues, autels et arbres sacrés dans les temples. Le second est un tissage ancestral à grands chevrons bariolés, originaire de Nusa Penida.

12km au nord-est d'Amlapura

Porche fendu du Pura Lempuyang

LE GUNUNG SERAYA ET LE GUNUNG LEMPUYANG

Le Gunung Seraya (1 175m) n'est pas le sommet le plus haut de Bali, mais la proximité de la mer lui donne fière allure. Il offre un point de vue impressionnant sur le Gunung Agung tout proche (17km à vol d'oiseau) et s'élève, comme ce dernier, dans l'axe de l'Abang et du Batur. Sur le rebord de sa caldeira se dresse le Gunung Lempuyang (ou Gunung Bisbis), haut de 1 058m. C'est sur le flanc ouest de ce cône secondaire qu'est bâti le Pura Lempuyang. Sur le parking de ce temple, vous pourrez recruter un guide si vous souhaitez gravir le Gunung Seraya.

Au nord-est de Tirta Gangga, via le village d'Abang

Visite sportive !

Pura Lempuyang

Le Pura Lempuyang est l'un des six temples axiaux (*pura sad kahyangan*) qui protègent Bali des mauvais esprits. Devenu un "incontournable instagramable", le complexe sacré voit affluer les touristes et, en pleine journée, il faut désormais patienter des heures pour y accéder. Pour espérer voir ses sept sanctuaires étagés à flanc de montagne dans une paix relative, vous devrez partir avant l'aube et gravir plus de 1 700 marches (au moins 4h AR). À Abang, suivez les

panneaux signalant le site. Au sommet du dernier raidillon (2km aussi étroits que sinueux, que vous pourrez couvrir en Jeep pour 20KRp), vous déboucherez sur un parking de poche. Vous n'aurez plus qu'à grimper, en affrontant les sempiternels macaques chapardeurs – gare à vos provisions de bouche !
La visite Le premier temple, à 10min du parking, est le Pura Penataran Agung, le plus impressionnant, avec ses trois volées de marches encadrées de statues et ses portails blancs. C'est aussi celui qui vous offrira les plus belles vues de l'Agung. Reprenez l'ascension et, 30min plus tard, vous arriverez au Pura Telaga Mas. De là, vous pouvez poursuivre tout droit, ou imiter les pèlerins qui bifurquent à droite pour aller honorer trois petits sanctuaires, le Pura Telaga Sawang, le Pura Lempuyang Madya et le Pura Pucak Bisbis. Vous rejoindrez alors le sentier principal à hauteur du Pura Pasar Agung, puis finirez par atteindre le plus élevé (768m), le **Pura Lempuyang Luhur**, moins spectaculaire malgré son très joli *candi bentar* blanc, qui se découpe sur le ciel, et son autel dédié au dieu fondateur. Quatre de ces temples ont été bâtis dans un calcaire blanc provenant de Nusa Penida, les autres dans une pierre volcanique noire de Bali. Ce contraste reproduit celui du *kamben poleng*, le fameux tissu à damier.

10km au nord-est de Tirta Gangga via le village d'Abang (bien fléché) ◷ Tlj. 6h-19h € 100KRp
Port du sarong et de la ceinture obligatoire

TIRTA GANGGA ET SES ENVIRONS

Divin jardin

Taman Tirta Gangga ★

Tirta Gangga ("Eau lustrale du Gange") est le jardin d'agrément du petit palais de plaisance aménagé en 1948 par le raja de Karangasem, féru d'architecture et de jardins aquatiques. Le souverain avait élu ce site pour son cadre de rizières, son agréable fraîcheur et surtout sa source sacrée réputée curative. Le lieu commença à prendre sa forme actuelle en 1955, mais, en 1963, l'éruption du Gunung Agung détruisit la végétation à peine mature et ébranla les pavillons, qui furent abandonnés aux pillards. À son retour, l'année suivante, la famille royale ne trouva que des ruines. Faute de moyens, la réhabilitation du site se fit cahin-caha, et la remise en eau du grand bassin dut attendre la fin des années 1980. Ce n'est qu'au début des années 2000 qu'une fondation permit à la famille royale de rendre tout leur lustre aux jardins.
Le site couvre 1,2ha, sur trois niveaux. Le plus proche du mont Agung, au nord, figure le monde des dieux. La source sacrée y jaillit sous un banian, voisinant avec deux bassins décoratifs et la grande piscine supérieure, la plus

BON À SAVOIR

Le jardin d'agrément de Tirta Gangga est un enchantement ! Et pour une somme tout à fait modique, les visiteurs sont autorisés à faire **trempette** dans deux de ses bassins d'eau de source. Il serait donc dommage d'oublier votre maillot de bain !

propice à la baignade. Symbolisant le monde des humains, le niveau intermédiaire s'ordonne autour d'une impressionnante fontaine, dont les huit statues de divinités entourent Siwa et pointent les huit directions cardinales de la cosmologie hindoue. À l'est s'étend un bassin dont les vingt statues représentent les protagonistes du *Mahabharata*. Le dernier niveau, celui des divinités chtoniennes, vous attend au sud du sentier principal. Il est occupé par une immense pièce d'eau et sa longue île desservie par deux ponts.

7,5km au nord-ouest d'Amlapura
Tlj. 8h-18h Accès 24h/24 à l'hôtel
€ Entrée jardin 50KRp Baignade 10KRp

Mandarines, mangoustans, mangues...

Brahmanes et forgerons

Budakeling

Ce village connu pour ses familles de *Brahmana Buda* érudits (l'une des deux grandes lignées de brahmanes balinais) abrite une petite communauté de forgerons. Si vous y faites halte, vous pourrez observer la fabrication de kriss artisanaux dans leurs ateliers.

Env. 8km au nord-ouest de Tirta Gangga

Tanah Aron Monumen Pahlawan

Si vous recherchez une vue imprenable sur Karangasem et, à l'est, sur Lombok, vous pouvez suivre la petite route qui grimpe de Budakeling vers le sommet du Gunung Agung. Ce mémorial perdu dans la montagne, à 900m d'altitude, célèbre la résistance héroïque de Ngurah Rai au retour des Néerlandais, après la déclaration d'indépendance de 1945.

12km au nord-ouest de Tirta Gangga, sur les hauteurs de Budakeling

Les travaux et les jours

Bebandem

Vivant au rythme des saisons, des cultures maraîchères et du grand marché qui s'y tient tous les trois jours, Bebandem est l'un de ces villages inchangés depuis des lustres, où d'humbles étals de quincaillerie jouxtent un *wantilan* en bambou et des ateliers où l'on forge faucilles et couteaux.

10km au sud-ouest de Budakeling, 8km à l'ouest d'Amlapura

Expérience écotouristique

Sibetan

Ce village établi au cœur de collines boisées se consacre à la culture du *Salacca zalacca*, un petit palmier épineux dont les fruits (*salak*), reconnaissables à leur peau écailleuse, sont appréciés pour leur chair délicate et parfumée. Vous remarquerez que les plantations sont protégées par des grillages, afin de soustraire ce mets onéreux aux voleurs. De décembre à mars, vous pourrez en acheter un peu partout dans le village. Sibetan fait partie d'un réseau d'écotourisme : les visiteurs logent et prennent leurs repas chez l'habitant et peuvent participer aux travaux agricoles, cf. À faire (p.195).

6km à l'ouest de Bebandem

À FAIRE

Baladez-vous dans la campagne

Les itinéraires de balade ne manquent pas autour de Tirta Gangga, que ce soit le long des petites routes de campagne ou à travers les rizières. Vous pourrez vous procurer, dans les *warung* locaux, de petites cartes topographiques indiquant les circuits. La promenade la plus facile part de Tirta Gangga et gagne Bebandem via Budakeling, avant de descendre vers le sud et le village Bali Aga de Tenganan (prévoyez 3h). Vous pouvez louer les services d'un guide à l'hôtel Puri Sawa Bungalows (un peu à l'écart de la route, au nord du parking) ou dans un *warung*.

Gunggung Adventure Bali

Engagées dans la protection de leur environnement naturel et le maintien de la culture locale, les instances communautaires de Sibetan proposent aux visiteurs des virées à vélo dans la région. Loin de l'agitation touristique, la promenade offre un bel aperçu de la vie des villages balinais et les points de vue sur les rizières en terrasses invitent à s'arrêter pour se désaltérer d'une eau de coco. Comptez 850KRp/pers. (env. 60US$) avec prise en charge à l'hôtel et déjeuner traditionnel.

Banjar Kalanganyar Sibetan 📱0361 9003 799 ou 0811 3833 455 www.gunggungadventure.com 🕒Tlj. 7h-20h

Participez à la vie d'un village balinais

JED

JED (Jaringan Ekowisata Desa, ou "réseau écotouristique villageois") est une structure associative impliquant quatre villages de la région, dont Sibetan (p.194). Les visiteurs sont hébergés et nourris par les villageois, et ils participent à certaines de leurs activités quotidiennes en compagnie d'un guide-interprète. Il s'agit de fournir du travail à la collectivité et de financer le développement des infrastructures communautaires tout en pratiquant un tourisme respectueux des équilibres écologique et humain. Le prix (105US$/pers.), comprend la prise en charge à l'hôtel précédent, l'hébergement en pension complète et les services du guide. Sans l'hébergement, le programme journalier revient à 75US$/pers.

Jl. Pengubengan Kauh 94 Kerobokan Kelod, Kuta Utara Kerobokan 📱0815 5806 5657 www.jed.or.id

LES BALI AGA

Aga signifie "montagne" : les Bali Aga se considèrent comme les gardiens des sommets sacrés de l'île et prétendent devoir leurs lois coutumières au dieu Indra. À la différence de la plupart des Balinais, ils n'incinèrent pas leurs morts, et ils sont tenus à l'écart des rituels brahmaniques, ne reconnaissant pas l'ordre hiérarchique des castes.
Leur société est organisée en classes d'âge. À partir de 7 ans et jusqu'au conseil des anciens, le passage d'un groupe à l'autre est marqué par des rites initiatiques et l'accession à de nouvelles fonctions sociales et religieuses. Chaque communauté villageoise est composée d'un nombre fixé de familles tenues de se marier entre elles, sous peine d'exclusion. Si elle garantit le maintien de la langue et des traditions ancestrales, cette endogamie entraîne aussi une forte consanguinité, avec toutes les tares génétiques qui en découlent. Les handicapés physiques et mentaux sont toutefois exclus de la hiérarchie du village.

Villageoise de Tenganan

NOS ADRESSES

RESTAURANTS

À Amlapura, vous pourrez déjeuner dans l'un des modestes *warung* voisins de la gare des *bemo* et du marché et dîner sur le marché de nuit (*pasar senggol*). Vous pouvez aussi acheter de quoi préparer un casse-croûte au supermarché Hardy's (sur Jl. Diponegoro, face au marché). Une bonne idée si vous vous trouvez à Tirta Gangga à la mi-journée, car les *warung* proches du site proposent les classiques balinais au prix fort !

Tradition revisitée

Bali Asli ♥$$$

Penelope Williams a fait ses classes au Savoy de Londres et travaillé dans de grands restaurants de Sydney, avant de tenir l'une des tables les plus réputées de l'île, perdue au milieu des rizières. Le matin, elle choisit au marché d'Amlapura les produits frais avec lesquels elle réinterprète les codes culinaires locaux. Comptez 300KRp pour le menu dégustation du jour, boisson de bienvenue comprise.

GELUMPANG Jl. Gelumpang (3km au nord d'Amlapura) 0822 3690 9215 www.baliasli.com.au Ven.-mer. 10h-18h (pour le déjeuner et le thé du matin et de l'après-midi, réservation recommandées)

Cadre royal

Tirta Ayu $$

Un restaurant abordable dans le cadre splendide du palais de plaisance du raja de Karangasem. Son immense *bale* domine les jardins aquatiques de Tirta Gangga. On y fait surtout une pause pour profiter de l'atmosphère tout en sirotant un jus de fruit. Classiques indonésiens 40-80KRp.

TIRTA GANGGA Palais royal 0363 225 03

SHOPPING

Chocolaterie équitable

Sorga Bali Chocolate

Dans cette petite chocolaterie, on peut assister aux différentes étapes du traitement des fèves de cacao balinaises, et terminer la visite par une dégustation de chocolat relevé de gingembre, de citronnelle, de noix de cajou, etc. On peut aussi participer à un atelier de 1h30 pour apprendre à confectionner plaquettes, truffes et pralines.

JASRI Jl. Pura Mastima (5km au sud d'Amlapura) 0361 216 87 ou 0812 2544 6112 www.sorgachocolate.com Lun.-sam. 8h-17h, dim. 8h-16h30

Coopérative textile

Kerajinan Tenun

Dans cette coopérative à flanc de colline, face à la mer, le coton et la soie sont teints le plus souvent avec des colorants naturels. Les tisserands produisent des *kamben poleng* et des *rangrang*. Écharpe en soie 900KRp, en coton 700KRp ; étole 1 500-1 700KRp.

SERAYA Jl. Karangasem-Seraya (route côtière d'Amed) Seraya Timur, Banjar Kangin 0852 3775 9269 Tlj. 9h-17h

AMED ET TULAMBEN ★

Amed est posée sur une étroite et austère plaine littorale, au nord du mont Seraya. Loin des "paradis artificiels" de la côte sud-ouest, elle réserve ses *warung*, ses plages de sable noir et ses spots de plongée aux visiteurs épris d'authenticité. À peine plus fréquentée, Tulamben retrouve toute sa sérénité quand les plongeurs venus explorer l'épave du *Liberty* sont repartis et que le soleil se couche derrière le mont Agung.

ACCÈS ET INFOS

- De l'aéroport de Denpasar à Amed ou à Tulamben, comptez 750KRp en taxi prépayé et au moins 4h30 de route... et précisez bien le nom du hameau où vous allez, celui des deux stations est trop vague.
- DAB (ATM) à Amed, Culik (3,5km), Tulamben...
- Perama Tour & Travel relie en principe une fois/j. Kuta à Tulamben (175KRp), via Sanur, Padang Bai et Candidasa (100KRp). À plusieurs, mieux vaut sans doute louer une voiture avec chauffeur. 0361 751 875 www.peramatour.com
- www.gilibestdeal.com Pour réserver en ligne votre traversée en hors-bord (*fast boat*) entre Amed et les Gili.

À VOIR

AMED

À l'écart du grand axe de communications reliant Amlapura à la côte nord de l'île, Amed ne figure sur les circuits touristiques que depuis le début des années 2000 et l'amélioration de la voie qui dessert ce bout de côte isolé, sur le flanc septentrional du mont Seraya. La seule route qui relie le village à Aas monte, descend et serpente d'une plage et d'un hameau à l'autre, mais l'ensemble reste étonnamment paisible, et rares sont les constructions qui viennent déparer le paysage. Ici, on vit chichement de la récolte du sel marin – activité connaissant toutefois un net déclin – et de la petite pêche littorale. En témoigne la multitude de *jukung* halés sur les plages. Le retour de pêche, dans la matinée, constitue encore la principale animation de la journée.

Env. 30km au nord-est d'Amlapura

Tradition en voie de disparition

Salines

Les pêcheurs d'Amed ne sont plus qu'une poignée à récolter le sel, une activité séculaire qui, avant l'arrivée de l'électricité et des réfrigérateurs, leur permettait de conserver le produit de leur pêche. Toute la matinée, le saunier charrie inlassablement sur ses épaules des récipients remplis d'eau de mer qu'il verse dans de grands contenants en forme d'entonnoir, confectionnés à l'aide de fibres de bambou finement tressées. Sous l'effet de l'évaporation, le sel se cristallise sur les parois. Un récipient donne environ 20kg de sel par jour, mais uniquement pendant la saison sèche, d'avril à octobre. Certains sauniers utilisent la technique en vigueur à Kusamba (p.182), mais la qualité gustative du sel obtenu de cette façon est inférieure.

Sur les hauteurs de la plage d'Amed ⏲ Venir le matin

À NE PAS MANQUER

- Salines d'Amed et de Kubu
- Épave du *Liberty*

Sur la plage d'Amed

TULAMBEN

Tulamben s'inscrit dans un cadre plutôt verdoyant, au nord-est du mont Agung. Les gros galets gris sombre et le sable noir des plages de la région témoignent encore de l'éruption de 1963. Si l'arrivée en masse des amateurs de plongée a fourni du travail à ses habitants, l'économie locale repose avant tout sur la pêche et l'aquaculture. Entre Tulamben et Kubu, le littoral est jalonné de salines et de bassins dans lesquels on élève des crevettes, une activité rentable qui soustrait les pêcheurs à la tentation de pêcher à l'explosif sur les massifs coralliens.

Env. 20km au nord-ouest d'Amed

Colonie... de plongeurs !

Épave du *Liberty*

Le *Liberty* est un cargo long de 120m, sorti en juin 1918 des chantiers navals du New Jersey, réquisitionné en 1940 par l'armée américaine et envoyé dans le Pacifique après l'entrée en guerre des États-Unis, en décembre 1941. Le 11 janvier 1942, alors qu'il convoyait du matériel entre l'Australie et les Philippines, il fut torpillé dans le détroit de Lombok par un sous-marin japonais. Trop endommagé pour être remorqué, le *Liberty* fut volontairement échoué sur la plage de Tulamben. En 1963, le séisme consécutif à la grande éruption de l'Agung le fit glisser dans l'eau, où il repose désormais par 9 à 30m de fond, sur une pente douce. La coque, largement fendue en plusieurs endroits, invite les plongeurs équipés de bouteilles à jouer les explorateurs, tandis que les adeptes du snorkeling s'émerveillent devant les coraux et les poissons multicolores qui l'ont colonisé.

À 40m du rivage, au large de la zone des hôtels

Comme à Amed...

Salines de Kubu

La technique utilisée à Kubu pour récolter le sel est identique à celle des sauniers d'Amed (p.198) : de grands entonnoirs en fibres de bambou tressées, dans lesquels le sel contenu dans l'eau de mer se cristallise sous l'effet de l'évaporation.

Juste avant d'arriver à Kubu en venant d'Amed, sur le haut de la plage
En activité d'avr. à oct.

Récolte du sel sur la plage d'Amed

À FAIRE

Allez vous baigner

À Amed Tapissée de *lapilli*, gravillons "crachés" par le Gunung Agung lors de l'éruption de 1963, la plage d'Amed n'est guère engageante. Le sable regagnant du terrain à mesure que l'on s'éloigne vers l'est, les plages de Jemeluk, de Bunutan et de Lipah se révèlent plus avenantes. Gare toutefois aux débris coralliens coupants cachés au fond de l'eau : chaussez des sandales en plastique pour vous baigner.

À Tulamben Les plages de galets noirs frangées de cocotiers qui s'étirent entre Tulamben et Kubu sont très étroites à marée haute. Mieux vaut prévoir chaussons en plastique, masque et tuba si l'on veut profiter de l'eau limpide et des fonds. Sinon, nombre d'hôtels ont aménagé une piscine face à la mer.

Préparez-vous à plonger en apnée

Apneista

Faire du yoga sous un *bale* avec la mer pour seul horizon, c'est possible avec l'équipe d'Apneista, qui pratique le yoga tantrique, le *pranayama* et le *bandha*. Les séances (1h30, 100KRp) ont lieu le matin ou en soirée au Blue Earth Village à quelques minutes à pied. Le travail sur la respiration du *pranayama* et le contrôle musculaire profond du *bandha* préparent idéalement à la plongée en apnée. Des stages intensifs de plongée en apnée sont proposés à partir de 3 000KRp.

Jl. I Ketut Natih, Purwakerti (côté ouest de la plage) Jemeluk 0813 5368 7506
www.apneista.com Tlj. 8h30-18h

Apnea Bali

Tenue par des émules de Jacques Mayol, le premier recordman de l'histoire de l'apnée, cette école emploie plusieurs instructeurs francophones. Passer son premier niveau d'apnée dure deux jours (3 000KRp) et permet aux apnéistes comme aux surfeurs d'apprendre à maîtriser leur respiration.

Bien signalé, côté montagne Tulamben 0822 6612 5814 ou 0822 3739 8854 (whatsapp)
www.apneabali.com Tlj. 8h-18h

Faites une randonnée palmée

À Amed, la barrière récifale est bien préservée, et la faible profondeur du lagon permet de fascinantes expéditions avec masque et tuba (en vente ou en location dans tous les hôtels). Face à la plage de Jemeluk, vous observerez une cohorte de coraux, gorgones et poissons multicolores. Vous pourrez aussi accéder au récif à partir de Lipah Beach. À Selang, un peu plus à l'est, c'est l'épave d'un grand bateau de pêche, bardée de polypes et peuplée de poissons et de crustacés, qui repose près d'un massif corallien singulièrement bariolé. Inutile de préciser que, sous peine de les faire disparaître rapidement, il faut se dispenser de toucher les coraux...
À Tulamben, il suffit d'un masque et d'un tuba pour découvrir les trésors des fonds marins. Le jardin de corail (Coral Garden), qui se déploie juste devant les hôtels, abrite une ribambelle de poissons (poissons-clowns, murènes rubans, poissons-feuilles, etc.) et des anémones de mer de toutes les couleurs. Plus à l'est, le tombant (Drop off) est colonisé par des éponges géantes et fréquenté par des poissons-perroquets, raies et requins à pointes noires. Formé de coulées de lave, il s'enfonce de 3 à 70m sous l'eau. Quant à l'épave du *Liberty*, on peut aisément la contempler en snorkeling.

Accordez-vous une plongée

Tous les clubs d'**Amed** programment des sorties à Tulamben et aux îles Penida, mais les environs de la station, particulièrement indiqués aux plongeurs débutants, réservent aussi de belles surprises, notamment autour de Gili Selang, à la pointe orientale de Bali. **Tulamben** recèle des fonds marins exceptionnels : une imposante épave, un beau récif corallien et un tombant spectaculaire. Même les plongeurs les plus blasés remontent enchantés ! Presque tous les hôtels possèdent leur propre club, et un nombre impressionnant de loueurs de matériel sont installés sur la plage, au plus près du *Liberty*.

Eco-Dive

Implanté à Amed depuis 1997, ce club revendique sa politique écoresponsable et son implication dans la protection des milieux marins. Instructeurs francophones et encadrement sérieux. Forfaits de deux plongées dans la baie de Jemeluk, autour de Gili Selang ou à Tulamben (75-85$), stages de deux ou trois jours (275-375$), plongée de nuit (50$).

Sur la plage Jemeluk ☎ 0363 234 82 www.ecodivebali.com

Dive Concepts

Ouvert en 2014, la succursale du club de Tulamben propose des sorties très variées. Forfait de 2 plongées d'initiation au large d'Amed 1 250KRp, forfait de 3 plongées pour plongeurs expérimentés 870KRp. Expéditions à Tulamben, Lembongan et Nusa Penida.

À l'entrée d'Amed, dans le premier virage après le petit pont (panneau jaune et noir) ☎ 0812 3684 5440 www.diveconcepts.com

Euro Dive

Ce centre installé à Amed depuis 1999 emploie des instructeurs francophones et organise les mêmes sorties qu'ailleurs. Les prix annoncés en euros sont comparables à ceux de ses concurrents (50-70€ pour une ou deux plongées).

Sur la plage 0363 236 05 www.eurodivebali.com

Dive Concepts

On aime vraiment l'ambiance de ce club tenu avec sérieux et bonne humeur par un Français. Les instructeurs, francophones, sont dynamiques et de bon conseil, et le matériel est impeccable. Sortie de découverte (deux plongées 700KRp), sortie pour plongeur certifié 300KRp (tarif dégressif pour plusieurs sorties), découverte en snorkeling (150KRp la demi-journée). Possibilité de suivre des stages avec hébergement sur place.

Côté montagne Tulamben (bien signalé) 0812 3684 5440 www.diveconcepts.com

Poissons-barbiers, Amed

Longez la côte en kayak

Amed Canoe

Pour apprécier la vue sur la côte et les pentes du Gunung Seraya, admirer la clarté de l'eau et les coraux, rien de tel qu'une expédition en kayak de mer ou en canoë. Les sorties en mer, qui durent 2h, se font au lever ou au coucher du soleil, voire de nuit, sous la lumière de la lune, mais toujours sous la conduite d'un guide instructeur expérimenté. Tarif 400KRp (200KRp pour les moins de 6 ans).

Plage d'Amed 0852 3734 1997 ou 0813 3791 1096 amedcanoe@gmail.com

Voir aussi **Spa Aquaterrace** (p.157) à Amed.

NOS ADRESSES

RESTAURANTS

Vite fait bien fait !

Amed Resto $

Bien pratique et bon marché pour Amed, cette petite cantine sert des plats tout simples, mais variés : poêlée de légumes au tofu, *sate* divers, currys ou pâtes et surtout un vaste choix de poissons grillés. Comptez 30-45KRp le plat.

AMED Jl. Raya Amed Sur la gauche, à l'entrée ouest d'Amed 0878 6118 9197 Tlj. 10h-22h

Simple mais sympa

Warung Enak $

L'accueil est charmant, la petite salle ouverte bien tenue et la cuisine traditionnelle plutôt bonne. On apprécie surtout le barracuda grillé, les crevettes et les *sate*. Mais également les options végétariennes et véganes, dont les ingrédients proviennent du jardin bio des propriétaires. Comptez 50-80KRp le repas.

AMED Sur la droite, à l'entrée ouest d'Amed 0819 1567 9019 ou 0838 5755 5231 Tlj. 11h-20h

Pour un peu d'animation…

Wawa-Wewe I $

En plein centre de Lipah, sur la plage, ce bar-restaurant propose les classiques de la cuisine balinaise (plats 35-50KRp) et une belle sélection de cocktails. Ambiance très conviviale, programmation musicale éclectique, concerts fréquents le samedi soir.

BUNUTAN Sur la plage de Lipah 0363 4301 032 ou 0813 3812 6229 www.wawawewe.com Tlj. 11h-23h

Quelques notes de guitare

Cafe Indah $

Ce restaurant de plage vaut pour son poisson grillé frais du jour (60-100KRp) et pour l'ambiance que Frankie, le patron, assure le soir dès qu'il attrape sa guitare. Tous les standards y passent, jusqu'à ceux de Brel et de Brassens.

BUNUTAN Sur la plage de Lipah 0363 234 37 Tlj. 10h-22h

Assiettes et vue panoramiques

Safka@The Griya $$$

Cette élégante terrasse contemporaine arrimée à la colline offre une vue sublime sur la mer au crépuscule. Au menu, des standards internationaux, mais aussi des gambas "à la minute" (70KRp), l'*ayam taliwang* (recette de poulet traditionnelle de Lombok, 110KRp), le bœuf *rendang* (spécialité de Sumatra, 120KRp), ou le gros steak de bœuf australien en sauce béarnaise (245KRp). Si vous voulez limiter les frais, vous pourrez commander un *rijsttafel* pour deux. Desserts 30-70KRp.

BUNUTAN Jl. Raya Bunut 0363 235 71 www.thegriya.com Tlj. 7h-23h (dernière commande à 22h30)

À la bonne "frenchette"

The French Warung $

Comme son nom l'indique, ce restaurant accueillant est tenu par des Français, qui s'approvisionnent au marché et achètent leur café aux producteurs locaux. Au menu, des petits déjeuners, snacks, plats indonésiens, thaïs et occidentaux – croque-monsieur ou madame (50KRp), burgers, salades (35KRp), pizzas (55-75KRp), crêpes, fondue au chocolat (25KRp)…

TULAMBEN Jl. Kubu (à côté du club de plongée Dive Concept) 0813 5372 4317 www.the-french-warung-tulamben.com Tlj. 7h-22h

Voir aussi **Blue Earth Café Village** et **Wayan's Warung** (p.156) à Amed.

LES GILI ★

Rubans de sable immaculé, eaux peu profondes et limpides, récifs coralliens classés parmi les meilleurs spots de plongée des îles de la Sonde... Autant d'atouts qui permettent au minuscule archipel ancré à l'ouest de Lombok de rivaliser avec les stations balnéaires les plus cotées de Bali. Ce paradis se décline en version festive à Gili Trangawan, couleur locale à Gili Air et façon Robinson Crusoé à Gili Meno.

ACCÈS ET INFOS

- De Bali et de Lombok, cf. Transports (p.304).
- Pour vous rendre d'une Gili à une autre, vous prendrez le *public boat* (35-40KRp, 2 départs/j.) ou un *fast boat* (85KRp). À Trawangan, il faut acheter son ticket à une guérite de la place du marché avant de se rendre à l'embarcadère. Détails des liaisons en *fast boat* sur www.gilibookings.com et des horaires du *public boats* sur www.lomboknetwork.net.
- Les pistes étant sableuses, chaussez-vous confortablement. La plupart des hôtels louent ou prêtent des vélos, seul moyen de transport local avec le *cidomo* (char à banc, 50-75KRp la course).
- Presque tous les hôtels, restaurants et boutiques acceptent les CB. Distributeurs de billets (ATM) dans les trois îles.

À VOIR

L'originalité des Gili ("île" en sasak) tient d'abord à leur organisation. Elles sont entièrement gérées par des coopératives villageoises, les *koperasi*, qui n'autorisent ni voitures ni motos sur leurs chemins sablonneux, seulement des vélos et des *cidomo*, ou carrioles attelées. Colonisé par des pêcheurs originaires de Sulawesi, l'archipel a vu débarquer les premiers touristes occidentaux dans les années 1980. Des Australiens, bien sûr, mais aussi des Français, si bien que les villageois connaissent tous quelques mots de la langue de Voltaire. Chaque île ne porte qu'un village, installé sur la côte est, face à Lombok, et un sentier côtier permet d'en faire le tour.

Gili T la festive
Gili Trawangan

La plus grande des Gili (3,4km^2, 1 500 hab.), et la plus éloignée de Lombok, est aussi la plus visitée. Elle est divisée en "secteurs" reliés par des sentiers. À pied, on en fait le tour en moins de 3h, et il est très facile d'en atteindre le sommet (73m) et son joli point de vue sur Lombok et les autres Gili. Les restaurants, bars, boîtes de nuit et clubs de plongée sont concentrés sur la côte est, à proximité de l'embarcadère, formant le centre de "Gili T". Si l'on y frôle la surfréquentation en juillet-août, le reste de l'île est plus paisible et moins densément peuplé. Avec ses paillotes dressées au bord de grandes plages désertes, la côte sud est le territoire des surfeurs. Le Nord a conservé le rythme et l'ambiance détendue de l'époque baba cool, tandis que la côte ouest est jalonnée de grands *resorts*. Malgré le développement touristique de l'archipel, les autorités s'efforcent de contenir l'expansion immobilière en bord de mer.

À NE PAS MANQUER

- Gili Meno et le couvoir à tortues
- Plonger avec bouteille ou en apnée

***Cidomo* à Gili Meno**

C'EST DANS L'AIR
Depuis les années 2000, le **tourisme** a supplanté la culture des cacahuètes, du manioc, des mangues, des noix de coco et la pêche comme principale source de revenus de l'archipel. Les Gili accueillent 400 000 touristes par an et des hôtels y sont régulièrement inaugurés. Mais la loi interdit désormais de bâtir en dur entre la route et la plage.

Meno la secrète

Gili Meno

C'est la plus petite (1,5km^2) et la moins touristique des trois Gili. Seule une portion de sa côte orientale est habitée, le reste de l'île demeurant presque désert : des cocoteraies, un lac salé et des structures d'hébergement isolées, parfois sommaires. C'est là que l'on trouve les plus belles plages, de longues bandes de sable blanc sur lesquelles la marée dépose chaque jour de petits éclats de corail vermeil. Contrairement à ceux de ses deux grandes sœurs, le sentier qui fait le tour de Gili Meno est peu emprunté ; par endroits, on a l'impression que la nature est sur le point de le reconquérir. Autant dire qu'il offre aux amateurs de randonnée la plus belle boucle de tout l'archipel. Faire le tour complet de l'île ne prend pas plus de 90min (sans compter les pauses).

Couvoir à tortues (plan 9, B2)

Financé par l'hôtel Kontiki Cottage, ce centre élève des tortues marines jusqu'à ce qu'elles soient en âge d'affronter les dangers du grand large. La présence de plusieurs couvoirs de ce type dans l'archipel a sans doute contribué à la forte densité de tortues dans les parages. Difficile en effet de faire de la plongée aux Gili sans croiser quelques-uns de ces paisibles reptiles.

Côte est (450m au sud de l'embarcadère) Tlj. 9h-18h Entrée libre, mais dons bienvenus

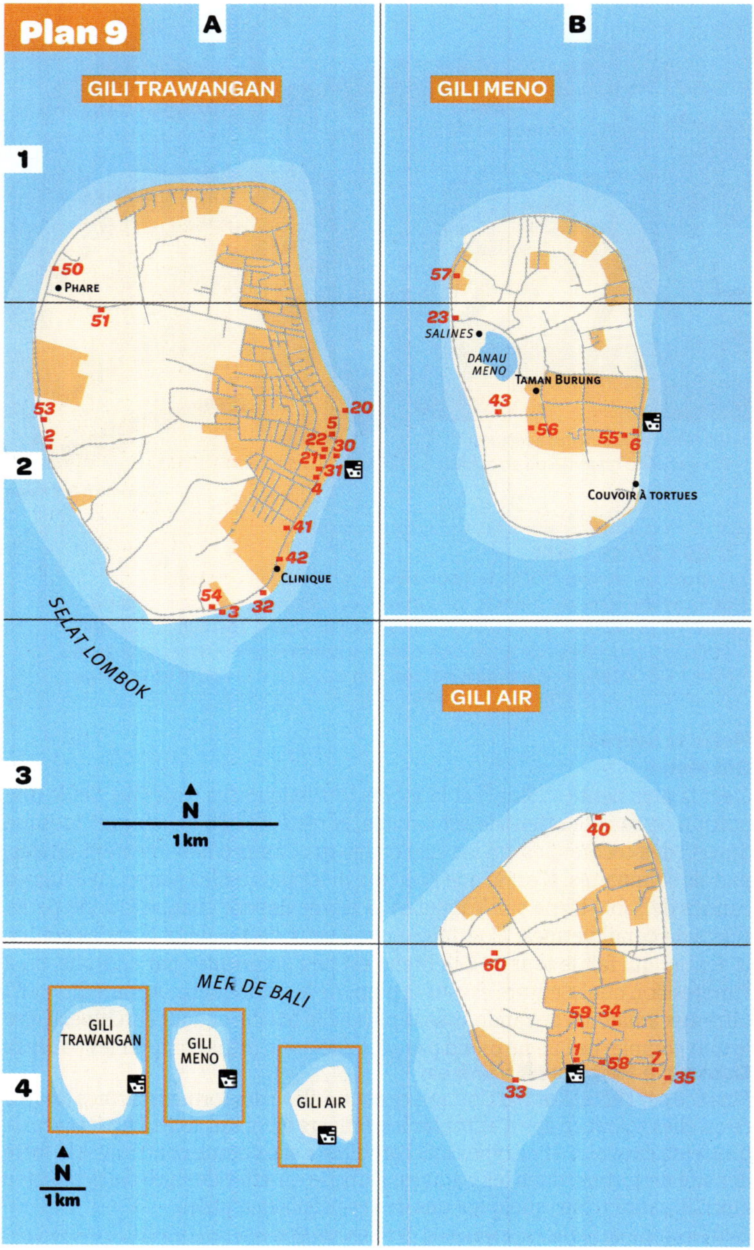
Plan 9
A
B
GILI TRAWANGAN
GILI MENO
1
2
3
4
50
PHARE
51
53
2
20
5
22
30
21
31
4
41
42
CLINIQUE
54
3
32
SELAT LOMBOK
57
23
SALINES
DANAU MENO
TAMAN BURUNG
43
56
55
6
COUVOIR À TORTUES
GILI AIR
40
60
59
34
1
58
7
35
33
N
1 km
MER DE BALI
GILI TRAWANGAN
GILI MENO
GILI AIR
N
1 km

On respire et on s'amuse !

Gili Air

La plus proche de Lombok. Plus petite que Gili T mais guère plus grande que Gili Meno (1,9km^2), elle assure un compromis réussi entre l'animation de la première et le cadre idyllique de la seconde. C'est aussi celle qui possède la population autochtone la plus nombreuse (1 800 personnes y vivent toute l'année). Ce fut longtemps la destination favorite des familles, que le bruit et la fureur de Gili T effarouchaient, mais l'ouverture récente de quelques bars d'anthologie et l'organisation de *beach parties* "style Goa", en juillet-août, y attirent désormais de nombreux jeunes.

À FAIRE

Prenez la vague

À **Gili T**, c'est sur la côte sud-est que se forment les plus belles vagues. On trouve des planches à louer sur la plage, aux abords du Villa Ombak et dans le centre du village. Les clubs de plongée pourront aussi vous indiquer quelques adresses. Les vagues de **Gili Air** sont réservées aux surfeurs expérimentés. Bien visible de la côte sud, Playgili est une droite puissante qui déferle à quelques centaines de mètres au large, sur des bancs de coraux peu profonds et potentiellement dangereux. Elle oblige d'ailleurs les bateaux à se détourner au sud de Gili Air pour éviter de s'échouer.

Gili Surf Shop (plan 9, A2 n°3)

Le seul loueur de planches (à partir de 100KRp/j.) officie sur la plage du Trawangan Resort.

Gili Trawangan 0812 3727 615 Tlj. 8h-19h

Plongez avec bouteille ou en apnée

Équitablement répartis autour des trois îles, les 25 spots de plongée recensés aux Gili jouissent d'une excellente visibilité (30m en moyenne). Situés à l'entrée nord du détroit de Lombok, ils sont traversés par de forts courants océaniques qui drainent une riche faune pélagique : requins, raies mantas et tortues, notamment. Le Gili Eco Trust, qui se consacre à la préservation de l'archipel, perçoit une *reef tax* de 50KRp par plongeur, investie dans des programmes de sensibilisation des pêcheurs autochtones, de construction de récifs artificiels et de vastes campagnes de nettoyage.

Blue Marlin Dive Gili Trawangan (plan 9, A2 n°4)

Premier plongeur étranger installé aux Gili et ancien champion du monde de plongée en profondeur (130m !), Simon Liddiard a fondé le principal centre de plongée PADI de Gili Trawangan, face à la mer : une grande piscine d'entraînement, un bar-restaurant, plusieurs bateaux et un trafic incessant d'hommes et de femmes-grenouilles. L'initiation (*Discover Scuba*, 1h en piscine, puis plongée à 12m) coûte 950KRp, l'*Open Water Diver*, qui permet d'obtenir la certification PADI en trois jours, 5 900KRp. Il existe de nombreuses options pour les plongeurs expérimentés, et le centre organise jusqu'à trois sorties par jour en groupe (540KRp la plongée).

Beach Front (juste au sud de l'embarcadère) Gili Trawangan ☐ 0821 4785 0413 www.bluemarlindive.com

Freedive Gili (plan 9, A2 n°5)

Le club de plongée en apnée n°1 de l'archipel a été créé en 2009 par Mike Board, septuple champion d'Angleterre et ancien commando des Marines, reconverti dans le *freedive* et le yoga. Il propose des stages avec qualification (SSI Freediver niveaux 1 à 3 et Master Freediver) ainsi que des sorties plus récréatives (*fun dives*), des cours de pêche sous-marine et des séances de yoga. Les stages d'apnée coûtent de 4 250KRp (niveau 1) à 7 995KRp (niveau 3), les séances d'entraînement 400KRp. L'école dispose de neuf bungalows, structures légères inspirées des greniers à riz de Lombok et agencées autour de la piscine (clim., eau chaude, à partir de 825KRp la nuit).

Jl. Panti (un pâté de maisons au nord de l'embarcadère) Gili Trawangan ☐ 0813 9286 6683 www.freedivegili.com ◷ Tlj. 9h-19h

Blue Marlin Dive Gili Meno (plan 9, B2 n°6)

Installé juste à côté du café Rust, ce club de plongée est le plus actif de la petite île.

Au sud de l'embarcadère Gili Meno ☐ 0823 5949 8469 www.bluemarlindive.com ◷ Tlj. 9h-19h

Dream Divers (plan 9, B4 n°7)

Ce centre agréé PADI a été ouvert en 2003 par une école de Senggigi (Lombok), qui possède une autre antenne sur la côte sud-est de Gili T. Sa grande piscine bleu nuit sert aux initiations (540KRp), et le forfait de cinq descentes revient à 2 295KRp. S'ajoutent différents modules de spécialisation, comme la photographie, la plongée de nuit, au nitrox, ou en dérive, et des stages de deux à quatre jours (Open Water 5 900KRp et Dive Master 15 000KRp).

East Beach Gili Air ☐ 0370 6134 496 www.dreamdivers.com ◷ Tlj. 7h30-23h

Mitonnez de petits plats épicés

Gili Cooking Classes (plan 9, B4 n°1)

Cet atelier de cuisine organise trois cours quotidiens de 1h30, suivis d'un repas. On peut réaliser jusqu'à six recettes par session, dont celle de la célèbre sauce *satay* et du poulet grillé aux épices (*ayam bakar*). De l'usage du mortier à

SPOTS DE PLONGÉE À RETENIR

- **Manta point** Au sud de Gili T, un site fréquenté par les raies mantas de novembre à février ; courant faible et récif poissonneux, en pente douce ; accessible aux débutants.
- **Simons** À 30m de profondeur, une vaste étendue sableuse bombée de dunes, au pied d'un mur aux nombreux dévers.
- **Meno Wall** Au sud de Gili Meno, entre 5 et 20m de fond, un spot réputé pour ses crustacés, ses tortues et ses seiches ; idéal pour la plongée de nuit.
- **Deep Turbos** Spot à l'est de Gili T, réservé aux plongeurs entraînés ; fonds sablonneux colonisés par les anguilles mouchetées, dont les corps graciles, à demi enfouis dans le sable, ondulent avec le courant ; visites régulières de barracudas, requins et raies mantas.
- **WW2 Wreck** Épave gisant par 45m de fond, accessible uniquement aux plongeurs qualifiés nitrox ; abondante population de rascasses et de poissons diable.
- **Biorock®** Récifs artificiels éparpillés dans tout l'archipel, entre 8 et 16m de fond, et faciles à visiter.
- **Goodheart** Juste en face de la plage de Gili T, un récif en pente douce, idéal pour les débutants, où évoluent tortues marines et rascasses.
- **Hann's Reef** À l'est de Gili Air, un spot pour plongeurs photographes : une excellente visibilité (pas de relief) et des spécimens rares, tels le poisson-grenouille et la squille multicolore, ou crevette-mante paon.

Faites votre choix !

la connaissance des ingrédients de base, voilà l'occasion de vous familiariser avec l'art culinaire indonésien dans une ambiance joyeuse. À partir de 290KRp/pers. (4 recettes), repas inclus. Sur rés. au plus tard 24h avant. Autre atelier à Gili Trawangan, à côté du Trawangan Dive Center.

En face du port de Gili Air 0819 7735 7244 ou 8596 4165 582 www.gilicookingclasses.com Cours à 11h30, 16h et 20h

Promenade en mer aux Gili

Galopez sur la plage
Stud Horse Riding and Rescue
(plan 9, A2 n°2)

Yar possède quatre chevaux, bien soignés, avec lesquels il vous emmène en balade sur la plage et autour de l'île, entre 6h et 10h ou 15 et 17h pour 400KRp/h ou 250KRp les 30min.

Sur la côte sud-ouest (signalé par un grand panneau) de Gili Trawangan 0813 3960 0553 facebook.com/studhorseriding Tlj. 7h-18h30

NOS ADRESSES

PAUSES

Vous avez dit friand ?
La Boulangerie

Envie d'un pain aux raisins, d'un friand ou d'une quiche, ou encore d'une religieuse au chocolat et d'un bon café ? Du petit déjeuner à l'envie sucrée du soir, vous trouverez là de quoi pécher par gourmandise (comptez 20-40KRp pièce) – ainsi que de délicieuses pizzas (38-74KRp). Le tout à consommer sur place ou à emporter.

GILI TRAWANGAN (plan 9, A2 n°20) Jl. Pantai Gili Trawangan 0877 6595 3052 Tlj. 7h-23h30

Basique et bon !
Kino (Kiki Novi) Cafe ♥

Ce *warung*, qui sert une cuisine délicieuse, se résume à une paire de tables en bois entre deux carrioles portant des buffets vitrés. Chaque jour, un choix de trois plats de viande et de poisson (notamment du *tongkol* grillé, dont la chair évoque celle d'un thon bien gras), de cinq préparations de légumes, et du riz bouilli, servis dans de grands cônes de papier kraft, que l'on peut emporter sur la plage, à 20m. Comptez 55KRp avec une boisson gazeuse.

GILI TRAWANGAN (plan 9, A2 n°21) Jl. Bintang Laut (rue du Marché) 0819 1592 5729 Tlj. 8h-22h

Tout simplement
Pasar Malam

Face à l'embarcadère et à la mer, le marché de nuit de Gili Trawangan déploie une douzaine de stands où l'on prépare du poisson, des crevettes et des brochettes de viande... mais aussi d'excellents burgers et frites maison (au Petit Gili). On se serre autour de tables nappées de plastique, dans la fumée des barbecues. Et s'il se met à pleuvoir, on s'abrite sous des bâches. Une bonne cantine où partager le quotidien des insulaires.

GILI TRAWANGAN (plan 9, A2 n°22)
Tlj. 16h-22h

Café onirique
Diana's Cafe

On dirait que ce lieu a été entièrement réalisé en bois flotté et que ses *bale*, perchés à 2,50m du sol, ont été conçus en prévision du déluge, ou pour vous permettre de discuter avec les oiseaux. Il est ouvert toute la journée, loue des masques de plongée et peut même vous organiser une sortie en mer (à partir de 250KRp les 4h).

GILI MENO (plan 9, B2 n°23) Côte ouest
Tlj. 8h-22h

RESTAURANTS

À l'ouest toute !
Kayu Café ♥$$

Voilà un café pas comme les autres... Architecture de chalet scandinave, meubles et lambris en bois clair, air conditionné efficace... On se croirait au bord d'un fjord ! Le menu, lui, est plus cosmopolite. Grand choix de gâteaux maison et de jus originaux, tels que le *Minty Skin Tonic* (menthe, pomme, concombre, aloès, coco) et le *Citrus Potion* (orange, citron vert et piment de Cayenne). Aussi du café Illy, un *English breakfast*, des salades (60-75KRp), des *bowls*...

GILI TRAWANGAN (plan 9, A2 n°30) 100m au sud de l'embarcadère 0818 0349 0572
Tlj. 7h-21h

Kayu Cafe

Au calme
Ko Ko Mo $$$

L'une des meilleures tables de la petite île propose (presque) un voyage autour du monde : mezzés (90KRp), carpaccio de bœuf, filets de vivaneau à la coriandre, carré de bœuf à l'australienne, fruits de mer grillés façon kebab, crème brûlée... Un peu cher (env. 200KRp le plat de résistance) mais *so romantic* le soir, sur la plage...

GILI TRAWANGAN (plan 9, A2 n°32) Jl. Pantai Gili Trawangan (sur la côte sud-est) 08175 745 645 ou 08133 8094 530

Déjeuner sous les cocotiers
Mowie's Gili Air

Un spot de rêve en milieu de matinée, vers 10h, quand il ne fait pas encore trop chaud. On y annexe un transat ou une table, on se commande un copieux petit déjeuner ou un café et un smoothie et l'on se détend en appréciant le panorama : une eau de mer cristalline surlignée par les sommets flous de Lombok. On peut aussi piocher dans le menu aux nombreuses options végétaliennes – coup de cœur pour les gnocchis de citrouille aux noix et parmesan (55KRp)... Et revenir pour l'happy hour (35KRp le verre de vin).

GILI AIR (plan 9, B4 n°33) Sur la côte ouest 0812 3665 7225 www.mowiesgiliair.com Tlj. 8h-21h30

L'odeur du curry vert
Ruby's $$

Une adresse bien connue pour ses currys et autres classiques indonésiens (50-85KRp), mais on peut aussi y commander un *bowl*, des boulettes de viande à la sauce tomate ou une salades quinoa-maïs-feta (70KRp) ! Les produits sont frais les recettes goûteuses, les portions généreuses et joliment présentées.

GILI AIR (plan 9, B4 n°34) Jl. Scallywags Mango Retreat 0878 6355 8972 Tlj. 13h-22h

La qualité a un prix
Scallywags Organic Beach Club $$$

Dans un décor colonial à l'anglo-saxonne, ce bar-restaurant sélect propose de déjeuner sous un parasol (à partir de 45KRp le petit déj.) ou de dîner aux chandelles en bord de plage, en choisissant parmis le large choix de tapas (40-110KRp) et un large choix de grillades et de plats cuisinés (80-165KRp). La carte des vins est la meilleure de Lombok, le service impeccable et le bar l'un des derniers à fermer sur l'île (cocktails 95-105KRp).

GILI AIR (plan 9, B4 n°35) À la pointe sud-est de l'île 08191 7432 086 www.scallywagsresort.com Tlj. 7h-22h

SORTIES

Gili Trawangan est la seule île des Gili où les décibels sont tolérés après 22h, sachant que la *koperasi* n'autorise qu'une soirée par nuit, ce qui oblige les bars et clubs à les organiser à tour de rôle. À Gili Air et Gili Meno, la vie nocturne se concentre dans les bars.

Un petit air d'Irlande ?
Tir na nog

"La Terre de l'éternelle jeunesse" est un pub hybride. Ses gros tabourets, les menus à la craie sur de grandes ardoises et la pénombre qui y règne, même à midi, évoquent Dublin. Mais ses toits en feuilles de bananier racontent une autre histoire, et son four à bois cuit des pizzas (60-85KRp). Grande terrasse couverte, piste de danse, plusieurs bars (cocktails 69-89KRp) et écran géant pour les retransmissions sportives.

GILI TRAWANGAN (plan 9, A2 n°41) Southeast Beach 0370 619 5461 www.tirnanogbar.com Tlj. 7h30-22h Le mercredi, le pub est autorisé à rester ouvert toute la nuit

Coolitude stylée
Pearl Beach Lounge

Gigantesque, hollywoodien, voilà le *lounge bar* chic de la côte est avec sa magnifique charpente en bambou, sa

LA RECETTE

SAYUR URAB (SALADE)

Pour 4 pers.
150g de haricots verts
50g de pousses d'épinards
150g de carottes
150g de chou blanc ou de chou kale
150g de pousses de soja
2 échalotes moyennes hachées
2 gousses d'ail hachées
2 petits piments rouges épépinés et ciselés
1 c.a.c. de pâte de crevette
200g de noix de coco râpée (à réhydrater si elle est séchée)
Huile, sel, poivre

Ciselez les légumes feuilles, découpez les autres en macédoine et faites blanchir le tout à l'eau bouillante salée pendant 5min. Égouttez et réservez. Dans l'huile de coco d'une poêle, faites blondir l'échalote, ajoutez l'ail et, 1min après, le piment. Laissez légèrement frire avant d'incorporer la pâte de crevette. Mouillez au besoin pour homogénéiser. Baissez le feu, rectifiez l'assaisonnement et prolongez la cuisson de 1 ou 2min. Laissez refroidir avant de mélanger cette pâte, la noix de coco râpée et les légumes dans un saladier.

longue plage privée, son bar au bord de l'eau, ses grands jardins de sable et ses petits *bale* sur pilotis. À condition de dépenser plus de 100KRp, on a droit à un transat avec parasol et table basse. Cocktails (60-90KRp), tapas (50-70KRp), burgers (75KRp) et le litre de sangria 180KRp. La piscine est de l'autre côté de la route, à l'ombre des palmiers.

GILI TRAWANGAN (plan 9, A2 n°42) East Beach Front 0370 619 4884 ou 0813 3715 6999 www.pearlbeachlounge.com Tlj. 8h-22h

Le bonheur est dans le sable

Sasak Cafe

Cette paillote branlante dispose d'une vingtaine de tables en bambou, pour moitié à l'ombre, les autres disséminées sur la plage. Aux murs, les grimaces extatiques de Bob Marley et au menu, des cocktails, des jus de fruits frais et de la petite restauration (à partir de 30KRp). La plage possède le sable le plus blanc des Gili et offre le meilleur spot de snorkeling de Meno. De l'autre côté du chenal, on distingue les foules qui se pressent sur les plages de Gili T. À une centaine de mètres à l'intérieur des terres s'est ouvert un autre Sasak Cafe, avec connexion Internet.

GILI MENO (plan 9, B2 n°43) West Beach 0878 6473 1235 ou 8786 6844 531 www.sasakisland.com Tlj. 8h-23h

Fiesta dans l'air

Legend Bar

L'incontournable pour faire la fête à Gili Air, les pieds dans le sable ! Le Legend Bar organise des soirées musicales le mercredi soir jusqu'à tard dans la nuit et, le dimanche, du coucher du soleil à 22h. On s'y retrouve aussi pour un cocktail à l'happy hour (tlj. 17h-19h). Cocktails 75-95KRp, tapas 45-85KRp.

GILI AIR (plan 9, B3 n°40) Sur la côte nord 0822 4770 7722 www.legendbargiliair.id Tlj. 8h-0h

Sur la côte nord, la somnolente Singaraja côtoie une anti-Kuta relax, la station balnéaire de Lovina. De là, on gagne aisément la région montueuse des Lacs, ses cultures maraîchères et ses plantations d'épices... Puis on pousse jusqu'à la pointe nord-ouest de l'île, dont un parc protège la savane, la mangrove et de chatoyants fonds marins. Sur la façade ouest, le "grenier à riz de Bali" domine deux fameux spots de surf, Balian et Medewi.

Le Nord et l'Ouest

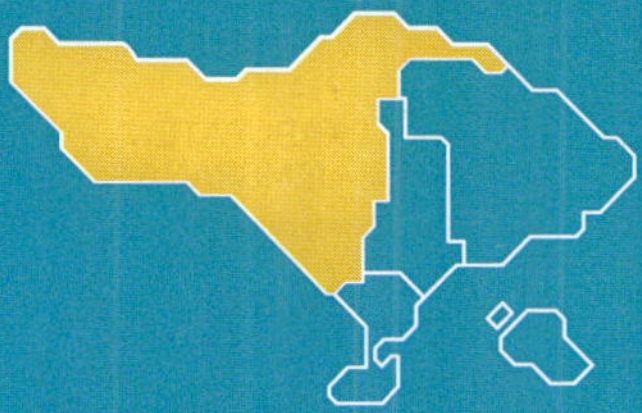

Séchage du riz, Jatiluwih

Plan 10

MER DE BALI
OCÉAN INDIEN
SELAT BALI
PULAU MENJANGAN
PULAU MENJANGAN
GUNUNG PRAPAT AGUNG 332 M
Gilimanuk
Labuhan Lalang
Banyuwedang
Pemuteran
PURA PULAKI
Banyupoh
Pejarakan
PURA JAYAPRANA
Palengkong
PEMUTERAN p.240
Penyabangan
Celukan Bawang
Gerokgak
Seririt
Bubunan
MUSEUM SITUS PURBAKALA
Sumberklampok
Cekik
GUNUNG KELATAKAN 698 M
GUNUNG SANGIANG 1 004 M
GUNUNG MERBUK 1 385 M
GUNUNG MUSI 1 224 M
KABUPATEN BULELENG
Ularan
Unggahan
Telaga
S. MELAYA
S. SANGIANG
Belimbingsari
Palasari
PALASARI RESERVOIR
Melaya
GUNUNG MESEHE 1 344 M
S. DAYA
Warnasari
Candikusuma
Manistutu
KABUPATEN JEMBRANA
KABUPATEN TABANAN
Pucaksari
Sepang
YEHSUMBUL
Bongancina
Tuwed
Tukadaya
Berangbang
YEH LEMBANG
Tista
S. PULUKAN
Banyubiru
Negara
Baluk
Jembrana
DE GILIMANUK À BALIAN p.246
Manggissari
Mendoyo
Yehembang Kauh
Bunut Bolong
Asahduren
Cupel
Sangkaragung
Yehembang
Pengambengan
Yehkuning
Delod Berawah
Perancak
PURA RAMBUT SIWI
Yehsumbul
Medewi
Pekutatan
Pangyangan
PANTAI MEDEWI
Gumbrih

PANTAI LINGGO
Sangsit
Air Sanih
Kubutambahan
Bukti
PURA BONJOK BATU
ART ZOO
Alassari
Singaraja
SINGARAJA p.222
Jagaraga
Pacung
Julah
Bondalem
Tejakula
Les
Pemaron
Sukasada
Sawan
LOVINA BEACH
Lovina
Anturan
LOVINA p.228
Kaliasem
Selat
Temukus
Banjar
Kayuputih
Tampekan
Gitgit
KABUPATEN BULELENG
S. DAYA
YEH MEMPEH
Tembok
TULAMBEN
GUNUNG PENULISAN 1 746 M
Satra
Bantang
Belandingan
GUNUNG BATUR
Tambakan
Catur
Kintamani
Songan
Awan
Trunyan
Batur
DANAU BATUR
KABUPATEN BANGLI
Mengani
Penelokan
GUNUNG ABANG 2 151 M
Pedawa
DE BEDUGUL À MUNDUK p.234
Wanagiri
GUNUNG CATUR 2 096 M
DANAU BUYAN
Pancasari
Tirtasari
Gobleg
DANAU TAMBLINGAN
Munduk
Candi Kuning
DANAU BRATAN
Pelapuan
GUNUNG LESUNG 1 860 M
BEDUGUL
Subuk
BALI BOTANICAL GARDENS
Pelaga
GUNUNG SENGAYANG 2 093 M
Pupuan
Batunya
Pajahan
Pujungan
GUNUNG BATUKARU 2 276 M
TABANAN ET LE MONT BATUKARU p.254
Angseri
Biyahan
Sanda
RIZIÈRES DE JATILUWIH
L'EST ET LES GILI p.151
Sarinbuana
Belimbing
Wongayagede
Babahan
LE CENTRE p.101
Mundeh
Wanagiri
YEHBALIAN
YEHOTAN
TAMPAKSIRING
Pitra
Penatahan
Tajen
Bangli
Buruan
Tiyinggading
Rejasa
Marga
Lalang Linggah
Gadungan
UBUD
Selemadeg
Wanasari
Antosari
alian
Bajera
Kukuh
Sangeh
YEH HE
Klungkung/ Semarapura
Antap
Tabanan
PURA TAMAN AYUN
Kerambitan
Mengwi
Gianyar
PANTAI SOKA
Beraban
Pejaten
Kediri
Kelating
Yeh Gangga
Pandakgede
PURA TANAH LOT
Denpasar
LE SUD p.35
Kuta
N
5 km

☀ CINQ BONNES RAISONS...

... de mettre le cap vers le nord et l'ouest de Bali, les plages paisibles, les villages authentiques et la nature exubérante !

☀ **JATILUWIH ET BELIMBING** (p.260) Pour une promenade dans les rizières : un somptueux tableaux et une maîtrise millénaire de l'irrigation.

☀ **LACS TAMBLINGAN ET BUYAN** (p.236) Pour une balade en lisière de forêt avec Bali Jungle Trekking (p.238).

☀ **LE MARCHÉ DE BEDUGUL** (p.237) Pour goûter les délicieuses fraises de la région des Lacs.

-☀- **PULAU MENJANGAN** (p.242) Pour une randonnée palmée à la rencontre des poissons-clowns... comme dans un aquarium !

-☀- **BALIAN** (p.250) Pour surfer dans une ambiance *old school* (p.252).

RENDEZ-VOUS AVEC...

Pionnier du tourisme d'aventure, **Thierry Robinet** sillonne l'archipel indonésien depuis plus de 40 ans (*Mémoires de routes*, Éditions Saint Honoré). Voici ses coups de cœur dans l'ouest de Bali, où il s'est installé.

Resort de charme

A Taman Sari Bali Resort & Spa

Un séduisant complexe balnéaire (p.333), dont le propriétaire, Agung Prana, a financé le premier projet mondial de régénération des coraux ! De là, on peut aller plonger au milieu des poissons multicolores autour de Menjangan (p.242), ou randonner dans le parc national de Bali Ouest (p.241) en quête du fameux étourneau de Bali (p.269).

PEMUTERAN 0811 3980 622 (whatsapp)
www.tamansaribali.com

Mon havre de paix

B Pura Melanting

Adossé aux collines et noyé dans la verdure, ce temple hindou représente pour moi l'harmonie que l'on ressent à Bali. Moyennant quelques pièces, la petite dame de l'entrée vous remettra de menues offrandes de fleurs et du riz bénit... un appel à la prière et à la méditation. Dans cette ambiance mystique, je trouve la paix intérieure.

PEMUTERAN Jl. Gili Manuk Seririt

Pour la photo

C The Sacred Heart of Jesus Catholic Church

Cette église de Palasari (p.247) est l'une des plus belles du pays ! Consacrée en 1958, elle mêle agréablement les styles néogothique et

balinais. Tout comme les villages que l'on traverse pour y accéder, elle illustre la diversité religieuse et culturelle indonésienne.

JEMBRANA Jl. Dusun Palasari 2
0812 3646 211

Au rythme d'un village

D Puri Lumbung Cottages

Dans la région de Bedugul, j'affectionne particulièrement le lac Tamblingan (p.236), dont la rive boisée, à plus de 1 000m d'altitude, invite à la méditation. Vous pourrez en faire le tour en barque et explorer la forêt primaire. Séjournez au Puri Lumbung Cottages (p.332), un écolodge où l'on vous proposera d'apprendre des danses balinaises

Pura Luhur Batukaru

et de vous familiariser avec d'autres traditions. Le restaurant, qui donne sur le mont Batukaru, sert une délicieuse cuisine locale.

SERIRIT À l'entrée de Munduk (en arrivant des lacs, sur la droite) 0812 3874 042 www.purilumbung.com

Pour une échappée nature

E Trekking de Belimbing à Batukaru

Pour un bol d'air frais, rien de mieux qu'une randonnée de Belimbing et ses rizières en terrasses au Pura Luhur Batukaru (p.260). Entre hameaux perdus et paysans à l'œuvre dans les champs, nombreuses sont les occasions de découvrir la vie rurale balinaise tout en profitant de paysages sublimes. On part tôt le matin pour arriver en fin d'après-midi au temple forestier. L'hôtel Cempaka Belimbing Villas peut vous organiser cette balade.

Cempaka Belimbing Cycling & Trekking
PUPUAN 8510 0451 178
www.cempakabelimbing.com

SI BEDUGUL ÉTAIT…

Une couleur Ce serait le vert de la mystérieuse forêt de Tamblingan.

MON CAMP DE BASE

F Agung Village

C'est de ce petit hôtel de Bukuh, près du temple de Tanah Lot (p.258), que je continue à transmettre ma passion des voyages et de l'Indonésie. L'atelier de confection de cerfs-volants que nous organisons pour nos hôtes attire les enfants du village sous le préau communal. Nous proposons aussi un tour à vélo jusqu'à la plage de Yeh Gangga (p.257), avec visite d'un atelier de céramiste et d'une tuilerie et déjeuner au Tulus Lobster, qui sert de la langouste.
Banjar Dukuh, Beraban, Tanah Lot
0361 844 6323 www.puriagungbali.com

SINGARAJA

Longtemps le principal port de l'île et un temps le siège de l'administration coloniale, l'ancienne capitale du royaume de Buleleng semble plongée dans une profonde torpeur. Deuxième ville de l'île, Singaraja dégage un charme suranné qui vaut bien qu'on lui consacre plusieurs heures... Avant de prendre la route qui suit le littoral vers l'est, l'une des moins empruntées et des plus pittoresques de l'île.

ACCÈS ET INFOS

- Singaraja se trouve à env. 70km (2h) au nord-ouest de Tulamben. Du Sud, prévoyez 2 ou 3h de trajet en suivant la route bien entretenue, mais relativement encombrée (ralentissements à craindre dans la montée comme dans la descente, surtout le week-end et par mauvais temps), qui passe par Bedugul. Et 650KRp de l'aéroport.
- Office régional de tourisme Il propose quelques cartes ainsi qu'un calendrier des fêtes religieuses et spectacles qui animent la côte nord de l'île. Jl. Kartini 6 (à l'angle de Jl. Veteran et Jl. Gajah Mada) Singaraja 0362 213 42 Lun.-ven. 7h30-16h

À VOIR

SINGARAJA

Singaraja fut dès le 10e s. une importante plateforme d'échanges, notamment avec l'Inde et la Chine, sur la route des Épices. Capitale du royaume de Buleleng (17e-19e s.), siège de l'administration coloniale à partir de 1882, puis chef-lieu de la province de Bali et des Petites Îles de la Sonde jusqu'en 1953, cette ville portuaire demeura longtemps la principale fenêtre de l'île sur le monde extérieur. Mais son étoile a bien pâli depuis que Denpasar lui a ravi la primauté administrative et que l'ouverture de l'aéroport international, en 1969, a favorisé le développement du tourisme dans le Sud. Chef-lieu du département de Buleleng, le plus vaste de l'île (1 370km^2), la deuxième ville de Bali (env. 130 000hab.) paraît aujourd'hui bien assoupie. Son port jadis grouillant est désert, supplanté par ceux de Benoa et de Celukan Bawang, et la métropole du Nord n'est plus guère qu'un carrefour routier entre le grand axe en provenance du sud et celui qui longe la côte nord. Même son université ne parvient pas à sortir le "Roi-Lion" de sa torpeur. Un musée minuscule, quelques *warung*, un front de mer délabré que la municipalité essaie tant bien que mal de revitaliser : Singaraja n'a rien d'un centre touristique. Il en émane cependant le charme des vieux ports des îles de la Sonde, évocateurs des romans de Conrad et de Kessel.

Ambiance d'un autre siècle

Vieux port et front de mer

Le port commercial jadis florissant s'est envasé et n'abrite plus que quelques bateaux de pêche – le trafic d'import-export a été transféré à Celukan Bawang, à environ 30km à l'ouest. Quant aux entrepôts et bâtiments Art déco de l'ère coloniale, leurs façades ont presque entièrement disparu derrière les panneaux publicitaires, lorsqu'elles ne sont pas tombées en ruine. Le quartier ne

À NE PAS MANQUER

- Museum Gedong Kirtya (Singaraja)
- Pura Beji (Sangsit)
- Kolam Alami Air Sanih
- Symon's Art Zoo (Tejakula)

Marché de rue, Singaraja

manque cependant pas de séduction, avec son atmosphère d'un autre siècle. Les curieux en profiteront pour faire une courte promenade sur le minuscule front de mer, et s'attabler dans un de ses restaurants sur pilotis.

Trois cultes sous un même toit
Ling Gwan Kiong

Ses couleurs vives, contrastant avec les façades décrépies des immeubles voisins, témoignent de la prospérité relative de la communauté chinoise de Singaraja. Dans son enceinte, quelques tortues – symboles de longévité – traînent leur lourde carapace dans un minuscule bassin. Comme la plupart des lieux de culte de la diaspora chinoise, celui-ci accueille les rites taoïste, confucianiste et bouddhique.

Jl. Erlangga 65 (env. 100m à l'est de la statue monumentale du front de mer) 🕒 Tlj. 8h-18h ⓔ Donation recommandée

Le plus grand temple du nord de l'île
Pura Agung Jagatnatha

Consacré en 1993, le Pura Agung Jagathnata se visite en dehors des cérémonies – mais faute de pouvoir louer un sarong à l'entrée, il faudra en apporter un. S'ils vous voient pénétrer dans l'enceinte sans le pagne de rigueur, les prêtres vous chasseront en proférant moult imprécations. Le temple principal de Singaraja ressemble à tous les autres, avec ses trois cours concentriques et ses nombreux sanctuaires. Enjolivé de vastes pelouses vert tendre, il est toutefois fort bien entretenu.

Jl. Pramuka (près du croisement avec Jl. Letkol Wisnu) 🕒 Accessible aux étrangers en dehors des cérémonies Sarong obligatoire ⓔ Entrée libre

Pour ses manuscrits anciens

Museum Gedong Kirtya

Fondée en 1928, cette bibliothèque exiguë renferme une précieuse collection de manuscrits anciens (chroniques, textes sacrés, traités de médecine traditionnelle, poésie...), que l'on se fera un plaisir de vous montrer, en expliquant les différences subtiles entre le vieux javanais et le balinais. Rédigés sur des feuilles de palmier borasse coupées en lamelles d'environ 50cm et gravées au poinçon, certains proviennent de Java ou ont été rapportés de Lombok par les Néerlandais, après la conquête de 1894. Le climat oblige à dupliquer régulièrement le documents, pour assurer la pérennité des faits et récits qui y sont consignés. Vous pourrez ainsi acheter des *lontar* "modernes", souvent difficiles à distinguer des "anciens", pour une somme modique.

Jl. Veteran 20 (entre Jl. Gng Batur et Jl. Gajah Mada) Lun.-jeu. 8h-16h, ven. 8h-13h 30KRp

À L'EST DE SINGARAJA

À l'est de Singaraja et du bourg de Kubutambahan s'étire sur près de 80km une étroite bande côtière largement déserte. Ici, la montagne semble plonger dans la mer, et c'est à peine si les pêcheurs ont assez de place pour haler leurs bateaux au sec. Jalonnée de temples et de rares habitations, la route littorale est l'une des plus pittoresques et des moins empruntées de Bali. Elle dessert pourtant des thermes qui exploitent de longue date les vertus curatives que l'on prête aux sources et cascades descendues du mont Penulisan (1 746m) ou alimentées par le lac Batur, et donc d'origine divine. Cette côte reculée accueille en outre des complexes hôteliers où l'on goûte une paix idyllique.

Baroque balinais

Pura Beji

Érigé au 15e s. et entretenu par une société villageoise d'irrigation (*subak*), ce beau temple du village de Sangsit est dédié à l'eau. Ses portails et sanctuaires en grès rose et gris illustrent à merveille l'exubérance de l'architecture régionale. Souvent qualifiée de "baroque", voire de "rococo" par les Occidentaux, elle se distingue par la prodigalité de son ornementation.

Jl. Raya Sangsit, Sangsit (7km à l'est de Singaraja) Tlj. 8h-17h Entrée libre

Temple au vélo

Pura Maduwe Karang

Ce temple de Kubutambahan est dédié au Seigneur des cultures sèches (café, maïs, fruits et légumes), l'homologue masculin de Dewi Sri, déesse de l'Eau et du Riz, célébrée au temple de *subak* voisin. Bâti en pierre volcanique, il est surtout fameux pour son bas-relief représentant un touriste néerlandais à vélo (mur nord de la cour centrale). Il s'agit en fait de Wijnand Nieuwenkamp, l'un des premiers artistes occidentaux à avoir visité Bali, en 1904, et contribué à faire connaître les beautés et la culture de l'île. Les 34 statues qui s'étagent sur trois rangs à l'extérieur du temple figurent des personnages du *Ramayana*.

Jl. Raya Air Sanih, Kubutambahan (10km à l'est de Singaraja) Entrée libre, sarong obligatoire

Où le burlesque côtoie le macabre
Pura Dalem Jagaraga

Ce temple commémore les nombreuses victimes d'une fameuse bataille qui, en 1849, opposa les troupes du régent de Buleleng et de ses alliés balinais au corps expéditionnaire néerlandais. Dominé par la figure terrifiante de Rangda, la veuve infernale dévoreuse d'enfants, il grouille de monstres, mais aussi de représentations cocasses de voyageurs occidentaux (en voiture, à vélo) du début du 20e s. Engagez un guide pour n'en rien manquer !

Jl. Raya Desa, Jagaraga (env. 4km au sud de la grand-route côtière et 1km en aval du village)
Tlj. 8h-18h Offrande 10KRp

Pour une pause rafraîchissante
Kolam Alami Air Sanih / Piscines naturelles de Sanih

Le hameau côtier de Sanih est connu pour ses bains publics. Des ruisseaux descendus du lac Batur se déversent sur la plage, dans de grands bassins modernes évoquant un Aqualand du bout du monde – une impression que la foule d'enfants et de femmes en sarong corrige rapidement. Prises d'assaut le week-end par les familles de Singaraja, ces piscines peu fréquentées des touristes sont presque désertes en semaine. Elles invitent pourtant à une pause revigorante sur la route du Nord, d'autant que les *warung* voisins affichent la meilleure offre gastronomique à 50km à la ronde.

17km à l'est de Singaraja Tlj. 8h-18h 10KRp

Le *Touriste à vélo* du Pura Maduwe Karang

Pop art fusion

Symon's Art Zoo 👍

Ce palais des années 1920 qui donne sur la route littorale a été converti en un temple du pop art par Symon (1947-2020). Quand il n'était pas en train de peindre, cet artiste américain installé à Bali depuis 1978 passait le plus clair de ses journées dans un hamac, en haut du monumental escalier d'honneur, au téléphone avec New York ou à donner ses instructions à des éphèbes. Parlant de lui à la troisième personne, il n'hésitait pas à dire que "l'artiste Symon a créé le plus bel atelier en activité de Bali". Il est vrai que le lieu ne manque pas de charme, avec ses terrasses, ses immenses pièces sans fenêtre et sa piscine surréaliste. Partagée entre sérigraphies warholiennes, portraits homo-érotiques et paysages balinais, l'œuvre du maestro fait désormais partie du patrimoine insulaire.

Jl. Raya Singaraja Alassari (5,4km au sud-est de Sanih) 📱 0819 3430 1205 www.symonstudios.com 🕒 Tlj. 8h-18h € Entrée 50KRp

Transports bénis

Pura Ponjok Batu

Perché sur une éminence dominant le rivage, ce temple est l'un des plus pittoresques de la région. Au 16e s., le prêtre javanais Danghyang Nirartha y aurait débarqué d'une citrouille magique et, touché par la beauté des lieux, aurait composé un poème. Les Balinais vont y faire bénir leur moyen de transport, en souvenir de naufragés que le saint homme aurait miraculeusement conduits à bon port grâce à ses prières. Le parking du temple est plein de motos et de scooters attendant d'être aspergés d'eau bénite.

Alassari (1,2km à l'est de Symon's Art Zoo) 🕒 Tlj. 8h-18h € Obole 10KRp minimum

Un tour au village

Tejakula

Centre administratif de la région, Tejakula en est également le seul bourg digne de ce nom. Il est connu pour ses orfèvres et son théâtre *wayang wong*. Au cœur du village se dressent encore les tours de *kulkul* du haut desquelles on sonnait jadis l'alarme en battant une grande cloche taillée dans un tronc d'arbre évidé.

Pour un bain... dans la verdure

Yeh Mempeh

Peu visitée, cette cascade alimentée par le lac Batur est pourtant d'un accès relativement facile, à condition de suivre les panneaux la présentant comme la plus impressionnante de toute l'île. La chute est, de fait, haute d'une trentaine de mètres, mais en se tenant sous le surplomb rocheux qui l'amortit, on peut prendre une douche rafraîchissante sans risquer de se faire écraser par le poids de la colonne d'eau. Un marchand de boissons fraîches officie à l'entrée du site.

Les (8km au sud-est de Tejakula en quittant la route côtière à Les pour bifurquer vers le sud) 🕒 Du lever au coucher du soleil € 20KRp, parking compris

NOS ADRESSES

RESTAURANTS

Les quelques restaurants de Singaraja attirent une clientèle essentiellement locale, et les gourmets devront pousser jusqu'à la station balnéaire de Lovina, 8km à l'ouest (p.233). À l'est, en dehors de Tejakula, l'offre se limite aux *warung* de Sanih et aux restaurants des hôtels dispersés sur cette côte.

Les pieds dans l'eau

Ranggon Sunset Dermaga $

Apprécié pour ses vues sur la mer et son atmosphère détendue, loin de la cohue enfumée du centre-ville, ce restaurant sur pilotis propose une carte internationale où le *fish & chips* le dispute à l'*ikan bakar* (poisson grillé), tous deux à 55KRp. Plébiscité par la clientèle locale le week-end, il est presque vide en semaine, les touristes étant rares en ville.

SINGARAJA Jl. Pelabuhan Buleleng (sur le port) 0877 6277 4247 Tlj. 9h-23h

MÉFIEZ-VOUS DU *SATE ANJING*

La grand rue (Jl. Ahmad Yani) et le marché de Singaraja regorgent de *warung* proposant à toute heure des brochettes de viande grillée, accompagnées d'un bol de bouillon et de riz. Si l'enseigne de ces échoppes porte les lettres RW en couleurs vives, sachez qu'il s'agit de viande de chien (*anjing*), consommée dans toute l'Indonésie. Ce sont surtout les chiens errants qui passent ainsi à la casserole, mais les kidnappings ne sont pas rares, et certains vendent leur toutou pour arrondir leurs fins de mois.

Santé !

Warung Seni ♥$

À deux pas de la plage de Tejakula, ce *warung* de poche déroule une belle sélection de plats végétaliens et végans (20-60KRp). Quatre tables seulement, un cuisinier sans prétention mais passionné et le ton est donné pour un repas sain et au calme, dans un écrin de verdure. Testez les brochettes au tempeh et légumes bio ou une pizza sans gluten cuite au feu de bois !

TEJAKULA Jl. Gaia Oasis Beach Resort (côté mer) 0881 0373 5666 Lun.-sam. 9h-19h30

La mer qu'on voit danser...

Warung Pesisi Air Sanih $

Au menu de ce restaurant de bord de mer, la pêche du jour fournie par les pêcheurs locaux. Le grand favori est le barracuda grillé accompagné de différentes sauces épicées. Les prix sont raisonnables (25-80KRp le repas), l'accueil est chaleureux et la vue sur le jardin frangé de cocotiers, bercé par le ressac, sublime au coucher du soleil.

KUBUTAMBAHAN Jl. Raya Air Sanih, Bukti (à côté de l'hôtel Air Sani Beach Villa) 0813 3850 2505 Tlj. 7h-20h

LOVINA

Longtemps l'unique station balnéaire de la côte nord, Lovina est considérée comme l'anti-Kuta, ses plages de sable noir et son atmosphère décontractée lui valant un franc succès auprès des voyageurs épris de tranquillité. Les eaux placides de la mer de Bali se prêtent merveilleusement à la plongée, tandis que l'arrière-pays recèle sources chaudes et cascades sacrées.

À VOIR

LOVINA ET SES ENVIRONS

La création de la station balnéaire remonte aux années 1950, quand le raja de Buleleng fit construire quelques *guest houses* autour de sa villa royale pour y recevoir ses visiteurs. Depuis, l'offre s'est considérablement étoffée, sans que les infrastructures ne prennent le pas sur le cadre naturel – il suffit, en effet, de s'écarter de plusieurs centaines de mètres du centre de Lovina pour se retrouver aussi seul qu'au premier jour. D'est en ouest, la station regroupe les villages de Pemaron, Anturan, Kalibukbuk et Kaliasem, pour ne citer que les plus importants. Son axe principal est la route côtière qui relie Singaraja à Gilimanuk, appelé Jalan Raya Lovina, et son centre Kalibukbuk. Sur 3km, une foule de petites rues plus ou moins bien goudronnées s'embranchent sur ce grand axe pour desservir les nombreux hôtels et villas construits au bord de l'eau. Ces voies secondaires ne sont pas reliées entre elles, et il faudra donc emprunter la route principale, relativement encombrée, chaque fois que vous voudrez vous déplacer.

ACCÈS ET INFOS

- Lovina se trouve 77km au nord de Denpasar et 6km à l'ouest de Singaraja. De l'aéroport, comptez 550KRp en taxi prépayé et au moins 4h de route.
- Perama Tour & Travel relie tlj. sur réservation Lovina à Bedugul (75KRp), Ubud, Kuta (250KRp), Candidasa (175Kp), etc. Perama Hotel Anturan **Lovina** 0362 411 61 ou 0361 751 875 www.peramatour.com
- Si vous souhaitez louer un vélo (env. 30KRp/j.) ou un scooter (à partir de 50KRp/j.), mieux vaut vous adresser à votre hôtel qu'à l'un des loueurs indépendants installés sur la route de Singaraja. Vous trouverez des *ojek* (motos-taxis) à tous les carrefours.

Sous le signe des dauphins

Pantai Lovina (plan 11, A2)

Aussi large que longue, la plage principale de Lovina s'étend de part et d'autre du monument aux Dauphins, qui représente l'un de ces charmants mammifères marins monté sur piédestal et coiffé d'une couronne. La promenade qui la longe vers l'est est bordée d'échoppes d'articles de plage et de souvenirs (dauphins de toutes les tailles, de toutes les couleurs et dans toutes les matières). Il est vrai que les delphinidés qui nagent en bandes au large de Lovina sont l'une des principales attractions touristiques de la région.

Au bout de Jalan Pantai Bina Ria Kalibukbuk

À NE PAS MANQUER

- Air Panas Banjar (Banjar Tegehe)
- Brahma Arama Vihara (Bajar Tegehe)

Brahma Arama Vihara

Village de carte postale

Anturan (plan 11, B1)

Ce village de pêcheurs est l'un des plus pittoresques de la côte. Les *jukung* sont halés au sec chaque matin devant ses maisons, alignées face à la mer sur une centaine de mètres. À l'est de la plage, on peut voir les pêcheurs prendre le large chaque soir juste avant le coucher du soleil.

2,5km à l'est du centre de Lovina, en suivant la route de Singaraja sur 2km avant de bifurquer à gauche à hauteur de la mosquée à bulbe vert

Cascade saisonnière

Air Terjun Singsing / Cascade de l'Aube

Cette cascade est située 7km au sud-ouest de Lovina, à Temukus. Haute de 13m, elle n'est pas très spectaculaire, mais offre l'avantage de se jeter dans un bassin où l'on peut se baigner... Sauf à la saison sèche, où elle se résume à une mare d'eau stagnante infestée de moustiques.

Temukus (de Kalibukbuk, suivre la route de Gilimanuk sur 5km avant de tourner à gauche à hauteur du panneau indiquant la cascade. Parking à 1km et cascade 200m plus loin, sur la droite)

SUR LES TRACES DE...

Anak Agung Panji Tisna (1908-1978), le 11e raja de Buleleng, est considéré comme le père du tourisme balinais. Monté sur le trône en 1944, il dut céder le pouvoir à son jeune frère trois ans plus tard. Dès lors, il se consacra à l'écriture dans sa villa royale de Kaliasem, baptisée Lovina. Les chroniques que lui inspirèrent ses nombreux visiteurs indonésiens et étrangers furent publiées dans la presse internationale.

Activités (n°1 à 4)
- *1* Agung's Massage & Salon - *p.233* A2
- *3* Bali Vespa Tour - *p.232* B1
- *4* Warung Bambu - *p.233* B1
- *2* Wisnu Dive Centre – Lovina Dive - *p.232* B1

Restaurants (n°20 et 21)
- *20* Sea Breeze Café - *p.233* A2
- *21* Warung Bambu - *p.233* B1

Hébergements (n°30 à 33)
- *30* Gede Homestay Bungalows - *p.331*............. B1
- *31* Lovina Beach Hotel - *p.331* .. A3
- *32* Sunari Beach Resort - *p.331* .. B1
- *33* The Lovina - *p.331* A1

Sources "chaudes et sacrées"

Air Panas Banjar / Banjar Hot Springs 👍

Réputées depuis des siècles, les sources de Banjar sont à la fois "*hot and holy*", "chaudes et sacrées", aussi attirent-elles de nombreux Balinais, mais aussi de plus en plus de touristes – mieux vaut s'y rendre avant 10h. L'établissement a été aménagé par les Japonais lors de la Seconde Guerre mondiale, au fond d'une vallée encaissée, et ses trois bassins de basalte sont remplis d'une eau fortement soufrée à différentes températures. Après avoir fait ses ablutions en sarong, on peut s'offrir un massage ou profiter du grand restaurant dont les terrasses dominent les thermes et leur parc fleuri. Il faut emprunter une ruelle bordée de magasins de souvenirs et franchir un joli petit pont pour accéder au site.

Banjar Tegehe (à Banjar, sur la route de Gilimanuk, 10km à l'ouest de Lovina, tourner côté montagne dir. Banjar Tegehe, 2km au sud. Les thermes, fléchés, sont à 800m du centre du bourg) 0362 929 01 www.banjarhotspring.co.id Tlj. 8h30-17h30 € Entrée 20KRp, enfant 10KRp, parking 5KRp

Les sources d'eau chaude d'Air Panas Banjar

L'exception bouddhique

Brahma Arama Vihara

L'unique monastère bouddhique en activité de l'île a ouvert ses portes en 1970. Coiffé d'une version miniature du stupa de Borobudur (Java), il domine Banjar Tegehe et toute la côte de Lovina.

Gang Sahadewa Banjar Tegehe (à Banjar, bifurquer en direction de la montagne, puis à gauche au carrefour central d'Ambengan) 0362 929 54 Tlj. 8h-18h Entrée 20KRp Sarong ou pantalon long obligatoires

À FAIRE

Approchez les dauphins... ou pas !

Depuis des lustres, les dauphins viennent en groupe chasser le thon au large de Lovina. L'observation de ces gentils mammifères marins est devenue l'attraction-phare de Lovina. À l'aube et en fin de journée, les pêcheurs de Kalibukbuk, organisés en coopérative, embarquent les touristes à leur rencontre (comptez 100KRp/pers.). Mais en haute saison, la quête des cétacés a tout d'une traque. À peine les dauphins pointent-ils le bec hors de l'eau que les pirogues à moteur foncent sur eux au risque de les blesser. Faut-il vraiment encourager cette activité ?

Explorez les jardins sous-marins avec masque et tuba

Au contraire de la côte sud de Bali, celle du nord de l'île est peu exposée aux vagues et se prête donc au snorkeling, et la visibilité est excellente même à proximité immédiate du rivage. La plupart des hôtels de Lovina louent des masques. Il est possible d'approcher la barrière récifale de Kaliasem en louant les services d'un pêcheur.

COULEUR LOCALE
Les **combats de coqs** ne sont autorisés que lors de certains rites, en tant que sacrifices aux esprits chtoniens. Des combats secrets accompagnés de paris n'en ont pas moins lieu tous les jours, surtout dans la région de Lovina. Des règles complexes soumettent les chances de victoire à des correspondances de date, d'heure, d'orientation, etc. Les coqs, armés d'un éperon d'acier, sont séparés après le premier corps à corps, de round en round jusqu'à ce que l'un d'eux s'écroule ou refuse le duel.

Plongez

À défaut de disposer de spots intéressants à proximité, les clubs de plongée de Lovina emmènent leurs clients au large d'Amed (p.198), de Tulamben (p.199) ou aux abords de Pulau Menjangan (p.242), à une heure de bateau à peine de la station balnéaire.

Wisnu Dive Centre - Lovina Dive (plan 11, B1 n°2)
Moins imposant que le centre Bali Spice Dive, le Wisnu Dive Centre gagne à être connu pour son choix de destinations – plus de 25 tout autour de l'île, soit les meilleurs spots de plongée de Bali – et pour ses tarifs : la journée de snorkeling à Lovina ne coûte que 12€ ! Les prix des excursions de plongée avec bouteille varient entre 40-60€ (nord de l'île) et 60-89€ (Bali sud).

Jalan Banyualit Kalibukbuk (500m à l'est du centre de Lovina, en suivant la grand-route) 0812 3609 1923 ou 0812 2621 1076 www.lovinadive.com

Doris ombre nacrée

Sillonnez l'arrière-pays cheveux au vent

Les cartes, quand on en trouve, sont imprécises, voire trompeuses, Internet est hors d'atteinte et personne ne parle l'anglais, ce qui complique singulièrement la découverte de Bali à moto ou à pied. Et même si la balade reste agréable, on n'arrive pas toujours là où on le souhaiterait. Mieux vaut donc s'en remettre à des professionnels !

Bali Vespa Tour (plan 11, B1 n°3)
Cette agence de motos-taxis d'Anturan, entre Lovina et Singaraja, va chercher ses clients à leur hôtel pour les conduire à la découverte des perles cachées de l'arrière-pays : mausolées royaux, grottes sacrées et cascades perdues dans

la jungle. La formule est bon marché et plus intéressante que les voyages en taxi ou en autocar. Une fois arrivé à destination, vous pourrez opter pour une balade à pied plus ou moins longue dans les environs. À partir de 490KRp.

Gang Melur (Mangga Guest House) Sambangan 0811 3977 535 www.bali-vespa-tour.com

Apprenez à cuisiner balinais

Warung Bambu (plan 11, B1 n°4)

Entièrement bâti en bambou, comme son nom l'indique, le doyen des *warung* de Lovina organise des cours de cuisine (450KRp/pers. à condition qu'il y ait au moins deux élèves, prise en charge à l'hôtel à Lovina comprise).

Jl. Hotel Puri Bagus Pemaron (en venant de Singaraja, tourner à gauche en face de la grande mosquée Le Warung Bambu se trouve sur la droite, 100m plus bas) 0362 314 55 ou 0813 3866 5533 Lun.-sam. 10h-20h

Relaxez-vous

Agung's Massage & Salon (plan 11, A2 n°1)

Agung reçoit ses clients dans un grand jardin, à 15min de marche du centre de Lovina. Les soins sont dispensés sur des *bale* dotés de couches confortables, dans ce cadre idyllique, à des années-lumière des cabines exiguës auxquelles on peut s'attendre habituellement. Massage balinais à partir de 135KRp (1h).

Jl. Damai Kalibukbuk Sur la grand-route Singaraja-Gilimanuk, tourner à gauche (côté montagne) au feu rouge, à hauteur de Kalibukbuk Le salon est à 50m sur la gauche 0362 420 18 www.agungs.com Tlj. 11h-19h

NOS ADRESSES

RESTAURANTS

Agréable brise marine

Sea Breeze Café $

Sur la plage principale de Lovina, ce petit café propose des petits déjeuners à l'occidentale et des plats balinais et végétariens à des prix abordables. Atmosphère détendue, service attentif et concerts le week-end.

LOVINA (plan 11, A2 n°20) Jl. Binaria Kalibukbuk 0362 411 38 Tlj. 8h-22h

Délices avec vue

Warung Bambu ♥$

L'une des meilleures tables de la station balnéaire, dans une jolie maison en bambou ! On y déguste des spécialités balinaises dans un cadre paisible, au milieu des rizières, à une centaine de mètres du rivage. Plats 25-50KRp.

LOVINA (plan 11, B1 n°21) Jl. Hotel Puri Bagus Pemaron (en venant de Singaraja, tourner à gauche en face de la grande mosquée Le Warung Bambu se trouve sur la droite, 100m plus bas) 0362 314 55 ou 0813 3866 5533 warung-bambu.mahanara.com Lun.-sam. 10h-20h

DE BEDUGUL À MUNDUK ★

Au cœur de Bali, l'imposante caldeira du Gunung Bratan abrite trois lacs, l'un des temples majeurs de l'île et la station climatique de Bedugul. Avec une altitude moyenne de 700m et des sommets dépassant 2 000m, cette "région des Lacs" bénéficie d'une fraîcheur atypique ici, qui prête à son habitat traditionnel et à ses paysages des allures européennes.

À VOIR

ACCÈS ET INFOS

- Bedugul est à 30km de Singaraja, 42km au nord-ouest d'Ubud et 60km de Kuta.
- Perama Tour & Travel relie tlj. Bedugul à Lovina, Ubud(100KRp), Sanur, Kuta (150KRp), Padang Bai et Candidasa (150KRp) 0361 750 808 ou 0361 751 875 www.peramatour.com
- Comptez 75KRp pour la location d'un deux-roues (125cm^3 ou VTT), voire un peu plus, et 500KRp pour une balade de quelques heures en voiture avec chauffeur (renseignez-vous à votre hôtel ou au marché de Candikuning).

L'imposante caldeira du Bratan se dessine sur la ligne de crête séparant le sud du nord de l'île, aux confins des départements de Buleleng, Tabanan et Badung. Elle abrite deux petits lacs, le Tamblingan et le Buyan, ainsi que le vaste Danau Bratan. Le week-end, ce dernier et son temple attirent excursionnistes et pèlerins, et les vrombissements des hors-bord de mer se mêlent aux percussions des gongs et aux incantations des prêtres. Mais, en s'éloignant du lac et de l'axe Bedugul-Pancasari (la vallée de Chamonix locale), on pourra découvrir des forêts peuplées de macaques à poils longs et visiter certains des temples les plus haut perchés de la région.

LES LACS

Couronne volcanique

Caldeira du Bratan

Également appelée caldeira du Catur, cette dépression elliptique de 11km sur 6 résulte d'une éruption dont la date se perd dans la nuit des temps. Plusieurs strato-volcans plus jeunes, drapés d'une épaisse végétation, en couronnent le rebord méridional : le Gunung Catur (2 096m) à l'est du lac Bratan ; le Gunung Sengayang (2 093m) et le Gunung Pohen (2 063m) au sud-ouest de Bedugul ; enfin le Gunung Lesung (1 860m), qui domine la rive sud du lac Tamblingan. Le point culminant de cette région volcanique reste le Gunung Batukaru (2 276m), deuxième sommet de l'île, 10km au sud-ouest de la caldeira.

Miroir du ciel

Danau Bratan / Lac Bratan

À 1 200m d'altitude, le plus oriental des trois lacs est aussi le plus vaste – quelque 4km^2, pour une profondeur de 22m, ce qui en fait le deuxième réservoir de l'île derrière le lac Batur – et le plus fréquenté. On va se délasser sur sa

Instant fraîcheur, Munduk

base de loisirs, ou bien se recueillir au Pura Ulun Danu Bratan. Les agriculteurs du sud de l'île, dont ce vaste plan d'eau alimente les rizières, viennent de loin rendre hommage à la divinité du lac, Dewi Danu. La déesse est d'origine hindoue, et son nom, qui signifie "eau", "pluie", "rivière" en sanskrit, l'apparente à quelques fleuves d'Europe de l'Est : le Danube, le Dniepr et le Don. Le monde (des étymologies indo-européennes) est vraiment tout petit.

Jl. Bedugul-Candikuning

Au rendez-vous des pèlerins
Bedugul et Candikuning

Ces deux bourgades établies sur la rive occidentale du lac abritent les deux plus gros marchés de la région. La route qui les relie est bordée de petits hôtels et de *warung*, qui le week-end font le plein de pèlerins venus rendre hommage à Dewi Danu.

Le plus grand jardin botanique d'Indonésie
Kebun Raya Eka Karya Bali / Bali Botanical Garden

Créé en 1959, ce jardin botanique de 157ha est l'un des plus importants de l'île. Quelque 2 000 végétaux des régions montagneuses d'Indonésie orientale (Bali, Nusa Tenggara, Sulawesi, Moluques et Papouasie) apprécient son climat pluvieux et tempéré – avec des températures comprises entre 10 et 25°C toute l'année. Outre de riches collections de cactus, de roses, d'orchidées (fermeture des serres à 16h), de plantes médicinales et cérémonielles, le site héberge un parc d'accrobranche, le Bali Treetop Adventure Park.

Jl. Kebun Raya Candikuning 0368 2033 211 www.kebunrayabali.com Tlj. 7h-18h 30KRp, parking 15KRp

Le *meru* balinais le plus photographié

Pura Ulun Danu Bratan

À l'instar du temple de Tanah Lot (p.256), le complexe sacré du lac Bratan est si célèbre que le voir exige une "offrande" significative, sauf à s'en approcher par la voie des eaux, dans un canoë de location. Séparé de la grand-route par un immense parking et de hautes bâtisses traditionnelles qui en masquent la vue, ce temple hindo-bouddhique est l'un des plus photographiés de Bali. Consacré en 1633, il est dédié à la déesse Dewi Danu, gardienne des eaux endormies du lac, et à la trinité hindoue. Il est cerné de somptueuses pelouses – une spécialité de Bedugul, avec les fraises –, et ses trois *meru* de chaume noir sont encore plus majestueux quand ils émergent de la brume matinale. Comptant parmi les neuf temples directionnels protecteurs de l'île, le Pura Ulun Danu Bratan abrite un stupa bouddhique et cinq sanctuaires. Le plus fameux de tous est le **Pura Lingga Petak**, bâti sur le lac. Il est lui-même constitué de deux *pura*. Le premier rend hommage à Siwa et à la déesse du lac – son *meru* à onze toits est le plus photographié de Bali. Le second conserve sous son *meru* à trois toits un lingam et le puits sacré où l'on puise l'eau lustrale utilisée lors des cérémonies.

Sur la rive ouest du lac, entre Bedugul et Candikuning ⌚ Tlj. 7h-19h € 75KRp

Des lacs qui se méritent !

Danau Buyan et Danau Tamblingan

Si les abords du lac Bratan sont noirs de monde le week-end, ceux des lacs Buyan et Tamblingan (à peine 1km^2) sont fort paisibles, voire déserts. Il faut dire qu'un abrupt dénivelé de 200m les sépare de la route de Wanagiri à Asah. Se faire accompagner d'un guide expérimenté est primordial (p.238).

Entre mer et montagnes

Route panoramique de Munduk

À Wanagiri, sur la rive nord-est du lac Buyan, plutôt que de suivre la grand-route vers Singaraja, on peut bifurquer à gauche sur la route qui longe les crêtes septentrionales du massif en direction de Munduk, à 16km de là. Les dix premiers kilomètres livrent des vues imprenables sur les lacs Buyan et Tamblingan comme sur le littoral. Le contraste est saisissant entre l'austère paysage de montagne déployé au sud et les rizières qui étendent leur immense mosaïque bleu et vert jusqu'à la mer. À Tamblingan, la route amorce sa descente vers Seririt : une interminable série de lacets à travers la forêt tropicale. De loin en loin, une clairière ou une percée dans la canopée laissent entrevoir une cascade ou une plantation de caféiers. Passé le village de Munduk, le relief s'adoucit, l'horizon s'élargit et la mer apparaît enfin.

Un petit air colonial

Munduk

Au début du 20e s., les colons néerlandais désireux de fuir la touffeur de Singaraja (p.222), sur la côte nord, trouvèrent autour de Munduk le climat idéal pour la culture du café, du cacao, de la vanille et du clou de girofle. Le village recèle encore de belles maisons coloniales, souvent converties en hôtels ou en chambres d'hôtes. C'est aussi le point de départ de plusieurs randonnées dans la jungle ou les rizières.

12km au sud-ouest de Wanagiri

Rizières de Munduk

Promenade de santé

Air Terjun Gitgit

La cascade de Gitgit est l'une des plus hautes et des plus spectaculaires de l'île, avec ses 50m de dénivelé. Aussi attire-t-elle les simples curieux comme les amateurs de canyoning. Bien signalée sur la route de Singaraja, elle s'épanche 600m à l'ouest de l'aire de stationnement, où des guides viendront vous proposer leurs services – superflus jusqu'à la cascade principale (1h AR), mais indispensables jusqu'aux chutes de Colek Pamor (3h AR).

Route de Singaraja, 8km au nord de Wanagiri € Entrée 20KRp, parking 5KRp

À FAIRE

Flânez sur le marché de Bedugul

Pasar Bukit Mungsu

Ouvert tous les matins dès l'aube, le principal marché de la région occupe un vaste périmètre à la sortie nord de Bedugul. Outre des marchands de produits frais, d'épices et d'artisanat, s'y activent des centaines de vendeurs de fraises, de noix de cajou et de fruits secs, dont les étals débordent sur la route de Pancasari. Nombreux sont les automobilistes qui se contentent de ralentir pour tendre un billet aux enfants postés au bord de la grand-route, attendant que ceux-ci sprintent pour les ravitailler.

Bedugul (entre le jardin botanique et la rive sud du lac Bratan) ⏲ Tlj. 6h-18h

Régalez-vous de fraises près du lac Bratan

Autour de Bedugul, notamment aux abords du petit lac Buyan, vous longerez d'immenses champs de fraises, une production locale réputée. De mai à septembre, vous pourrez sans mal assouvir votre gourmandise en allant les cueillir vous-même chez certains maraîchers ou en leur achetant (au prix fort) des fruits tout juste récoltés.

Descendez des cascades en rappel

Adventure and Spirit

Les torrents et les vallées encaissées de Bali garantissent des expéditions en canyoning spectaculaires et riches en émotions. Prévoyez entre 150US$ et 2800US$ selon la difficulté et la durée du parcours. Il y en a pour tous les niveaux (l'un d'eux est praticable à partir de 12 ans, à condition de savoir nager) et tous les goûts, avec des parcours sportifs ou plutôt orientés nature. Prise en charge à l'hôtel, petit déjeuner, déjeuner, matériel et assurance compris.

Jl. Raya Mas 62A Mas 0853 3388 5598 www.adventureandspirit.com Tlj. 9h-17h

Découvrez la région à cheval

Munduk Moding Plantation

Ce *resort* propose des promenades à cheval, offrant de splendides vues panoramiques sur les lacs tout en étant en immersion dans la forêt tropicale. Une merveilleuse manière de découvrir les plantations de café, de mandarines, les "champs" d'hortensias et les bambouseraies de la région de Munduk.

Jl. Asah Gobleg Munduk 08 1138 5059 (whatsapp) ou 08 1138 10123 www.mundukmodingplantation.com 29US$ pour 40-60 min 40-60 min. Sur réservation.

Baladez-vous au grand air

Les sportifs se fendront de l'ascension du mont Catur, les amateurs de balade digestive préféreront marcher sur la rive du lac Tamblingan ou aux environs de Munduk.

Pura Pucak Mangu

Juché à 2 096m, au sommet du mont Catur, ce temple révèle des vues époustouflantes sur les monts Batur et Agung, à l'est, et Batukaru, à l'ouest. Il se trouve à env. 3h30 à pied de la rive sud du lac Bratan. Le gravir (6km aller) ne présente pas de difficulté majeure, mais après de fortes pluies, les passages les plus raides se transforment en toboggans, et mieux vaut faire appel à un guide au poste des rangers. Relativement bien balisé, le sentier part de la rive sud du lac et passe devant Goa Jepang ("grotte Japonaise" creusée pendant la Seconde Guerre mondiale), avant de s'élever à travers des champs de fraisiers et de haricots verts, au nord-est du lac, puis par une forêt touffue peuplée de macaques, pour parvenir au sommet, désert en dehors des fêtes religieuses. De taille modeste, le temple aurait été fondé en 1603 par le premier raja de Mengwi. Il renferme deux *meru* et un *padmasana* (trône vide).

Bali Jungle Trekking

Une association de guides locaux propose des randonnées dans la jungle, autour des lacs Buyan et Tamblingan. Du facile (Pura Ulun Danu, 19US$, 2h) au plus ardu (Pura Naga Loka, 45US$, 6h), certains circuits comprennent des traversées du lac Tamblingan en canoë. Réservation au plus tard la veille et départ de bon matin.

Jl. Raya Pancasari Route des crêtes La cabane des guides se trouve côté lac, au point de jonction des lacs Buyan et Tamblingan 0821 4432 7656 www.balijungletrekking.com Tlj. 8h-18h

NOS ADRESSES

RESTAURANTS

Après le marché...

Warung Rekreasi Bedugul $

Face au marché de Bedugul, ce *warung* surdimensionné propose hamburgers, salade César, sandwichs, jus de de fruits frais (du jardin pour les oranges et les fraises). Repas 30-5KRp, en-cas ou boisson 25KRp.

BEDUGUL Jl. Raya Bedugul 0368 2033 036 www.warungrekreasibedugul.com

Chalet balinais

Strawberry Hill Hotel and Restaurant $$

Dans un cadre de chalet suisse (nappes à carreaux, feu de cheminée et volets en bois), des spécialités balinaises préparées avec soin sont proposées à des prix raisonnables. Comptez 50-80KRp le repas, et achetez un pot de confiture de fraises maison avant de reprendre la route.

BEDUGUL Jl. Raya Denpasar-Singaraja Km 48 (juste au-dessous du col, côté Bratan) 0361 212 65 www.strawberryhillbali.com Tlj. 12h-15h et 18h-21h

Bagdad Café version balinaise

La Terrasse du lac Tamblingan Sari ♥$

Perché sur la ligne de crêtes, ce petit restaurant – une dizaine de tables sous une véranda – offre des vues éblouissantes sur le Danau Tamblingan et la mer de Bali. La sérénité du lieu, la qualité du menu, exclusivement balinais, et l'accueil de Suzanne, une Canadienne avenante, font de la Terrasse un incontournable. Plateau de mezzés pour deux 95KRp, salade niçoise 75KRp, pâtes au pesto 65KRp, jus de fruits frais (30-55KRp).

MUNDUK Jl. Danau Tamblingan (sur la route des crêtes, 200m après la bifurcation en direction de Munduk) 0819 0330 197 Tlj. 8h-20h Rés. conseillée pour le soir

Pasar Bukit Mungsu, Bedugul

PEMUTERAN

Le Nord-Ouest est la région la plus sauvage de l'île. Son parc naturel de 190km², le Taman Nasional Bali Barat, ses fonds marins exceptionnels, récemment régénérés par la création d'une grande barrière de corail artificielle, et ses discrètes infrastructures touristiques combleront tous les amoureux de la nature.

À VOIR

LA BAIE DE PEMUTERAN

Cette baie vaste de plusieurs kilomètres a été choisie en 2000 pour accueillir un projet de régénération des écosystèmes marins en raison de la limpidité de son eau et de sa faible profondeur, qui n'excède pas 5m à 100m du rivage. Il s'est agi d'édifier un grand récif artificiel de troisième génération, ou Biorock®, primé en 2012. Les 56 structures immergées sont entretenues par les villageois des environs en collaboration avec l'association Reef Gardeners. Ces "Jardiniers du récif" ont volontairement coulé une quinzaine de bateaux au large de Pemuteran, et ces épaves forment des spots de plongée appréciés.

ACCÈS ET INFOS

- Pemuteran se trouve 27km à l'est de Gilimanuk (principal port de liaison avec Java), 47km à l'ouest de Lovina, à 155km de Denpasar par la côte ouest et 117km au nord-ouest d'Ubud.
- De l'aéroport international, comptez 850KRp et 3h à 4h de route.

Oasis balnéaire

Pemuteran

La bourgade s'étire le long de la grand-route qui relie Singaraja à Gilimanuk – et la traverse sous le nom de Jalan Raya Pemuteran. Les hôtels de standing s'alignent côté plage, les bars, centres de plongée et chambres d'hôtes bon marché côté montagne.

Haltes spirituelles

Temples de Pulaki

Pulaki abrite l'un des temples les plus sacrés de Bali. Bâti au bord de l'eau, au pied de hautes falaises calcaires, ce **Pura Agung Pulaki** commémore l'arrivée sur l'île, au 16e s., du prêtre javanais Danghyang Nirartha, et il est occupé par une importante colonie de macaques, qui peuvent se montrer agressifs. Avec six autres sanctuaires, il forme une "famille" évoquant les sept mondes de la cosmologie hindoue. Entre la grand-route et la plage, le **Pura Pabean** est dédié aux marins-pêcheurs et aux marchands originaires de contrées lointaines. À ce titre, il est fréquenté par la communauté chinoise de Bali. Dans les terres, 2km au sud, le **Pura Dalem Melanting** est le temple principal de la fille divinisée de Danghyang Nirartha, protectrice des commerçants et révérée sur tous les

À NE PAS MANQUER

- Pulau Menjangan ★
- Les fonds marins du parc national

Cerfs de Java sur une plage de Pulau Menjangan

marchés insulaires. Dotée d'un *meru* multicolore et d'un joli bassin, la cour intérieure du sanctuaire a beaucoup de charme.

Jl. Singaraja-Gilimanuk, 1km à l'est de Pemuteran ⏲ Tlj. 8-18h Sarong et ceinture obligatoires (location 5KRp) € Entrée libre (en dehors des cérémonies)

LE PARC NATIONAL DE BALI OUEST

Paysages et faune sauvages

Taman Nasional Bali Barat

La réserve de 190km^2 constituée en 1917 a reçu le statut de parc national en 1984. Si l'on ajoute les 580km^2 de réserve forestière attenants, elle occupe 10% du territoire insulaire, offrant des paysages variés : forêt tropicale au flanc du mont Bakungan, mangrove littorale, savane sur la presqu'île dominée par le mont Prapat Agung et fonds exceptionnels autour de l'île de Menjangan. Sa faune compte pas moins de 105 espèces d'oiseaux, avec l'étourneau de Bali pour vedette – cf. La forêt qui perd ses feuilles (p.269). Outre des chevrotins malais, sangliers, pangolins, varans, écureuils géants et chats marbrés, le parc héberge quelques bantengs, des bœufs sauvages énergiques et trapus. Vous pouvez vous contenter d'une balade de 2h dans la forêt et la savane ou envisager l'ascension du Gunung Kelatakan (7h). Partez à l'aube pour maximiser vos chances d'observer des animaux et éviter les grosses chaleurs. Des guides vous attendent aux bureaux du parc, à Cekik, au sud, et Labuhan Lalang, au nord. Les hôtels de la région peuvent vous organiser une balade à cheval dans le parc.

⏲ Tlj. 7h-16h Il est interdit de camper dans le parc € Entrée 200KRp (300KRp le week-end) + guide agréé (entre 175 et 750KRPs/pers min. 2 pers. suivant la balade). Vous en trouverez à Cekik, au sud, et au Visitors' Center de Labuhan Lalang, sur le parking de l'embarcadère Négociez ferme ! Bali Barat National Park Office HQ Jl. Raya Cekik-Gilimanuk Cekik ☎ 0365 610 60 ⏲ Tlj. 7h30-16h

Le graal des plongeurs
Pulau Menjangan ★

L'"île aux Cerfs" et ses récifs forment le domaine marin protégé le plus vaste de Bali. Ancrée à moins de 1km au large, l'île (170ha) est inhabitée et fréquentée par d'innombrables oiseaux. Sa ceinture récifale est immergée à faible profondeur, et son tombant externe descend jusqu'à 40m de fond. Sur cette paroi abrupte, la diversité des coraux le dispute à celle des poissons, que le règlement du parc protège de la pêche au cyanure. On recense huit spots de plongée principaux (14 en tout) et des possibilités infinies de snorkeling, surtout au sud-est de l'île. L'excursion revient à 550KRp/pers. (transfert en bateau et matériel de snorkeling compris).

Pemuteran ◷ Tlj. 8h-18h Départ entre 9h et 11h de Labuhan Lalang ou de Banyuwedang avec un guide recruté sur place (10 passagers max.) Retour en milieu d'après-midi On explore deux spots – à choisir avec le guide – et il reste 1h30 pour se reposer ou se promener dans l'île

Embarquement pour l'île aux Cerfs...
Banyuwedang

À mi-chemin de Pemuteran et de Labuhan Lalang, cet embarcadère n'est guère plus large que la petite route qui y mène à travers champs, mais il connaît un trafic intense. Souvent, des dizaines de pirogues motorisées y attendent leur tour pour embarquer une palanquée à destination de Pulau Menjangan.

10km à l'ouest de Pemuteran

... le ravitaillement en plus
Labuhan Lalang

L'embarcadère principal pour Pulau Menjangan n'a de port que le nom (*labuhan*). On n'y trouve ni digue, ni capitainerie, ni d'autres embarcations que les pirogues bleues qui patientent sur la plage avant d'emmener les plongeurs au paradis. Ceux qui auraient oublié de prévoir un pique-nique y repéreront quelques *warung* où acheter un sandwich ou une portion de *nasi goreng*.

16km à l'ouest de Pemuteran

À FAIRE

Admirez les fonds marins 👍

Pulau Menjangan, le plus beau spot de plongée de Bali, est exploité par de nombreux clubs agréés. La règle est la même pour tous : plus tôt on arrive sur les sites, moins il y a de monde, plus belle est la lumière et moins le soleil sera cruel. Dans cette course contre la montre, les centres de plongée des hôtels ont souvent l'avantage sur les clubs indépendants.

Reef Seen Diver's Resort

S'il propose des sorties à Menjangan (1 755KRp la journée), le club de de Chris Brown axe son offre sur la baie de Pemuteran, qu'il a tant contribué à aménager : la plongée coûte 650KRp à partir d'un bateau et 375KRp à partir de la plage. Moins 10% pour les clients du Reef Seen Divers Resort (p.332).

SPOTS DE PLONGÉE À RETENIR

DANS LA BAIE DE PEMUTERAN

Taman Pura Gisant par 29m de fond, ce temple sous-marin se résumait à l'origine à un *candi bentar* (porche fendu) et à une dizaine de statues. Fort de son succès auprès des plongeurs, il s'est vu adjoindre des sculptures et une plateforme, étalée non loin de là, à seulement 15m de profondeur, et donc accessible aux débutants. Reposant sur un banc de sable blanc, ces structures ont été colonisées par des coraux, et l'ensemble paraît vieux de plusieurs siècles... alors qu'il s'agit d'une installation de 2004, due au facétieux Chris Brown.

AUTOUR DE MENJANGAN

Anker Wreck Ce site doit son nom à l'ancre, à 6-8m de la surface, dont il faut suivre la chaîne pour découvrir l'épave d'un navire du 19e s., à 40m de fond. Peu exposés aux courants et appuyés sur un lit de sable immaculé, les vestiges du bateau et de sa cargaison sont encore bien visibles et éparpillés sur 60m.

Garden Eel Point À la pointe ouest de l'île, ce fut le premier spot de Menjangan à acquérir une notoriété mondiale, en raison de la qualité et de la diversité de ses coraux, habitat de prédilection des poissons-clowns et des hippocampes, et de sa colonie d'anguilles des jardins. La paroi qui descend jusqu'à 35m reçoit la visite de requins, de barracudas, de tortues et de thons.

POS II Au sud de l'île, entre 12 et 25m de fond, ce site réunit en fait plusieurs spots, que l'on visite en se laissant porter par le courant. Une résurgence d'eau froide y attire parfois des raies mantas et des poissons-lunes.

Poisson-clown et anémone au large de Pemuteran

Pemuteran 0812 3894 051 www.reefseenbali.com Tlj. 8h-18h

Easy Divers

Ce petit centre agréé PADI propose tout un choix de sorties au large de Pemuteran, à Menjangan et Secret Bay (1200KRp pour 2 sorties), ainsi que des stages ("Open Water" 4 jours : 5500KRp).

Jl. Seririt (à l'entrée ouest de Pemuteran, côté montagne) 0853 3864 8194 www.easy-divers.eu Tlj. 8h-18h

Garden Eel Point, Pulau Menjangan

Aidez les tortues marines

Turtle Hatchery Project

L'Australien Chris Brown, propriétaire du centre de plongée Reef Seen, s'efforce de protéger les tortues marines en rachetant aux villageois les spécimens piégés dans les filets de pêche et les œufs trouvés sur la plage. Dans ce couvoir, des tortues vertes (*Chelonia mydas*), olivâtres (*Lepidochelys olivacea*) et imbriquées (*Eretmochelys imbricata*) passent les trois premiers mois de leur existence, avant d'être relâchées dans l'océan Pacifique. Vous pouvez parrainer l'un de ces juvéniles et, ainsi, sponsoriser le projet.

Reef Seen Diver's Resort Jl. Singaraja-Gilimanuk Pemuteran 0362 93 001 ou 0812 389 4051 www.reefseenbali.com Tlj. 9h-17h Visite guidée toutes les 30min Nourrissage des tortues à 16h30

Visitez une ferme perlière

Atlas Pearl Farm

Ce centre produit de belles perles des mers du Sud (zone géographique comprenant les îles de la Sonde et le continent australien). Ces billes de nacre aux irisations bleutées sont exportées dans le monde entier. Vous pourrez suivre les étapes de cette culture (de la greffe du nucléus à la récolte des perles), admirer de beaux spécimens au petit musée de l'entreprise et acheter des bijoux (à partir de 300KRp le pendentif) à la boutique attenante.

Jl. Nelayan Penyabangan 0812 3877 012 ou 0361 284 455 www.atlaspearls.com.au/pages/north-bali-farm Tlj. 8h-17h Restaurant ouvert jusqu'à 21h Visite gratuite

Dégustez les vins balinais

Hatten Wines Visitor Welcome Center

La maison Hatten gère 35ha de vignoble entre Pemuteran et Seririt, sur la côte nord-ouest. Ses vins sont issus des cépages belgia et alphonse-lavalée, adaptés à la chaleur humide, qui donnent trois récoltes par an à Bali ! Lancée avec un rosé en 1994, la gamme s'est étoffée de deux blancs, d'un rouge, de deux effervescents et d'un vin fortifié comparable au pineau des Charentes. Ces vins garnissent aujourd'hui les tables de la plupart des hôtels et restaurants de l'île (les taxes d'importation renchérissent le coût des crus étrangers) et on les trouve en supermarché. Le centre d'accueil propose des dégustations et des visites du domaine. Les amateurs en rapporteront une foule d'anecdotes sur les aspects les plus incongrus de la viticulture tropicale.

Jl. Raya Seririt-Gilimanuk Sanggalangit (13km à l'est de Pemuteran) 0812 1073 1254 www.hattenwines.com Lun.-ven. 9h-16h30, sam. 9h-12h Visité guidée 1h30 (avec dégustation) 100KRp/pers.

Offrez-vous un soin thermal *roots*

Banyuwedang Hot Springs

Surtout fréquentées par les Balinais, les sources chaudes de Banyuwedang jaillissent dans une clairière de la mangrove. Un muret protège les bassins du large, évitant ainsi que la marée haute ne vienne diluer leurs propriétés curatives. Elles jaillissent à 40°C et soulagent les affections respiratoires et cutanées. Un cabanon (entrée payante) permet à ceux qui en supportent l'odeur de profiter des vertus purificatrices des vapeurs de soufre.

Pejarakan (15km à l'ouest de Pemuteran, à côté du Mimpi Resort Guettez le panneau signalant les thermes sur la route de Gilimanuk) Tlj. 7h-19h Entrée 20KRp

NOS ADRESSES

RESTAURANTS

Assiettes minute

Warung Kadek Merry Pemuteran $

Un peu à l'écart de la grand-route, voilà un petit restaurant où l'on vous servira, avec le sourire, d'exquises recettes indonésiennes – *nasi goreng*, brochettes, poisson vapeur en feuille de bananier –, mais aussi des salades, sandwichs et desserts variés. Tout étant frais, il faut parfois patienter un peu. Comptez 50-75KRp le repas.

PEMUTERAN Jl. Raya Gilimanuk-Seririt (rue de la mosquée de Sumberkima, au nord de la grand-route) 0852 3749 3081 Tlj. 11h-22h

Savoureux et généreux

Tirta Sari $$

Servis sous des préaux ouvrant sur un vaste jardin, les mets sont goûteux et joliment dressés : poisson grillé, porc à la citronnelle, brochettes de fruits de mer, etc. De 25 à 50KRp le plat, 80KRp la copieuse assiette de canard croustillant à la balinaise et ses accompagnements. Demandez une table à l'écart de la nationale.

PEMUTERAN Jl. Singaraja-Gilimanuk 0878 6313 1567 Tlj. 9h-22h

Buona pizza, yum !

La Casa Kita $$

Envie d'une bonne pizza cuite au feu de bois ? Accourez ! Également des currys de fruits de mer, *fish & chips*, steak de thon et autres classiques iodés. Le service est parfois un peu débordé mais l'accueil toujours chaleureux. Autour de 50-80KRp le plat.

PEMUTERAN Jl. Raya Gilimanuk-Seririt (sur la gauche à l'entrée de la rue de la mosquée de Sumberkima, juste au nord de la grand-route) 0821 4703 9333 Tlj. 11h-23h

DE GILIMANUK À BALIAN

La route qui relie Gilimanuk, l'embarcadère pour Java, à Denpasar longe la côte du Jembrana. Seuls Negara, le chef-lieu, et sa banlieue sud sont densément peuplés. Le reste du *kabupaten* est plutôt désert, et les routes sont rares dans l'arrière-pays. Outre une importante population musulmane, le Nord-Ouest abrite deux petites communautés chrétiennes et des spots de surf moins fréquentés que ceux du Sud.

ACCÈS ET INFOS

- Les *bemo* qui connectent Gilimanuk à la gare routière d'Ubung (Denpasar) s'arrêtent un peu partout en route.
- Tous les hôtels de la côte ouest louent des scooters équipés d'un "porte-planche" latéral, ou *rack* (env. 50KRp/j.) pour permettre aux surfeurs d'écumer les plages en quête des meilleurs spots. Certains disposent d'un 4x4 ou d'un minibus à même de transporter des planches.
- Jembrana Government Tourism Office Jl. Surapati 1 Negara 0365 412 10 Lun.-ven. 7h30-15h

À VOIR

Un air de Java

Gilimanuk

Le grand port de l'Ouest balinais n'est rien d'autre qu'un terminal des ferrys que traverse jour et nuit, en lâchant des nuages de fumée noire, un cortège ininterrompu de gros camions de marchandises. La proximité de Java en a fait l'un des principaux carrefours logistiques de Bali, mais certainement pas une destination touristique. C'est tout juste s'il abrite un petit musée archéologique consacré aux fouilles de Cecik – site vieux de 3 000 ans ayant livré quelques squelettes et tessons de poterie –, qui n'intéressera que les passionnés de paléontologie.

Museum Situs Purbakala Gilimanuk Jl. Melaya (500m au sud-est de l'embarcadère de Gilimanuk, sur la grand-route) 0365 613 28 Lun.-ven. 8h-18h € 5KRp

Enclave calviniste

Belimbingsari

Ce fascinant village a été créé *ex nihilo* par les Néerlandais, en 1939 pour regrouper dans ces montagnes reculées les Balinais convertis au calvinisme et tenter d'endiguer leur prosélytisme. Tracées sur un plan orthogonal, ses larges artères sont bordées de villas alliant exubérance ornementale balinaise et architectonique européenne. Consacré en 1981, le temple protestant ne manque pas d'originalité. Si la première cour, qui tient lieu de parvis, évoque celle d'un lieu de culte balinais avec son porche fendu, la seconde offre la vision saisissante d'un vaisseau spatial posé au milieu d'un beau jardin tropical. Portée par 18 piliers blancs, l'immense toiture en forme de diamant, haute de 30m, semble suspendue dans les airs, au-dessus d'un sanctuaire circulaire ouvert à tous les vents. Lors des grandes fêtes, des orchestres de gamelan accompagnent son orgue.

20km au sud-est de Gilimanuk via Melaya

À NE PAS MANQUER

- Belimbingsari
- Palasari
- Pura Rambut Siwi (Rambut)
- Route Antosari-Seririt

Bateaux de pêche bugis à Perancak, le vieux port de Negara

Bali vaut bien une messe
Palasari

Fondé lui aussi en 1939, le pendant catholique de Belimbingsari déploie ses ruelles fleuries autour d'une imposante église en pierre blanche (1994) – la plus grande de l'Est indonésien. L'édifice mêle éléments gothiques et ornements en pierre volcanique directement inspirés des temples hindo-balinais, et ses trois flèches coiffées de chaume noir évoquent des *meru*. À l'intérieur, l'immense voûte en bois exotique repose sur six menus arcs diaphragmes en pierre de taille blanche. La messe dominicale est annoncée par les battements du *kulkul*, ce tronc d'arbre évidé qui sert de cloche dans les temples balinais.

5km à l'est de Belimbingsari (non loin du lac de retenue du même nom) Si le portail de l'église est fermé, demander la clé au presbytère

Fief bugis
Negara

Le chef-lieu du département de Jembrana est une grande ville paisible aux interminables faubourgs. Son importante communauté musulmane rappelle que cette contrée sous-peuplée attira longtemps des habitants d'autres îles de l'archipel en quête d'une vie meilleure. D'ailleurs, l'unique "attraction" locale est le vieux quartier bugis de Loloan Timur, à sa périphérie sud. Y résident les descendants des marins originaires de Sulawesi (Célèbes), qui fondèrent au 17e s. un port de commerce actif sur cette côte. De vieilles maisons en bois tout en longueur, aux allures de bateaux renversés, sont enchâssées dans l'habitat moderne, en particulier dans l'ouest du quartier (Loloan Barat). Dépourvue de musée, la cité ne s'anime vraiment que de juillet à octobre, à l'occasion des courses de buffles dominicales (p.249).

Cité mélomane
Jembrana

Voisine de Negara, l'ancienne capitale royale a laissé son nom au département. Elle est célèbre pour son *gamelan jegog*, un orchestre de vibraphones en bambou, dont les apparitions publiques, très attendues, sont le point d'orgue de la vie culturelle de l'Ouest balinais – calendrier à l'office de tourisme de Negara, cf. Accès et infos (p.246).

Le plus grand port de pêche balinais
Pengambengan

Sur 2km, ses conserveries occultent la vue sur l'océan Indien. Pour accéder aux quais, il faut se faufiler entre d'immenses hangars, certains réfrigérés, d'autres pas – tels ceux où s'élabore le malodorant *terasi* (pâte de crevette fermentée). C'est là que viennent mouiller, tous les matins, à l'abri d'une immense rade artificielle protégée par de puissantes digues en pierre, des centaines de bateaux de pêche dont la construction s'inspire des embarcations maduraises. Avec leur pont vert émeraude, leur coque multicolore, leur hors-bord gros comme un moteur de camion relié à une hélice télescopique, leurs ors et leur autel, on dirait des sanctuaires flottants en route vers l'au-delà.

7km au sud-ouest de Negara, sur la rive droite de la Sungai

Bufflodrome
Delod Berawah

Ce village est célèbre pour ses courses de buffles (p.249). De juillet à octobre, des entraînements ont parfois lieu le dimanche matin au champ de courses (Metasari Loloan Timur Circuit, à l'extrémité de Jl. Desa Delod Berawah). Ses habitants attribuent des vertus curatives à la plage de sable noire de la localité – dont celle de soulager les rhumatismes.

13km au sud-est de Negara (en bifurquant sur Jl. Sekar Jagat à Tegal Cangkring – la route devient vite Jl. Desa Delod Berawah)

Temple de la mer enchanteur
Pura Rambut Siwi 👍

Le plus bel ensemble sacré entre Tanah Lot et Gilimanuk ! Juché sur une falaise dominant la mer, 1km au sud du village de Yeh Embang, ce temple en brique rouge a été bâti pour abriter une relique de Danghyang Nirartha. La légende veut que ce grand prêtre venu de Java au 16e s. ait débarrassé un village des environs d'une grave épidémie, y laissant une boucle de cheveux en guise de talisman protecteur (*rambut* signifie "cheveux" et *siwi* "objet de vénération"). Le temple est orné de nombreux bas-reliefs illustrant des scènes du *Mahabharata*. L'accès du sanctuaire leur étant interdit, les étrangers doivent se contenter d'en faire le tour en suivant le sentier panoramique, qui dessert une plage et deux petits temples plus modernes.

Rambut Au bord de la mer, 6km à l'ouest de Medewi (passez le portail et allez vous garer devant le temple, 1km plus loin) 🕒 Tlj. 8h-18h € 50KRp

LES COURSES DE BUFFLES

Inspirées des courses de buffles de Madura, une île ancrée au nord-est de Java, et introduites à Bali dans les années 1930, les *makepung* sont devenues le fer de lance de la promotion touristique de la côte ouest. Organisées le dimanche matin, de juillet à octobre, elles opposent une équipe rouge à une équipe verte (selon que l'équipage provient de la rive droite ou gauche de l'Ijo Gading, l'un des principaux cours d'eau du département). La saison culmine en août avec la coupe Bupati, ou coupe du Préfet, et en octobre avec la course du Gouverneur. Les attelages de deux à quatre buffles s'affrontent sur un circuit de 2km, sous un soleil de plomb, en soulevant des nuages de poussière. Fouettés au sang, les animaux sont durement éprouvés – et la frénésie des jockeys n'a d'égale que celle des parieurs et du commentateur, dont la sono amplifie les vociférations.

Glorieux attelage !

Tunnel végétal
Bunut Bolong

Sur la route de Manggissari, au milieu des champs de girofliers, se dresse un arbre sacré dont les gigantesques racines aériennes enjambent la chaussée pour former un pont végétal. Ce “figuier percé” (*bunut bolong*), censée abriter des esprits puissants, est précédé d’un petit sanctuaire où les voyageurs s’arrêtent parfois pour demander l’autorisation de passer, craignant sinon de déchaîner les forces (sur)naturelles.

Pekutatan (10km de la côte et 8km du marché de Pekutatan, entre Lebih et et Manggissari)

MEDEWI ET BALIAN
Depuis le début des années 2000, la côte ouest attire tous les surfeurs avides de se concentrer sur leur passion loin des foules et du bruit de Kuta. Sur ce littoral largement désert, où la force des courants rend la baignade dangereuse, deux localités ont connu un certain essor touristique ces vingt dernières années : Medewi et Balian.

Pour amateurs de vagues avertis
Medewi

Le hameau de Medewi laisse imaginer Bali avant l’explosion du tourisme de masse. L’estuaire du Tukad Medewi sépare de **Pantai Medewi** (à l’est), grande plage de sable gris, de **Pantai Yeh Sumbul (Bikini Beach)**. Si la première a donné son nom à la station, en raison de sa concentration d’hôtels, c’est face à la seconde que l’on trouvera le fameux *point break* (une gauche susceptible d’atteindre 400m) qui a fait la réputation du spot. Les pêcheurs de Medewi y vendent une partie de leur prise chaque matin. Mais vers 10h, quand les derniers bateaux ont été halés au sec, tout le monde rentre chez soi, et les surfeurs ont la plage pour eux.

Spot de surf n°1
Balian

Village le plus oriental du Jembrana, Balian doit son nom au cours d’eau sacré (en balinais, le mot *balian* désigne un guérisseur) qui le traverse. De gros rouleaux, dangereux pour les simples baigneurs, viennent s’écraser sur les rochers de **Pantai Lalang Linggah**, au pied des collines. Cette plage fut la première de la côte ouest à attirer les surfeurs de Kuta. Aux *homestays* rustiques du siècle dernier ont succédé des hôtels plus confortables, destinés à une clientèle de passionnés. Balian demeure le principal spot de surf de ce littoral et le mieux équipé.

Plage familiale
Pantai Soka

Soka Beach se prête plus volontiers au *body-boarding* et à la baignade que son illustre voisine. Aussi a-t-elle la faveur des familles.

6km au sud-est de Balian

Marché des saveurs

Bajera

Posté à l'intersection de la route de Java et de l'axe Antosari-Seririt reliant les côtes ouest et nord de l'île, ce village est réputé pour son marché (tlj. à partir de 7h). Les *warung* attenants servent un excellent *nasi campur*, du riz accompagné de légumes épicés et de (rares) morceaux de viande. L'occasion rêvée, pour ceux qui séjournent à Balian ou à Medewi, d'aller humer les parfums de l'arrière-pays.

16km au nord-est de Balian

Itinéraire panoramique

Route Antosari-Seririt

Reliant la côte sud-ouest à la côte nord de l'île en longeant les contreforts occidentaux du mont Batukaru (p.260), cet axe est bordé de somptueuses rizières en terrasses puis de cultures maraîchères, aux abords de **Pupuan**, avant de redescendre vers la mer de Bali à travers les plantations de girofliers.

Procession vers le Pura Rambut Siwi

À FAIRE

Surfez encore !

Bien moins fréquentés que ceux de Kuta, les spots de Balian et Medewi présentent l'avantage de réduire considérablement le temps d'attente de la vague. Tous les hôtels louent des planches (à partir de 50-70KRp/j.), proposent des leçons de surf (à partir de 400KRp le cours de 2h), voire des stages (à partir de 4 000KRp/sem.), à l'instar du Brown Sugar Surf Camp.

Brown Sugar Surf Camp Jl. Pantai Yeh Sumbul 1 Medewi 0819 1639 1970 www.brownsugarsurf.com

Woody Surf Shop

Ce loueur de planches indépendant occupe un cabanon en bambou dans la rue qui descend vers Pantai Medewi. Il affiche les mêmes prix que ceux des hôtels (50-70KRp/j. la planche, 200KRp le cours de 2h) et peut constituer une alternative intéressante en période d'affluence.

Jl. Raya Medewi Medewi 0813 3700 9996 Tlj. 6h-17h30

Participez à un atelier yoga

Nicky Yoga Shala

Voilà un îlot de sérénité juché sur une colline dominant la plage de Balian. Les cours de yoga dispensés par Nicky (*ashtanga vinyasa* à 9h, *hatha flow* à 16h) durent 90 min (100KRp), et vous serez guidé dans chaque posture avec un soin particulier. Prières et chants font partie de l'expérience. Mieux vaut réserver par WhatsApp.

Jl. Pantai Balian 76 Selemadeg 0831 1727 6210 hors cérémonie balinaise Ouvert lun.-sam. 9h-17h30

NOS ADRESSES

RESTAURANTS

Hormis les *warung* pour routiers qui jalonnent la route de Gilimanuk à Denpasar, les restaurants sont rares dans la région. Les gîtes de Medewi et Balian assurent généralement le couvert.

Spécialité locale

Warung Ayam Betutu Men Tempeh $$

Face au terminal des ferrys, à côté de la gare routière, ce *warung* et ses nombreux voisins servent la spécialité de Gilimanuk, l'*ayam betutu*, un poulet fumé aux épices, antidote parfait à une longue attente ennuyeuse. Comptez 120KRp la part de viande, et 5-10KRp chaque accompagnement (riz blanc, portion d'épinards sautés, *tempeh*, œuf). Après une semaine dans les *resorts* idylliques de la côte nord-ouest, rien ne vaut un repas en compagnie de chauffeurs de poids lourds javanais !

GILIMANUK Old Bus Terminal 0859 5406 8992 Tlj. 7h-22h

Cantine pour surfeurs

Rasta Cafe

Les préparations que concocte Dewi sont fameuses, et si vous séjournez plusieurs jours à Medewi, vous constaterez probablement que ses clients deviennent vite des habitués ! On adore son curry de potiron (35KRp) et son *rendang* de poisson (50KRp).

PEKUTATAN Remonter la rue principale du village : le restaurant est signalé par un panneau à l'entrée d'une allée, sur la gauche (1,4km de la plage) 0813 3719 9505 Tlj. 9h-22h

À la sauce locale

Warung Nasi Betutu Anggi $

Installé sous la grande halle du marché de Balian, ce *warung* ambulant propose un plat unique accompagné de riz bouilli : le célèbre *ayam betutu*, poulet fumé aux épices à la mode de Gilimanuk. suffisamment pimentée pour mettre le feu au palais. Comptez 35KRp la portion.

BALIAN Jl. Raya Denpasar-Gilimanuk 0878 6226 6355 Tlj. 10h-22h

LA RECETTE

PEPES IKAN (POISSON EN PAPILLOTE)

Pour 4 pers.

4 filets de poisson blanc
4 rectangles assez grands pour contenir les filets, découpés dans des feuilles de bananier ou du papier-aluminium
1 tige de citronnelle
Cure-dents en bois

Pour la pâte

1 tomate émincée
3 échalotes
3 gousses d'ail
3 petits piments rouges
1 c.a.s. d'extrait de tamarin
1 c.a.c. de pâte de crevette
1 c.a.s. de curcuma
1 c.a.c. de sucre roux
Jus de citron
Huile
Sel

Mixez les ingrédients de la pâte. Badigeonnez-en les filets de poisson sur les deux faces. Déposez-les sur les feuilles prédécoupées. Parsemez de citronnelle émincée. Repliez les papillotes et fermez-les à l'aide de cure-dents en bois s'il s'agit de feuilles de bananier. Cuisez-les à la vapeur ou au barbecue (env. 15min).

TABANAN ET LE MONT BATUKARU

Si l'ouest du département de Tabanan est peu peuplé, le tissu urbain se densifie aux abords du chef-lieu, Tabanan. La plaine alluviale qui s'étend au sud de la ville concentre la plupart des ateliers de potiers, briqueteries et tuileries de l'île, tandis que le littoral accueille le célèbre temple de Tanah Lot et quelques hôtels de luxe. Dans le nord, le "grenier à riz" de Bali étage ses rizières jusqu'aux flancs du mont Batukaru.

ACCÈS ET INFOS

- Situé 17km au nord de Kuta et 20km de Denpasar, Tabanan est aisément accessible en *bemo*. Comme toutes ses attractions touristiques sont excentrées, il est conseillé de louer une voiture avec chauffeur ou une moto si l'on veut visiter la région. Des cars et des *bemo* desservent Tanah Lot.

À VOIR

TABANAN

Chef-lieu du *kabupaten* du même nom, Tabanan est un gros bourg enfumé traversé par la grand-route qui relie Denpasar à Gilimanuk. Sa principale sinon unique attraction touristique est son musée dédié à la riziculture.

Musée du Riz

Subak Museum / Musée du Subak

Le riz est à Bali ce que le vin est à la France : plus qu'une denrée, un bien culturel. Perché sur une colline, au sud de Tabanan, et entouré de bassins poissonneux, ce musée présente la riziculture et les *subak*, ces coopératives agricoles qui ont façonné les paysages et la société rurale insulaires. Irrigation, terrassement, culture et transformation du riz... Leur œuvre millénaire est ici étudiée sous tous ses aspects. Brochure gratuite en anglais.

Jl. Gatot Subroto 5 (signalé par un panneau, au sud de la rue principale) 0361 810 315 Lun.-ven. 8h-16h, sam. 8h-16h30, dim. 8h-17h € 15KRp (visite guidée gratuite, mais pourboire de 10KRp recommandé)

AU SUD

Tabanan est installée dans une grande plaine argileuse qui court jusqu'à la mer. Là, tout a la couleur de la brique : la terre, les routes, les murs et jusqu'aux toits des habitations où la tuile, exceptionnellement, remplace le chaume. C'est le pays des briquetiers et des potiers, et il suffit de quelques journées sans pluie pour qu'une fine poussière repeigne tout le paysage en rouge.

Marché aux bestiaux

Kediri

Faubourg bruyant et enfumé de Tabanan, situé sur la route de Java, celle qui relie Denpasar et Ubud à Gilimanuk, Kediri est célèbre pour son marché aux bestiaux du mardi.

4km au sud-est de Tabanan, là où la route de Tanah Lot oblique vers l'ouest

À NE PAS MANQUER

- Yeh Gangga
- Pura Tanah Lot et son village ★
- Pura Taman Ayun (Mengwi)
- Sangeh Monkey Forest (Sangeh)
- Jatiluwih

Rizières de Jatiluwih

Centre potier
Pejaten

À des kilomètres à la ronde, ce ne sont que tuiles et briques qui sèchent au bord de la route. À l'entrée des ateliers s'entasse la fibre de noix de coco qui servira de combustible. Et partout, la précieuse argile rouge qui a fait de Pejaten le principal centre potier de Bali. La technique des glaçures colorées, importée par les Chinois il y a bien longtemps, n'a presque plus cours à Bali, où prédomine désormais la terre cuite sans décor. Sur la route de Kediri à Tanah Lot, un Brahma quadricéphale matérialise le carrefour central du village.

5km au sud de Tabanan, sur la route de Kediri à Tanah Lot

Enclave princière
Kerambitan

Occupé par une branche de la famille royale de Tabanan, ce petit village possède quelques beaux bâtiments anciens. Il est par ailleurs réputé pour ses peintures de style *wayang* et pour son théâtre dansé accompagné par le *tektekan*, un ensemble de percussions sommaires en bambou et de cloches de bois, destiné à éloigner les esprits maléfiques en cas d'épidémie ou de sécheresse. Des représentations en sont données au Puri Anyar Kerambitan (p.262).

7km à l'ouest de Tabanan

Plage sacrée
Yeh Gangga

Les barques colorées hissées sur ce long ruban de sable noir composent l'un des tableaux les plus pittoresques de la côte ouest. À l'occasion des fêtes religieuses et à chaque changement de lune, les villageois descendent en procession sur cette plage pour offrir aux vagues des plateaux d'offrandes. Ce qui, à première vue, ressemble à des monceaux de déchets ce sont en fait les restes d'offrandes que l'océan rejette sans cérémonie.

10km au sud-ouest de Tabanan

> **COULEUR LOCALE**
> Les murs de **brique** de la région de Tabanan sont montés sans mortier. Profitant d'une propriété particulière de l'argile locale, les maçons frottent les briques les unes contre les autres jusqu'à ce qu'elles produisent une poussière fine. Imbibée d'eau, celle-ci agit comme une colle puissante et les solidarise, sans besoin d'un agent extérieur.

PURA TANAH LOT ★

Éminemment spectaculaire, le Pura Tanah Lot fait partie des sept temples de la Mer balinais. Il a été fondé au 16e s. par Danghyang Nirartha. Subjugué par le paysage littoral et bercé par le ressac, le sage javanais aurait fini par s'endormir sur ce promontoire fouetté par les vagues, alors relié à la côte par un pont naturel. C'est à son réveil qu'il aurait décidé d'y bâtir le temple pour remercier la déesse de la Mer de son hospitalité.

Pura Tanah Lot

Les marchands du temple

Village touristique de Tanah Lot

Créé de toutes pièces pour canaliser le flot incessant des touristes et des pèlerins, ce "village" a tout d'un petit Kuta, avec ses magasins de *sportswear*, ses échoppes vendant les mêmes tee-shirts et chapeaux de cowboy, et ses terrains convertis en parkings. Au bout de la rue principale, un grand portail marque l'entrée de l'aire sacrée de Tanah Lot, son temple, sa plage, l'océan... et une paix relative. Pour un rafraîchissement, suivez le petit sentier côtier qui s'engage vers l'est, juste derrière le portail. Là, une dizaine de bars et de cafés ont planté leurs parasols au bord de la falaise, livrant des vues splendides sur le temple et l'océan Indien.

Tlj. 8h-22h

Le mont Saint-Michel balinais

Pura Tanah Lot

Tanah Lot a beau être l'un des lieux saints les plus fréquentés de Bali, il est impossible d'en connaître les heures exactes d'ouverture, gouvernées par un calendrier et une horloge cosmologiques capricieux. Plus prévisible, la marée haute barre l'accès du site deux fois par jour. De la plage, un majestueux escalier fait le tour de l'îlot rocheux jusqu'à l'entrée du temple, veillée par des prêtres. Aux heures d'affluence, l'endroit évoque un grand magasin plus qu'un lieu de pèlerinage. En fait, le Pura Tanah Lot est plus impressionnant de loin, du haut des falaises littorales. Les grottes que les vagues ont creusées à leur pied abritent des serpents sacrés, descendants des anciens gardiens du temple. On vous proposera de toucher l'un de ces reptiles en échange d'une donation de 10KRp.

0361 880 361 Horaires aléatoires, et il faut prévoir 2h de queue pour pouvoir y accéder 60KRp

Le petit frère du précédent

Pura Batu Bolong

Ce temple juché sur une arche naturelle qui plonge dans l'océan Indien est tout aussi spectaculaire que son célèbre voisin. Moins visité, de dimensions bien plus modestes, il reçoit néanmoins des milliers de pèlerins lors des fêtes annuelles de Melasti, quelques jours avant Nyepi, le Nouvel An balinais. Des offrandes symbolisant tous les dons de la terre y sont faites aux divinités marines.

300m à l'ouest du Pura Tanah Lot, en suivant le sentier qui longe la falaise Tlj. 8h-18h Entrée libre

À L'EST DE TABANAN

Temple de la forêt aux Singes

Pura Alas Kedaton

Le village de Kukuh possède un bosquet sacré de muscadiers peuplé de centaines de macaques crabiers et de chauves-souris géantes – des roussettes de Malaisie. Cette "forêt aux Singes" *(Alas Kedaton)* cache un temple qui aurait été fondé au 11e s. par le prêtre javanais Mpu Kuturan. Le sentier qui longe son enceinte, relativement basse, donne de beaux aperçus sur les noires silhouettes de ses sanctuaires. Particularité notable, la partie la plus sacrée du complexe, sa cour intérieure, est située plus bas que les deux autres. Nous vous déconseillons de nourrir les singes – il n'est pas rare qu'à la vue de friandises, ils se jettent sur les touristes pour les leur arracher des mains. Les chauves-souris suspendues aux arbres sont bien plus placides. Elles ne s'activent que la nuit et, dans la journée, certaines dorment à hauteur d'homme et se laissent approcher.

Jl. Tendean Kukuh (avant l'entrée du village, 5km au nord-est de Tabanan) 30KRp, lorsque le temple est accessible aux touristes (en dehors des cérémonies)

Au patrimoine mondial de l'Unesco

Pura Taman Ayun

Hissé sur une colline, immédiatement à l'est de la grand-route reliant Denpasar à Singaraja, ce "grand espace plein de jardins" est l'ancien temple d'État de Mengwi. Sa richesse décorative témoigne du prestige d'un royaume qui rayonna un temps sur le centre et le sud de l'île. Cerné de douves et doté d'immenses bassins, le complexe évoque un parc à l'européenne avec ses vastes pelouses où les gens des environs viennent pique-niquer. Dans des cages réparties aux quatre coins du temple, des coqs sacrés attendent de participer aux combats sacrificiels. Ceux-ci se déroulent sous le grand *wantilan* érigé à droite de l'entrée. Parmi ses 27 pavillons et sanctuaires aux toitures de chaume noir figure un bel autel de pierre consacré aux ancêtres royaux. La cour principale n'est accessible que lors des fêtes.

Jl. Ayodya 10 Mengwi (200m à l'est de l'intersection des routes de Denpasar et de Tabanan)
🕒 Tlj. 8h-18h € 30KRp

Dans un écrin de verdure

Sangeh Monkey Forest – Pura Bukit Sari 👍

Ce temple de Sangeh est l'un des plus remarquables de la région – et l'un des mieux entretenus. Perdu au sein d'une forêt de muscadiers aux troncs élancés, il est dédié à Wisnu. La densité de la canopée le maintient dans une pénombre humide tout au long de l'année, si bien que ses murs, sculptures et autels moussus semblent avoir été peints en vert. L'armée de macaques qui en assure la garde ne se prive pas de rançonner les visiteurs !

Jl. Raya Sangeh, Sangeh
(7km au nord de Mengwi) 📱 0851 0042 2740 sangehmonkeyforest.business.site 🕒 Tlj. 8h-16h
€ 30KRp

> **BON À SAVOIR**
> La **route du volcan** la plus directe part de Tabanan et passe par Wanasari, Penatahan et Wongaya Gede (26km). On peut aussi suivre la route Antosari-Seririt, à l'ouest (p.251), jusqu'à Sanda. Autre possibilité en 4x4, jusqu'à Tiying Gading pour bifurquer vers Pupuan Sawah, Wanagiri et Sarinbuana. À l'est, on peut emprunter la route Denpasar-Bedugul pour tourner vers Senganan et Jatiluwih.

AU NORD, VERS LE GUNUNG BATUKARU

Au nord de Tabanan, les champs d'argile cèdent la place aux carrières de pierre volcanique. Les sculpteurs que l'on voit œuvrer au bord des routes du matin au soir modèlent les créatures fantastiques qui gardent les temples balinais. Plus au nord se déploient le grenier de Bali : des rizières à perte de vue, qui s'étagent jusqu'aux contreforts du mont Batukaru, où d'innombrables cours d'eau prennent leur source. Même si le savant système d'irrigation des *subak* a canalisé une partie de leur force destructrice, ces torrents strient de profonds sillons les pentes abandonnées à la jungle.

Cherchez la petite bête

Taman Kupu Kupu Bali / Bali Butterfly Park

Ce centre de recherche de Wanasari héberge dans ses volières plus de 300 espèces de papillons, quotidiennement fournis en fleurs. Outre ces lépidoptères, on peut y observer nombre d'autres insectes, à commencer par les

GRAVIR LE BATUKARU

Ne se lance pas à l'assaut du deuxième sommet de Bali qui veut. La randonnée dure de 3h à 7h AR, selon le point de départ. Le dénivelé est important (au moins 1 500m), le terrain difficile, souvent boueux et les sentiers tortueux sont à moitié reconquis par la végétation. De plus, il faut compter avec la chaleur humide, qui peut transformer l'expédition en un véritable calvaire. Aussi est-il préférable de louer les services d'un guide expérimenté. Adressez-vous la veille à la billetterie du Pura Luhur Batukaru, à Wongaya Gede (à 2km du temple), ou à votre hôtel. Il est recommandé de ne pas tenter l'ascension en dehors de la saison sèche (avr.-oct.) et, pour éviter les fortes chaleurs, de se mettre en route avant 4h. Les trois points de départ habituels sont Wongaya Gede (au sud, le plus proche du sommet), Sarinbuana (au sud-ouest) et Sanda (à l'ouest, le plus éloigné). Les sentiers se rejoignent au lieu-dit Munduk Nyanggang. Au-delà, la pente se fait plus raide et plus glissante, et il faut encore compter 2h d'ascension. Masquée par la jungle jusqu'à quelques centaines de mètres du point culminant, la vue se révèle splendide à l'approche de ce dernier. Le volcan est coiffé d'un petit temple, annexe du Pura Luhur Batukaru.

Au pied du mont Batukaru

phasmes, ces fascinantes créatures qui ont adopté les formes de feuilles et de brindilles de leur environnement végétal, pour mieux échapper à leurs prédateurs. Clou du spectacle : on laisse les visiteurs, petits et grands, toucher certains insectes – les moins fragiles et certains des plus effrayants. Hurlements garantis !

Wanasari (7km au nord de Tabanan, sur la route du Pura Luhur Batukaru) 0361 8940 595 Tlj. 8h-16h 100KRp

Eaux bienfaisantes
Penatahan

Sur la route connectant Tabanan (16km) à Wongaya Gede et au Pura Luhur Batukau, ce village est célèbre pour ses sources chaudes (*air panas*) riches en soufre, en potasse et en soude. Des bains publics y ont été aménagés sous une petite cascade, en pleine forêt. L'eau la plus précieuse (et la plus bénéfique) provient d'un temple voisin et jaillit au pied d'un banian.

14km au nord de Tabanan **Air Panas Penatahan** Jl. Raya Batukaru Tlj. 8h-18h 50KRp

Le volcan "noix de coco"
Gunung Batukaru

Séparé des rizières par une large ceinture de forêts impénétrables, le mont Batukaru, parfois dénommé Batukau, culmine à 2 276m. C'est à la forme rebondie de son cratère que ce volcan doit son nom – *batukaru* signifie "noix de coco" en balinais. Son rebord sud est entaillé d'une profonde brèche, par où s'écoule la Mawa. Au bord du cours d'eau, à mi-pente, se dresse le Pura Luhur Batukaru, principal sanctuaire de la région.

Pura Luhur Batukaru (ou Batukau)

Peu visité, cet ancien temple d'État du royaume de Tabanan est pourtant l'un des temples cardinaux (*sad kahyangan*) qui orientent la géographie sacrée de Bali. Édifié au 11e s., il fut en partie démoli à l'aube du 17e s. par le fondateur du royaume de Buleleng, Panji Sakti, puis restauré en 1951 et 1991. Il s'élève au cœur de la forêt tropicale et la brume qui le voile fréquemment lui confère un certain mystère. Les descendants des rajas de Tabanan y vénèrent toujours leurs ancêtres déifiés, qui possèdent, chacun, un sanctuaire – le plus beau est le *meru* à sept toits dédié au dernier roi de Gelgel. La déesse du lac Tamblingan et le dieu du mont Batukaru sont honorés dans deux pavillons au milieu d'un grand bassin. À l'entrée, un panneau égrène les tabous habituels (sarong obligatoire, etc.). Originalité : le temple est interdit aux fous. À bon entendeur…

Tlj. 8h-17h 40KRp

AU SUD-EST DU GUNUNG BATUKARU

Paysage culturel du patrimoine mondial
Jatiluwih ★

Les rizières qui s'étendent autour du hameau de Jatiluwih sont devenues la principale attraction touristique de la région – un tourisme qui, toutes proportions gardées, n'est guère envahissant, puisque la localité se résume à une rue,

Rizières de Jatiluwih

bordée de quelques bars et restaurants, d'où le regard embrasse une centaine de kilomètres carrés de rizières. Savamment entretenue par des associations villageoises millénaires, les *subak*, le système de terrassement, d'irrigation et de gestion des terres obéit à un calendrier agraire et religieux fort complexe. Ce dernier tient compte tant de la pluviométrie et du cycle de croissance du riz que des adjuvants de culture tels que les canards et les poissons, qui jouent un rôle essentiel dans l'élimination des parasites et l'apport en fertilisants naturels. C'est l'ingéniosité de la riziculture traditionnelle balinaise qu'a voulu célébrer l'Unesco en classant ce site "paysage culturel du patrimoine mondial". À quelques kilomètres au sud-ouest à vol d'oiseau (sur la route de Seririt à Bajera), les rizières de **Belimbing** sont tout aussi extraordinaires et moins fréquentés.

28km au nord de Tabanan et 15km à l'est de Wongaya Gede, sur la petite route de traverse, souvent impraticable à la saison des pluies, qui mène à Baturiti et à la grand-route Denpasar-Bedugul © 40KRp, voiture 5KRp

Fête des bons génies

Apuan

Ce village est célèbre pour sa fête du *barong*. Tous les 14 mois, soit tous les deux ans du calendrier balinais, ces créatures mi-fauves mi-démons affluent de toute l'île pour être aspergées d'eau lustrale dans la cour de son temple, le Pura Luhur Natar Sari Apuan.

8km à l'est de Jatiluwih et 4km au sud de Baturiti

À FAIRE

Galopez sur la grève

Kuda P Stables

Ce centre équestre revendique plus d'un demi-siècle d'expérience. Ses chevaux, aussi bien entraînés que soignés, vous emmèneront pour une balade tranquille de 30min (250KRp) à 1h30 (800KRp), en pleine journée ou au coucher du soleil, à travers les rizières et les villages environnants et le long de la plage de Pererenan. Pour les moins de 5 ans, promenade à dos de poney de 30min (75KRp).

Jl. Langudu Desa Langudu 516, Pangkung Tibah, Kediri ☎ 0811 3939 011 www.kudapstables.com ⏲ Lun.-sam. 9h-17h30

Offrez-vous un festin princier

Puri Anyar Kerambitan

C'est en 1967 que la famille royale de Kerambitan décida d'ouvrir au public les portes de son palais du 17e s., afin de pouvoir en assurer l'entretien, la réforme agraire de 1961 l'ayant privée de sa principale source de revenu. Puis Agung Ngurah Oka Silagunadha eut l'idée d'organiser des "Nuits au palais" pour les touristes, avec festin, spectacle de danse et tout le cérémonial adapté. De 19h30 à 22h, c'est un enchaînement ininterrompu de danses, de processions et de concerts, en présence d'un ou de plusieurs membres de la famille royale. Le clou du spectacle est l'histoire dansée de la sorcière Calon Arang, un ballet classique censé chasser les démons, accompagné du *tektekan* – un orchestre d'une cinquantaine d'hommes portant de grandes cloches en bois autour du cou.

Jl. Raya Kerambitan Kerambitan ☎ 0361 812 774 ou 0851 0042 6060 ou 0821 4616 9311 purianyar@gmail.com ⏲ Tlj. 9h-18h, soir sur rés. € Visite du palais 15KRp ; dîner-spectacle à partir de 250KRp/pers. sur réservation (demandez le programme des réjouissances d'avance)

Explorez les rizières de Jatiluwih et la région des lacs

Nyoman, Bali Tour Guide and Driver

Basé à Denpasar, Nyoman propose dans la région de Tabanan des excursions qui incluent la visite guidée du temple de Mengwi, du lac Bratan et de son sanctuaire, des rizières de Jatiluwih et du temple de Tanah Lot. Comptez 60US$ la journée (5 pers. max.) avec prise en charge sur votre lieu de séjour (qu'il s'agisse d'Ubud ou de Kuta). Le transport s'effectue en voiture climatisée. Le déjeuner est à votre charge.

Jl. Tukad Yeh Aya IX 91 Denpasar ☎ 0819 1614 4390 www.baliguidedriver.wordpress.com

NOS ADRESSES

RESTAURANTS

Rustique

Warung Nasi Babi Guling Men Liong $

Tout est dans le nom : porc grillé et riz, servis sur une feuille de papier kraft, avec légumes et sauce piquante (*sambal*) en prime. À consommer à la table commune, ou à emporter. Comptez 40KRp avec une boisson. Un excellent substitut aux tables surfaites et bondées de Tanah Lot.

BERABAN (sur la route de Tanah Lot, à 3km du temple) ☎ 0812 3716 7090 ⏲ 6h30-19h

À table !

Grillades et vue grandiose

Warung Tepi Sawah

La spécialité de ce *warung* est l'*ayam betutu*, du poulet grillé aux épices balinaises, servi avec du riz et des légumes (65KRp). Il ne faut pas être pressé, mais la nourriture est succulente et le panorama fabuleux sur les rizières en terrasses de Belimbing invite à prolonger la pause !

BELIMBING Jl. Antosari-Pupuan 0852 3777 0779 https://warung-tepi-sawah.business.site Tlj. 9h-21h

SHOPPING

Belles céramiques

Tanteri

Le plus grand producteur de céramique de Pejaten travaille essentiellement pour l'exportation. Ce qui explique que l'on paiera aussi cher pour un surtout de table qu'un Balinais pour faire refaire sa toiture. Les produits sont toutefois de belle facture et les tarifs demeurent raisonnables, comparés aux prix européens. Vous pouvez visiter les ateliers ainsi qu'un petit musée et participer à un atelier de poterie de 3h (sur rés.).

PEJATEN Banjar Simpangan (2 pâtés de maisons à l'ouest du Brahma quadricéphale) 0361 831 948 www.museumtanteribali.com Lun.-ven. 8h-17h, sam.-dim. 12h-17h 3US$

Pour aller plus loin

Masque de Barong

GÉOGRAPHIE ET PAYSAGES

Bali appartient aux petites îles de la Sonde, un archipel posé entre océan Pacifique et océan Indien. Ses dimensions en font la plus modeste des provinces indonésiennes : quelque 5 600km² pour 153km dans sa plus grande longueur et 112km du nord au sud. Denpasar, le chef-lieu, concentre près de la moitié de la population provinciale, qui se monte à 4,2 millions d'habitants.

Tour d'horizon

Le centre de l'île est traversé d'ouest en est par une longue chaîne volcanique qui porte six sommets de plus de 2 000m et qui culmine au mont Agung (3 142m). Son versant nord et nord-est, abrupt, ne ménage qu'une étroite plaine côtière, livrée aux cultures vivrières et aux plantations de cocotiers et d'agrumes. Sur le versant sud, qui s'étage par paliers successifs et qu'arrosent de nombreuses rivières pérennes, ont été aménagées des rizières en terrasse qui donnent jusqu'à trois récoltes par an. L'ouest de l'île est demeuré sauvage : ses reliefs accidentés sont couverts d'épaisses forêts et de cultures de girofliers et de caféiers. Mais c'est aussi le grenier à riz de Bali, aménagé au flanc du mont Batukaru. Le Nord-Ouest abrite l'unique parc national de l'île, le Taman Nasional Bali Barat (p.241), tandis que le Sud-Est présente un paysage meurtri par de gros débris volcaniques. Cernée de récifs coralliens, l'île est ourlée de plages de sable blanc sur sa façade sud, calcaire, et de sable brun ou noir ailleurs, volcanisme oblige.

MONTAGNES SACRÉES

Le Gunung Agung (3 142m) et le Gunung Batur (1 717m), les deux volcans les plus actifs de l'île, sont révérés des Balinais. Les insulaires assimilent en effet leurs sommets aux deux principes complémentaires à l'œuvre dans l'univers, masculin pour l'Agung, féminin pour le Batur.

Une île volcanique

L'archipel indonésien fait partie de la "ceinture de feu" du Pacifique, un arc volcanique né de la collision de deux plaques tectoniques. Il compte près de 140 volcans actifs, dont 15 à 30 se manifestent chaque année. Ainsi, c'est le volcanisme qui a façonné Bali, lui a donné sa forme et régénère son sol. De plus, en retenant les nuages, la chaîne qui traverse l'île provoque les fortes pluies indispensables à l'agriculture. Les collines de l'ouest balinais sont les restes de volcans vieux de plus d'un million d'années. Les volcans orientaux, plus jeunes, sont constitués de coulées de lave et de couches de cendre accumulées au fil des âges, et leur long travail se poursuit. En septembre 2017, le mont Agung s'est mis à cracher de gigantesques colonnes de cendres, de vapeur et de gaz. On a même craint un temps

NUSA PENIDA

Nusa Penida (203km²) est une aride butte calcaire ancrée avec ses deux petits satellites, Nusa Lembongan et Nusa Ceningan, dans le détroit qui sépare Bali de Lombok. Les eaux de l'archipel, agitées par des courants violents, sont riches en plancton, ce qui leur vaut une faune profuse.

qu'il n'explose. Depuis, son activité reste constante, mais n'inspire plus de réelle inquiétude (https://magma.vsi.esdm.go.id/).

Un climat tropical

Située quelques degrés au sud de l'équateur, l'île de Bali jouit d'un climat tropical. Comme maintes contrées asiatiques, elle est soumise au régime des moussons. De novembre à mars, des masses d'air chargé d'humidité se lèvent de l'Océan pour s'accrocher à ses montagnes, donnant des orages violents mais brefs, qui laissent vite place au soleil... jusqu'à l'averse suivante. Les pluies sont particulièrement abondantes sur le versant nord et en altitude. La saison sèche, qui dure généralement d'avril à octobre, est plus marquée sur le littoral. Elle s'accompagne de vents du sud-est, frais et puissants, venus d'Australie. Côté thermomètre, la chaleur est au rendez-vous tout au long de l'année, avec des températures qui oscillent entre 27 et 30°C. Sur la plaine côtière en tout cas : à partir de 1 000m d'altitude, les nuits sont fraîches, voire froides au-dessus de 2 000m.

Au flanc du mont Batukaru, le grenier à riz balinais

FAUNE ET FLORE

Chaleur et humidité ont fait de Bali un luxuriant jardin. Et les balinais rendent un hommage quotidien à cette nature généreuse : pas une prière au temple sans une débauche de fleurs. De même, les étoffes à damier qui ceignent le tronc de majestueux banyans rappellent que, pour les insulaires, cet arbre étonnant symbolise l'univers.

Fleurs des temples et jardins

La nature balinaise est un enchantement de couleurs et de parfums. L'omniprésent frangipanier emplit de ses odorantes fleurs à cinq pétales les corbeilles d'offrandes déposées devant les divinités. Les fleurs d'hibiscus parent maisons et temples, le jasmin embaume les campagnes enluminées par les bougainvilliers et les magnolias, tandis que lotus et nénuphars s'épanouissent sur les plans d'eau.

Récolte de fleurs pour les offrandes

La forêt des plaines côtières

Peuplée d'arbres géants qu'enlacent des lianes, cette forêt humide se distingue par sa végétation invariablement verte, dense et diversifiée. C'est le domaine des ficus géants, tel le banyan. Véritable phénomène de la nature, ce *waringin*, ou "figuier étrangleur", naît d'une graine déposée par un oiseau au sommet d'un arbre. Il colonise peu à peu son hôte jusqu'à l'enserrer de ses branches, qui descendent jusqu'au sol pour former de nouvelles racines. La forêt offre abri et subsistance à toutes sortes d'animaux : notamment le rare semnopithèque noir, un singe dont la fourrure passe avec l'âge de l'orange vif au roux foncé ou à un noir brillant ; le grand renard volant, une chauve-souris d'environ 1,50m d'envergure ; le grégaire calao festonné, le plus gros oiseau de l'île, qui intègre 15% de protéines animales à son régime frugivore... Mais le résidant le plus insolite de cette forêt est sans doute le serpent volant de paradis, qui s'aplatit en écartant ses côtes pour planer de branche en branche.

LE COCOTIER À TOUT FAIRE !

Ses fruits entrent dans des préparations culinaires et cosmétiques variées, ses racines dans des remèdes traditionnels. Ses feuilles servent à confectionner chapeaux, paniers et cloisons, tandis que de son écorce naissent cordes, nattes, filtres à charbon et menus objets.

La savane (presque) comme en Afrique

Dans le nord-ouest de l'île prédomine une savane sèche au sol craquelé. De grands acacias y servent d'ombrelles aux bovidés, dont le *banteng*, ou bœuf de Bali, une espèce menacée – du moins à l'état sauvage. Ce paysage est ponctué de palmiers borasses (*lontar*) : un tronc de cocotier ponctué d'un bouquet de larges feuilles et de grappes de fruits à la chair juteuse.

La forêt qui perd ses feuilles

Les régions accidentées du nord de Bali sont couvertes de forêts décidues – la plupart des arbres perdent leurs feuilles au rythme des saisons. C'est le cas d'*Homalium tomentosum*, qui atteint 35m de hauteur, et du sapotillier, un arbre fruitier plus petit, originaire d'Amérique du Sud, dont le bois est apprécié des sculpteurs... et la ramure de l'étourneau de Bali, qui y niche volontiers. Seul vertébré endémique de l'île, ce charmant passereau huppé à livrée blanche et masque bleu a bien failli disparaître à l'état sauvage. Des mesures de protection drastiques ont permis de maintenir à une centaine d'individus cette espèce dont l'île a fait l'un de ses emblèmes.

La forêt d'altitude

Elle partage plusieurs essences avec la forêt humide de plaine, mais au-dessus de 1 200m ses arbres rabougrissent, les mousses et lichens se font plus envahissants, et les fougères plus fréquentes. L'insolent et opportuniste macaque crabier y monte la garde le long des routes sinueuses, tandis que l'écureuil géant oriental (long de 80cm) batifole dans la canopée. Jadis rôdait aussi dans cette forêt le tigre de Java, une espèce éradiquée à Bali par les chasseurs en 1937.

La forêt "les pieds dans l'eau"

Sur les côtes sud et ouest subsistent quelques poches de mangrove, cette forêt amphibie qui prospère sur les vasières soumises à la marée et que domine un enchevêtrement de palétuviers – arbres dont les racines aériennes, en captant l'oxygène, leur permettent de supporter l'eau salée. Dans la mangrove évoluent une vingtaine d'espèces de poissons, des batraciens et des reptiles, tels le serpent d'eau et la tortue aquatique à carapace molle, et nichent de nombreux échassiers.

Un point chaud de la biodiversité marine

Bali s'inscrit dans le Triangle de corail, un sanctuaire de la biodiversité marine qui s'étend entre la Malaisie et le Timor oriental. Ses fonds hébergent des myriades de poissons récifaux, que vous pourrez observer avec un masque et un tuba, sans oublier les pieuvres, hippocampes, nudibranches et bénitiers géants. Mais ce sont les raies mantas, tortues et poissons-lunes qui tiennent la vedette. Plus au large s'ébattent baleines, dauphins, requins et barracudas.

HISTOIRE

Située au contact de l'Asie et du Pacifique, Bali a subi l'influence de toutes les cultures qui se sont diffusées dans l'archipel indonésien. La Chine lui a apporté ses techniques, l'Inde sa grille de lecture religieuse, tandis que l'islam y est longtemps demeuré la culture de l'"autre"... Jusqu'à ce que les Occidentaux, ces visiteurs tardifs (16e s.), impulsent une brutale accélération de l'histoire au 19e s.

La préhistoire

L'occupation de Bali est attestée dès le paléolithique, et c'est aux grandes migrations parties de Chine méridionale il y a 4 000 ans environ que l'île doit sa culture néolithique : maîtrise de la navigation et construction de pirogues à balanciers, consommation de porc, culte de la montagne et des ancêtres, etc. Vers 500 avant notre ère, les Balinais s'initient à la métallurgie au contact de la culture dite de Dongson, originaire du Vietnam actuel. Le témoignage le plus spectaculaire de ces échanges est la Lune de Pejeng, tambour de bronze de 1,60m de diamètre conservé dans le centre-sud de Bali (p.140). C'est aussi à cette époque qu'est introduite la riziculture irriguée.

Les premiers royaumes balinais et la conquête javanaise

Au 1er s. de notre ère, Bali figure déjà sur la route commerciale reliant les Moluques, îles productrices d'épices, à l'Inde. L'influence de cette dernière se traduit par l'introduction à Bali de l'écriture, du bouddhisme et de l'hindouisme, qui s'impose au 9e s. Elle passe d'abord par la grande île de Java, distante d'à peine 3km. À partir du 10e s., les puissants souverains de Java Est multiplient les expéditions contre Bali. Ce qui n'empêche pas la petite île de connaître un épanouissement religieux et culturel. Le royaume javanais de Majapahit, fondé en 1292, s'empare de Bali en 1343 et, en conjuguant opérations militaires et intermariages princiers, lui lèguera maints traits culturels : rituels de cour, système des castes, concepts architecturaux et iconographie artistique.

Peinture de l'école de Batuan

C'est l'époque où sont sculptés les reliefs de pierre de Yeh Pulu (p.138), près de Bedulu.

L'indépendance retrouvée

Au milieu du 16e s., Bali s'émancipe de la tutelle javanaise. Waturenggong, roi de Gelgel, étend alors sa domination à toute l'île ainsi qu'à des régions de Java (à l'ouest) comme de Lombok (à l'est). L'artisan de cette expansion serait son conseiller Danghyang Nirartha. Considéré comme la plus haute figure spirituelle balinaise, ce prêtre javanais aurait donné leur forme actuelle à la caste sacerdotale et aux grands rituels et (re)fondé certains des principaux temples balinais, dont celui d'Uluwatu, à la pointe sud-ouest de la presqu'île de Bukit (p.76).

Le morcellement

À partir du 17e s., la suprématie de Gelgel est contestée par des seigneurs locaux enrichis par le commerce des esclaves. Certains obtiennent leur autonomie tout en restant formellement vassaux de Gelgel, d'autres fondent de nouveaux royaumes. À la fin du 17e s., le Premier ministre de Gelgel s'empare du pouvoir et la famille royale doit s'exiler, errant sur l'île au gré d'alliances changeantes, avant de s'établir dans une nouvelle capitale, Klungkung. Les roitelets locaux en profitent pour s'émanciper davantage. Des États naissent, puis disparaissent, des guerres éclatent, des alliances se nouent et se dénouent à vive allure. À la fin du 18e s., on dénombre neuf royaumes balinais : Klungkung, Karangasem, Buleleng, Jembrana, Tabanan, Mengwi, Badung, Gianyar et Bangli.

Les guerres coloniales

Les Hollandais ont pris pied dans l'archipel indonésien en 1619 en fondant le comptoir de Batavia, l'actuelle Jakarta, devenue la plaque tournante d'un réseau commercial international. Au 19e s., comme leurs rivaux européens, ils ne se contentent plus de lucratifs échanges mais cherchent à se tailler un véritable empire colonial. En 1849, après avoir vaincu la résistance de Buleleng, ils sont solidement implantés dans le nord de Bali, où ils introduisent la culture du café et l'administration coloniale. En 1894, profitant des guerres qui impliquent la plupart des royaumes balinais, ils imposent leur pouvoir sur une grande partie de l'île. Seul le Sud (Tabanan, Badung et Klungkung) résiste encore. Des campagnes militaires en viennent définitivement à bout entre 1906 et 1908.

L'émancipation

Au début du 20e s., alors que la totalité de l'archipel est sous la coupe batave, les différents peuples des Indes néerlandaises – Javanais, Minang, Balinais... – prennent conscience du lien qui les unit. L'idée d'une nation indonésienne commence à faire son chemin, surtout au sein de l'intelligentsia javanaise et sumatranaise. Un certain nombre d'intellectuels

Plafond du Kertha Gosa, Klungkung

balinais rejoignent le mouvement nationaliste. La chute du pouvoir colonial, en mars 1942, donne de grands espoirs aux nationalistes et, dans un premier temps, les Indonésiens font bon accueil à l'armée d'occupation japonaise. Mais la population prend vite la mesure de ses nouveaux maîtres : entre la répression brutale de la police militaire et les privations, les denrées de base étant englouties par la machine de guerre nippone, l'indépendance promise est renvoyée à un futur lointain. En 1945, le ressentiment contre les Japonais est immense, mais l'aspiration à l'indépendance plus grande encore.

Bali et la *revolusi*

Le leader nationaliste Sukarno (1901-1970), que les Japonais ont tiré de l'exil en 1942 pour se concilier les masses populaires de l'archipel, est Balinais par sa mère. Lorsqu'il proclame la République d'Indonésie, le 17 août 1945, les Balinais se mobilisent pour mettre la main sur l'arsenal nippon et s'opposer au retour des Néerlandais. Toutefois, de nombreux insulaires, notamment de haute caste, qui s'étaient fort bien accommodés du pouvoir colonial, restent opposés à l'indépendance, si bien que cette lutte, à Bali, a tout d'une guerre civile. La guerre d'indépendance est centrée sur Java. Les républicains balinais ne rejoignent la lutte qu'après la mort au combat, en 1946, d'un groupe de résistants dirigé par Ngurah Rai. À l'opposé, certains dirigeants balinais prennent parti pour l'"État d'Indonésie orientale" institué par les Néerlandais. Le prince de Gianyar, Ide Anak Agung Gede Agung, en est nommé Premier ministre en décembre 1947. Mais le prince, futur ministre des Affaires étrangères de la République d'Indonésie, se retourne contre les Néerlandais et leur projet fédéral. En décembre 1948, il s'élève contre une action militaire menée par ceux-ci à Java et fait volte-face, précipitant la victoire de l'indépendance, officialisée le 27 décembre 1949.

Les débuts de la République d'Indonésie

Sous la direction du premier président de la République, Sukarno, les gouvernements se succèdent à un rythme soutenu, mais se révèlent incapables de gérer efficacement l'économie nationale, tandis que diverses factions – pro-néerlandaise, islamiste et militaire – multiplient assassinats et rébellions séparatistes. Bali reste loyale à Sukarno, mais elle est ravagée par les vendettas et la criminalité. L'île obtient le statut de province à part entière en 1958, et le tourisme y est encouragé. Mais cette tentative sombre dans le chaos politique des années 1960. De plus, l'éruption meurtrière du plus grand volcan balinais, le mont Agung, en 1963, aggrave encore les conditions économiques et sociales.

Conflits politiques et ordre nouveau

Au cours des années 1950-1960, dans un contexte de guerre froide entre l'Est et l'Ouest, la société balinaise se polarise : la plupart des membres des hautes castes soutiennent le PNI (Partai Nasional Indonesia), tandis que les paysans et ceux qui rejettent le système des castes se tournent vers le PKI (Partai Komunis Indonesia). Avivé par la réforme agraire instaurée en 1960 et tout aussi aigu à Java, le conflit éclate à la suite d'une tentative de coup d'État attribuée aux communistes, le 30 septembre 1965. Le général Suharto prend la tête de la répression et lance une sanglante chasse aux communistes et à leurs "alliés", qui atteint son paroxysme au début de 1966. À Bali, les adhésions aux partis étant décidées collectivement, des villages entiers sont détruits. Les massacres et règlements de comptes font de 500 000 à un million de morts dans l'archipel, dont 80 000 à 100 000 Balinais, et le PKI est anéanti. En 1967, Sukarno est évincé par Suharto (1921-2008). Le nouveau président instaure un système politique autoritaire et centralisé, "Ordre nouveau" (Orde Baru). Le pays est contrôlé par une bureaucratie militaire, et le pouvoir monopolisé par le parti gouvernemental appelé Golkar.

Le fragile équilibre du pouvoir

Dans les années 1990, la gratitude envers les progrès économiques accomplis sous l'égide du régime – grâce aux revenus tirés du pétrole – cède peu à peu le pas à une colère causée par des décennies de népotisme et de corruption. Tandis que les émeutes et tensions religieuses se multiplient, la crise économique asiatique de 1997 ébranle définitivement la légitimité de Suharto. Incapable de faire face à la situation, celui-ci démissionne le 21 mai 1998, au terme de 32 ans de pouvoir. Un de ses proches, le vice-président B. J. Habibie, prend la tête du gouvernement. Il libère la presse et guide le pays vers des élections démocratiques, qu'il perd en octobre 1999. La désignation du quatrième président de l'Indonésie suscite alors le suspens. Megawati Sukarnoputri, fille de Sukarno, est à la tête du Parti démocratique de lutte (PDI-P). Elle jouit d'une forte popularité à Bali, dont elle est originaire. Á la surprise générale, la favorite est devancée par A. Wahid, chef de la Nahdlatul Ulama (NU), la plus grande organisation musulmane d'Indonésie. Mais après 21 mois de conflits ethniques et religieux, l'Assemblée consultative du peuple destitue Wahid, accusé d'incompétence. La présidence du pays est confiée à Megawati Sukarnoputri en 2001.

Une jeune démocratie confrontée au terrorisme

La présidente peine à redresser l'économie et à rétablir la sécurité intérieure. En effet, le 12 octobre 2002, deux attentats attribués à la Jemaah Islamiyah, organisation armée islamiste indonésienne, tuent plus de 200 personnes au Paddy's Bar et au Sari Club, à Kuta (Bali). En septembre 2004, grâce à un amendement de la Constitution, se tient la première élection présidentielle au suffrage direct. Susilo Bambang Yudhoyono, membre du Parti démocrate et ancien militaire, est élu. Il hérite d'une situation politique grevée par des décennies de corruption et d'une économie touristique fragilisée par le terrorisme. Le 1er octobre 2005, un nouvel attentat revendiqué par la Jemaah Islamiyah fait 20 morts à Jimbaran (Bali). Yudhoyono engage un train de réformes afin de stabiliser le pays, assainir son économie et rétablir son prestige international.

Vers l'apaisement ?

La Jemaah Islamiyah est en partie démantelée après l'arrestation de ses principaux leaders. Bali regagne la confiance du tourisme international. Largement réélu en juillet 2009, Yudhoyono poursuit ses efforts pour consolider les institutions démocratiques et sécuriser le pays, et une nouvelle agence de coordination anti-terroriste est créée en juin 2010. Les élections présidentielles de juillet 2014 marquent un nouveau tournant dans l'histoire nationale : Joko Widodo, membre du PDI-P, est élu avec plus de 53% des suffrages. Cet ancien gouverneur de Jakarta, d'extraction modeste, est considéré comme proche des classes populaires. Le jeune chef de l'État s'efforce de relancer l'économie de l'archipel, mais son aura de président du renouveau est ternie par l'exécution de détenus condamnés à mort pour trafic de drogue (une quinzaine en deux ans, dont plusieurs ressortissants étrangers). Ce qui ne l'empêche pas d'être réélu aux élections générales de 2019, face à Prabowo Subianto.

Joko Widodo

ÉCONOMIE

L'île de Bali est l'une des 34 provinces indonésiennes. Une goutte d'eau d'à peine plus de 4 millions d'habitants sur les 260 millions qui font de l'archipel le 4e pays le plus peuplé au monde. Après avoir été largement agricole, en conjuguant riziculture millénaire et plantations coloniales, l'économie balinaise est aujourd'hui accaparée par le tourisme.

Cent ans de tourisme

À peine les derniers royaumes balinais soumis au début du 20e s., la puissance coloniale entreprend de faire de Bali la vitrine touristique de ses possessions indonésiennes. Des liaisons maritimes régulières sont ouvertes entre Bali, Java et Singapour, et le premier hôtel sort de terre en 1928 à Denpasar. Les brochures du Bureau de tourisme des Indes néerlandaises présentent Bali comme un paradis préservé, où la nature et les traditions ont vaillamment résisté à la modernisation. Parmi les visiteurs fortunés qui se rendent dans l'île, certains choisissent de s'y établir, des artistes notamment, qui contribueront à valoriser l'image de ce paradis tropical. Un siècle plus tard, Bali compte encore une forte communauté d'expatriés : 30 000 étrangers y résident en permanence.

Le moteur de l'île

L'île accueille quelque six millions de visiteurs étrangers chaque année, auxquels s'ajoutent près de sept millions de touristes indonésiens. Le secteur touristique et les activités connexes (construction, transports, services, artisanat, etc.) représentent environ 80% de la richesse produite. Non sans poser des défis à la société insulaire. Les Balinais se sont vus progressivement exclus de la conduite de leur économie par des investisseurs indonésiens et étrangers. Et si la construction de résidences hôtelières va bon train, les infrastructures, tel le réseau routier, peinent parfois à suivre. La spéculation immobilière et la corruption se sont généralisées. La question écologique – érosion des plages, manque d'eau potable, accumulation des ordures – est devenue un enjeu majeur pour préserver l'attractivité de l'île. De nouvelles règles, pas toujours strictement appliquées, délimitent désormais des espaces – paysages emblématiques, abords des temples – où la construction est limitée. Des équipes de plusieurs centaines d'employés sont chargées d'entretenir les plages les plus touristiques et de les débarrasser des déchets laissés par les visiteurs. Alors, à vous aussi de faire un effort pour diminuer votre empreinte écologique : ne demandez jamais de sac plastique, privilégiez les bouteilles en verre... et choisissez de boire votre cocktail sans paille.

L'HINDOUISME BALINAIS

Chaque matin, le rituel est immuable. Des monceaux d'offrandes sont déposés devant les temples des villages ou au pied des modestes autels qui veillent à la prospérité des rizières. L'affaire est d'importance : il s'agit ni plus ni moins de préserver l'équilibre cosmique par l'efficacité symbolique des rites.

Hindouisme et tradition

Bali se présente volontiers comme un îlot hindou dans une Indonésie très majoritairement musulmane. Mais la religion insulaire combine animisme, culte des ancêtres et éléments du bouddhisme tantrique à la cosmologie et au panthéon hindouistes. Alors qu'en Inde, les temples portent le nom d'un dieu, ceux de Bali sont souvent appelés "temple du village" ou "temple du *subak*" (association d'irrigation)... Contrairement aux préceptes de l'hindouisme, ce ne sont pas des brahmanes qui officient dans les sanctuaires populaires, et l'on y voit davantage de fleurs et d'offrandes que d'images sacrées. Plutôt que les divinités, dont les fidèles ignorent généralement les noms, c'est l'accomplissement des rites qui compte. Par leur visite quotidienne au temple, dans un joyeux brouhaha de kermesse, les Balinais entendent contribuer à la stabilité du monde : dans ce lieu saint fréquenté depuis des générations par leur famille, ils s'inscrivent dans une lignée. Dans le temple du village, ils retissent chaque jour le lien qui les relie à leurs voisins et, dans celui du *subak*, ils s'enracinent dans un territoire.

Cérémonie au Pura Gunung Kawi

Panthéon

Parallèlement à la religion populaire, il existe un hindouisme "savant", avec ses textes sacrés, ses prêtres brahmanes, ses dieux et ses déesses qui viennent, de façon abstraite, chapeauter les divinités locales.

Un dieu suprême Pour les Balinais, la croyance en un dieu suprême est une nécessité politique. Dans son article 29, la Constitution indonésienne stipule en effet que "l'État est fondé sur la foi en un Dieu un et unique". Pour se conformer à ce cadre monothéiste, qui leur garantit la liberté de culte, les Balinais mettent en avant Atintya, alias Sang Hyang Widi Wasa, le "Tout-Puissant", souvent associé au dieu Soleil (Surya) ou à Siwa (Shiva) rayonnant.

La trinité hindouiste (Trimurti) Elle est composée de Brahma le créateur, de Wisnu (Vishnou) le protecteur et de Siwa (Shiva) le destructeur. Les Balinais ont doté ces dieux de caractères locaux. Brahma habite le feu de la cuisine, Wisnu féconde Sri, la déesse du Riz, tandis que Siwa est le plus puissant. À ces dieux sont associées des divinités féminines. Saraswati, épouse de Brahma, est la déesse de la Connaissance. Dewi Sri, parèdre de Wisnu, est la déesse du Riz par excellence. Durga, chargée du pouvoir destructeur de Siwa, règne, elle, sur les morts et les esprits maléfiques. Les adeptes de la magie la révèrent secrètement sous le nom de Rangda.

Divinités de la nature Des dieux puissants règnent sur les volcans, et des déesses sur les lacs. Partout, des autels permettent de leur rendre un culte sans avoir à se déplacer jusqu'aux sanctuaires de montagne où sont rassemblés les autels suprêmes (*meru*), visités lors des grandes cérémonies. Les *pura segara* sont consacrés aux dieux de la Mer, auxquels ont affaire pêcheurs et habitants du littoral. Sur les plages, également, des rites sacrificiels apaisent la mer, purificatrice mais polluée par les cendres des défunts – et redoutée car elle apporte les épidémies, invasions et autres malédictions envoyées par le roi des démons, Jero Gede Macaling, chassé de Bali et réfugié dans l'île satellite de Nusa Penida. À ce panthéon s'ajoutent des nymphes célestes dont il faut obtenir la protection, et des esprits souterrains qu'il convient d'apaiser par des offrandes et sacrifices, parfois associés à des rituels de possession.

LES PRÊTRES

Les grands prêtres appartiennent, pour la plupart, à la caste des brahmanes. Ces quelque 300 *pedanda* sont les gardiens de la tradition savante. Leur savoir se transmet de maître à élève. Ils ne sont pas attachés à un sanctuaire, mais possèdent une "clientèle" fidèle à laquelle ils fournissent l'eau lustrale indispensable aux rituels. Les temples populaires sont servis par des *pemangku*, toujours vêtus de blanc, qui peuvent appartenir à n'importe quelle caste. À ces deux catégories de prêtres s'ajoute celle des médiums guérisseurs, les *balian*, qui font parler dieux, esprits et défunts lors de leurs transes.

Ancêtres déifiés Excepté certains princes, les défunts se fondent dans l'Ancêtre anonyme, après avoir été rituellement libérés de leur identité humaine. Les malheurs sont souvent imputés à un oubli dans le culte des ancêtres.

Offrandes rituelles

Toutes les divinités reçoivent leur part d'offrandes, afin que l'énergie soit répartie équitablement entre les forces qui animent l'univers. Si les esprits souterrains semblent apprécier l'alcool, le cru, le pourri et le fané, on réserve le beau et le bon aux divinités célestes. La chique de bétel, ou *porosan*, est l'ingrédient fondamental de toute offrande. Les plus courantes réunissent dans un joli tressage triangulaire ou circulaire une chique de bétel, des fleurs, du parfum et de l'argent. Construit pour certains rites de passage et fêtes de temple, le *penjor* est un bambou orné, dont le bout recourbé évoque la queue de Barong, animal fabuleux mi-lion, mi-chien. À son extrémité pend un tressage raffiné, le *sampian*. Complexes modelages en pâte de riz colorée fixés sur un cadre de bambou tendu de tissu, les *sarad* représentent différents éléments de la cosmologie balinaise – tels la tortue Bedawang Nala et le dragon Basuki, qui soutiennent l'Univers. Si la plupart des compositions sont réalisées par des femmes, certaines, comme le *sate gede*, ou "grande brochette", sont l'œuvre exclusive des hommes. Nombre de symboles, tels que les armes des dieux, se cachent dans ces étonnants agencements de couenne de porc sculptée, de tripes ouvertes en parasols ou étirées en bannières, de piments rouges, voire de coquilles d'œuf, surmontant une tête de porc.

GRANDES OFFRANDES

Lors de l'*odalan*, chaque famille porte en offrande au sanctuaire un tronc de bananier sur lequel sont piqués des fruits, des gâteaux, parfois des œufs durs ou un poulet, le tout surmonté d'un arrangement floral. Une fois consacrée (et consommée symboliquement par la divinité), cette composition appelée *gebogan* s'en retournera pour être partagée par la maisonnée. Parfois très lourde, elle doit satisfaire aux lois de l'équilibre, à celles de l'esthétique et aux goûts culinaires de ses consommateurs.

La fête de temple, ou *odalan*

Durant votre séjour, vous aurez certainement l'occasion d'assister à de chatoyantes et joyeuses processions à travers les campagnes. Les fidèles se rendent au temple célébrer l'anniversaire de sa fondation. C'est l'*odalan*, hommage rendu au dieu qui, pour l'occasion, vient habiter son sanctuaire. Chaque famille transporte alors de hautes offrandes de fleurs, de fruits et de gâteaux piqués sur un tronc de bananier, qui seront consacrées, puis consommées à leur retour à la maison. Les rites comprennent des processions circulaires autour de l'autel central et une prière collective suivie d'aspersion d'eau lustrale et d'une distribution de riz bénit que les fidèles appliquent sur leurs tempes. L'*odalan* donne également lieu à des sacrifices et à des danses. À proximité du temple s'installe, le temps de la fête, une kermesse avec ses colporteurs et ses étals de nourriture. La nuit est consacrée aux jeux d'argent et aux spectacles. Ainsi, les combats de coqs sont autorisés en tant que sacrifice sanglant aux esprits souterrains.

Rites funéraires

Aux yeux des Balinais, l'existence est une succession de vies, de morts et de renaissances (*samsara*), qui ne prend fin qu'avec le *moksa*, ou délivrance ultime, quand l'individu se fond à tout jamais dans le macrocosme. Les rites de passage facilitent les étapes de la vie terrestre et les rites funéraires ouvrent le chemin vers l'au-delà. Aussi la crémation est-elle le devoir essentiel de chacun envers ses parents défunts. Si, en Inde, elle intervient immédiatement après la mort, à Bali, en attendant le moment faste ou le temps de réunir la somme nécessaire, les cadavres sont enterrés – ou embaumés pour ceux des prêtres et des nobles, trop purs pour être en contact avec la terre. L'incinération est une fête joyeuse, car elle va libérer l'âme de son enveloppe charnelle. Les restes du défunt sont portés jusqu'au champ de crémation dans un palanquin marquant son rang. Ses cendres seront rassemblées en forme de corps humain, puis enfermées dans une noix de coco et confiées à un fleuve ou à la mer, censés les conduire au Gange. L'âme du mort, qui jusque-là errait dans le cimetière, est alors accueillie au pavillon oriental de l'enclos familial. Douze jours après la crémation – parfois plusieurs années –, on inscrit le nom du défunt sur une feuille de *lontar*, qui est brûlée et dont les cendres sont jetées à la mer. Ainsi libérée de son identité individuelle, l'âme peut se fondre dans la divinité ancestrale anonyme et être accueillie au temple familial.

Offrandes de fleurs

SOCIÉTÉ

La société balinaise est extrêmement codifiée. Tout est affaire d'équilibre et d'harmonie. En ignorer ou enfreindre les règles risque de mettre en péril l'ordre du monde. Aussi toutes les institutions communautaires ont-elles des fonctions civiles et religieuses.

Les calendriers balinais

Au calendrier grégorien, que suivent le rythme scolaire et les fêtes nationales, s'ajoutent le calendrier *saka*, hérité du système indien, qui régit les cycles agraires, et le *pewukon*, plus ésotérique. La date de la fête anniversaire de chaque temple est fixée en fonction de l'un ou l'autre de ces deux calendriers traditionnels. Le premier respecte les cycles lunaires, chacun de ses 12 mois débutant après la nouvelle lune et comptant de 29 à 30 jours. Pour rester en concordance avec l'année solaire, on ajoute un treizième mois tous les 30 mois. Plus complexe, le second superpose dix cycles (le premier d'un jour, le deuxième de deux jours et ainsi de suite jusqu'à dix jours) sur une période de 210 jours – découpée en 30 semaines de sept jours. Mais ce calendrier ne chiffre ni les dates ni les années. Il est surtout utilisé pour la divination : le type de conjonction des cycles détermine les auspices de chaque jour.

Les castes

Les Balinais observent un système de quatre niveaux héréditaires, introduit par les Indo-Javanais de Majapahit au 14e s. Chaque individu appartient par sa naissance à l'un d'eux et ne peut en sortir le temps de sa vie terrestre. Tout autant qu'une hiérarchie sociale, il s'agit d'une hiérarchie rituelle fondée sur le degré de pureté. Au sommet figurent les *Brahmana* (lettrés et religieux, détenteurs du pouvoir spirituel), suivis des *Satria* (guerriers et tenants du pouvoir temporel) et des *Wesia* (fonctionnaires). Ces trois castes "nobles", ou *triwangsa*, comptent pour 10% de la population. Le reste de la population forme la caste roturière des *Sudra*. Avec l'uniformisation des modes de vie, les différences de castes ont tendance à s'estomper.

La langue

Le système des castes exige d'adapter son vocabulaire au rang de son interlocuteur. Un Balinais de caste inférieure devra user d'un niveau de langue recherché s'il s'adresse à un individu de caste supérieure, tandis que celui-ci lui répondra en balinais familier. Les distinctions entre les castes s'estompant, les Balinais tendent à employer la langue soutenue dans des situations formelles ou lorsqu'ils s'adressent à des gens dont ils ignorent la caste, et la langue familière dans le cercle des parents et des amis. Enfin, c'est en *bahasa indonesia*, la langue nationale dérivée du malais

École de danse traditionnelle, Ubud

et enseignée dans les écoles, que se font les échanges commerciaux ou avec l'administration.

Les noms

Ils en disent long sur la position sociale et familiale. La plupart des Balinais portent un nom, précédé de *I* pour les hommes, de *Ni* pour les femmes, qui les désigne comme premier né (*Wayan*, *Putu* ou *Gede*), cadet (*Made*, *Kadek*, *Nengah*), troisième (*Nyoman*, *Komang*) ou quatrième né (*Ketut*), puis on recommence la série avec les suivants. Les aristocrates bénéficient de titres honorifiques. *Cokorda* et *Dewa* s'appliquent aux *Satria*. *Ida* distingue les brahmanes, *Gusti* les *Wesia*, et *Anak Agung* les princes, y compris d'origine *wesia*.

L'association de quartier, ou *banjar*

Chaque village coutumier abrite un ou plusieurs *banjar*, ou associations de quartier – à l'origine, un hameau avec son temple et son autel. Particulières à Bali, ces communautés de voisinage règlent les affaires locales selon leur propre constitution, ou *adat*. Rares sont ceux qui osent braver les décisions du *banjar*. Celles-ci sont prises par un conseil d'hommes mariés, qui se réunit tous les 35 jours dans le pavillon de quartier, le *bale banjar*. L'association possède un chef élu, un trésorier et donc une caisse. Alimentée par les cotisations, amendes et bénéfices des entreprises et propriétés communales, comme les troupes artistiques, celle-ci permet aux membres du *banjar* d'emprunter. L'appartenance à ces communautés de voisinage est une affaire de vie et de mort et même d'au-delà. Lors des funérailles, ni le défunt ni sa famille ne peuvent se passer du concours du *banjar*, rassemblé pour les rites funéraires par le battement du *kulkul*, la grande cloche de bois qui sert aux communications importantes. Le *banjar* prend également part aux préparatifs de mariage et à l'entretien des temples.

L'eau des rizières est un bien communautaire

La société d'irrigation, ou *subak*

Le volcanisme n'a pas façonné seul les paysages de l'île. Au fil des générations, les paysans balinais en ont modelé le relief, déboisant et creusant des canaux d'irrigation pour pouvoir étager leurs rizières au flanc des collines. La gestion des ressources hydrauliques a donné naissance au système des *subak*. L'île compte plus d'un millier de ces associations, chacune regroupant tous les paysans dont les champs sont alimentés par la même source ou le même canal. C'est une structure démocratique dont les membres se retrouvent régulièrement pour coordonner les travaux agricoles, planifier la distribution d'eau et l'entretien du système d'irrigation. Sans oublier les indispensables offrandes rituelles aux autels et temples dédiés à la déesse du lac Batur, à la déesse du Riz, à la Terre-Mère et à d'autres divinités agraires. Ce système a fait des Balinais les meilleurs agriculteurs de l'archipel indonésien.

Le café-épicerie, ou *warung*

Échoppe en dur ou simple étalage de marchandises sur une table, le *warung* est un pivot de la vie du village ou du quartier. On s'y réunit pour commenter les nouvelles, échanger les derniers potins ou faire part de ses misères à un auditoire toujours attentif. On y trouve les boissons alcoolisées traditionnelles (vin et alcool de riz, vin de palme) et une authentique cuisine locale. La confiance est de mise : le client se sert librement et déclare ce qu'il a pris au moment de partir. Mais une tricherie ne passerait pas inaperçue et serait extrêmement mal vue.

ARCHITECTURE

Pour les Balinais, tous les aspects de la vie reflètent les trois niveaux de l'ordre cosmique : le royaume des puissances célestes et de la montagne, celui des esprits souterrains (mer et sous-sol), et au milieu, celui des humains et des terres cultivées. À ces derniers d'accomplir les rites garantissant ainsi l'équilibre universel. Le plan des villages et des constructions, profanes ou sacrées, répond à cette exigence.

L'harmonie dans la maison

En concevant un homme standard, le *Modulor*, dont les mesures servaient d'étalon à ses constructions, l'architecte suisse Le Corbusier n'avait rien inventé ! En effet, la tradition balinaise veut qu'avant de bâtir une maison, on demande à un prêtre de purifier le terrain et de prendre les mesures de son propriétaire afin d'assurer l'harmonie entre le nouvel espace et son occupant. Une petite mesure dite "vitale" est ajoutée partout pour faire symboliquement respirer la structure. Les effets positifs ou néfastes de ces proportions magiques sont dûment répertoriés, si bien qu'en cas de malheur ou de mésentente entre ses habitants, la maison peut être incriminée et remaniée.

ORDRE SPATIAL ET MOUVEMENT COSMIQUE

L'amont, *kaja*, positif et divin, s'oppose à l'aval, *kelod*, négatif et impur, à l'image de l'eau d'irrigation qui se pollue en s'éloignant de sa source. Naissance et mort du Soleil ajoutent une hiérarchie de l'est, *kangin*, à l'ouest, *kauh*. Espace et temps se confondent : la montagne est le siège des ancêtres, la mer le lieu où se dissolvent les cendres humaines. Le mouvement est un cycle ; de même que l'eau de mer s'évapore et revient en pluie, les âmes retournent au réservoir et se réincarnent.

L'enclos familial

Il abrite plusieurs foyers et générations et s'organise selon les deux axes de la cosmogonie hindo-balinaise : amont-aval et est-ouest. Espace le plus pur, l'angle amont-est est réservé au temple domestique, où sont vénérés les ancêtres, le *taksu* (qui préside aux entreprises humaines) et le Soleil. Le petit autel de l'amont-ouest reçoit les offrandes à l'esprit gardien. Le chef de famille réside dans le pavillon de l'amont, qui comprend un placard destiné aux objets précieux. Le pavillon oriental est réservé aux cérémonies. Celui de l'ouest peut accueillir le foyer d'un cadet ou d'un fils. Si la famille s'agrandit, on construira en aval-ouest un bâtiment annexe, soit en parpaings, soit en matériaux végétaux traditionnels. Derrière s'élève le grenier à riz, demeure sacrée de Dewi Sri. Considérés comme impurs, la cuisine, les lieux d'aisance et la porcherie sont situés en aval, dans un espace “bas”. Une enceinte basse est indispensable à la protection magique de l’enclos. L’entrée voisine souvent avec la cuisine, afin que les femmes puissent la surveiller, et pour que l’on puisse brûler au feu de Brahma les impuretés du dehors avant de rentrer chez soi. Devant l’entrée sont disposées des offrandes, tandis qu’en retrait, un pan de mur-écran barre la route aux esprits maléfiques, qui ne savent qu’aller tout droit.

Le village (*desa*)

Lui aussi déterminé par la cosmologie hindo-balinaise, le plan des villages suit un axe amont-aval, du pur vers l’impur. Côté montagne s’élève le temple des Origines (*pura puseh*), dédié aux dieux tutélaires et aux fondateurs de la communauté ; au centre, le temple communal (*pura desa*) côtoie un grand pavillon de réunion (*bale agung*), tandis qu’en aval, le temple des Morts (*pura dalem*) voisine avec le cimetière et le champ de crémation, comme les temples de la Mer (*pura segara*).

LE PAVILLON TRADITIONNEL

Le pavillon surélevé, ou *bale*, est la structure de base. Ses hautes fondations en pierre, héritées des monuments hindo-bouddhiques de l’ancienne Java, le distinguent du pavillon sur pilotis, prédominant en Asie du Sud-Est. Considérés comme vivants, à l’instar de toute production humaine, les *bale* sont consacrés et alimentés par des offrandes. Le souffle vital circule dans leurs articulations, emboîtées ou nouées, jamais clouées. Leur toit de chaume ou de tuile repose sur des piliers en jaquier ou en teck, enchâssés dans un bloc de pierre. Chaque détail est symboliquement tripartite. Par souci d’aération et mesure antisismique, les murs sont de simples cloisons amovibles. Le sol des pavillons utilitaires est souvent en terre battue, celui des autres *bale* cimenté ou carrelé.

Les temples (*pura*)

À l’exception des petits sanctuaires domestiques, la plupart des complexes cultuels sont divisés en trois cours, séparées par de grands porches symbolisant les trois parties (pied, flanc, sommet) de la Montagne sacrée. Un porche bipartite, ou porche fendu (*candi bentar*), en marque l’entrée. La première cour (en bas) abrite souvent deux pavillons. Légèrement plus haute, la cour médiane s’ouvre derrière un porche monumental (*kori agung*) dont le linteau porte un monstre protecteur, le Boma. Elle réunit des pavillons destinés au rangement, à l’orchestre, à la cuisine, ainsi que la tour de *kulkul*. Dans la troisième cour, la plus haute, s’élèvent plusieurs autels et *meru*, pagodes dont le nombre de toits superposés (toujours impair, jusqu’à 11) dépend du statut de la divinité.

Les autels

On les désigne sous le terme générique de *pelinggih* (siège). La plupart se présentent sous la forme d’un “placard” à toiture monté sur pilotis et de hautes fondations, recevant les éventuelles effigies, les offrandes et l’eau

Porche fendu (*candi bentar*) d'un temple

qui sera consacrée par la divinité. Ceux qui sont dédiés aux ancêtres ont deux ou trois portes, fermées en dehors des rites. L'autel du *taksu*, l'Inspiration divine, se présente comme une niche ouverte. Dans les rizières, en rappel de la Montagne sacrée, le toit de chaume est effilé en chapeau de sorcière. D'autres, enfin, sont coiffés d'une poterie. Le *padmasana*, trône de lotus, aurait, lui, été introduit au 16ᵉ s. par le prêtre javanais Danghyang Nirartha, mais sa construction s'est généralisée au 20ᵉ s. Il est dédié au dieu suprême, souvent en tant que dieu Soleil. Les *padmasana* les plus élaborés arborent les symboles cosmogoniques de la tortue porteuse de l'Univers, enserrée par des serpents-dragons *naga*. Quant aux hauts *meru* aux toits en fibre de palmier, ils ornaient déjà, au 15ᵉ s., les bas-reliefs des sanctuaires hindous de Java.

TOURS DE *KULKUL*

Dans les temples, les palais et les lieux publics, un ou plusieurs tambours de bois fendu, nommés *kulkul*, sonnent le rassemblement pour les réunions et les cérémonies, et l'alerte pour les incendies ou les dangers surnaturels. Leurs signaux rythmiques varient selon les besoins et les coutumes locales. Les *kulkul* sont accrochés à un arbre ou installés dans une tourelle. Souvent dressée dans l'angle d'un mur d'enceinte, cette dernière peut être très sobre ou richement décorée, et son accès est volontairement acrobatique.

ARTS DE LA SCÈNE

Théâtre, danse, marionnettes, musique... le spectacle fait partie de la vie quotidienne des Balinais. Avec les représentations des grandes épopées indiennes, les divinités hindoues y figurent en bonne place pour rappeler à l'auditoire ses devoirs. Mais sont aussi mis en scène des personnages issus de la tradition locale, qui ne se privent pas de dire leurs quatre vérités aux puissants dans une langue populaire.

Wayang kulit

De l'action, du drame, du rire et des chansons : le théâtre d'ombres balinais est un spectacle total. C'est aussi la forme artistique la plus sacrée. Si vous en avez l'occasion, ne manquez pas d'assister à une représentation. Même si vous ne comprenez pas toute l'intrigue, vous vous laisserez emporter par la magie de ces silhouettes qui évoluent en ombres chinoises au rythme du gamelan. Le *dalang* C'est le maître marionnettiste. Il confectionne lui-même ses figurines articulées, découpées dans une feuille de cuir, qu'il est le seul à faire se mouvoir à l'aide de baguettes. Il leur prête sa voix, changeant d'intonations pour chaque personnage. Et, de son pied armé d'un marteau de bois, il conduit l'orchestre. Car s'il est maître à bord, le *dalang* n'est pas seul. Il dirige une troupe, qui peut compter une quarantaine de personnes, souvent membres d'une même famille : musiciens du gamelan, chœur de femmes, sans oublier les "techniciens" chargés de monter le chapiteau. **Une tradition savante** Le *wayang kulit* puise ses thèmes dans les deux grandes épopées indiennes, le *Mahabharata* et le *Ramayana*, qui illustrent toutes deux le combat entre les forces positives et les forces négatives de l'Univers. Sur un fond d'enseignements moraux et spirituels se greffent des séquences annexes au ton plus léger. En effet, comme dans tout le théâtre balinais traditionnel, les personnages principaux s'expriment en *kawi*, la langue littéraire ancienne de Java, incomprise du public. Leurs paroles sont traduites en balinais par leurs valets, qui s'autorisent de longs intermèdes comiques. L'un de ces bouffons est Semar, qui épice ses commentaires de remarques drôlatiques sur les puissants. Même sous la dictature de Suharto, les autorités ne purent faire taire cette voix subversive. Il faut dire que Semar s'exprime en balinais populaire, une langue que ne parlaient pas les censeurs javanais.

Gambuh

Le *gambuh* est considéré comme l'ancêtre des formes théâtrales et chorégraphiques classiques balinaises, auxquelles il a légué mise en scène, style d'interprétation, thèmes musicaux, costumes... C'est l'ancien théâtre chanté de cour, qui faillit disparaître après l'indépendance. Quelques troupes de passionnés entretiennent cette tradition qui remonte au 16e s.

LES ÉPOPÉES INDIENNES

Le *Mahabharata* oppose dans une lutte à mort les deux branches d'une famille royale du nord de l'Inde : les cinq frères Pandawa et leurs cent cousins Kaurawa, usurpateurs du trône. Chacun des Pandawa incarne une des qualités majeures de l'être humain. Ainsi, Bima, féroce guerrier un peu fruste, personnifie le courage. Le *Ramayana* met en scène le prince Rama, incarnation du dieu Wisnu, exilé dans la forêt après avoir été déshérité, qui voit son épouse Sita enlevée par Ravana, le roi des *raksasa* (démons). Il la délivrera avec l'aide du dieu-singe Hanuman et de son armée.

en se produisant dans les temples auxquels elles sont affiliées. Le *gambuh* s'appuie sur le cycle des aventures du prince Panji pour conter les rivalités entre vassaux de Majapahit et les fastes des cours javanaises. Panji est le modèle du héros indo-javanais, guerrier patriote, fin danseur et amoureux fidèle. À chaque épisode, il perd et retrouve sa bien-aimée Galuh. Servie par sa confidente *condong*, celle-ci est l'archétype de la princesse vertueuse et malheureuse. L'histoire choisie dépend du type de rituel et s'y mêle étroitement. Soutenues par d'archaïques percussions javanaises, les grandes flûtes et la vièle *rebab* dominent l'orchestre du *gambuh*.

Wayang wong

Le *wayang wong*, ballet de masques inspiré du *Ramayana*, est une transposition chorégraphique du *wayang kulit*. Les danseurs imitent les postures des marionnettes sur une musique identique à celle du théâtre d'ombres. Exécutées par de simples fidèles, les rares représentations ont lieu dans un contexte rituel, en particulier lors des *odalan* des temples qui possèdent des masques de *wayang*. Généralement, chaque spectacle ne développe qu'un seul épisode de l'épopée. Rawana, roi des géants *raksasa*, est l'un de

Spectacle de *wayang wong*, Tekajula

ces personnages violents et vulgaires que le théâtre traditionnel confronte aux héros aimables et raffinés. Les quatre valets du *wayang wong* sont ceux du *wayang kulit*. Tualen et Merdah y servent Rama, Delem et Sangut obéissent à Rawana. La gestuelle qui marque leur soumission à leur maître est encore utilisée dans la vie quotidienne par les roturiers en présence des aristocrates. Une armée de primates dirigée par Anoman (Hanuman), le singe blanc, aide Rama à vaincre les *raksasa*. Chaque singe possède un nom, une coiffe et un style de danse particulier. Anoman est le plus "humain" et surtout le meilleur acrobate, car il est censé voler dans les airs.

Topeng

Ce théâtre masqué met en scène les généalogies et chroniques semi-légendaires des clans et dynasties de l'île pour délivrer des messages spirituels et moraux. Les masques pleins sont réservés aux personnages du roi, du grand prêtre et des hauts dignitaires ; les demi-masques aux valets, petites gens et rôles comiques. Avant le spectacle, les artistes se prosternent devant l'autel du *taksu*, l'Inspiration divine, et un danseur initié présente des offrandes aux masques. Le *topeng pajegan*, dans lequel un seul acteur-danseur revêt alternativement tous les masques, est réservé aux cérémonies religieuses. Le *topeng prembon* est un mélange moderne de *topeng* et d'opéra balinais.

L'imagination au pouvoir Les spectacles, toujours improvisés, s'adaptent au contexte, rituel ou festif, et au public. En coulisse, les acteurs choisissent une histoire. Puis les valets règlent les entrées et sorties des autres personnages, prêts à improviser un intermède comique. Ils introduisent notamment le souverain, *Dalem*. Lui succèdent les masques *bondres*, qui figurent les tares attribuées au petit peuple. Bègue, hypocondriaque ou coquette ridicule, ils caricaturent parfois une personne connue de l'assistance. En sermonnant les *bondres*, les valets instruisent le public et font entrer l'actualité locale dans la mise en scène.

Legong

Avec ses postures codifiées, ses enchaînements de pas complexes, sa gestuelle fixe et stylisée à l'extrême et l'abstraction de sa mise en scène, le *legong* est une pure chorégraphie. Censé représenter le ballet des nymphes célestes, il puise dans la même littérature indo-javanaise que le *gambuh*. Il met en scène trois danseuses (jadis des fillettes de 8 à 12 ans). Celle qui ouvre le spectacle en solo avec une danse virtuose incarne une *condong*, dame de compagnie à la cour. Elle saisit ensuite deux éventails qu'elle remet aux deux autres danseuses, vêtues de costumes identiques et interprétant des princesses. Celles-ci exécutent une danse abstraite en miroir avant d'entrer dans l'action, avec une chorégraphie bien plus réaliste. Une longue bandelette enserre leur buste. Les éléments importants de leur costume et leur coiffe ornée de fleurs de frangipanier sont en cuir ouvragé et doré.

LE GAMELAN

Originaire de Java, cet ensemble instrumental où prédominent les percussions a fait la célébrité de Bali. À l'opposé de l'orchestre occidental, il est conçu comme un seul instrument, éclaté en plusieurs pièces pour être joué collectivement. À Bali, on recense 25 types de gamelan, de tailles diverses. Constitué d'instruments inséparables (gongs, tambours, métallophones et xylophones), fabriqués simultanément, chacun d'eux possède son accord particulier. Chaque village en entretient au moins un. La musique n'est jamais donnée pour elle-même. Elle conserve sa fonction de support des rituels et des spectacles de divertissement. Les interprètes ne sont pas professionnels : ce n'est qu'une des nombreuses contributions de ces "citoyens" aux fêtes de leur communauté. Ils mémorisent par imitation, sans partition.

Barong et autres formes de théâtre dansé

La danse du *barong*, dont Batubulan (p.137) est le fief le plus réputé, oppose le Barong, animal fabuleux qui veille chaque village balinais, à la sorcière Rangda – deux puissances ambivalentes, à la fois protectrices et destructrices, responsables des épidémies et autres catastrophes comme de leur prévention. Il existe aussi des danses guerrières (*baris*) et des danses de dévotion aux dieux (*rejang*) exécutées dans l'enceinte des temples lors des *odalan*. Enfin, le *kecak* est une création récente illustrant un épisode du *Ramayana* : l'armée des singes commandée par Hanuman aidant Rama à délivrer son épouse Sita des griffes du démon Ravana.

Gong kebyar

Quand les gamelans classiques sont passés des palais ruinés aux communautés villageoises, nombre d'entre eux ont été refondus pour constituer des *gong kebyar*, un gamelan populaire né en 1915. Voué au divertissement, libéré des contraintes du rituel et du théâtre, le répertoire virtuose, de style rhapsodique et explosif, du *gong kebyar* a introduit le concept d'une "musique pure", bientôt associée à une "danse pure". Le *gamelan gong kebyar* a repris les répertoires des gamelans classiques et s'est substitué à ces orchestres dans le rituel et la musique de scène. En retour, le style *kebyar* a été adopté par les autres gamelans.

Danseuses de *legong*

ARTS PLASTIQUES

À Bali, les arts plastiques se portent bien. Mais si la sculpture ne s'est guère écartée de l'iconographie traditionnelle, la peinture contemporaine puise à la fois dans les modèles indo-javanais et occidentaux.

La sculpture

Les évolutions politiques et religieuses n'ont guère affecté les thèmes iconographiques de la sculpture balinaise. Le tourisme promettant toutefois de nouveaux débouchés aux artisans, ceux-ci ont une tendance croissante à exploiter des thèmes profanes.

Sculpture classique La fonction symbolique et sacrée d'un motif détermine le style, le choix des matériaux et l'emplacement final de l'œuvre. Ainsi des statues de démons gardent-elles l'entrée des temples pour effrayer les forces maléfiques et les êtres impurs, de corps ou d'esprit. Dans les édifices, les oiseaux divins sont placés en hauteur, près du royaume des dieux, tandis que scènes infernales et démons hideux sont sculptés à la base des murs des temples, au plus près de la terre, domaine des esprits maléfiques. L'influence indienne domine l'iconographie de la sculpture sur pierre. En revanche, celle de la Chine est forte dans le travail du bois ; en témoignent des motifs comme les lions ailés et masques de Barong.

Production moderne Parmi les grands noms de la sculpture balinaise moderne figure Ida Bagus Nyana (1912-1985), dont l'œuvre est largement empreinte de motifs animistes. Maître du style étiré des années 1930, cet artiste est revenu ensuite à des figures plus ramassées. Son fils, Ida Bagus

Peintre en résidence à la fondation ARMA, Ubud

Tilem de Mas (1936-1993), l'un des principaux sculpteurs de l'après-guerre, est réputé pour son usage ingénieux des torsions naturelles du bois. L'art mégalithique de l'époque pré-hindouiste a inspiré l'un des sculpteurs sur pierre les plus renommés d'Ubud, Wayan Cemul (1927-2012).

La peinture omniprésente

Dans les galeries, les boutiques ou au coin des rues, la peinture balinaise s'expose volontiers. Elle s'exporte même, en Asie, en Europe ou aux États-Unis. Sa palette séduisante et son charme poétique en ont fait une invitée de marque dans les intérieurs du monde entier.

Les tenants de la tradition La communauté de peintres du village de Kamasan (p.180), dans l'est de l'île, perpétue un style pictural en vogue dans les cours royales du 18e s. Les thèmes abordés témoignent d'une influence majeure du royaume de Majapahit (13e-16e s.) : des scènes empruntées aux grandes épopées indiennes, *Mahabharata* et *Ramayana*, réalisées dans une esthétique proche de celle du théâtre de marionnettes. Ce style, appelé *wayang*, est admirablement représenté sur les plafonds du Kertha Gosa, pavillon officiel du palais royal de Klungkung (p.178).

La peinture contemporaine Comme la sculpture, la peinture balinaise avait jadis une vocation religieuse : enseigner les mythes et renforcer les rites. Son renouveau s'est opéré au 20e s. sous l'impulsion d'artistes occidentaux, tels l'Allemand Walter Spies (1895-1942), établi à Bali à partir de 1927, et le Néerlandais Rudolf Bonnet (1895-1978), qui passa une grande partie de sa vie à Ubud. Ces deux artistes ont révolutionné la peinture balinaise en introduisant des thèmes profanes (paysages, portraits...) et de nouveaux supports, et ils lui ont donné une visibilité internationale.

Les "Jeunes Artistes" de Penestanan Dans les années 1950, le peintre hollandais Arie Smit (1916-2016) suscite une floraison de talents en distribuant toiles et couleurs aux enfants. Il contribue ainsi à fonder une école de peinture "naïve", qui saisit des scènes de la vie quotidienne en usant d'une palette éclatante. De nombreux ateliers du village de Penestanan (p.113) perpétuent ce style.

Les peintres de Pengosekan Ce village limitrophe d'Ubud (p.115) a vu naître, dans les années 1960, un style pictural attaché à la description de la nature, avec des couleurs plus subtiles et des effets de gros plan : oiseaux multicolores, papillons, insectes se détachent ainsi sur le foisonnement de la flore tropicale.

Aujourd'hui Le peintre contemporain le plus en vue est sans doute Made Wianta (né en 1949), dont l'œuvre abstraite est marquée par des motifs démultipliés, des contours et géométries imbriqués et des couleurs chaudes.Toutefois, la peinture balinaise actuelle relève plutôt d'une production artisanale de masse, à laquelle se consacrent des villages entiers. Les peintres utilisent les mêmes motifs. Le style en devient stéréotypé, caractérisé par un remplissage de l'espace et des lignes appuyées.

ARTISANAT

Un séjour à Bali est une perpétuelle tentation d'ouvrir son portefeuille. L'artisanat est partout et généralement séduisant. Pour peu que l'on se détourne des produits standardisés – et parfois importés – et que l'on privilégie les objets traditionnels. Ils sont le plus souvent liés aux pratiques rituelles populaires. Un petit supplément d'âme que vous pourrez rapporter avec vous (p.311).

La vannerie

Bonne nouvelle ! Malgré l'intrusion du plastique, du verre et du métal, les feuilles et les fibres tressées restent un matériau idéal pour quantité d'objets rituels ou quotidiens. Simple plateau de bambou lâchement tressé, le *tamis miyu* sert à trier le riz, mais on y dispose aussi les offrandes. Le riz est cuit à la vapeur dans un *kukusan* conique, qui fait également partie des objets servant à l'aspersion d'eau bénite lors des rituels. Le *sok asi*, panier fermé, contient la précieuse céréale tout juste cuite et permet le transport des offrandes lors des longs déplacements. Minuscules ou gigantesques, les panières cubiques de bambou tressé (*sok*) sont propices au rangement. En général fermées par un couvercle, elles sont empilables et remplacent meubles et placards.

Le tissage

À Bali, les tissus habillent non seulement les gens ordinaires, mais aussi les danseurs, les statues, les livres sacrés, les temples, jusqu'aux pierres et aux arbres révérés. Se vêtir de manière adéquate en fonction de l'occasion est une marque de respect. L'*endek* est la production textile la plus courante à Bali. Il s'agit d'un ikat (technique de coloration des fils de chaîne) simple dans lequel le motif est formé par teinture de réserve sur la trame. Le *prada*, utilisé surtout pour les costumes de théâtre, est une cotonnade ou une soierie peinte à la feuille d'or. Plus coûteux, le *songket* est un tissage en soie ou en coton, rehaussé de fils d'or ou d'argent. Le concept de complémentarité des contraires trouve son expression dans le *poleng*, à damier noir et blanc. Son usage symbolique est complexe. Il habille les statues

DES USAGES VARIÉS DU BAMBOU

Le bambou s'est imposé dans la fabrication d'instruments de musique comme les xylophones et les flûtes à bandeau. Ses aiguilles servent à agrafer les minutieux tressages utilisés pour les offrandes. Des récipients en bambou préservent la pureté rituelle de certaines eaux lustrales. Des couteaux taillés dans un bambou vert, tranchants comme des rasoirs, sont employés pour les sacrifices d'animaux.

Offrandes de fruits

de démons gardiens. Les hommes le revêtent surtout lors des rituels violents, comme le transport des cadavres.

L'orfèvrerie

Pour observer des orfèvres au travail, rendez-vous à Celuk (p.136). Ce village est le fief des *Pande*, membres de la caste des forgerons. Portée dans certains rituels, l'épée ouvragée appelée kriss est la meilleure illustration de leur art. Elle a souvent une poignée en or ou en argent, sertie de pierres précieuses ou fines. Traditionnellement, les *Pande* utilisent la technique du repoussé pour l'orfèvrerie rituelle et la bijouterie. Le métal forgé est battu et chauffé jusqu'à ce qu'il prenne la forme désirée, et le repoussage sert à son ornementation. La technique de la granulation est réservée à la décoration des bijoux les plus travaillés. Les grains de métal sont fixés à l'aide d'une colle à base de farine de haricots. La clé de l'opération est la chaleur : trop élevée, elle détruirait le motif ; trop basse, les grains n'adhéreraient pas. Les motifs vont de la mythologie balinaise aux inventions les plus fantaisistes, en passant par les modèles conçus pour le marché occidental.

CROYANCES

L'art du forgeron, comme bien d'autres activités à Bali, est soumis à certaines croyances et superstitions. Traditionnellement, pour réaliser une pièce, le *Pande* doit s'assurer que les matériaux sont adaptés à l'usage du futur objet, mais aussi s'acquitter des offrandes appropriées et prononcer le bon mantra. Il connaît également la couleur de la pierre que son client doit porter en fonction de son jour de naissance.

GASTRONOMIE

Toujours variée, qu'elle soit simple ou élaborée, la cuisine balinaise met à l'honneur les produits frais. Complexe et audacieuse, notamment par son usage immodéré des épices et sa subtile conjugaison des saveurs, elle dénote parfois des influences malaisienne, indienne ou chinoise.

Cuisines et circonstances

Trop souvent à Bali, ce que mangent les visiteurs n'est pas du cru. L'essor du tourisme n'est pas étranger au relatif effacement des spécialités locales, mais le rapport des Balinais à leur cuisine y est aussi pour beaucoup. Car ils n'en ont pas une, mais plusieurs. D'abord celle de tous les jours, préparée tôt le matin par les femmes, le plus souvent du riz blanc accompagné de condiments que l'on avale rapidement en le portant à sa bouche avec la main droite. Ensuite celle des épiceries de quartier, ou *warung* (p.282), simple, épicée et goûteuse, mais que les insulaires ne conçoivent pas de servir aux touristes. Et enfin celle des fêtes du calendrier hindouiste et autres grandes occasions, qui demande de longues heures de préparation, et dans laquelle ils mettent tout leur cœur et tout ce que leur île peut produire.

PLAT RITUEL

Le cochon de lait rôti à la boche, ou *babi guling*, n'était jadis consommé que lors de certains rituels, faisant office d'offrande. Introuvable dans un restaurant, le vrai plat rituel est le *lawar*, dont tous les ingrédients (épices, viandes, légumes, chair de coco) sont hachés menu des heures durant par des hommes, puis savamment combinés en mélanges colorés, avec adjonction de sang de porc frais.

Ingrédients de base

Le riz, cultivé depuis des temps reculés, est l'aliment de base. *Nasi*, qui veut dire "riz", signifie aussi "repas". Ainsi, tout plat cuisiné prend le qualificatif de *daaran nasi*, "ce qui accompagne le riz". La viande qui lui est le plus couramment associée est le porc. Mariné et rôti, tourné à la broche, en soupe, en salade... celui-ci est partout, suivi du canard, du poulet, puis des poissons et fruits de mer. On peut aussi déguster le *rendang*, un curry de bœuf javanais, mais cette viande est peu consommée, hindouisme oblige. Concernant les légumes, citons les exotiques pousses de manioc, liserons d'eau, fèves de soja, taro... et les fruits – durian, longane, jaque, carambole, jambu, mangoustan...

Un festival d'épices et de condiments

La cuisine balinaise fait la part belle aux épices et aux condiments, que l'on ira découvrir au marché toutes narines ouvertes et papilles à l'affût ! La palette aromatique repose sur l'ail, l'échalote, la noix de coco, la pâte de crevette, le piment, la cacahuète, le citron vert et le sucre de palme. Selon les recettes ou l'inspiration, s'y ajoutent le clou de girofle, la cannelle, la cardamome, la citronnelle, la feuille de pandanus, la coriandre ou encore le curcuma, le galanga, le gingembre, le tamarin et tant d'autres. Ces associations confèrent à la gastronomie balinaise une infinie diversité.

Poisson à la balinaise

Spécialités à découvrir

Si vous voulez goûter à l'authentique cuisine balinaise, osez commander un bol de nouilles à un cuisinier ambulant, asseyez-vous dans un *warung* pour déguster un *nasi campur* (plat de riz, viande et légumes), des *sate lilit* (brochettes de viande hachée piquées sur des tiges de citronnelle), un *sambal udang* (curry de crevettes au sambal, un condiment relevé, à base de piments), un *opor ayam* (curry de poulet au lait de coco), un *bubuh injin* (riz noir gluant au lait de coco et au sirop de palme)... ou inscrivez-vous à un cours de cuisine locale !
Enfin, à l'occasion d'une fête ou d'une visite de marché, ne manquez pas de goûter l'une ou l'autre des deux plus fameuses spécialités locales, le *babi guling* (porcelet mariné dans des épices et rôti à la broche) ou le *bebek betutu* (canard enveloppé d'une pâte d'épices puis de feuilles de bananier avant d'être rôti au four). *Selamat makan !* "Bon appétit !"

Boissons alcoolisées

La première bière artisanale à base de blé d'Indonésie, la Stark, est brassée à Bali par la microbrasserie Lovinia Beach depuis 2015. Depuis les années 1990, l'île abrite égalemment l'unique domaine viticole de l'archipel, Hatten Wines. À base de cépages belgia, alphonse-lavallée et muscat de saint-vallier, il produit en continu, à raison de trois récoltes annuelles, un rouge, un blanc, un rosé et un pétillant. Selon les avis recueillis, ces vins sont une bonne surprise ! On peut aussi arroser son repas balinais de *brem*, un vin de riz plutôt sucré, à boire frais. Parfois distillé "maison", l'arak est un alcool de riz ou de palme fermenté titrant 40°, qui entre dans la composition des cocktails. À goûter sans abuser !

DK4860KN
02·08

Carnet pratique

Le port du casque est vivement conseillé à Bali !

INFOS UTILES

Outre des conseils pratiques, la page "Conseils aux voyageurs" du site du ministère de l'Europe et des Affaires étrangères **www.diplomatie.gouv.fr** vous fournira des informations de dernière minute sur Bali.

AVANT DE PARTIR

BUDGET

COÛT DE LA VIE

Bali est une destination accessible. Sur l'île, un jus de fruits ou un café coûte environ 15-20KRp, une bouteille d'eau minérale 10KRp, une bière locale 25-35KRp, un plat typique (*nasi goreng*) 15-35KRp, 1l d'essence 8-10KRp, une entrée au musée 35-50KRp, un spectacle de danses traditionnelles 100-150KRp. En haute saison (juil.-août et déc.-jan.), les prix tendent à augmenter de 15%.

BUDGET JOURNALIER

Dormir dans des pensions modestes, manger dans des *warung* (restaurants de quartier) et utiliser les transports publics revient à 300-400KRp/j. (20-25€) par personne. Prévoyez environ 800KRp/j. (50€) pour plus de confort. À partir de 2 000KRp/j. (130€), vous pourrez vous offrir un 3-étoiles ou une villa, goûter à toutes les cuisines, voire louer une voiture avec chauffeur. Dans ce guide, les prix indiqués pour la restauration sont ceux d'un repas (entrée + plat ou plat + dessert) hors boisson et, pour l'hébergement, ceux d'une chambre double en haute saison.

GAMME DE PRIX

Restauration	Hébergement
$ <80KRp	$ <550KRp
$$ 80-180KRp	$$ 550-1 400KRp
$$$ >180KRp	$$$ >1 400KRp

MOYENS DE PAIEMENT

Avant de partir, vérifiez auprès de votre banque le plafond des dépenses (mensuel) et celui des retraits (hebdomadaire) auxquels vous avez droit et faites-les, au besoin, relever temporairement pour ne pas vous retrouver à cours d'argent sur place. Si vous emportez des espèces, préférez des billets récents en bon état, et des coupures de 50€ et plus, dont le taux de change est parfois meilleur.

CARTES ET APPLIS

L'application **Maps.me** vous permettra de bénéficier de cartes et de plans hors connexion et d'un GPS. Avec l'appli indonésienne **Go-jek**, vous pourrez commander une moto-taxi, à manger, etc.

DÉCALAGE HORAIRE

L'Indonésie s'étend sur trois fuseaux horaires. Bali vit à l'heure de l'Indonésie centrale (Waktu Indonesian Tengah, ou WIT), soit GMT + 8. Quand il est midi sur place, il est 11h à Jakarta et 5h en hiver (6h en été) à Paris.

FORMALITÉS

PASSEPORT ET VISA

Passeport

Il doit impérativement être valide au moins 6 mois après la date à laquelle vous quitterez le territoire indonésien.

Visa

Si votre séjour en Indonésie excède 30 jours, vous devrez vous procurer un visa touristique. Soit à votre arrivée à l'aéroport de Bali (35 US$, valable 30 jours renouvelable une fois – prévoyez de faire l'appoint en dollars), soit avant votre départ auprès de l'ambassade d'Indonésie (55€, valable 90 jours après sa date d'émission et 60 jours après votre entrée sur le territoire indonésien). Tout étranger demeurant en Indonésie après l'expiration de son visa est passible d'une amende de 1 000KRp/j.
https://kemlu.go.id/

ASSURANCES

Si votre assurance bancaire ou domestique et votre mutuelle santé ne vous garantissent ni assistance médicale à l'étranger ni dédommagement en cas d'annulation de votre voyage, de perte ou de vol de bagages, vous devez souscrire un contrat auprès d'une agence de voyages ou d'une compagnie spécialisée. Cette assurance est parfois incluse dans le prix du billet d'avion s'il est payé par carte bancaire. Vérifiez, au besoin, que le contrat couvre les activités à risques (VTT, plongée, etc.). Faites préciser le montant des frais d'hospitalisation, de recherche et de rapatriement, et gardez sur vous les références du contrat.

Europ Assistance
01 41 85 93 65 (rens.) ou 01 41 85 85 85 (assistance médicale 24h/24) www.europ-assistance.fr Lun.-ven. 9h-18h

Allianz Travel
01 53 05 86 00 ou 01 42 99 02 02 (assistance médicale 24h/24) www.allianz-voyage.fr Lun.-ven. 9h19, sam. 10h-18h

VACCINS

Effectuez un contrôle dentaire avant de partir. Le vaccin Covid est obligatoire (à ce jour), ainsi que celui contre la fièvre jaune si vous avez séjourné dans un pays infecté au cours des six jours précédant votre arrivée en Indonésie. Vérifiez que vous êtes immunisé contre la diphtérie, le tétanos et la poliomyélite, voire la rage si vous prévoyez de randonner en milieu rural. Il est conseillé de vous faire vacciner contre la fièvre typhoïde et l'hépatite A, et contre l'hépatite B et l'encéphalite japonaise en cas de séjour prolongé. Certains vaccins nécessitant plusieurs injections, consultez votre médecin assez longtemps avant le départ. Le site www.astrium.com recense les centres de vaccination français.

Centre de vaccinations internationales Air France
38, quai de Jemmapes 75010 Paris 01 43 17 22 00 www.vaccinations-airfrance.fr Lun.-mer. et ven. 8h45-18h, jeu. 8h45-20h, sam. 8h45-16h (sans rdv)

Centre médical Saint-Michel
3, rue Thénard 75005 Paris 01 53 73 03 03 Lun.-ven. 9h-19h, sam. 9h-13h sur rdv

Centre médical de l'Institut Pasteur
209-211, rue de Vaugirard 75015 Paris 01 45 68 80 00 88 ou 08 90 71 08 11

🕒 Sans rdv : lun.-mer. et ven. 9h-16h30, jeu. 10h-16h30, sam. 9h-11h30

QUAND PARTIR ?

À Bali, le soleil se lève toute l'année entre 5h30 et 6h30 pour se coucher entre 17h30 et 18h30. Le climat est chaud et humide, avec des températures stables. À la saison sèche (avr.-oct.) succède celle des pluies, toujours plus abondantes sur la façade nord de l'île. De décembre à février, celle-ci peut donner lieu à deux ou trois averses par jour et à des orages nocturnes, ou à des précipitations ininterrompues plusieurs jours durant. Novembre est le mois le plus chaud, juillet le plus frais et août le plus sec. La température de l'eau de mer oscille entre 27 et 29°C. La fréquentation touristique culmine de mi-décembre à fin janvier, en juillet-août et au terme du ramadan. En principe, mai est le mois idéal pour visiter Bali et les Gili, la période la plus favorable s'étendant jusqu'en octobre.

RENSEIGNEMENTS

EN FRANCE

Ambassade de la République d'Indonésie en France
47-49, rue Cortambert 75116 Paris
📱 01 45 03 07 60 https://kemlu.go.id/paris/ 🕒 Lun.-ven. 9h30-12h30 sf j. fér.

Consulat général de la République d'Indonésie en France
25, bd Carmagnole 13008 Marseille
📱 04 91 23 01 60 info@cons-indonesie.com https://kemlu.go.id/marseille/
🕒 Jeu.-ven. 9h-13h et 14h-17h sf j. fér.

Office du tourisme de l'Indonésie
22, rue Laplace 75005 Paris 📱 09 72 54 93 82 https://indonesie-tourisme.fr
🕒 Lun.-ven. 10h-12h et 14h-17h

SUR PLACE

Sur place, ne vous fiez pas aux officines autoproclamées **Tourist Information** ou **Tourist Office**, qui sont en fait des agences de voyages. Ces officines proposent excursions, billets de bus ou transferts vers l'aéroport ou les îles voisines à des prix en général très supérieurs à ceux des compagnies de transport. Elles ne vous fourniront, en revanche, aucun renseignement touristique de base.

Ambassade de France
Jl. M. H. Thamrin 20 10310 Jakarta
📱 021 23 55 76 00 www.id.ambafrance.org 🕒 **Accès sur rendez-vous uniquement** Ouvert lun.-ven. 8h-17h, ven. 8h-13h sf jrs fér.

EN LIGNE

Internet est une mine d'informations, mais souvent contradictoires. Pour tester la fraîcheur d'un site, voyez s'il affirme que l'Indonésie compte moins de 17 508 îles. Un inventaire récent en donne 18 110.
https://nowbali.co.id
www.baliplus.com

AGENDA

Aux fêtes laïques du calendrier grégorien s'ajoutent celles des calendriers hindou, musulman, bouddhique et chrétien. Retrouvez l'agenda des fêtes balinaises sur : http://baligolive.

com/events et www.balitrips.net/temple_ceremony.

FESTIVALS

Liste complète des fêtes et manifestations (en anglais) sur www.indonesia.travel/

Galungan
Dix jours pour fêter la victoire du bien sur le mal et la création de l'Univers. Agapes, chants, danses, processions et offrandes dans les temples et villages décorés pour l'occasion.
Tous les 210 jours

Bali Spirit Festival
Autour du yoga et des soins holistiques, six jours de conférences, d'ateliers, mais aussi des concerts et autres spectacles à Ubud et dans ses environs.
Ubud 0361 970 992 www.balispiritfestival.com Mi-mars-début avr.

Bali Art Festival of Buleleng
Ce festival réunit à Singaraja les meilleures troupes artistiques du département. Une semaine durant sont proposés pêle-mêle des danses du dragon chinoises, des récitals de poésie et des chants musulmans (de la communauté bugis, des pêcheurs originaires de Sulawesi), ainsi que des spectacles de danse et de gamelan. Billets et programme à l'OT.
Singaraja Une semaine fin mai-début juin

Bali Arts Festival
Grand festival des arts traditionnels balinais de quatre semaines avec les

FÊTES RELIGIEUSES

	2023	2024	2025
FÊTES MUSULMANES CHÔMÉES			
Ma'ulud (naissance du Prophète)	27 sept.	16 sept.	env. 5 sept.
Isra Mi'raj (ascension du Prophète)	18 fév.	8 fév.	27 janv.
Idul Fitri (fin du ramadan)	22 avr.	10 avr.	31 mar.
Idul Adha (fête du Sacrifice)	29 juin	17 juin	7 juin
Muharram (Nouvel An)	19 juil.	7 juil.	27 juin
FÊTES BOUDDHIQUES CHÔMÉES			
Nouvel An chinois	22 jan.	10 fév.	29 jan.
Vesak	6 mai	23 mai	12 mai
FÊTES CHRÉTIENNES CHÔMÉES			
Vendredi saint	7 avr.	29 mar.	18 avr.
Dimanche de Pâques	9 avr.	31 mar.	21 avr.
Ascension	18 mai	9 mai	29 mai
Noël	25 déc.	25 déc.	25 déc.
Boxing Day	26 déc.	26 déc.	26 déc.
FÊTES HINDOUES*			
Nyepi	22 mars	11 mars	29 mars
Galungan	4 jan. 2 août	28 fév. 25 sept.	17 juin
Kunigan	14 jan. 12 août	9 mar. 5 oct.	27 juin

* Seul Nyepi est un jour férié

JOURS FÉRIÉS LAÏQUES

Jour de l'An	1er jan.
Jour férié régional	3 mars
Fête du Travail	1er mai
Fête de l'Indépendance nationale	17 août

meilleurs orchestres de gamelan et compagnies de danse de l'île.
Denpasar Mi-juin-mi-juil.

Bali Kite Festival
Incontournable compétition de cerfs-volants sur la plage, trois jours durant.
Sanur Mi-juil.

Ubud Village Jazz Festival
Concerts de *jazz bands* indonésiens et étrangers au musée ARMA, le temps d'un week-end. Autres manifestations en cours d'année, calendrier en ligne.
Ubud www.ubudvillagejazzfestival.com Mi-août

Sanur Village Festival
Joutes nautiques, spectacles, expositions créatives, ateliers culinaires et grande parade colorée.
Sanur En août

Kuta Karnival
Exhibition de kitesurf, concours de sculptures de sable, projections de films, foire gastronomique, présentation des arts balinais, etc. Et un gigantesque défilé en conclusion.
Kuta En oct.

Ubud Writers & Readers Festival
Réunit pendant cinq jours des écrivains, penseurs et artistes de toute l'Indonésie et d'ailleurs, autour d'un thème différent à chaque édition. Ateliers, conférences, lectures publiques, films, concerts et spectacles dans des restaurants, galeries d'art, hôtels, musées...
Ubud www.ubudwritersfestival.com
En oct.

TRANSPORTS

Lors des vacances indonésiennes, de mi-décembre à fin janvier et de mi-juin à mi-juillet, cars, avions et bateaux se remplissent vite. Réservez vos transports dès que possible si vous voyagez à ces périodes. La solution la plus confortable sera de vous rendre d'une ville à l'autre en minibus ou en car de tourisme *(shuttle bus)* et de rayonner sur place à deux-roues ou en voiture avec chauffeur.

ALLER À BALI EN AVION

Faute d'une liaison directe entre la France et l'Indonésie, il faut faire au moins une escale, quelle que soit la compagnie aérienne. Hors escale(s), le vol Paris-Denpasar dure environ 15h30. Comptez au moins 570€ AR en basse saison et 1 050€ AR en haute saison – avec départ et retour un lundi et à condition de prendre son billet six mois avant ! La circulation est assez chaotique à Bali, et la conurbation Canggu-Seminyak connaît des embouteillages monstres. Tenez-en compte quand vous devrez vous présenter à l'aéroport pour votre vol de retour.

DOUANES

À l'aller

Marchandises Un adulte peut importer librement en Indonésie 200 cigarettes ou 50 cigares ou 200g de tabac (meilleur marché là-bas), 1l d'alcool (très cher sur place, et les douanes, très strictes, détruisent toute bouteille excédentaire) et du parfum “en quantité raisonnable”. Au-delà d'une valeur totale de 250$US, des taxes douanières s'appliquent, sauf sur les téléphones et ordinateurs portables, tablettes, appareils photo, caméscopes, etc., à usage personnel. Sont prohibés les fruits frais, armes à feu, munitions, stupéfiants et matériels pornographiques. Si vous emportez des équipements électroniques récents, ayez les factures sur vous.
Argent Pas de restriction à l'entrée de devises, mais toute somme au-delà de 100 000KRp doit être déclarée.

Au retour

Vous pourrez rapporter 200 cigarettes ou 100 cigarillos ou 250g de tabac ou 50 cigares et 4l de vin (2 au Canada) ou 1l d'alcool de plus de 22°. Sous peine de droits de douane, la valeur globale de vos achats est limitée à 430€ en France.

LIAISONS AÉROPORT-VILLE

Plusieurs lignes de bus relient l'aéroport à Denpasar, Sanur, Nusa Dua, Kuta, Mengwi Tabanan, etc. de 5h à 21h (7KRp le ticket), mais à des horaires irréguliers. De nombreux taxis stationnent devant l'aérogare. Vous pouvez aussi affréter un taxi à prix fixe (*taksi prabayar*). Achetez un ticket au grand comptoir “TAKSI” en face de la sortie passagers du hall des arrivées. Selon la distance, il vous en coûtera de 135 à 250KRp pour le sud de l'île, 360KRp pour Ubud et jusqu'à 850KRp pour des destinations éloignées. La grille des tarifs, établie en 2020, est susceptible d'être majorée en haute saison (www.balistoreluggage.com/blog/bali-airport-taxi-rates).

LIAISONS INTER-ÎLES

DE BALI AUX ÎLES PENIDA

La traversée prend environ 30 minutes à partir de Sanur et seulement 15 minutes à partir de Kusamba.

Nusa Lembongan

De Benoa partent surtout des bateaux d'excursion à la journée, qui n'accostent que brièvement sur l'île. Embarquer à Sanur est la meilleure option : de nombreux *speed boats* ou *fast boats* effectuent la traversée en 30min jusqu'à Mushroom Bay ou Jungut Batu (AR 400KRp). Sinon, un *public boat* poussif relie Sanur à Lembongan en 45min à 2h (guichet au bout de Jl. Hang Tuah).

Glory Fast Boat
Départs de Sanur à 8h30 et 14h. Départs de Lembongan à 8h et 15h. AS 200KRp, AR 400KRp. Avec prise en charge à l'hôtel : AS 300KRp, AR 550KRp.
Jalan Hangtuah 27 📱0811 399 964 (Sanur) ou 0811 399 765 (Nusa Lembongan) booking@gloryfastcruise.com www.gloryfastcruise.com

Nusa Penida

Là encore, c'est de Sanur qu'appareillent la plupart des *fast boats*. On débarque à Sampalan ou à Toyapakeh

(400KRp AR). 8 compagnies font la traversée pour un total de 14 fois par jour. Un rustique car-ferry de ravitaillement relie Padang Bai à Sampalan, au nord de Nusa Penida, en 2h. Départ tlj. à 7h et 11h. Rendez-vous au kiosque au moins 15min avant le départ pour acheter votre ticket (il en coûte 35KRp à un piéton). Les *fast boats* et *speed boats* accostant sur la plage, on embarque et débarque les pieds dans l'eau ! Prévoyez vêtements et bagages adéquats. Ne prenez jamais la mer à Padang Bai par gros temps, le détroit est traître !

Maruti Express

Relie Sanur à Nusa Penida en 45min. Aller 200KRp, AR 400KRp. Départ de Sanur à 7h30, 9h et 15h ; de Nusa Penida à 7h30, 12h30 et 16h30. L'arrivée à Nusa Penida se fait à Toyapakeh, où Maruti Express a aménagé un embarcadère et une salle d'attente confortable, ce qui facilite embarquements et débarquements. Avec prise en charge à l'hôtel : AS 300KRp, AR 550KRp.

0813 3875 4848 (Sanur) ou 0812 4689 2524 (Nusa Penida) marutigroupfastboat.com

Nusa Ceningan

Il n'y a pas de liaison maritime directe entre Bali et cette île. Si vous logez à Ceningan, vous devrez arriver en bateau à Nusa Lembongan, et une navette de la compagnie vous déposera (et viendra vous rechercher) au Pont jaune, la passerelle piétonne qui relie les deux îles.

DE BALI AUX GILI

Les bateaux à destination des îles Gili (20-40 passagers) partent, pour la plupart, de Padang Bai, sur la côte est de Bali. Également quelques liaisons à partir de Serangan (Sanur) et d'Amed (traversées plus longues). Le transport de l'hôtel au port est souvent compris dans le prix du billet. Les résidents des Gili privilégient l'opérateur Eka Jaya. Si le chenal qui sépare le petit archipel de Bali est impraticable, il faudra gagner Lombok en avion (avec Lion Air, Wings Abadi Airlines ou Garuda Indonesia, comptez 30-45€ AS) et embarquer à Bangsal, sur la côte ouest, cf. De Lombok aux Gili (p.306).

Eka Jaya

De Padang Bai aux Gili : AS 550KRp, AR 1 000KRp. De Serangan : AS 650KRp, AR 1 200KRp

0361 8496 222 ekajayafastboat.com

Blue Water Express

Relie Serangan et Padang Bai à Gili Trawangan et Gili Air (AS 870KRp, AR 1 740KRp) en 2h-2h30.

0361 895 1111 www.bluewater-express.com

DE LOMBOK AUX GILI

Bangsal, sur la côte ouest de Lombok, est le port le plus proche des Gili. La traversée dure de 15min (pour Gili Air) à 30min (pour Gili Trawangan).

Koperasi Angkutan Laut Karya Bahari

Les seuls à relier Lombok aux Gili, les bateaux de cette coopérative attendent d'avoir fait le plein de passagers pour appareiller (départ toutes les 20 à 60min). Tarif AS Gili Air 19,50KRp, Gili Meno 21,5KRp, Gili Trawangan 22,50KRp. Affrètement (*charter*) possible pour les groupes (20 pers. max.) : 360KRp AS pour Gili Air, 450KRp pour Meno, 500KRp pour Trawangan.

Bangsal Lombok Utara Tlj. 10h-16h30

DES PENIDA AUX GILI

Eka Jaya

Service de navettes entre les deux archipels : AS 550KRp, AR 1 000KRp.

036 184 962 22 www.baliekajaya.com

TRANSPORTS TERRESTRES

RÉSEAU ROUTIER

Son état laisse parfois à désirer hors des grands axes. Les panneaux de signalisation sont rares, les cartes peu fiables et les routes mal éclairées de nuit. En ville, le trafic est chaotique, la chaussée semée de nids-de-poule et rarement bordée de trottoirs. La circulation est dense dans tout le Sud, jusqu'à Tabanan à l'ouest, Ubud au nord et Padangbai à l'est.

Conduite

Les Indonésiens roulent à gauche. S'ils négligent les (rares) feux tricolores et le marquage au sol et omettent d'utiliser leurs feux de signalisation, ils usent et abusent du klaxon pour signaler leur présence et leurs manœuvres. Piétons, attelages et animaux peuvent surgir à l'improviste, et la priorité revient toujours au véhicule qui se trouve "devant soi", même s'il débouche d'une voie secondaire. La plus extrême vigilance est donc requise. Si vous tenez à prendre le volant, bouclez votre ceinture et ne conduisez jamais la nuit. Si vous louez un deux-roues, exigez un casque et manifestez-vous à coups de klaxon.

Police

Très tatillonne. Ne soyez pas surpris de vous faire arrêter et infliger une amende, voire menacer de poursuites judiciaires, pour une broutille. Gardez votre calme. En général, l'agent terminera sa diatribe en vous demandant un billet.

"BEMO" ET BUS

Liaisons interurbaines

Minibus ou camionnettes pourvues de deux rangées de sièges en vis-à-vis à l'arrière, les ***bemo*** sont en passe de disparaître à Bali au profit des moto-taxis et des véhicules individuels. Ils relient généralement les grands centres urbains en s'arrêtant à la demande. Souvent mal entretenus, lents et bondés, les *bemo* circulent plutôt le matin. Calculé en fonction de la distance, le prix est majoré pour les touristes mais reste très abordable. Aux cars publics, poussifs et peu nombreux, préférez les minibus et autres ***shuttle buses*** de sociétés privées.

Perama Tour & Travel
La principale compagnie de bus touristiques. Climatisés et ponctuels, ses *shuttle buses* connectent Amed, Bedugul, Candidasa, Kuta, Lovina, Padang Bai, Sanur, Tirta Gangga, Tulamben et Ubud. Comptez 100KRp le trajet Kuta-Ubud et 200KRp de Sanur à Tulamben.
Jl. Legian 39 Kuta ☎ 361 751 875 (24h/24) www.peramatour.com

Kura-Kura
Les lignes de cette compagnie partent de Denpasar et desservent Kuta, Seminyak, Ubud, Sanur et le sud de l'île.
☎ www.kura2bus.com

En ville

Les transports en commun urbains sont peu pratiques. Mieux vaut marcher, louer un deux-roues, prendre un taxi ou une moto-taxi.

TAXIS

Privilégiez les taxis avec compteur (*meter*), exigez sa mise en fonction et négociez d'emblée le prix si vous voulez éviter les détours inutiles. Prise en charge 7KRp, réservation 10KRp puis

6,5KRp/km. Vous pouvez aussi commander un VTC en utilisant l'application Grab (www.grab.com/id/en). Cf. aussi Liaisons aéroport-ville (p.305).

Blue Bird Group

La compagnie de taxis la plus fiable, reconnaissable au pélican stylisé de son logo et à la couleur turquoise de ses véhicules. Les chauffeurs, qui portent une chemisette bleue frappée du logo de l'entreprise, mettent systématiquement le compteur en marche et sont en général très serviables. Mais méfiez-vous des contrefaçons : d'autres sociétés, souvent plus chères et moins fiables, ont repeint leurs véhicules en bleu et copié le fameux logo. Mieux vaut réserver sur l'application mobile.
3617 011 11 www.bluebirdgroup.com

MOTOS-TAXIS

Appelés *ojek*, ils proposent leurs services à la sortie des aéroports, restaurants, hôtels, etc. Avant de prendre la route, accordez-vous sur le tarif de la course. Vous pouvez également en commander par Internet.
www.go-jek.com

LOCATION DE VOITURES

Permis de conduire international en cours de validité obligatoire ! Vous l'obtiendrez gratuitement par courrier en vous adressant à la préfecture de votre domicile. Conduire à Bali n'est pas aisé, toutefois, si vous y tenez absolument, avant de signer le contrat de location d'un véhicule, vérifiez impérativement son état, photographiez les parties endommagées et contractez une assurance tous risques – en cas d'accident, l'étranger a toujours tort. Comptez en moyenne 500KRp/j., hors assurances (prix négociable selon la taille du véhicule et la durée de la location). Pour trouver un loueur, suivez les panneaux "*Jeep for rent*".

Voitures avec chauffeur

Tous les hôtels vous en proposeront. La plupart des véhicules sont des monospaces climatisés assez récents. Comptez 650-800KRp/j. (8-10h), essence incluse selon la période et le nombre de passagers. Méfiez-vous, les chauffeurs arrivent souvent avant l'heure de prise en charge convenue, et majorent leur temps.

LOCATION DE DEUX-ROUES

Le moyen de transport le plus pratique et le plus économique, mais aussi la première cause de mortalité des Occidentaux à Bali, notamment sur l'axe Denpasar-Gillimanuk, emprunté par les camions. Portez toujours un casque et ne roulez jamais de nuit. Pour pouvoir conduire une **moto**, il faudra produire un permis international valide précisant que vous avez le permis moto. Les **scooters** sont généralement des 110cm^2. Les casques fournis par les loueurs offrant une piètre protection, emportez le vôtre ou achetez-en un. Si vous le pouvez, souscrivez une assurance tous risques. Vérifiez en détail l'état du véhicule, la date d'expiration de l'assurance, convenez du jour de retour et payez d'avance (50-60KRp/j. pour un scooter, tarif dégressif). En cas d'accident, il faudra négocier ce qui n'est pas couvert par votre assurance voyage. Sachez que la police vous arrêtera au plus infime prétexte avec amende à régler sur-le-champ – évitez d'être en première ligne aux feux ! Les **vélos** se louent partout (20-50KRp/j., selon le modèle). Avant d'en choisir un, inspectez-le minutieusement.

SUR PLACE

ARGENT

MONNAIE

La devise nationale est la roupie, *rupiah* (IDR). En 2022, 1€ = env. 16 000Rp – abrégé dans ce guide en 16KRp. Il existe des billets de 1 000, 2 000, 5 000, 10 000, 20 000, 50 000 et 100 000 roupies, et des pièces de monnaie peu utilisées en raison de leur faible valeur. Ayez toujours sur vous de petites coupures de 10KRp (10 000Rp) et 20KRp (20 000Rp).

DEVISES

Nombre de commerçants et professionnels du tourisme indiquent leurs prix en dollars US ou en euros et acceptent les règlements dans ces deux monnaies, ou les convertissent en roupies au taux du jour. Vérifiez toujours le taux de conversion.

CHANGE

Les taux sont plus favorables en ville qu'à l'aéroport, en particulier à Kuta-Legian-Seminyak, Ubud et Sanur. Ayez toujours assez d'espèces sur vous quand vous vous écarterez des centres urbains du Sud et du Centre.

Banques

Bank Central Asia (BCA) et Bank Negara Indonesia (BNI) disposent de succursales dans tous les centres touristiques et la seconde applique des taux de change intéressants. N'escomptez pas pouvoir disposer d'un service de change dans les banques des petites villes.

Bureaux de change

Il y en a partout à Bali et Gili Trawangan. Comparez leurs offres. Calculez au préalable la somme en roupies que vous devez obtenir et recomptez soigneusement les espèces que vous aura remises le préposé sous ses yeux – les escroqueries sont courantes. Le taux est souvent plus avantageux dans les hôtels haut de gamme que dans les officines aux taux faussement alléchants.

CARTES BANCAIRES

Les hôtels, restaurants et boutiques d'un certain standing acceptent les cartes bancaires internationales, souvent en appliquant une surtaxe de 3%, et l'on trouve des distributeurs de billets (ATM – prononcez "ey-ti-èm" – pour *automatic teller machine*) un peu partout. Évitez de multiplier les retraits de petites sommes si vous voulez minimiser les frais fixes prélevés sur chaque transaction. Vous pourrez retirer jusqu'à 2 500KRp en une fois aux distributeurs de la banque Danamon (de couleur jaune). Ceux des autres banques plafonnent généralement les retraits à 1 250KRp. En dernier recours, vous pourrez tenter de retirer des espèces au guichet d'une grande banque en présentant votre CB et une pièce d'identité.

Serveur interbancaire d'opposition

Pour toutes les cartes bancaires françaises.
(+33) 442 605 303

ÉLECTRICITÉ, POIDS ET MESURES

L'électricité est en 220v/230v/50Hz et les prises sont identiques aux nôtres. L'Indonésie a adopté le système métrique et les poids y sont exprimés en kilogrammes.

HEURES D'OUVERTURE

Administrations et bureaux ouvrent de 8h à 15h ou de 9h à 16h (avec une pause de 12h à 13h) du lundi au jeudi, et de 7h à 11h ou de 8h à 12h le samedi. Mieux vaut se présenter avant 11h30. Les **banques et bureaux de poste** travaillent de 8h à 14h du lundi au jeudi, de 8h à 12h le vendredi et ferment entre 11h et 12h30 le samedi. Les **grands magasins et supermarchés** ouvrent tlj. de 9h à 21h. Dans les grandes villes, certaines supérettes restent ouvertes 24h/24, mais dans les petites villes, les **commerces de détail** ferment souvent en milieu d'après-midi et rouvrent vers 17h, jusqu'à 22 ou 23h. **Musées et sites** sont en principe accessibles tlj. de 8h à 18h.

LANGUES

Les Balinais ont leur langue propre, mais beaucoup parlent aussi le *bahasa indonesia*, la langue nationale, qui s'écrit en caractères romains. Les visiteurs peuvent ainsi acquérir rapidement quelques mots. L'anglais est la langue étrangère la plus usitée.

MARCHANDAGE

Le marchandage est de mise partout où les prix ne sont pas clairement affichés. Ne négociez que si vous comptez acheter et ne vous montrez ni agressifni méprisant. Commencez par vous faire une idée du prix du produit ou du service, fixez-vous un plafond et rappelez-vous que 20KRp équivalent à 1,20€, soit le prix moyen d'un repas pour un Indonésien. Évitez donc de trop mégoter...

POSTE

Un panneau orange frappé d'un "KP&G" (Kantor Pos & Giro) en lettres blanches signale les bureaux de poste. Dans les zones touristiques, l'expédition du courrier et les achats de timbres et d'enveloppes se font dans des agences Warpostel. Comptez une à deux semaines d'acheminement pour l'Europe.

POURBOIRE

Le service est inclus dans la plupart des hôtels et des restaurants, mais il est d'usage de laisser 5KRp pour des consommations et 10KRp ou plus pour un bon repas. Prévoyez une gratification de 20-30KRp pour votre chauffeur ou votre guide selon la qualité et la durée du service. Le pourboire est facultatif dans les taxis, mais on peut ajouter 5KRp au prix de la course.

RESTAURATION

Pour tromper une petite faim, n'hésitez pas à héler l'un des ***kaki lima*** qui se pressent aux abords des marchés et des sites touristiques. Ces colporteurs proposent des en-cas et fruits frais délicatement préparés. Le ***warung*** est l'un des lieux de sociabilité incontournables des îles indonésiennes.

Présents partout, en bord de route, sur les plages comme au cœur des villages, ces petits restaurants ne disposent souvent que d'une longue table commune et de bancs et servent des plats simples : *nasi goreng* (riz frit), *mie goreng* (nouilles sautées), *sate* (brochettes) et *gado-gado* (légumes crus ou blanchis nappés d'une sauce à la cacahuète) pour 15-30KRp. Dans les grands centres touristiques, certains ont ajouté à leur carte des sandwichs, frites et autres recettes d'importation. On trouve des **restaurants** de cuisine internationale et de spécialités étrangères dans tous les centres touristiques. Attention, dans certains établissements, vous aurez le choix entre du *fresh fish* qui, comme son nom ne l'indique pas, est du poisson congelé, et du *live fish*, qui provient soit d'un vivier soit du marché du jour. Les pêcheurs locaux ne rapportant, le plus souvent, que du menu fretin, l'essentiel de l'offre est un produit d'élevage, quand elle ne vient pas du Japon. Ainsi, les crevettes sont toutes issues de l'aquaculture balinaise. Les langoustes sont en revanche sauvages.

SANTÉ

Dotés d'un personnel anglophone et parfois francophone, les cliniques et hôpitaux privés du sud de Bali assurent des soins d'excellente qualité. En cas d'accident de plongée, des caissons hyperbares sont disponibles sur l'île.

PRÉCAUTIONS SANITAIRES

Sous les tropiques, le **rayonnement solaire** est intense, même sous un ciel voilé. Une crème solaire à fort indice de protection, un couvre-chef et des lunettes de soleil sont indispensables. Pensez à boire au moins 2l d'eau par jour. **Lavez vos mains** souvent et désinfectez la moindre plaie. Évitez de marcher pieds nus, au risque d'une parasitose. Ne brossez pas vos dents à l'**eau** du robinet, celle-ci n'est pas potable. Les Indonésiens la filtrent ou la font bouillir (10min au moins) avant de l'utiliser. Oubliez les glaçons et ne buvez que des boissons encapsulées ou bouillies. Évitez les **fruits et crudités** si vous ignorez comment ils ont été lavés, ainsi que les viandes mal cuites et laitages non pasteurisés. Le poisson pose peu de problèmes, mais soyez prudent avec les fruits de mer.

BESTIOLES

Bali abrite plusieurs espèces de serpents terrestres à la morsure parfois mortelle et au moins quinze serpents de mer venimeux, mais il est rare d'en croiser. En cas de morsure, restez calme, bougez peu, ne sucez pas la plaie, n'incisez pas la chair, faites urgemment un garrot sans totalement bloquer le flux sanguin et filez à l'hôpital. En randonnée, les chaussures fermées doublées de chaussettes montantes sont de rigueur. Le matin, n'enfilez pas vos chaussures sans avoir vérifié l'absence de tout hôte indésirable.

MALADIES TROPICALES

Les moustiques inoculent les virus les plus redoutables, tels la **dengue**, le **chikungunya** et **Zika**, contre lesquels il n'y a à ce jour ni vaccin ni traitement spécifique. Si les deux premiers se manifestent par des symptômes grippaux (maux de tête violents, courbatures, fatigue, fièvre) après quelques jours d'incubation, le troisième passe généralement inaperçu. Il est impératif de se prémunir de leurs piqûres à l'aide de sticks, sprays et autres répulsifs "spécial tropiques", et en portant des vêtements couvrants, si possible imprégnés de répulsif par trempage avant le départ. L'**encéphalite japonaise**, maladie inflammatoire grave du système nerveux, est elle transmise par un moustique qui sévit surtout à la campagne, aux abords des rizières et autres plans d'eau stagnante, spécialement à la saison des pluies. Demandez conseil à votre médecin si vous envisagez de randonner en zone rurale, il existe un vaccin. Bali est épargnée par le **paludisme**, comme les Gili.

AUTRES AFFECTIONS

Généralement bénins, les **troubles digestifs** sont fréquents. Pour en réduire le risque, lavez-vous les mains régulièrement et suivez les consignes alimentaires énoncées ci-avant. Un antidiarrhéique et un désinfectant intestinal chassent rapidement les symptômes. Consultez un médecin en cas de fièvre. La **rage** est périodiquement signalée à Bali. Fuyez les chiens, singes et animaux errants. En cas de morsure, lavez minutieusement la plaie à l'eau et au savon, appliquez un antiseptique iodé et voyez un médecin sans délai. Au besoin, faites-vous évacuez vers Bangkok. Le taux de prévalence du **VIH** étant significatif, toutes les précautions sont de mise. Sur place, supérettes, épiceries et pharmacies vendent des préservatifs (*kondom*).

POUR EN SAVOIR PLUS

www.solidarites-sante.gouv.fr
Rubrique Pour des vacances sereines à l'étranger

www.astrium.com
Site d'information destiné aux voyageurs : prévention, vaccins et traitements.

www.pasteur.fr
Rubrique "Centre médical, préparer son voyage."

SÉCURITÉ

Les voyageurs indépendants ont intérêt à s'inscrire sur l'application Ariane du ministère de l'Europe et des Affaires étrangères (www.diplomatie.gouv.fr) pour bénéficier de recommandations de sécurité par courriel si la situation sur place le justifie, et pour faciliter l'assistance de l'ambassade en cas de besoin.

FEMMES SEULES

Les femmes seules sont beaucoup sollicitées à Bali, mais quelques précautions élémentaires (s'habiller sobrement, ne pas flâner sur la plage la nuit) réduiront les risques. Attention aux *Bali cow-boys*, ces gigolos qui "chassent" les Occidentales d'un certain âge !

DROGUE

Elle est bien évidemment prohibée, et sa consommation sévèrement punie en Indonésie. Dans les bars et clubs de Kuta, on vous proposera sans doute de la drogue, de façon parfois agressive. Sachez que les vendeurs peuvent être des indicateurs, voire des policiers, et que la justice est sans pitié pour les consommateurs : même une faible dose de cannabis est susceptible de vous conduire en prison pour plusieurs années.

HARCÈLEMENT, RABATTEURS

La manne touristique a incité de nombreux Balinais à se lancer dans le petit commerce ou les services. Sur tous les sites touristiques, vendeurs ambulants, pseudo-guides et rabatteurs n'hésitent pas à harceler les touristes. Ignorez-les, un refus poli ne servant généralement à rien. Aux péages plus ou moins improvisés des grands sites, exigez un ticket pour éviter d'avoir à payer deux fois. De même, soyez méfiant si votre chauffeur ou une bonne âme vous recommande une adresse, il y perçoit probablement une commission. Résistez aussi à la drague intempestive, qui cache souvent de la prostitution ; faute de vite repousser les avances, vous encourez une violente prise à partie.

VOLS ET ARNAQUES

Rien à craindre hormis les habituels désagréments liés au tourisme de masse. Laissez vos papiers et effets de valeur dans le coffre de l'hôtel. Gardez toujours un œil sur vos affaires à la plage et au restaurant...

CORRUPTION

Incontestablement, moins vous aurez affaire aux autorités, mieux ce sera. Essayez toujours de régler les litiges (accident bénin, désaccord financier, etc.) à l'amiable, sans solliciter la police, qui ne fera que donner raison aux insulaires et vous réclamera de l'argent ensuite. Et lorsqu'on vous fixe une somme (pour un dédommagement), payez sur-le-champ, sans faire appel à un tiers.

SHOPPING

Bali est un véritable paradis du shopping. Devant l'opulence de l'offre, tâchez de privilégier l'artisanat local. Pour en connaître les adresses et soutenir l'économie solidaire, consultez le site de Mitra Bali.

Mitra Bali Fare Trade
en.mitrabali.com

ANTIQUITÉS

Il y a peu de chance que vous chiniez d'authentiques antiquités chez les brocanteurs balinais – l'exportation d'objets vieux de plus de 50 ans est de toute façon interdite –, mais vous trouverez nombre de reproductions patinées d'objets en tout genre à Batubulan (p.137).

BIJOUX

Les bijoux en or (22-24 carats) sont vendus au poids dans les échoppes de Jl. Husanudin et sur les principaux marchés de Denpasar (p.47). Celuk (p.136) est la capitale balinaise de l'orfèvrerie d'argent, tandis que vous pourrez acheter des perles de culture et des bijoux de nacre à Penyabangan (p.244).

ARTISANAT

Ikat de Gianyar, marionnettes et masques de Sukawati, poteries de Bedulu, céramique de Pejaten, cerfs-volants de Negara, peintures de Kamasan ou Peliosan, sculptures de Mas, Tegallagang ou d'ailleurs... Difficile de résister à l'artisanat local ! Si vous n'aimez ni marchander ni musarder sur les marchés, rendez-vous dans l'un des grands magasins de souvenirs Oleh-Oleh : prix fixes et choix immense. On en trouve à

Denpasar, Kuta, Ubud, Singaraja, etc. Celui qui est installé près de l'aéroport ouvre 24h/24.

Krishna Oleh Oleh
Jl. Raya Tuban 2 Tuban ☎ 0361 76 45 32
www.krisnabali.co.id ⌚ Tlj. 24h/24

SPORTS ET LOISIRS

La plupart des prestataires vont chercher leurs clients à leur hôtel. Il est souvent moins onéreux de réserver une activité en ligne que sur place.

LOISIRS NAUTIQUES

Baignade

Si les **plages** de Kuta, Seminyak et Sanur sont aménagées et nettoyées en haute saison, les autres souffrent généralement d'un manque d'entretien, aggravé à la saison des pluies et des tempêtes par les détritus que charrient les petits cours d'eau côtiers. La baignade en mer ne pose toutefois pas de problème sanitaire, seule la force des courants incite à la plus vive prudence. Les plages les plus sûres sont celles de la côte nord ; sur la côte sud, celle de Sanur est idéale pour les jeunes enfants. Par mesure de précaution, sur les plages aménagées que fréquentent les surfeurs, nagez toujours dans le périmètre surveillé. Outre leurs bassins rituels, de nombreux temples possèdent des **bains publics** où les fidèles peuvent se purifier. Si vous souhaitez vous baigner dans ces bassins, vous devrez porter un sarong et rester décent et respectueux (ni cris, ni plongeons, ni chahut).

Sports nautiques

À Kuta-Canggu et sur la presqu'île de Bukit, des stages de un à trois jours permettent de s'initier au stand-up paddle ou au kite-surf. De la planche à voile au kayak de mer en passant par le catamaran, on peut pratiquer tous les sports nautiques à Sanur. La base de loisirs du lac Bratan, à Bedugul, loue des pédalos, des skis nautiques, des canoës, etc. De nombreuses agences locales proposent des sorties en canoë sur le lac Batur.

Plongée et snorkeling

Les Gili sont incontestablement le paradis des plongeurs avec ou sans bouteille (p.207). Les principaux spots balinais sont Tulamben, sur la côte est (p.199), le parc marin de Pulau Menjangan sur la côte nord-ouest (p.242), et l'archipel des Penida, au large de la côte sud (p.97). Le snorkeling se pratique aussi à Lovina, sur la côte nord, ainsi qu'à Padang Bai et Amed, sur la côte est. Nombreux sont les hôtels qui prêtent ou louent palmes, masques et tubas (comptez 40KRp/j.), et certains disposent de leur propre club de plongée. Les écoles locales sont en principe agréées PADI, SSI et CMAS, et elles emploient souvent des *dive masters* (moniteurs) francophones. Elles organisent toutes des sorties sur les différents sites balinais. Certains proposent aussi des stages de cinq à sept jours comprenant l'hébergement.
Recommandations En Indonésie comme ailleurs, les récifs coralliens sont menacés. Approchez-les avec précaution pour ne pas les heurter avec vos palmes et ne les touchez pas. Ne ramassez ni corail ni coquillages, et n'en achetez pas en boutique.

Sorties en mer

On peut explorer la mangrove à Nusa Lembongan (p.96), et quantité de pêcheurs arrondissent leurs fins de mois en baladant des touristes à bord de leur pirogue à balancier vers Amed. Flânez sur la plage au retour de la pêche ou en début de soirée et faites affaires avec l'un d'eux pour le lendemain.

Sports en eaux vives

Les plus intrépides pourront descendre des rapides en radeau pneumatique ou des cascades en rappel à partir d'Ubud, Sanur, Lovina ou d'autres centres touristiques de Bali.

www.adventureandspirit.com
Canyoning dans les eaux vives de l'arrière-pays.

www.balisobek.com
Descentes en raft de la Telaga Waja.

www.masonadventures.com
Pour franchir 33 rapides sur le cours impétueux de l'Agung.

Surf

Les spots sont concentrés sur les façades sud et ouest de l'île, et l'on peut facilement y louer une planche (comptez 50KRp la demi-journée). Les plages de Kuta à Canggu, sur la côte sud-ouest, comptent parmi les plus accessibles, avec des fonds sablonneux et des vagues assez petites. Les débutants y trouveront des stages d'initiation de 1 à 3 jours. Sur cette même côte, les surfeurs plus aguerris se mesurent aux vagues plus rapides d'Echo Beach (Canggu), de Medewi et de Tanah Lot, mais attention aux chutes sur les récifs coralliens. Plusieurs spots les attendent aussi autour de Sanur, sur la côte sud-est, mais il faut s'y rendre en bateau pour franchir la barrière récifale. Les surfeurs chevronnés auront le choix entre les spots légendaires d'Uluwatu, de Nusa Lembongan, ou encore de Padang-Padang et de Dreamland Beach, dans la presqu'île de Bukit. Là, les vagues peuvent atteindre 3 ou 4m et bénéficient, pour la plupart, d'une gauche puissante. D'une manière générale, on surfe sur la côte sud-ouest et à Nusa Lembongan à la saison sèche (avr.-sept.), et sur la côte sud-est le reste de l'année.

www.magicseaweed.com
Descriptif détaillé des meilleurs sites balinais et prévisions de la houle à sept jours.

RANDONNÉE PÉDESTRE

Treks

Les volcans (*gunung*) balinais attirent les trekkeurs. Attention, sentiers glissants et éboulements rendent leur ascension impossible après de fortes pluies, et certains itinéraires sont impraticables de décembre à mars. La meilleure saison court de mai à octobre, juillet-septembre étant la période idéale. Prévoyez chaussures de marche, coupe-vent imperméable et lampe frontale pour les départs de nuit. Toute personne en bonne condition physique peut gravir le Gunung Batur : 1 000m de dénivelé, 3-5h (p.168). L'ascension du Gunung Agung (3 014m) est plus sportive : de 3 à 6h30 d'ascension et jusqu'à 2 000m de dénivelé selon l'itinéraire. Le volcan, entré en éruption en 2017 et toujours en niveau d'alerte, il est interdit d'accès à l'heure où nous mettons sous presse.

Balades

Tous les hôtels de l'arrière-pays vous indiqueront de belles balades à faire en solo ou accompagné d'un guide, parmi les rizières en terrasses et les plantations de caféiers ou de girofliers (50-300KRp), notamment autour de Munduk (p.236) ,de Jatiluwih ((p.260) et de Sidemen (p.174). Quelques heures de marche paisible vous dévoileront la faune et la flore des environs d'Ubud (p.118), des villages perdus de l'intérieur ou encore les abords des lacs Bunyan et Tamblingan (p.238).

VTT

C. Bali (www.c-bali.com), Bali Eco Cycling (www.ebikesbali.com), Odyssée Indonésie (www.odyssee-indonesie.com), See Bali Adventure (www.baliatvtour.com) et d'autres agences organisent des circuits de découverte. Ceux-ci partent habituellement des hauteurs de l'île (Bedugul ou Kintamani) pour descendre vers le sud à travers forêts et rizières, avec halte dans certains villages.

YOGA, MÉDITATION

Nombre d'hébergements proposent des cours de yoga. Des centres dédiés, qui proposent des stages avec gite et couvert, sont installés dans les grandes stations touristiques ou leurs environs proches.

TÉLÉPHONE

INDICATIFS

De France vers l'Indonésie : 00 + 62 (indicatif indonésien) + 0 + numéro du correspondant.

D'Indonésie vers l'étranger : 001 + 33 + numéro du correspondant sans le 0 initial.

PCV : composez le 101 et demandez un *collect call*.

APPELS VIA INTERNET

Avec Skype, la réception est aléatoire. Préférez WhatsApp ou FaceTime en accès wifi, si vous avez un smartphone ou une tablette Apple, ou Viber sous Android. Pensez à désactiver les "Données à l'étranger" et les "Données cellulaires" de votre portable pour ne pas payer d'exorbitants frais d'utilisation d'Internet mobile hors de sa zone.

TÉLÉPHONES PORTABLES

Comme l'Europe, l'Indonésie a adopté le système GSM. Au lieu de demander une onéreuse extension internationale de votre forfait, envoyez gratuitement vos sms par WhatsApp ou Viber si vous avez un smartphone. Si votre mobile (HP, pour *hand phone*, se prononce "*hah péh*") est un quadribande, faites-le débloquer avant de partir et achetez sur place une carte SIM prépayée. Demandez au vendeur de l'installer et de vous préciser les codes pour appeler l'étranger à moindres frais. Le principal opérateur local est Telkomsel.

URGENCES

Renseignements : 108
Police : 110
Pompiers : 113
Ambulances : 118
Police touristique : 0361 224 111

US ET COUTUMES

Comportement Comme dans la plupart des pays d'Asie, les effusions de tendresse en public sont mal vues. De même, il est impoli de s'énerver et de hausser le ton ; tâchez donc de garder votre calme en toutes circonstances. *Jam karet*, le "temps élastique",

est une notion typiquement indonésienne. Sachez vous montrer patient.
Tenue vestimentaire Réservez le maillot de bain et les tenues légères aux plages, où naturisme et monokini sont interdits. Dans les temples, il faut distinguer les bains sacrés, réservés aux cérémonies, des bassins accessibles à tous. Mais ces derniers n'en ont pas moins une dimension rituelle. Si vous voulez profiter de ces bains publics, vous pourrez le faire en tee-shirt et sarong, au milieu des familles balinaises, en évitant de chahuter et d'éclabousser vos voisins. Mais ne songez pas vous y tremper en maillot de bain ! Aux Gili, à majorité musulmane, veillez à vous vêtir convenablement quand vous vous promenez.
Tête, mains, pieds La tête étant sacrée, il ne faut jamais toucher même celle d'un enfant. La main gauche, en principe réservée à la toilette intime, est considérée comme impure. Servez-vous de votre main droite pour toucher, donner ou recevoir – mais vous pouvez offrir quelque chose des deux mains en signe de respect. Montrer quelqu'un du doigt ou l'appeler en pliant l'index est considéré comme offensant. Agitez plutôt la main, paume tournée vers le sol. Ne vous adressez jamais à quiconque mains sur les hanches et jambes écartées : cela serait vu comme une provocation. Assis, tourner les plantes de ses pieds vers son interlocuteur est considéré comme insultant. Déchaussez-vous avant d'entrer dans une maison.
Lieux de culte Il faut avoir les épaules, avant-bras et jambes couverts sur les lieux de culte – et les femmes doivent dissimuler leurs cheveux dans les mosquées. Le port du sarong, parfois complété d'une ceinture de cérémonie, est obligatoire dans les temples balinais. Ceux-ci sont interdits aux femmes enceintes, aux enfants qui n'ont pas encore perdu leurs dents de lait et à toute personne blessée ou perdant du sang. Dans un temple, vous ne devez jamais dépasser de l'épaule celle d'un prêtre et passer devant un fidèle en prière. N'enjambez en aucun cas les offrandes déposées le matin sur les trottoirs. Ne traversez jamais une procession de rue. N'oubliez pas de vous déchausser avant d'entrer dans une mosquée.
Fumer est interdit dans de nombreux endroits, et déconseillé en public aux Gili pendant le ramadan.
Cadeaux Si vous êtes invité chez quelqu'un, la coutume veut que vous apportiez un présent, qui ne sera déballé qu'après votre départ.
Papier toilette En dehors des grands hôtels et des restaurants chics, on ne le jette pas dans la cuvette des WC, mais dans la poubelle placée à côté.

GESTES ÉCOLOGIQUES

Les poubelles publiques étant rares, surtout sur les plages, n'oubliez pas de vous munir d'un sac pour y remiser vos déchets. Quand vous le pouvez, remplissez votre gourde plutôt que d'acheter une bouteille en plastique. De même, refusez les pailles et les sacs en plastique. Soyez économe avec l'eau ; éteignez la lumière et coupez la climatisation de votre chambre d'hôtel avant de la quitter. Ne nourrissez pas les animaux sauvages (singes, écureuils). Sous l'eau, abstenez-vous absolument de toucher les massifs coralliens, organismes vivants fragiles.

Hébergements

Dans un complexe hôtelier d'Ubud

SE LOGER

À Bali et aux Gili, de spartiates *guesthouses* côtoient certains des meilleurs 5-étoiles du monde. Qu'ils soient établis en bord de mer ou à l'intérieur des terres, la plupart de ces établissements disposent d'au moins une piscine et ils peuvent envoyer quelqu'un vous chercher à l'aéroport. Attention aux sites Internet dont les visuels enjolivent la réalité et omettent d'éventuels problèmes d'accès. Sauf mention contraire, dans notre sélection, le prix comprend le petit déjeuner.

HÔTELS

Les hôtels bon marché sont légion et d'un excellent rapport qualité-prix. Dans ces *guesthouses*, vous aurez droit à une chambre propre avec sdb (eau froide ou chaude) et ventilateur. Les hôtels de catégorie moyenne ou supérieure offrent tout le confort (grande sdb, clim., TV, petit réfrigérateur, balcon ou terrasse) et une décoration souvent soignée. Dans les hôtels de luxe s'ajoute tout un éventail d'activités sportives et culturelles. Dans maints établissements, les sdb sont plus ou moins à ciel ouvert, ce qui n'est pas toujours agréable à la saison des pluies !

CHAMBRES D'HÔTES

Les *homestays* sont souvent des chambres que les propriétaires ont installées dans leur jardin. Ce type d'hébergement est un bon moyen de découvrir la vie quotidienne des insulaires, mais il en perte de vitesse à Bali. Dans les chambres d'hôtes, il n'y a généralement pas d'eau chaude dans les sanitaires et les serviettes ne sont changées que tous les trois ou quatre jours. Enfin, le petit déjeuner n'est pas toujours compris dans le prix de la nuitée.

VILLAS

À Bali, les familles et groupes d'amis trouveront des villas à louer à la nuit, à la semaine ou au mois, surtout dans le sud de l'île. L'offre est variée et donc susceptible de satisfaire tous les budgets. Bien souvent, la location comprend la mise à disposition d'un personnel de service (ménage et cuisine) pour toute la durée du séjour.

LE SUD

DENPASAR

Pop ! Hotel Teuku Umar $

Le design coloré de cet hôtel de chaîne est à des années-lumière des canons de l'hôtellerie insulaire. Sur une artère animée, 80 chambres nickel et fonctionnelles (à partir de 285KRp), spa et service souriant. Parfait pour la dernière nuit avant de reprendre l'avion.

DENPASAR Jl. Teuku Umar 74 ☎ 0361 258 025 www.pophotels.com

KUTA ET LEGIAN

Masa Inn $$

En retrait de Poppies Lane I, deux grandes piscines, un restaurant et 89 chambres au calme : confortables mais banales pour celles qui occupent les bâtiments modernes (double 550KRp), un peu plus soignées et onéreuses pour les bungalows de style balinais (600KRp).

KUTA (plan 2, B4 n°40) Jl. Pantai Kuta (Poppies Lane I) 27 ☎0361 758 507 www.masainn.com

Poppie's Cottages $$$

Un havre inattendu à deux pas de la bruyante Poppies Lane : une vingtaine de coquettes chaumières et une piscine au milieu de la verdure et des fleurs. Petit déj. frugal (un thé et une banane). Restaurant de l'autre côté de la ruelle. Double 2 130KRp.

KUTA (plan 2, B4 n°41) Poppies Lane I 19 (par Jl. Pantai Kuta) ☎0361 751 059 www.poppiesbali.com

Villa Coco $$$

Charme, luxe et service attentif pour ces villas de taille variable, avec jardin clos. Piscine privée pour certaines, mais grande piscine, bar et spa pour toutes ! Double env. 1 000KRp, villas de 1 à 4 chambres avec piscine 5 500-12 000KRp (suivant la saison). Petit déj. préparé et servi "à domicile". Possibilité de réserver un cuisinier pour le dîner ou un BBQ.

KUTA (plan 2, A2 n°43) Gang Villa Coco (ruelle donnant dans Jl. Arjuna) ☎0361 730 736 www.villacoco.com

SEMINYAK ET CANGGU

Ned's Hide-Away $

Dans une ruelle un peu excentrée, 16 chambres et trois niveaux de confort : sommaire avec ventilateur et eau froide (240KRp), avec clim. (300KRp) ou avec clim. et TV (375KRp). On peut prendre le petit déj. (env. 50KRp), un en-cas ou une bière sur la terrasse de l'étage.

SEMINYAK (plan 3, B2 n°80) Gang Bima 3 (par Jl. Raya Seminyak) ☎0361 731 270

The Calmtree Bungalows $$

Dépaysement garanti dansces 8 bungalows en bambou et chaume (moustiquaire, ventilateur, sdb découverte), à 500m de la plage de Batu Bolong. Jolie piscine, jardin et terrasse pour le petit déj. Double 750KRp, quadruple (lits enfants en mezzanine) 1 500KRp, villa pour 6 personnes avec piscine 1 600KRp.

CANGGU (plan 4, B2 n°40) Jl. Pantai Batu Bolong 60 ☎0851 0074 7009 www.thecalmtreebungalows.com

The Chillhouse $$

Central mais calme, et les chambres sont propres et joliment décorées dans un esprit bohème. The Chillhouse propose des cours de surf et de yoga, ainsi que d'excellents massages. Double à partir de 780KRp, petit déjeuner copieux (et délicieux) compris.

CANGGU (plan 4, B1 n°43) Jl. Kubu Manyar 22 Banjar Pipitan ☎0823 4180 1719 www.bvrbaliholidayrentals.com

Lautan Kupu Kupu Villa $$

À 100m de la plage de Pererenan, une maison d'hôtes de charme conçue et décorée par un Français. Dans ses différents espaces ponctués de petits bassins, les bois sombres de la charpente et du mobilier traditionnel balinais se conjuguent avec les tableaux contemporains. Attrayante piscine et 7 chambres spacieuses tout confort. Double à partir de 750KRp.

CANGGU (plan 4, A2 n°41) Jl. Pantai Pererenan 159 ☎0821 4621 6854 www.lautankupukupu.com

Tugu Bali $$$
À 5min à pied de la plage de Batu Bolong, un superbe ensemble aux airs de palais balinais avec ses immenses salons ouverts sur des jardins, son mobilier ancien, ses œuvres d'art et ses 21 suites disséminées dans un labyrinthe végétal. Service parfait, spa... Suite à partir de 5 200KRp la nuit en haute saison.

CANGGU (plan 4, B2 n°42) Jl. Pantai Batu Bolong 1 ☎ 0361 4731 701 ou 0818 0530 7164 www.tuguhotels.com

DE JIMBARAN À ULUWATU

Padang Padang Breeze $
Un établissement sans prétention, nanti d'une belle piscine et d'un jardin, idéalement situé à proximité des restaurants et de la plage. Il loue une quinzaine de chambres spacieuses et modernes, la touche balinaise en plus. Le personnel est accueillant et le restaurant sert un grand choix de plats indonésiens et de fruits de mer. Double à partir de 415KRp.

PECATU Jl. Labuan Sait A4 ☎ 0812 3837 096 Réservation sur booking.com

Kubu Kak Dudung Villas $$
Dix petits bungalows de style traditionnel, dans un écrin de verdure, à 5 minutes de la plage. Parfait pour romantique, même si le cadre est simple et l'aéroport assez proche. Double 630KRp avec le petit déjeuner.

JIMBARAN Jl. Raya Uluwatu, Gang Tambak Sari ☎ 0361 4466 378 Réservation sur booking.com

Puri Bali Jimbaran $$$
Luxe absolu pour ces 64 cottages disséminés dans un opulent parc mitoyen de la plage. Suites spacieuses à la pointe du confort, avec terrasse individuelle pour le copieux petit déj. Grande piscine, 2 restaurants, spa et bar. Cottage sur jardin à partir de 424US$, côté mer 557US$.

JIMBARAN Jl. Raya Uluwatu ☎ 0361 701 605 www.belmond.com/hotels/asia/bali/belmond-jimbaran-puri

Pondok Indah $$$
Pour loger chez une famille balinaise. Accueil simple et d'une immense gentillesse, belle maison traditionnelle avec ornements sculptés, jardin fleuri et *bale* garni de gros coussins pour se relaxer. Onze chambres, avec ou sans climatisation à partir 1 550KRp. Exquis et copieux petit déj.

PECATU Jl. Pantai Bingin 9 (à 20m des escaliers menant à la plage) Réservation sur booking.com

La Joya II Biu-Biu $$$
Dans des bungalows accrochés au bord de la falaise, 25 chambres tout confort. La salle à manger sous sa véranda et la belle piscine jouissent d'un panorama merveilleux, et le petit kiosque de massage dominant la mer invite à lâcher prise. Crique accessible à marée basse par un escalier. Double 2 000-4 000KRp.

JIMBARAN Jl. Pantai Balangan (à 5km de la grand-route, Jl. Raya Uluwatu) Balangan Beach ☎ 0812 3811 3424 (whatsapp) www.lajoyaresorts.com

Mu $$$
Créés par un Français amoureux de Bali et de surf, une douzaine de bungalows (jusqu'à 12 pers.) avec une vue imprenable sur le ciel, la mer à l'infini et la plage au bas d'un escalier (bien raide tout de même). Sans oublier une belle piscine, un restaurant accueillant, un personnel aux petits soins et de bons conseils pour surfer. Double 2 200-2 800KRp.

PECATU Jl. Pantai Bingin (par Jl. Raya Uluwatu) Bingin Beach ☎ 0853 3816 7746 ou 0361 895 7442 www.mu-bali.com

SANUR

Sunhouse Guesthouse $

Sept chambres aux noms de fleurs et au charme balinais, une cuisine commune et une piscine. À moins de 10min de la mer, voilà un havre de paix à l'ambiance familiale. Les chambres sont de taille relativement modeste, tout comme les prix : 295KRp la double. Le petit déjeuner n'est pas compris, mais vous pourrez le prendre au Genius Cafe, face à la mer.

SANUR (plan 5, A4 n°50) Jl. Mertasari 36 0361 287 413 Réservation sur booking.com

Flashbacks $

Architecture traditionnelle, jardinet luxuriant et piscine font de cette pension centrale un lieu séduisant. Trois "bungalows" avenants et bien équipés à 595KRp, 4 chambres standard avec ventilateur à 380-410KRp, et un appartement à 795KRp.

SANUR (plan 5, B3 n°51) Jl. Danau Tamblingan 110 0361 281 682 www.flashbacks-chb.com

Puri Sading $$

Un bel hôtel avec piscine, proche des cafés et des restaurants, à 10min à pied de la plage. Vingt-deux chambres spacieuses et tout confort (balcon ou patio, réfrigérateur) dans un style classique balinais à partir de 1 020KRp... plus calmes côté jardin. Bar et restaurant sur place.

SANUR (plan 5, B3 n°52) Jl. Danau Tamblingan 102 0361 286 206 www.purisading.com

Tropical Bali Hotel $$

Charme, sérénité et gentillesse sont les atouts maîtres de cet hôtel tenu par un couple de jeunes Français. Les 10 chambres, spacieuses et avec terrasse, donnent sur une piscine noyée dans la végétation. Activités diverses, location de deux-roues (Sanur est à 40min à pied et 15min à vélo). Double côté piscine 850KRp, côté jardin 525KRp.

SANUR (plan 5, A1 n°53) Gang Penyu Dewata (par Jl. Pantai Padang Galak III 2) 0361 282 524 www.tropical-bali-hotel.com

Kolonial House $$

Tout le chic d'une grande demeure de style colonial cachée derrière de hauts murs et meublée d'antiquités. La partie la plus élégante, qui ouvre sur la première cour et sa piscine, abrite 5 chambres (50-75US$) ; les 3 autres (55-60US$), regroupées à l'arrière, disposent d'une piscine plus grande, mais sont plus petites et moins bien décorées – évitez l'Exotic Room, minuscule. Cuisine à disposition et cours de yoga gratuits.

SANUR (plan 5, A4 n°54) Jl. Sekar Waru 20 0812 3715 1752 ou 0819 9908 7921 www.kolonialhouse.com

Maison Aurelia $$

Dans la rue principale de Sanur, un boutique-hôtel de style colonial, confortable et plaisamment décoré. Plusieurs de ses 42 chambres (à partir de 1 080KRp) sont communicantes. Jacuzzi, spa, piscine et le restaurant Spice, où le chef du Mozaic Ubud propose des plats fusion (env. 120KRp le repas).

SANUR (plan 5, B3 n°55) Jl. Tamblingan 140 0361 4721 111 www.discoverasr.com/en/preference/indonesia/maison-aurelia-sanur-bali-by-preference/

Tandjung Sari $$$

Premier hôtel familial de charme ouvert à Bali, avec 27 bungalows typiques éparpillés dans un grand parc fleuri. Ornées de textiles et d'artisanat balinais, les "chambres" composent des unités indépendantes, avec jardinet et *bale*. Espace piscine confortablement meublé. Double 3 840-6 240KRp selon la taille et la proximité de la plage. Équipements et service 4 étoiles.

SANUR (plan 5, B3 n°56) Jl. Danau Tamblingan 41 0361 288 441 www.tandjungsarihotel.com

LES ÎLES PENIDA

Poh Manis $$

Isolé dans les collines dominant le détroit de Ceningan, cet hôtel doté d'un bon restaurant ravira ceux qui aiment la nature et le calme. Paysages splendides, service affable, piscine... et 7 chambres en bungalow (clim., sdb ext., terrasse), avec ou sans la vue sur la mer. Double de 890 à 1 650KRp. Un conseil : prévoyez une multiprise – il n'y en a qu'une par chambre – et louez un scooter, Lembongan est à 20min à pied.

NUSA LEMBONGAN Lembongan 0821 4515 3838

Naturale Villas $$

À 50m en retrait de la plage, cet hôtel vaut pour son calme, la gentillesse de ses propriétaires et leur démarche *eco-friendly*. Construits avec des matériaux locaux ou de récupération, les 8 bungalows sont bien équipés : clim., réfrigérateur, bouilloire et terrasse sur le jardin et la piscine. Double 850KRp. Restauration possible.

NUSA LEMBONGAN Sur les hauteurs sud de la plage Mushroom Bay 0851 0043 2344

Tigerlillys $$

Évoquant un hameau traditionnel, cet hôtel de charme est l'un des plus plaisants de Jungut Batu : accueil gracieux, exubérant jardin fleuri, piscine, restaurant (idéal pour dîner aux chandelles) et 8 chambres (clim., eau chaude, moustiquaire, terrasse), dont le décor colonial fait la part belle aux textiles artisanaux. Double 1 200-1 800KRp.

NUSA LEMBONGAN Route du phare Jungut Batu 0812 4664 0343 www.tigerlillyslembongan.com N'accepte pas les enfants de moins de 12 ans

The Point Resort $$$

Pour un séjour romantique ou une retraite dans la partie la plus sauvage de l'île. Sur une falaise, 4 chambres sobres mais vastes, avec réfrigérateur, clim., belle sdb et terrasse privative où prendre ses repas. Grande cuisine et salon communs. Et piscine à débordement offrant une vue époustouflante sur la mer et les lointains sommets de Bali. Double à partir de 2 600KRp (2 nuits minimum).

NUSA LEMBONGAN Jungutbatu Sur la route côtière entre Mushroom Bay et Sunset Beach www.thepointlembongan.com

Secret Point Huts $$

Très apprécié des surfeurs pour la proximité du spot de Ceningan Point, cet hôtel-restaurant a installé 8 bungalows de style balinais (sdb extérieure, eau froide) dans un joli jardin avec piscine, au bord d'une petite plage quasi privée. Double à 810-900KRp.

NUSA CENINGAN Secret Point (signalé sur la route du Blue Lagoon) 0859 5412 4593

The Palms Ceningan $$

Très confortables, aménagées avec goût dans un esprit rustique, les 10 chambres occupent de petits bungalows donnant sur une large terrasse face à la mer, avec piscine à débordement au bord de la falaise. Double 800-1 500KRp. Agréable restaurant mixant les prix et les cuisines (49-129KRp le plat).

NUSA CENINGAN Secret Beach (près de Ceningan Point) 0821 4656 5508 www.thepalmsceningan.com

Tentacle Bali $

Six chambres avec balcon ou patio, et coin salon pour certaines, dans des constructions de style local autour d'une belle terrasse avec piscine. Atmosphère zen et ambiance familiale, à 100m de la plage. Le personnel vous aidera volontiers à organiser vos excursions dans l'île. Double avec sdb et air conditionné à partir de 350KRp.

NUSA PENIDA Jl. Ped, Buyuk 0819 3302 8139 Réservation sur booking.com

Namaste Bungalows $$

Cet hôtel perdu dans des collines plantées de cocotiers atteste la sérénité rurale de Nusa Penida et oblige à louer un scooter. Ses 10 bungalows et 10 chambres modernes sont éparpillés autour d'un vaste jardin tropical et d'une piscine, la déco mise sur les bois flottés et une récup' malicieuse, et le restaurant sert une cuisine simple et saine. Bungalow supérieur (ventilateur) et chambres deluxe (clim.) 800KRp pour deux, petit déj. inclus.

NUSA PENIDA Jl. Raya Sakti Sakti (sur la route de Toyapakeh à Crystal Bay) 0813 3727 1615 www.namaste-bungalows.com

Dewi Sun Sun Suite $$

De charmants bungalows en bois face à la mer. On se réveille au bruit des vagues, et la vue sur le cône volcanique de l'Agung est imprenable. Un cadre de rêve qui fait vite oublier le petit défaut d'insonorisation des chambres. Et l'on pourra aller boire un cocktail les pieds dans le sable au Sun Sun Bar & Resto en fin de journée. Bungalow pour deux 1 175KRp. Réductions en ligne.

NUSA PENIDA Jl. Ped, Buyuk 0361 4781 858 ou 0819 7300 0019 www.thedewisunsunsuite.com

LE CENTRE

UBUD ET SES ENVIRONS

Tegal Sari $

Coup de cœur pour cette coquette adresse à 25min à pied du village : jardin enchanteur, piscine, spa, restaurant, et 27 chambres tout confort et judicieusement décorées, face aux rizières. Double 350-1 350KRp selon le confort, quadruple 2 300KRp, hors petit déj.

UBUD (plan 7, B3-B4 n°70) Jl. Monkey Forest, Padang Tegal (2km au sud du marché central) 0361 973 318 www.tegalsari-ubud.com

Bali Bohemia Hut $

Douze chambres bohèmes superbement décorées par des artistes balinais, à deux pas de la forêt des Singes. Les bungalows s'ordonnent autour d'une jolie piscine et le restaurant-bar accueille souvent des musiciens. Bungalow sans clim. sur jardin 390KRp, chambre double avec clim. 490KRp.

UBUD (plan 7, A3 n°71) Jl. Nyuh Bojog, Mas 0811 3880 098 www.balibohemia.com

Swasti Eco Cottages $$

Piscine et immense jardin tout en recoins pour 6 bungalows en teck de style javanais, meublés de bambou, ornés de tissages artisanaux, avec de grandes moustiquaires drapées et des balcons ou patios ombragés (800KRp). Également des *Deluxe*, plus spacieuses, et 4 chambres balinaises (1 000-1 225KRp) pariant sur les bois locaux et le bambou tressé. Spa (produits naturels), restaurant (fruits et légumes de la ferme bio), activités, spectacle de danse hebdomadaire.

UBUD (plan 7, A4 n°72) Jl. Nyuh Bojog 3, Mas (2,2km au sud du centre-ville) 0361 974 079 www.baliswasti.com

Alam Indah $$

Jouxtant la forêt des Singes (gare aux chapardeurs !) et ouvrant sur des rizières, de grands pavillons de style balinais pleins de charme aux 10 vastes chambres meublées d'ancien. Celles de l'étage jouissent d'une belle vue sur la vallée, les autres donnent sur le jardin (73-111US$). Piscine, service diligent et navette pour le centre d'Ubud.

UBUD (plan 7, A3 n°74) Jl. Nyuh Bojog, Mas (juste au sud de la forêt des Singes, 1,9km du centre-ville) 0361 974 629 www.alamindahbali.com Nombreux escaliers, à déconseiller aux personnes à mobilité réduite

Green Fields $$

Dans des pavillons à étage au bord des rizières, des chambres à partir de 67US$ pour les plus anciennes (vue sur jardin) et 118US$ pour les plus vastes, à l'étage, qui bénéficient de grands balcons avec banquettes ou fauteuils… et de magnifiques couchers de soleil. L'ensemble est calme et impeccablement tenu. Deux piscines, restaurant, activités et navette pour le centre-ville.

UBUD (plan 7, B4 n°73) Jl. Raya Pengosekan, Pengosekan (2km au sud du marché central) 0361 975 798 www.greenfieldubud.com

Alam Jiwa $$$

Une autre adresse de charme (mêmes gérants que l'Alam Indah) ! Une dizaine d'élégantes chambres de style balinais, avec terrasse ou patio donnant sur la verdure. Sdb contemporaines, piscine agréable et service attentif. Navette pour le centre-ville (30min à pied). Double 174-234US$ selon la taille et la vue.

UBUD (plan 7, B4 n°75) Jl. Raya Nyuh Kuning, Mas (2,5km au sud du centre-ville) 0361 974 629 ou 0812 4683 8391 www.alamindahbali.com

Mathis Retreat $$$

Luxe, calme et volupté en pleine nature. Les chambres sont immenses (40 ou 75m²) et d'une sobriété apaisante. La piscine à débordement, qui domine une belle rizière avec des cocotiers pour seul horizon, invite à la contemplation, et le restaurant est réputé. Doubles et bungalows 110-190US$.

UBUD (plan 7, A1 n°76) Jl. Lungsiakan, Kedewatan (3,5km au nord-ouest du centre-ville) 0361 4733311 ou 0813 37036525 (whatsapp) www.mathiscollection.com

Sandat Glamping Tents $$$

Ses tentes climatisées, avec piscine et jardin privés, s'intègrent parfaitement dans l'opulente végétation, un peu à l'écart d'Ubud. Cours de yoga sur demande (avec une vue imprenable), un spa et une cuisine raffinée concoctée avec des ingrédients locaux. Tentes 4 500KRp sans clim., 4 800KRp avec.

PEJENG KAWAN Jl. Subak Sala, (3,7km au nord-est d'Ubud) 0361 9083 222 ou 0821 4408 1998 www.glampingsandat.com

BLAHBATUH

Komune Resort & Beach Club $$$

Face aux mythiques rouleaux de Pantai Keramas, cet hôtel pour surfeurs compte 33 chambres bien conçues et ouvrant sur un jardin, une piscine dominant la mer et un restaurant de plage (cher pour la région). Double à partir de 98US$ hors petit déj. Remise à partir de 4 nuits.

BLAHBATUH Jl. Pantai Keramas (suivre les panneaux Komune Beach) 0361 3018 888 www.komuneresorts.com

L'EST

AU BORD DU LAC BATUR

Baruna Cottages $

Cinq chambres confortables, aux immenses baies (celles du rdc manquent un peu d'intimité), dans une paisible demeure, récente et bien tenue, et 4 cottages accueillants au bord du lac. Double 550-750KRp (sur réservation en ligne). Ascension des monts Batur, Abang et Agung, et excursions à vélo à des prix raisonnables.

KINTAMANI Buahan (rive sud du lac Batur, sur la route qui va à Trunyan)
0813 3877 8696

Batur Mountainview Guesthouse $

Joli jardin et vue sur le Batur pour cette maison qui réunit 7 chambres d'hôtes d'un style balinais rustique et sage. Deux *standard* à 400KRp et 4 *superior* à 535KRp, sans eau chaude. Le propriétaire peut organiser l'ascension du Batur.

KINTAMANI Jl. Culali, Batur (en venant de Penelokan, prendre la petite route à droite avant d'arriver au Pura Ulun Danu Batur)
0819 9941 1213 www.booking.com (rés.)

SIDEMEN

Abian Ayu $

L'atout supplémentaire de cette adresse de charme ? L'Agung en toile de fond des rizières. Quatre des 9 belles chambres disposent d'une grande terrasse dominant la salle à manger et la piscine, trois autres donnent directement sur la piscine, et les deux dernières occupent une maison près d'un cours d'eau, de l'autre côté d'une petite vallée. Service obligeant, excellent petit déj., autres repas possibles. *Standard* 500KRp, *Deluxe* 550-600KRp, *Family* 850KRp.

SIDEMEN Banjar Tabola (prendre à gauche au carrefour annonçant tous les hôtels)
0366 5551 106

Sawah Indah $$

Coup de cœur pour cet hôtel-restaurant de 10 chambres. Le balcon couvert qui prolonge celles de l'étage et la piscine offrent une vue splendide sur les collines et les rizières. Tableaux et objets d'art rehaussent d'une touche contemporaine un cadre mariant bois, bambou, pierre volcanique, broderies et tissages traditionnels. Tous les lits sont équipés d'une moustiquaire. De 550KRp à 850KRp pour 2, 1 400KRp pour 4.

SIDEMEN Banjar Tabola (prendre à gauche au carrefour annonçant tous les hôtels)
0366 5551 109 www.sawahindahvilla.com

Darmada Eco Resort $$

Cet hôtel de poche perdu parmi les rizières ravira ceux qui recherchent verdure et isolement. Belle piscine sous les grands arbres du parc et 4 chambres avenantes (sdb en plein air et terrasse) au bord d'un cours d'eau. Double 950-1 100KRp. Dîner possible (produits du potager bio) et nombreuses activités.

SIDEMEN Jl. Raya Luah Banjar Tabola (au fond de la vallée, par la route de droite au carrefour indiquant tous les hôtels)
0853 3803 2100 www.darmadabali.com

PADANG BAI

Topi Inn $

Une adresse basique mais conviviale. Les 6 chambres (220KRp) et le dortoir (lit 80KRp) manquent d'intimité, avec leurs cloisons en bambou tressé, et doivent partager les sanitaires, mais le jardin est vraiment joli, et bien agréable la grande paillote où l'on peut surfer sur Internet, boire un café face à la mer ou grignoter des plats balinais ou occidentaux à partir de 30KRp. Petit déj. autour de 30KRp.

PADANG BAI Jl. Pantai Silayukti 99 (à l'extrémité est de la plage) 0363 414 24 ou 0813 3846 8230 www.topiinn.nl

Bloo Lagoon Village $$$

Ce hameau de 25 villas design de 1 à 3 chambres s'efforce de réduire son impact écologique (récupération de l'eau, énergie solaire, traitement des déchets, etc.). Jardins privatifs, restaurant panoramique et grande piscine commune. Nuit 1 765-2 500KRp (tarifs dégressifs hors saison). Nombreuses activités (spectacles, cours de yoga...). Bon plan pour les familles et groupes d'amis !

PADANG BAI Jl. Silayukti (sur le promontoire qui ferme la baie à l'est) 0363 412 11 www.bloolagoon.com

CANDIDASA

Amarta Beach Cottages $

Simples et un peu sombres, les 16 chambres les moins chères (405-495KRp) occupent des bungalows traditionnels nichés dans la verdure autour d'une agréable piscine. De petits *bale* et des lits de plage invitent à la détente sur la pelouse face à la baie d'Amuk. Ont été ajoutés des pavillons modernes, dont les chambres lumineuses sont décorées avec goût (595KRp). Restaurant.

MENDIRA (à l'ouest de la route vers Tenganan) www.amartabeachcottages.com

Pondok Pisang Candidasa $$

Un hôtel de charme sur la plage de Mendira avec ses bungalows rustiques de style typiquement balinais et son *yoga shala*. Un restaurant de cuisine végétalienne et végétarienne à la carte un peu courte mais aux recettes délicieuses. Bungalows et chambres entre 550KRp (vue jardin) et 1 125KRp (vue mer).

MENDIRA Jl. Mendira 0363 41065 ou 0812 3959 4427 www.pondokpisang.com

Nirwana Beach & Resort $$

Piscine face à l'océan et 18 bungalows de luxe sous les cocotiers. Les chambres sont vastes, modernes et sobres, pourvues d'une belle sdb, d'une grande terrasse et du meilleur confort. Double 840-1 120KRp (surveillez les offres en ligne). Restaurant, bar, spa.

SENGKIDU Jl. Raya Sengkidu (à l'ouest de la route de Tenganan) 0363 411 36 www.trmhospitality.com

The Water Garden $$

Séparés de la mer par la rue principale, 12 cottages noyés dans un labyrinthe végétal semé de pièces d'eau qu'enjambent des pontons. Chaque chambre possède son bassin peuplé de carpes et sa terrasse. La déco élégante, le confort et l'espace promettent un séjour raffiné. Piscine, bar, restaurant, spa et nombreuses activités. Double 1 050-1 365KRp.

CANDIDASA Jl. Raya Candidasa (à mi-chemin entre le lagon et la route de Tenganan) 0363 415 40 www.watergardenhotel.com

Alila Manggis $$$

Amples pelouses descendant en pente douce vers la baie d'Amuk, bouquets de cocotiers, bassins remplis de lotus, vaste piscine, 53 chambres contemporaines ($34m^2$), un restaurant gastronomique (le réputé Seasalt), un spa et tout le luxe d'un 4-étoiles. Double à partir de 150US$ (surveillez les offres en ligne).

BUITAN (sur la route de Padang Bai, 4km à l'ouest du carrefour vers Tenganan) 0363 410 11 www.alilahotels.com/manggis

AUTOUR D'AMLAPURA

Aashaya Jasri $$

Cet hôtel plaira à ceux qui cherchent calme et proximité de la mer – même si les cailloux irréguliers de la plage ne se prêtent pas à la bronzette. Simples mais coquettes, les 9 chambres avec clim. et eau chaude se partagent 5 bungalows donnant sur une piscine. Jardin, parties communes et restaurant agréables. Double 800-1 600KRp selon la taille.

JASRI Jl. Pantai Jasri (5km au sud d'Amlapura) 0363 21054 www.jasriresort.com

Jasri Bay Hideaway $$$

Coup de cœur pour ces 3 bungalows artisanaux de Sulawesi dressés face à une piscine, au-dessus d'une plage rocheuse. Déco chaleureuse, vérandas pourvues de transats, produits du potager bio au restaurant et une foule d'activités. Double 3 000-5 500KRp, petit déj. inclus (prix majorés en juillet-août).

JASRI Jl. Pura Mascima (5km au sud d'Amlapura) 0363 236 11 www.jasribay.com

Villa Campuhan $$$

Dans un vaste parc, 6 pavillons d'inspiration sumatranaise, en bois recyclé et chaume local, montés sans vis ni clou et parés d'antiquités de toute l'Asie du Sud-Est. Cinq d'entre eux forment d'immenses suites ouvertes sur la verdure et l'océan, le dernier réunissant salle commune et restaurant. Souci de l'environnement (pas de clim., juste des ventilateurs), service efficace et discret, piscine face à la mer et spa. Villas 365-700US$.

JASRI Jl. Pura Mascima (5km au sud d'Amlapura) 0818 0538 6053 www.villacampuhanbali.com

TIRTA GANGGA

Cabe Bali $$

À 400m du hameau de Temega, en rase campagne, une piscine serpentine, 4 bungalows aussi bien tenus qu'agencés (60m^2, grande chambre, dressing, eau chauffée par panneaux solaires, terrasse couverte) et un restaurant. Double 950KRp (tarif dégressif à partir de 3 nuits).

PADANGKERTA (3km au sud de Tirta Gangga) 0363 220 45 www.cabebali.com

Tirta Ayu $$$

Dans le cadre majestueux du palais aquatique du raja de Karangasem, 5 chambres d'un confort sans faille reflétant l'esprit des demeures royales balinaises. Très jolie piscine dans un jardin fleuri et service irréprochable. Double 1 500-2 500KRp (offres en ligne). Restaurant abordable (p.197).

TIRTA GANGGA Palais royal 0363 225 03 www.hoteltirtagangga.com

AMED

Kelapa Cottage $$

Un petit hôtel pittoresque, noyé dans la verdure des collines d'Amed, à 3min à pied des rues principales. Les bungalows sont éparpillés dans les jardins exubérants. Cette petite oasis paisible propose des massages japonais de qualité. Restaurant végétalien alléchant. Double à partir de 1 000KRp.

AMED Jl. Raya Celuke 26 Côté montagne 0852 7403 0033 www.kelapacottage.com

Amed Beach Villa $$$

Sur la plage d'Amed, belle villa contemporaine avec piscine, 5 chambres tout confort et cuisine. Double 900 - 1 400 KRp selon la vue.

AMED Côté mer, à l'est de la plage 0812 3827 0444 www.amedbeachvilla.com

Ganeshamed $

En bord de plage, 6 chambres dans une demeure coloniale avec piscine. Balcon ou terrasse avec vue, grand lit, réfrigérateur et clim. pour les quatre plus vastes. Balcon commun et ventilateurs pour les deux plus petites

(380-400KRp), parfaites pour une famille. Cours de yoga. Prix négociables hors saison.

JEMELUK Côté mer 0363 430 1084 ou 0858 5854 9654 www.ganeshamed.com

Life in Amed $$

Six cottages et une belle piscine dans un jardinet fleuri, face à la plage et ses *jukung*. Plaisamment décoré, chacun abrite une grande chambre au rdc et deux lits jumeaux à l'étage. Restaurant. Double 95-145US$.

BUNUTAN Lean Village Sur la plage 0363 231 52 ou 081 338 501 555 www.lifebali.com

Palm Garden $$$

Méticuleusement entretenus, 10 pavillons sous les cocotiers, une séduisante piscine face à la mer et une agréable salle de restaurant sous un *bale*. Chambres élégantes et spacieuses, service exemplaire et prix justifiés : bungalow sur jardin 190US$, bungalow sur mer (232US$), bungalows avec petite piscine privée et vue mer 242-252US$. Petit déj. compris.

BUNUTAN Sur la plage 0363 737 358 www.palmgardenamed.com

TULAMBEN

Minabali Bunga'Lo $$

Coup de cœur pour cette maison d'hôtes tenue par une Française. À 5min à pied de la plage, 5 chambres à la déco léchée (clim., moustiquaire et réfrigérateur), jardin fleuri autour de la piscine et table d'hôtes le soir sur rés. (50-90KRp selon le menu). Double à partir de 700KRp.

TULAMBEN Côté mer 0363 226 66 www.minabalitulamben.com

Ocean Sun $$$

Tout est absolument impeccable, des bungalows au restaurant en passant par la piscine, qui manque juste un peu d'ombre à la mi-journée. La situation du "mauvais" côté de la route explique la modicité des prix (1 640KRp le bungalow avec clim., eau chaude et petit déj.). Ocean Sun propose des stages de plongée avec prise en charge à l'aéroport et hébergement.

TULAMBEN Dans le centre, côté montagne 081367138138 www.ocean-sun.com

Kubu Indah $$$

Quinze bungalows tout confort semés sur une immense pelouse qui descend doucement vers la plage de galets. Des chambres sobres et élégantes de 31m² (100€-110€ pour deux) et de splendides villas en front de mer (2-6 pers., 175-240€), piscine, *beach bar*, restaurant très convenable, spa, excursions, forfaits plongée.

KUBU En bord de mer 0813 3815 5851 www.kubuindahresort.com

LES GILI

Mad Monkey $

Une auberge de jeunesse idéale pour faire des rencontres. De jolis tipis en bambou (55US$ pour deux) et un dortoir plutôt sommaire avec salle de bain partagé, mais qui ne manque pas d'originalité (21US$/pers.). À 30min à pied du port, Mad Monkeys fournit des vélos à ses hôtes. Piscine face à la mer, terrain de beach volley et musique le soir. L'ambiance est à la fête.

GILI TRAWANGAN (plan 9, A1 n°50) Sur la côte ouest, à droite au bout de Jl. Vila Kelapa 08 1917 9434 95 www.madmonkeyhostels.com/gili-t/

La Cocoteraie Ecolodge $$$
Dans une paisible cocoteraie, à 250m de la plage, de coquets bungalows en bambou et toile, avec clim., lits à baldaquin équipés d'une moustiquaire et vraie sdb. Les repas sont servis sur une immense terrasse couverte, à côté de la réception et du salon-bar. Ambiance relax et cadre idyllique. Piscine et location de vélos. À partir de 1 400KRp la double.

GILI TRAWANGAN (plan 9, A2 n°51) Sur la côte ouest, à 200m de la plage et 30min à pied de l'embarcadère 0819 0797 6985 www.lacocoteraie-gili.com

Ombak Sunset $$$
Nanti d'une grande plage privée, ce *resort* de la côte ouest convient parfaitement aux familles. Bâti dans un style balinais moderne et fort bien tenu, il dispose d'un bar de plage, d'un restaurant qui sert des plats italiens et indonésiens, de *bale* au bord de l'eau sous lesquels on dîne à la bougie et d'une grande piscine. Les chambres, spacieuses et tout confort, coûtent de 2 500 à 4 000KRp la nuit, selon la vue. Rabais en ligne sur booking.com.

GILI TRAWANGAN (plan 9, A2 n°53) Côte ouest 0370 644 333

Pondok Santi $$$
Face au meilleur spot de surf de Trawangan, 5 bungalows luxueux (2 100K-5 500KRp pour deux, à réserver 6 mois d'avance), dans un parc de 8ha. Restaurant, bar, piscine et petite plage privée.

GILI TRAWANGAN (plan 9, A2 n°54) South Beach 0819 0705 7504 ou 0853 38287650 www.pondoksanti.com

Fantastic Cottages $
Idéalement situés à deux pas de la plage, des bungalows simples, mais bien équipés (clim., patio...), loués 360KRp pour deux. Du petit déjeuner au dîner, la cuisine est fameuse... et les hôtes sont adorables.

GILI MENO (plan 9, B2 n°55) Dans la première rue au sud de l'embarcadère 0819 1705 8139 Réservation sur booking.com

Kampung Meno $$
Quelques bungalows de style traditionnel dans un joli jardin avec piscine proche de la plage. Les hôtes sont aux petits soins et l'on se sent rapidement chez soi dans cette ambiance conviviale. Différentes catégories de chambres sans ou avec clim., à partir de 550KRp, ou bungalow à partir de 675KRp.

GILI MENO (plan 9, B2 n°56) Centre ouest de l'île 0819 0787 7632 Réservation sur booking.com

Mahamaya $$$
Avec son mobilier de plage en rotin aussi blanc que ses bungalows cubiques, ce lieu merveilleusement confortable, moderne et propre, évoque plutôt les Bahamas que les Gili. Bungalow avec vue sur la piscine 2 785KRp, 3 857KRp avec vue sur mer. Bar-restaurant (carte internationale).

GILI MENO (plan 9, B1 n°57) North Beach 0888 7155 828 ou 0811 274 514 www.mahamaya.co

Scalliwags Smugglers Hideaway $$
À 10min à pied du Scalliwags Organic Beach Club (p.212) – pratique pour la plage privée, l'apéritif et le barbecue du soir –, cette "cachette des contrebandiers" réunit 6 chambres dans une forêt de manguiers, avec piscine et tout

le confort moderne (clim., réfrigérateur, écran plat DVD). De 360 à 1 250KRp la double.

GILI AIR (plan 9, B4 n°59) 0819 1743 2086 www.scallywagsresort.com

7 Seas Cottages $$

À 900KRp (hors petit déj.), les bungalows (clim., jardinet privé, terrasse et patio) sont bien tenus sous leur toit de palme.

GILI AIR (plan 9, B4 n°58) South Beach 0811 3939 228 ou 0818 366 369 reservation@7seascottages.com

Slow Private Pool Villas $$$

Près de la côte ouest, 10 élégantes villas conçues par un architecte belge. Chacune dispose d'une cuisine équipée, d'un bureau, d'une terrasse avec piscine et d'un grand jardin. Spa et nombreuses activités. Cuisinier sur demande. De 295 à 550US$ la nuit selon la saison, deux nuits minimum.

GILI AIR (plan 9, B4 n°60) 0878 6447 6099 www.slowgiliair.com

LE NORD

DE SINGARAJA À TEJAKULA

Grand Wijaya Hotel $

À l'entrée ouest de Singaraja et à deux pas de la gare routière de Banyuasri, c'est l'option bon marché la plus paisible de la ville. Fonctionnel comme un drive-in, cet hôtel manque certes de charme, mais à 230KRp la nuit, comment se plaindre ?

SINGARAJA Jl. Sudirman 74 Banyuasri 0362 219 15

Bali Sandat Guest House $$

Au bord de l'eau, une séduisante maison d'hôtes de 4 chambres sur deux étages : ventilateur, moustiquaire, sdb à ciel ouvert et belle terrasse sur la mer. Vaste gamme d'activités et de services et des repas balinais réalisés avec les produits du marché (petite restauration le reste de la journée). Comptez 830KRp pour une chambre double et 85-110KRp pour le dîner.

BONDALEM Kelod Kangin (2km à l'ouest de Tejakula. Suivre les panneaux Pantai) 0362 3436 435 ou 0813 3755 5792 www.bali-sandat.com

Prana Veda Sanctuary $$

Le "Sanctuaire de la Sagesse des énergies vitales" est tenu par une physiothérapeute qui a tout conçu avec soin pour purifier votre corps des mauvaises ondes et libérer les bonnes. Bains d'eau salée tiède, massages, cours de yoga, séminaires, méditation, et une délicieuse cuisine à base de produits du jardin et du marché (régime ayurvédique sur demande). Le tout dans un cadre digne d'un 4-étoiles, avec piscines en pierre volcanique et statues de déesses. Location à la semaine, retraite yoga à partir de 1 180€/pers. en pension complète.

BONDALEM Jl. Arcana 0821 4454 5315 www.pranavedabali.com

Bondalem Beach Club $$

Quatre confortables bungalows pour quatre personnes posés sur le sable, face à la mer (160US$, avec une grande chambre à l'étage et un joli salon doté de canapés-lits au rdc) et une dizaine de chambres regroupées dans le bâtiment principal (90US$). Restaurant de cuisine internationale, espace de jeux pour les enfants, cours de yoga, wifi et matériel de plongée gratuits, le tout entre cocoteraie et océan.

BONDALEM Jl. Arcana
0812 3788 8444 ou 0362 330 4380
www.bondalembeachclub.com

Villa Boreh Beach Resort & Spa $$

Plutôt destinées aux amateurs de tranquillité qu'aux familles nombreuses, 6 vastes villas (avec clim. ou ventilateurs) en bois exotique et pierre volcanique, au mobilier de style colonial et aux baies tendues de grands voilages blancs. Plusieurs piscines, restaurant au bord de l'eau et spa. Comptez 1 200KRp pour deux.

ALASSARI Jl. Raya Singaraja (8km au nord-ouest de Tejakula) 0362 3303 475
www.villaboreh.com

LOVINA

Gede Homestay Bungalows $

Le succès a converti ce *homestay* en hôtel, sans le départir de son charme. L'humble maison de pêcheur s'est vu adjoindre une dizaine de bungalows, avec eau chaude et clim. pour certains. Le petit déj. est servi sous le *bale* familial, qui propose également des plats balinais à toute heure. Double 160-350KRp suivant la taille (clim).

ANTURAN (plan 11, B1 n°30) Jl. Kubu Cembong, Tukadmungga 0362 415 26 ou 0812 3663 723 www.gede-homestay.com

Lovina Beach Hotel $

Le premier hôtel de Lovina, ouvert en 1953 par le 11e rajah de Buleleng, a été abondamment copié depuis : bungalows disséminés dans une palmeraie avec vue sur la mer, villas mariant confort à l'occidentale avec des éléments d'architecture balinaise, restaurant installé sous un grand *bale* traditionnel, au bord de la piscine... S'il a perdu un peu de sa fraîcheur, il est toujours aussi confortable (eau chaude, clim., TV et terrasse privative), et c'est une aubaine pour les petits budgets : 17€ pour un bungalow individuel, 30€ pour une chambre avec ventilateur.

KALIASEM (plan 11, A3 n°31) Jl. Raya Lovina
0812 3841 6830

Sunari Beach Resort $$$

Établi entre Anturan et Kalibukbuk, sur la portion de côte la plus paisible de Lovina, ce *beach resort* forme presque un village à lui tout seul. Les 32 villas coiffées de chaume et le bâtiment central abritent plus de 130 chambres avec terrasse. Spa, grande piscine, restaurant et bar de plage. À partir de 121US$ la double. Réductions en ligne.

KALIBUKBUK (plan 11, B1 n°32) Jl. Raya Lovina
0362 417 75 kutuskutus-sunari.com

The Lovina $$$

L'archétype des *beach hotels* de Lovina ! Quatre catégories de villas donnant sur la plage ou le parc, quatre catégories de suites, toutes ultraconfortables et bien tenues, entre 175US$ et 825US$, trois restaurants (cuisine balinaise, internationale et pizzeria, plus la possibilité de dîner dans sa villa), un bar, un centre de remise en forme, un spa, six piscines "communes" et 12 individuelles, 300m de plage privée, un Kid Club et pléthore d'activités.

KALIBUKBUK (plan 11, A1 n°33) Jl. Mas Lovina
0362 3435 800 www.thelovinabali.com

BEDUGUL – MUNDUK

Ekommunity Bali $$

Séjournez dans la jungle, sous une grande tente en toile dressée sur une plateforme (799KRp). Cet écohôtel en bambou propose des cours de yoga chaque matin au bord de la rivière (100KRp) et des balades à pied dans les cascades des alentours. Un endroit magique pour profiter d'un cadre luxuriant.

MUNDUK Jl. Kayu Putih 0821 4795 615 www.ekommunitybali.com

Lesong Hotel and Restaurant $$

Cadre exceptionnel pour cette coquette adresse de 5 chambres cernée par les rizières. La nourriture y est excellente, un plus pour finir la journée dans cet endroit reculé de Munduk. La double, spacieuse et confortable, revient à 900KRp en haute saison, et l'hôtel propose toutes sortes d'activités (cours de cuisine, balades à pied, etc.).

MUNDUK Jl. Desa Gesing 08 5965 9445 22 www.lesonghotel.com

Puri Lumbung Cottages $$

D'authentiques greniers à riz réaménagés et une dizaine de villas bâties sur le même modèle. Les chambres sont confortables, spacieuses et meublées avec goût, et leur terrasse dévoile de belles vues sur la jungle. Ajoutez un spa, un bar et tout un panel d'activités, du yoga au trekking en passant par le VTT. À partir de 95US$ la double, petit déj. inclus.

À l'entrée de Munduk (en arrivant des lacs, sur la droite) 0362 3461 144 www.purilumbung.com

Sanak Retreat Bali $$$

Au milieu des rizières, 10 bungalows et 3 villas (avec piscine privative) pour un best of du genre : lambris de bois exotique, art indigène, lits *king size*, terrasses multiples... Restaurant (cuisine balinaise et petite carte des vins), bar, piscine, salle de jeux et terrain de pétanque. Comptez 2 880KRp pour deux et 3 930KRp pour quatre.

DINAS MENAGUNG 4km à l'ouest de Munduk 0811 397 758 www.sanakbali.com

PEMUTERAN

Arjuna Homestay $

Ce petit hôtel tenu par des Français dispose d'un centre de plongée. Un endroit parfait pour se reposer en revenant de Java ou pour explorer le parc marin de Pulau Menjangan. Petit déjeuner copieux à base de produits maison. Superbe vue sur les montagnes, une piscine et des chambres confortables avec balcon (à partir de 600KRp).

PEMUTERAN Jl. Arjuna 0812 3635 1739 www.arjuna-homestay.com

Reef Seen Diver's Resort $$

Voilà le premier hôtel et centre de plongée de Pemuteran, ouvert en 1991 par Chris Brown, militant écologiste auquel la baie doit son couvoir à tortues, son Biorock®, ses bateaux et son temple engloutis. Disséminées dans un grand jardin, à 50m de la mer, ses 15 chambres-bungalows offrent différents niveaux de confort (avec ou sans eau chaude, clim. ou ventilateur) à des prix raisonnables (625-775KRp). Réductions pour les plongeurs.

PEMUTERAN 0812 389 4051 www.reefseenbali.com

Umma Bali Menjangan $$

Avec 4 grandes chambres confortables en bois de style *lumbung* (bungalow traditionnel) dominant une piscine et des rizières, cet hôtel est parfait pour une pause loin de toute agitation, et la vue sur les reliefs ajoute une note romantique. On pourra vous organiser diverses activités, de la plongée à la randonnée dans le parc national de Bali-Ouest. À partir de 1 250KRp la double.

PEMUTERAN Gang Taman Tukad Salak, Sumberkima 0852 3850 3020 Réservation sur booking.com

Taman Sari Bali Resort & Spa $$$

Reflet de la diversité architecturale des villages balinais, 7 types de suites (env. 2 000Krp pour deux) et 3 catégories de villages luxueuses (3 120KRp pour quatre, 4 450KRp pour huit) avec immenses sdb, grandes baies vitrées, marbre au sol et lits à baldaquin. On ne compte plus les piscines ! Le long de la plage privée, un centre de plongée, une table remarquable (cuisine balinaise revisitée et vins locaux), un bar et une douzaine de pergolas se partagent la vue sur la baie.

PEMUTERAN Jl. Raya Gilimanuk 0362 947 55 ou 0853 3828 3069 www.tamansaribali.com

Mimpi Resort Banyuwedang $$$

Idéalement isolés dans la mangrove de la baie de Banyuwedang, à 15min du village le plus proche, des bungalows tout confort, avec sol en marbre et murs clairs. La grande piscine à débordement permet de se former à la plongée avant d'aller découvrir les trésors de Pulau Menjangan (embarquement tlj. à 9h). Spa, cours de yoga et restaurant sur pilotis. Double 1 075-3 000KRp selon le confort, la taille et la saison.

PEJARAKAN (15km à l'ouest de Pemuteran, sur la route de Gilimanuk, tourner à droite à hauteur du panneau indiquant les thermes de Banyuwedang, l'hôtel est à 700m) 0362 944 97 ou 0887 3312 201 www.mimpi.com

The Menjangan West Bali National Park $$$

Dans le parc national, 17 chambres disséminées sur 382ha, entre *Residences* (100m^2 à 19 500KRp), *Beach Villas* (100m^2, vastes sdb à ciel ouvert, véranda au-dessus de l'eau, 10 500KRp) et *Monsoon Lodges* (*Deluxe* 7 485KRp, suite 8 000KRp) bâtis en pleine forêt, autour d'une piscine, sous la garde d'un bar-restaurant panoramique perché à 30m du sol. Architecture traditionnelle soignée, déco minimaliste mais confort moderne. Réductions en ligne.

PEJARAKAN Jl. Raya Gilimanuk Km17, (signalé par un immense panneau sur la grand-route, entre Gilimanuk et Pemuteran) 0365 94 700 www.themenjangan.com

L'OUEST

BELIMBINGSARI

Puri Eling Blimbingsari $

L'ancien pasteur protestant du village et sa femme reçoivent les touristes dans l'unique chambre d'hôtes (sdb privative) de leur belle demeure années 1930, dotée d'une petite piscine. Chaleureux, cultivés et anglophones, ils content avec joie l'histoire singulière du village et de sa région. Comptez 350KRp pour deux.

BELIMBINGSARI Jl. Mawar 0811 388 126

BALIAN

Istana Balian Beach Villa $$

À 100m de la plage, 3 chambres spacieuses, coquettes (meubles en bois exotique, lits à baldaquin et sol carrelé) et confortables (clim. et TV câblée), dans une belle villa pourvue d'un jardin clos avec piscine. Le propriétaire (un Australien marié à une insulaire) invite régulièrement quelques amis à regarder un match de foot le soir : l'occasion de rencontrer quelques Balinais d'adoption autour d'une bière fraîche. Comptez 760KRp pour deux.

BALIAN Jl. Pantai Balian
0878 6209 5656
www.istanabalian.com

Pondok Pitaya Hotel, Surfing and Yoga $$

Installé sur la plage, au bord du fleuve côtier, cet hôtel pour surfeurs au désordre sympathique est devenu un véritable *resort*. Certes, le volume de la sono a tendance à augmenter en fin de journée, quand tous les surfeurs se retrouvent au bar, mais le Pondok Pitaya reste agréable. Disséminés dans un grand jardin, ses bungalows pour huit personnes (6 chambres) se louent 3 200KRp, et les doubles les moins chères 925KRp.

BALIAN Sur la plage Balian
0361 8311 218 ou 0819 9984 9054
www.pondokpitaya.com

Balian Prana Lodge $$$

Vue sur l'océan, magnifique piscine à débordement et des villas décorées avec goût... tout y est ! De belles balades à faire dans les rizières alentour et sur la plage déserte au lever ou au coucher du soleil. Villas 120-140US$, 2 nuits minimum.

BALIAN Au bout de Jl. Batu Mejan, après le temple à droite, face à Pantai Mejan
www.balianprana.com

MEDEWI

Mai Malu Restaurant & Guest House $

L'archétype des hôtels balinais pour jeunes surfeurs : prix modiques, ambiance détendue et restaurant servant pizzas et burgers sur une spacieuse terrasse couverte, face à la mer. Chambres 230-250KRp la nuit (ventilateur ou clim).

MEDEWI En haut de la pente, dans la rue principale 0819 1617 1045 (whatsapp)

Puri Dajuma Cottages $$$

Ce "palais" réunit sur un cap boisé une douzaine de bungalows, villas et suites, tous avec vue sur la mer, jardin et sdb à ciel ouvert. Double 2 700KRp, 2 chambres 3 000KRp. En bord de plage, les luxueuses villas sur pilotis évoquent des greniers à riz (mezzanine, cuisine, 2 chambres, terrasse couverte et jardin, 4 490KRp). Également deux suites (3 800KRp) dans le bâtiment principal. Restaurant et spa. Petit déj. compris.

MEDEWI Jl. Pelabuhan 0365 4501 211 ou 0811 388 709 www.dajuma.com

AU FLANC DU MONT BATUKARU

Puri Taman Sari $

Au cœur de rizières, quelque 20 bungalows d'une charmeuse authenticité rappellent les enclos familiaux balinais, avec cours intérieures, terrasses et *bale*. Confort (clim., eau chaude) et déco soignée (batiks en soie, lits à baldaquin). Le gong des temples voisins y rythme le coucher du soleil. Excellent restaurant. Comptez 25€ la double Deluxe ou le bungalow en bambou et 52€ la suite, petit déj. compris.

PEKEN Jl. Bendungan Tungkub, Umabian (10km au nord-est de Tabanan par Jl. I Gusti Ngurah Rai et Jl. Pulau Komodo) 0361 8945 475

Bali Mountain Retreat $$

Écolodge tapi au pied du Batukaru, d'un épatant rapport qualité-prix : dans un jardin propret, des bungalows avenants, ornés de batiks, avec eau chaude et ventilateur. Chambre simple dans un *lumbung* (grenier à riz) reconverti 630KRp, bungalow individuel en pierre 1 030KRp, et quelques formules intermédiaires. Restaurant, spa, balades guidées dans les rizières alentour, ascension du Batukaru et visite du Pura Luhur Batukaru (à partir de 200KRp/pers.).

SELEMADEG (28km au nord-ouest de Tabanan, après Biyahan, par la route de Gilimanuk jusqu'à Pucuk, puis tourner à droite après le pont dir. Gadungan et Dalang) 0812 8986 6665 www.balimountainretreat.com

Sarinbuana Eco Lodge $$

À 700m d'altitude, 5 cabanes-bambou de conte de fées perdues en pleine jungle, perchées pour certaines dans des arbres et offrant toutes des vues magnifiques sur les collines alentour. Idéal pour les randonneurs et les passionnés de nature ! Double 800-1 800KRp suivant la taille. Restaurant bio, activités pour petits et grands, balades à pied, à vélo ou à moto.

WANAGIRI Jl. Arjuna (11km au nord de Tabanan) 0813 3902 8839 www.baliecolodge.com

Sang Giri Mountain Tent Resort $$$

Huit "tentes" au milieu de la jungle et tout le confort moderne, à seulement 5min de voiture de Jatiluwih. Aussi confortables que spacieuses, elles constituent de véritables petites maisons, avec un coin salon, une sdb équipée et une grande chambre à coucher, dont le mobilier moitié bois brut, moitié moderne, est rehaussé de tapis, couvre-lits et tentures multicolores. Le restaurant propose un choix de plats balinais et européens. Nombreuses randonnées au programme. Selon la taille de la tente, comptez 1 260-1 485KRp, petit déj. inclus.

JATILUWIH 0361 4742 039 ou 0815 5833 4888 www.sanggiri.com

Adat Coutume. À Bali, toute règle est relative et varie selon l'*adat* locale.
Agama Tirta "Religion de l'eau sacrée", ancien nom de la religion balinaise. Il reflète l'importance vitale de l'eau d'irrigation.
Agung "Grand". Désigne la grandeur physique ou morale.
Anak Agung "Grand Homme". Titre princier, donné au propriétaire d'un palais.
Anoman (Hanuman) Chef de l'armée des singes venue aider Rama à vaincre Rawana et à délivrer Sita dans le *Ramayana*.
Arak Alcool de riz.
Babi guling Porcelet rôti à la broche.
Bale Pavillon.
Bale kambang Pavillon flottant, au milieu d'un bassin d'agrément.
Bali Aga "Balinais des Montagnes". Communautés établies avant la colonisation javanaise de Majapahit, qui ont gardé leurs lois et leurs terres.
Banjar Communauté de quartier, coutumière ou administrative.
Barong 1. Bête mythique adoptée comme une divinité par les communautés pour s'allier les esprits inférieurs de la nature. 2. Ballet magico-religieux qui oppose le *barong ket* (sorte de lion) à la sorcière Rangda.
Batik Tissu teint par réserve de cire.
Bedawang Nala Tortue porteuse de l'Univers, enserrée par deux *naga*, souvent à la base des *padmasana*.
Boma Fils de la déesse de la Terre. Figure effrayante mais protectrice, qui figure surtout au-dessus des porches *kori agung* et dans les offrandes en pâte de riz.
Brahma Premier cité de la trinité hindouiste, dieu de la Création. Associé au sud, au feu et au rouge.
Brahmana Première des trois castes nobles *triwangsa*, celle du pouvoir spirituel.
Campuhan Confluent, considéré comme un nœud de forces telluriques chargé de pouvoirs surnaturels.
Candi 1. Sanctuaire hindou-bouddhique, "temple-montagne" en pierre. 2. Porche monumental de pierre, dans les temples *pura* et les palais *puri*.
Candi bentar Porche fendu, censé symboliser les pieds de la Montagne.
Cokorda Titre de princes descendants de la branche première de Klungkung.
Dalang Marionnettiste. Il fabrique les marionnettes, met les spectacles en scène, prête sa voix aux personnages et dirige la musique. Initié à une fonction rituelle, il est parfois exorciseur.
Dalem Intérieur. Au *pura dalem*, séjour des forces obscures, sont adorées les divinités de la mort, de la magie noire et des enfers.
Desa Village, commune. Le *desa adat* est une unité socio-religieuse plus que territoriale. Le *desa dinas* est une unité administrative nationale, qui ne recouvre pas exactement la même population.
Dewi Sri Déesse du Riz, épouse de Wisnu, dieu de l'Eau, mais aussi rituellement accouplée à Rambut Sedana, dieu de l'Argent et de la Prospérité.
Durga *Sakti* ou parèdre de Siwa. Déchue, elle hante les cimetières et règne sur les sorciers et les forces obscures.
Dusun Dénomination indonésienne pour certains quartiers ou hameaux, à la place de *banjar*.
Endek Tissage en ikat simple. Le motif est pré-teint par réserves nouées sur trame.

Galungan Jour de fête commun à tous les Hindo-Balinais, dans le calendrier *pewukon*.
Gambuh Ancien théâtre de cour (dont sont issues toutes les formes scéniques et musicales classiques).
Gamelan (gambelan) Orchestre traditionnel, ensemble d'instruments fabriqués ensemble et inséparables. Il en existe environ 25 catégories, de toutes tailles, en métal et/ ou en bambou.
Ganesha Dieu hindou à tête d'éléphant, fils de Siwa.
Garuda Sorte d'aigle, monture du dieu Wisnu. Emblème de l'Indonésie.
Geringsing (gringsing) De *gering* ("maladie"), tissu rituel au pouvoir protecteur, confectionné par les Bali Aga. Il s'agit d'un double ikat, avec motif pré-teint sur la trame et la chaîne.
Gong L'instrument qui clôt les grands cycles dans la musique de gamelan. Le gong est sacré, il reçoit des offrandes avant toute utilisation.
Gunung Montagne. Symbole omniprésent de la Source de vie, de tout ce qui est positif, demeure des dieux et des ancêtres.
Ikat Tissage dont les motifs sont pré-teints sur la chaîne ou la trame.
Jukung Petit voilier de cabotage balinais, à deux balanciers.
Kabupaten Préfecture. Les huit *kabupaten* de Bali correspondent peu ou prou à ses huit anciens royaumes.
Kaja Amont, opposé à *kelod*, aval. Les espaces kaja sont purs.
Kangin Est. Espace pur et positif de la naissance du soleil.
Kauh Ouest. Espace négatif du coucher du soleil.
Kebaya Chemisier à manches longues du costume de fête féminin.
Kebyar Style moderne de musique de gamelan, né vers 1915, avec des compositions virtuoses, et caractérisé par un style rhapsodique.
Kecak Version moderne du *cak* (chœur masculin de percussions vocales), présentée aux touristes.
Kelod Aval. Espace impur et direction négative. Opposé à *kaja*.
Keris *Kriss*. Épée, de forme sinueuse à Bali. Fait partie du trésor familial et de certains costumes de cérémonie.
Kori agung Porche monumental avec escaliers et porte étroite, pendant du *candi bentar* dans les temples et les palais. Voir *Candi*
Kulkul Tambour de bois fendu, suspendu dans une tour ou dans un arbre, qui donne l'alarme ou convoque un rassemblement.
Legong 1. Danseuse classique. 2. *Legong kraton* : litt. "danse de cour". Les chorégraphies de ce ballet abstrait et virtuose, interprété par trois petites filles, varient selon l'argument littéraire. Les pots-pourris pour touristes sont appelés abusivement *legong*.
Lontar Feuille du palmier borasse, jadis utilisée comme support de l'écriture après avoir été séchée.
Lumbung Grenier à riz.
Mahabharata Grande épopée indienne opposant les cinq bons Pandawa aux cent mauvais Korawa.
Mekepung Course de buffles.
Meru Autel à toits superposés en pagodes, voué à des divinités de la nature ou ancestrales, dans maints temples, excepté les *pura dalem*.
Mont Meru Montagne sacrée, axe du monde dans la cosmologie hindoue.
Naga Serpent-dragon mythique. Selon la cosmologie hindoue, l'univers est né du barattage de la mer de Lait par un *naga*. Il repose sur le dos d'une tortue enserrée par deux *naga*. Le *naga*

Basuki règne au fond des eaux.
Odalan Célébration annuelle de la fondation d'un temple, au cours de laquelle les divinités sont honorées avec des rites et des spectacles.
Padmasana "Siège de lotus". Autel du dieu suprême, Sang Hyang Widi Wasa, du Soleil, Surya, ou de Siwa Raditya, Siwa rayonnant. Sa construction est encouragée par les instances officielles comme culte monothéiste et pour réunir les fidèles sans distinction de castes et d'origines.
Pande 1. "Artisan", surtout ceux du métal. 2. Clan auquel appartient traditionnellement les fondeurs, forgerons et orfèvres balinais.
Pewukon Calendrier divinatoire balinais, qui superpose 10 cycles de 1 à 10 jours, dans une année de 210 jours. Le jour de naissance, dans ce calendrier, détermine le caractère, la destinée, le conjoint idéal.
Pedanda Grand-prêtre de caste *brahmana*.
Pelinggih "Siège", autel. Son architecture est codifiée selon la divinité ou l'esprit qu'il accueille.
Pemangku Prêtre attaché au service d'un temple.
Poleng "Bicolore". Désigne notamment le tissu à damier noir et blanc porté par les hommes lors de certains rituels et par des statues de gardiens.
Puputan De *puput*, "fini". Combat à mort. Lors de l'invasion néerlandaise, plusieurs cours royales balinaises ont pratiqué le puputan, ses membres se faisant tuer ou se suicidant.
Pura Temple balinais. Enceinte sacrée contenant des pavillons et autels à toitures et piliers. Il en existe pour le village, la famille, le lignage, les rizières, les marchés, les royaumes, les sites naturels etc., avec les diverses divinités afférentes. La population de chaque village coutumier est définie par un culte à son *kahyangan tiga* ("trois sanctuaires") : le *pura puseh* des origines, le *pura desa* – ou *pura bale agung* – du village, le *pura dalem* du cimetière.
Puri Résidence d'un prince.
Raksasa Géant démoniaque. Dans la littérature, les héros s'illustrent en combattant les *raksasa*. En sculpture, ces derniers servent de gardiens.
Rama Prince héros du *Ramayana*.
Ramayana Épopée indienne. Exilé en forêt après avoir été déshérité, Rama voit son épouse, Sita, enlevée par Rawana, le roi des *raksasa*. Il la délivre et écrase les *raksasa* avec l'aide d'Anoman et de l'armée des singes.
Rangda Litt. "veuve". Masque terrible incarnant une divinité du *pura dalem*, et personnage de sorcière au théâtre, en particulier dans les *barong* et *calonarang* exorcistes.
Sad Kahyangan "Six sanctuaires". Série d'importants temples censés maintenir l'île aux points cardinaux. Il en existe plusieurs listes, avec des points communs.
Saka Année luni-solaire d'origine indienne.
Sakti Parèdre d'une divinité mâle dans l'hindouisme, représentant sa puissance surnaturelle. Siwa en a plusieurs : Uma la jolie, Parvati la sage, Durga et Kali les terribles.
Sang Hyang Widi Wasa Le Tout-Puissant. Dieu suprême qui ne reçoit traditionnellement pas de culte, mais qui a été officiellement promu depuis les années 1960 pour répondre à l'obligation nationale de monothéisme. Il est représenté en général sous les traits d'Atintya.
Saraswati *Sakti* ou parèdre de

Brahma, déesse de la Connaissance.
Satria Deuxième des trois "castes" nobles *triwangsa*. Les Satria sont les princes-guerriers tenants légitimes du pouvoir temporel. De nos jours, ils portent les titres officiels d'Anak agung ou, pour certaines lignées, de Cokorda.
Segara Mer. Certains villages côtiers ont un *pura segara* dans leur *kahyangan tiga*.
Sita Épouse de Rama dans le *Ramayana*.
Siwa Version locale du dieu Shiva. À Bali, il est considéré comme le plus puissant des dieux, et le plus révéré de la trinité hindoue. Siwa a le pouvoir de détruire, de dissoudre pour permettre une re-création.
Songket Brocart d'or ou d'argent, tissé traditionnellement par les princesses.
Subak Société d'irrigation réunissant les propriétaires ou cultivateurs des rizières desservies par une même branche de canal. Le système rizicole balinais traditionnel est le plus performant du monde.
Sudra Caste roturière. Majoritaire, elle englobe tout le monde, sauf les nobles *triwangsa* qui prétendent descendre de la dynastie javanaise de Majapahit. Les Sudra sont plus volontiers appelés "Balinais" ou gens du *jaba*, l'extérieur.
Tantri Version locale des fables d'Ésope. Mis en scène dans le *wayang tantri* du *dalang* Wija de Sukawati
Tirta (tirtha) Eau lustrale, très utilisée dans la religion balinaise. Le *tirta amerta* mythique est l'élixir d'immortalité, enjeu de nombreux voyages initiatiques des héros de la littérature hindouiste. Le mont Méru flotte au milieu de la mer de *tirta amerta*.
Topeng Théâtre de masques dansé qui tire ses arguments des *babad* (chroniques de cour).
Trimurti "Trois Manifestations". La trinité hindouiste : Brahma qui crée, Wisnu qui maintient, Siwa qui détruit.
Triwangsa "Trois races" ou "trois peuples". Les trois "castes" nobles des Brahmana (religieux et lettrés), Satria (princes guerriers) et Wesia (fonctionnaires du royaume).
Udeng Turban du costume masculin.
Wantilan Grand préau carré, qui accueille les combats de coqs autorisés et les spectacles.
Wayang "Ombre", un des noms des marionnettes en cuir ouvragé, plus exactement appelées *ringgit*, utilisées dans le théâtre d'ombres *wayang kulit* et sa version diurne rituelle (parfois appelée *wayang lemah*). Les formes *wayang* sont, à Java et Bali, accompagnées par les métallophones *gender*. Le *wayang kulit* serait d'origine chamanique.
Wayang wong Théâtre dansé et masqué, qui s'inspire de la gestuelle et de l'esthétique en deux dimensions du *wayang kulit*.
Wesia Troisième des castes nobles *triwangsa*, non de commerçants, mais de fonctionnaires du royaume. Les ministres Wesia se sont souvent rebellés contre leurs rajas légitimes Satria, et ils ont fondé plusieurs royaumes (Tabanan, Badung, Buleleng, Karangasem, Jembrana). Par déférence, certains leurs donnent oralement le titre d'Anak agung (officiellement Satria), alors que celui-ci est en principe I Gusti.
Wisnu Version indonésienne du dieu hindou Vishnou. Lié à l'eau et à la riziculture, époux de la déesse du Riz, Dewi Sri.

INDEX

NOTES

NOTES

Crédits photographiques

ILLUSTRATION RÉALISÉE EN PARTENARIAT AVEC hemis-Fr

Couverture © Martin Puddy/GettyImages **4e** © Jon Arnold Images/hemis.fr **3** - © phototy/Shutterstock **4** - © Blend Images/hemis.fr (en bas à droite) **4** - © MAISANT Ludovic/hemis.fr (en haut à gauche) **4** - © FRUMM John/hemis.fr (en bas à gauche) **4** - © MOIRENC Camille/hemis.fr (en haut à droite) **6** - © Pacific_Stock/hemis.fr **10** - © Yusnizam Yusof/Shutterstock **11** - © GUIZIOU Franck/hemis.fr (en bas) **11** - © John Michaels/Alamy Stock Photo (en haut) **12** - © LEMAIRE Stéphane/hemis.fr (en haut) **12** - © Marius Dobilas/Alamy Stock Photo (en bas) **13** - © MOIRENC Camille/hemis.fr **14** - © Edmund Lowe/Alamy Stock Photo - © (en bas) 14 - © Jon Arnold Images/hemis.fr (en haut) **15** - © Westend 61/hemis.fr **16** - © Tomas Anderson/Alamy Stock Photo **17** - © GUIZIOU Franck/hemis.fr (en haut) 17- © Stephen Coyne/Alamy Stock Photo (en bas) **18** - © Westend 61/hemis.fr **21** - © GERAULT Gregory/hemis.fr **23** - © Westend 61/hemis.fr **24** - © Jon Arnold Images/hemis.fr 26 - © Linda Kennard/Alamy Stock Photo **28** - © Minden/hemis.fr **30** - © Westend 61/hemis.fr **33** - © Aurora/hemis.fr **34** - © Nicholas Pitt/Alamy Stock Photo **38** - © lophius/Alamy Stock Photo (en bas à droite) **38** - © Lano Lan/Alamy Stock Photo (en haut) **38** - © MOIRENC Camille/hemis.fr (en bas à gauche) **39** - © JS Callahan/tropicalpix/Alamy Stock Photo (en bas) **39** - © umikem/shutterstock (en haut) **40** - © DR **41** - © Westend 61/hemis.fr **42** - © Slavica Stajic/Alamy Stock Photo **43** - © Paul Brown/Alamy Stock Photo **45** - © amnat99/Alamy Stock Photo **47** - © Alphonsine Sabine/shutterstock **49** - © CINTRACT Romain/hemis.fr **54** - © Natali Glado/Shutterstock **57** - © GARDEL Bertrand/hemis.fr **60** - © yanadjana/Alamy Stock Photo **63** - © MOIRENC Camille/hemis.fr 64 - © MOIRENC Camille/hemis.fr **67** - © Didier Marti/GettyImages **71** - © Marlon Trottmann/Alamy Stock Photo **73** - © Camila Se/Alamy Stock Photo **74** - © Ivan Mochtar Olianto/Alamy Stock Photo **76** - © FRILET Patrick/hemis.fr **78** - © Cultura/hemis.fr **81** - © MAISANT Ludovic/hemis.fr **83** - © Chris Putnam/Alamy Stock Photo **86** - © Aurora/hemis.fr **89** - © Orange Studio/Shutterstock **91** - © GUIZIOU Franck/hemis.fr **93** - © Westend 61/hemis.fr 95 - © SCHROEDER Alain/hemis.fr **96** - © SCHROEDER Alain/hemis.fr **99** - © Kamsiah/Shutterstock **100** - © MOIRENC Camille/hemis.fr **103** - © lisa jones/Alamy Stock Photo (en bas à droite) **103** - © aiko_koni/Shutterstock (en bas à gauche) **103** - © Paul Springett/Alamy Stock Photo (en haut) **104** - © Gekko Studios/Alamy Stock Photo (en bas) **104** - © Denis Moskvinov/Shutterstock (en haut) **105** - © Anne-Marie Palmer/Alamy Stock Photo (en bas) 105 - © Manuel Ascanio/Shutterstock (en haut) **106** - © DR **107** - © Reynold Sumayku/Alamy Stock Photo 109 - © MOIRENC Camille/hemis.fr **113** - © LEMAIRE Stéphane/hemis.fr **114** - © Westend 61/hemis.fr **117** - © Marlon Trottmann/Alamy Stock Photo **119** - © Leonid Serebrennikov/Alamy Stock Photo **120** - © Blend Images/hemis.fr **122** - © march.photo/Shutterstock **125** - © MORANDI Tuul et Bruno/hemis.fr **126** - © MORANDI Tuul et Bruno/hemis.fr **129** - © Constantin Stanciu/Alamy Stock Photo **131** - © Linda Kennard/Alamy Stock Photo **133** - © Blend Images/hemis.fr **135** - © Westend 61/hemis.fr **136** - © Doug Houghton Asia/Alamy Stock Photo **138** - © Paul Brown/Alamy Stock Photo **141** - © imageBROKER/ hemis.fr **142** - © MOIRENC Camille/hemis.fr **145** - © Menigault Bernard/Alamy Stock Photo **146** - © Putu Eka Darmadi/Alamy Stock Photo **148** - © Simon Lowthian/Alamy Stock Photo **150** - © imageBROKER/hemis.fr **154** - © Jon Arnold Images/hemis.fr (en bas à gauche) **154** - © imageBROKER/hemis.fr (en haut) **154** - © Divelvanov/Shutterstock (en bas à droite) **155** - © Artem Firsov/Alamy Stock Photo (en haut) **155** - © Konstantin Andreev/Alamy Stock Photo (en bas) **156** - © DR **157** - © DIRSCHERL Reinhard/hemis.fr **159** - © GUIZIOU Franck/hemis.fr **161** - © Zoonar GmbH/Alamy Stock Photo **163** - © Jon Arnold Images/hemis.fr **165** - © Arterra Picture Library/Alamy Stock Photo **167** - © MOIRENC Camille/hemis.fr **169** - © Aurora/hemis.fr **171** - © Jan Wlodarczyk/Alamy Stock Photo **173** - © AsiaDreamPhoto/Alamy Stock Photo **175** - © John Michaels/Alamy Stock Photo **176** - © FRILET Patrick/hemis.fr **177** - © Robbi Akbari Kamaruddin/Alamy Stock Photo **179** - © SEUX Paule/hemis.fr **181** - © Lucia Tieko/Alamy Stock Photo **183** - © Rosie Fraser/Shutterstock **185** - © Rido Zaen/Shutterstock **186** - © Denis Moskvinov/Alamy Stock Photo **189** - © attem/Shutterstock **191** - © Jan Wlodarczyk/Alamy Stock Photo **192** - © Yuliya Trukhan/Alamy Stock Photo **194** - © MOIRENC Camille/hemis.fr **196** - © aiko_koni/Shutterstock **199** - © Manamana/Shutterstock **200** - © dbimages/Alamy Stock Photo **202** - © DIRSCHERL Reinhard/hemis.fr **205** - © GUIZIOU Franck/hemis.fr **209** - © trubavin/Shutterstock **210** - © Oliver Forstner/Alamy Stock Photo **211** - © Christine Wehrmeier/Alamy Stock Photo **214** - © GUIZIOU Franck/hemis.fr **218** - © Smarta/Shutterstock **218** - © leeiva/Shutterstock **218** - © SCHROEDER Alain/hemis.fr **219** - © Artem Firsov/Alamy Stock Photo **219** - © DIRSCHERL Reinhard/hemis.fr **220** - © DR **221** - © Jon Arnold Images/hemis.fr **223** - © Reynaldo Santa/Alamy Stock Photo **225** - © Jon Arnold Images/hemis.fr **229** - © Zoonar GmbH/Alamy Stock Photo **231** - © GARDEL Bertrand/hemis.fr **232** - © Nature in Stock/Hemis.fr **235** - © imageBROKER/hemis.fr **237** - © CHAPUT Franck/Hemis.fr 239 - © GUIZIOU Franck/hemis.fr **241** - © imageBROKER/hemis.fr **243** - © Minden/hemis.fr **244** - © Alamy/hemis.fr **247** - © Denis Moskvinov/Shutterstock **249** - © Denis Moskvinov/Alamy Stock Photo **251** - © frans lemmens/Alamy Stock Photo **253** - © Ariyani Tedjo/Alamy Stock Photo **255** - © GUIZIOU Franck/hemis.fr **256** - © FRILET Patrick/hemis.fr **259** - © jasomtomo/Shutterstock **261** - © GERAULT Gregory/hemis.fr **263** - © Blend Images/hemis.fr **264** - © LEMAIRE Stéphane/hemis.fr **267** - © SEUX Paule/hemis.fr **268** - © FRUMM John/hemis.fr **270** - © DR **272** - © SEUX Paule/hemis.fr **274** - © Misbachul Munir/Shutterstock **276** - © PISTOLESI Andrea/hemis.fr **279** - © GUIZIOU Franck/hemis.fr **281** - © MORANDI Tuul et Bruno/hemis.fr **282** - © Jon Arnold Images/hemis.fr **285** - © Cocos.Bounty/Shutterstock **287** - © frans lemmens/Alamy Stock Photo **289** - © LEMAIRE Stéphane/hemis.fr **290** - © FRILET Patrick/hemis.fr **293** - © Jon Arnold Images/hemis.fr **295** - © ppa/Shutterstock **296** - © Edmund Lowe/Alamy Stock Photo **316** - © Blend Images/hemis.fr.

BALI

Auteurs Christine Baillet, Christine Barly, Anthony Moinet, Raphaël Devianne, Elsa Delaunay Kati Basset, Sophie Brissaud, Jean Couteau, Diana Darling, Bruce Granquist, Wayan Aryati Hunter, Thomas M. Hunter Jr., Steve Lansing, Michel Picard, A. G. Roberts, Lyn et Cody Shwaiko, Adrian Vickers, Tony et Jane Whitten, Made Wijaya

Directrice éditoriale Hélène Firquet
Responsable éditoriale Christina Beckers
Responsable artistique Flora Monnin
Édition Anne-Valérie Cadoret, Florence Lagrange
Suivi éditorial Joséphine Lacasse
Maquette Arielle Cambessédès
Mise à jour Elsa Delaunay

Conception graphique Elhadi Yazi
Infographie Stéphane Jungers
Cartographie EdiCarto

Publicité Régie publicitaire KETIL Media 76, bd de la République 92100 Boulogne-Billancourt
Responsable de clientèle Vincent Buffin Tél. 01 78 90 11 40

Gallimard Loisirs 5, rue Gaston-Gallimard 75328 Paris Cedex 07
Tél. 01 49 54 42 00 contact@geo-guide.fr guides-gallimard.fr/geoguide-coups-de-coeur/
La collection GEOGuide a été créée en association entre Prisma Presse/GEO et Gallimard Loisirs

Numéro d'édition 434053 - ISBN 978-2-7424-6402-9
Impression Lego (Italie) **Photogravure** Nord Compo (Villeneuve-d'Ascq)

Avis aux GEOVoyageurs Entre l'enquête effectuée sur le terrain et la parution du guide, les établissements mentionnés peuvent avoir fermé et certaines informations s'être périmées. Renseignez-vous auprès des prestataires pour organiser vos déplacements et votre séjour et pensez à réserver. N'hésitez pas à nous faire part de vos commentaires et de vos corrections à : contact@geo-guide.fr !

PEFC
PEFC/18-31-280

Cartes

- 2x2 voies
- Route principale
- Route secondaire
- Autre route
- Sentier
- Parc naturel
- Zone urbaine
- Site remarquable
- Sommet

Altitude (en mètres)

- De 0 à 200
- De 200 à 400
- De 400 à 800
- De 800 à 1 200
- De 1 200 à 2 000
- Plus de 2 000

Plans

- Axe urbain
- Zone urbaine
- Espace vert
- Cimetière
- Aéroport
- Gare maritime
- Gare routière